Christiane Lemke
Die Ursachen des Umbruchs 1989

Schriften des Zentralinstituts für sozialwissenschaftliche
Forschung der Freien Universität Berlin

ehemals Schriften des Instituts für politische Wissenschaft

Band 62

Christiane Lemke

Die Ursachen
des Umbruchs 1989

Politische Sozialisation
in der ehemaligen DDR

Westdeutscher Verlag

Der Westdeutsche Verlag ist ein Unternehmen der Verlagsgruppe Bertelsmann International.

ISBN 978-3-531-12232-8   ISBN 978-3-322-97019-0 (eBook)
DOI 10.1007/978-3-322-97019-0

Inhalt

Vorbemerkung

Wohl niemand hat den raschen und tiefgreifenden politischen Wandel für möglich gehalten, der sich im Herbst 1989 in der DDR vollzogen hat. Obwohl die Legitimationsdefizite und Problemlagen bekannt waren, hatten selbst professionelle DDR-Beobachter die Dauerhaftigkeit des politischen Systems überschätzt. Erst post festum können wir die Ursachen und Wirkungszusammenhänge dieses historischen Vorgangs rekonstruieren. Diese Studie über die politische Sozialisation in der ehemaligen DDR versteht sich als Beitrag zum wissenschaftlichen Diskurs über den Umbruch und die Transformation zur parlamentarischen Demokratie, der nun in voller Breite eingesetzt hat.

Die Studie geht zurück auf ein Forschungsprojekt, das im Arbeitsbereich DDR-Forschung und -Archiv des Zentralinstituts für sozialwissenschaftliche Forschung der Freien Universität Berlin begonnen wurde. Ein Stipendium als J.F. Kennedy Memorial Fellow an der Harvard University im Jahr 1983/84 ermöglichte es mir, traditionelle Ansätze der DDR-Forschung neu zu überdenken und in einen größeren, kritisch-distanzierenden Zusammenhang zu stellen. Teile des Manuskripts habe ich in den USA während meiner Tätigkeit als DAAD-German Studies Professorin an der University of North Carolina in Chapel Hill überarbeitet. Meinen dortigen Kolleginnen und Kollegen verdanke ich wertvolle Einsichten in die Demokratie- und Transitionsforschung.

Der ursprüngliche Text, aus dem diese Publikation hervorgegangen ist, wurde im Sommer 1989 abgeschlossen und vom Fachbereich Politische Wissenschaft der Freien Universität Berlin als Habilitationsschrift angenommen. Das Bundesministerium für innerdeutsche Beziehungen hat das Projekt finanziell gefördert, wofür ich ihm an dieser Stelle nachdrücklich danke. Der Umbruch in der DDR machte eine gründliche Überarbeitung des Manuskripts erforderlich. Aussagen, die die Machtverhältnisse betrafen, wurden durch die Entwicklungen selbst in die Vergangenheitsform gesetzt. Die in der Studie zunächst konjunktivistisch formulierten Konfliktpotentiale konnten dagegen schärfer gezeichnet und zugespitzt werden, nicht zuletzt deshalb, weil sich die Erstarrung nun löste und die Abschottung aufbrach, so daß mündliche und schriftliche Berichte die in mühseliger Interpretations- und Puzzlearbeit gewonnenen Erkenntnisse über die politische Sozialisation in der ehemaligen DDR vervollständigten. Die Bruchlinien im Herrschaftsarrangement wurden durch die friedliche Revolution empirisch bestätigt.

Im Verlauf der mehrjährigen Arbeit am Manuskript haben mich viele

Kolleginnen und Kollegen durch kritische Hinweise angeregt, mich beraten, unterstützt und ermuntert. Ihnen allen sei an dieser Stelle mein ausdrücklicher Dank gesagt. Dies gilt besonders für die Kolleginnen und Kollegen am Zentralinstitut für sozialwissenschaftliche Forschung der Freien Universität. Bei der Materialbeschaffung und in Fachgesprächen unterstützten mich außerdem Kollegen und Kolleginnen der Forschungsstelle für Jugendfragen in Hannover, des „Arbeitskreises kirchliche Publizistik" in Berlin und des Gesamtdeutschen Instituts in Bonn. Einem Aufenthalt an der Oxford University in England verdanke ich wichtige Einsichten über die politische Kulturforschung und die Bedeutung der „civil society". Dank und Anerkennung gilt auch allen denjenigen, die mir in und aus der DDR, besonders von der Humboldt- Universität, der Akademie der Wissenschaften, vom Zentralinstitut für Jugendforschung und von der Universität Leipzig, geholfen haben, die Vorgänge in ihrem Land besser zu verstehen. Die Verantwortung für die Schlußfolgerungen, die ich aus diesen Gesprächen gezogen habe, liegt jedoch bei mir.

Meine Familie hat die verschiedenen Phasen der Forschungsarbeit hautnah und unmittelbar miterlebt. Ohne die Unterstüzung und Ermunterung von Lea, Hauke, Björn und Christian wäre diese Arbeit nicht vollendet worden.

Berlin, im Juli 1990   *Christiane Lemke*

Einleitung

In der DDR hat sich im Herbst 1989 ein revolutionärer Umbruch der politischen Verhältnisse vollzogen. Über den Verlauf des Umbruchs selbst und seine Anlässe ist inzwischen ausführlich berichtet und diskutiert worden. Umstritten ist jedoch, wie es genau dazu kam, d.h. welche strukturellen, kulturellen und politischen Ursachen schließlich zur Ablösung des staatssozialistischen Systems führten. Auch diese Studie wird keine erschöpfende und endgültige Ursachenanalyse liefern. Im Streit über die objektiven und subjektiven Zusammenhänge bezieht sie jedoch eine eindeutige Position. Ohne Subjekte sind politische Revolutionen undenkbar, ja, sie sind die Hauptakteure dieser historischen Vorgänge. Daß der politische Umbruch in der DDR schließlich vor allem von der jüngeren Generation initiiert und getragen wurde, bezeugt den Bruch der Generationen; er legt bloß, daß es dem Herrschaftssystem nicht gelungen ist, Legitimation und Unterstützung im Wechsel der Generationen über die Sozialisation zu erzielen.

Die vorliegende Studie über die politische Sozialisation in der ehemaligen DDR ist daher mehr als eine Archäologie eines untergegangenen Herrschaftssystems. Sie will zeigen, wie diese Subjekte sozialisiert worden sind und was sie schließlich dazu bewegte, gegen das doch so übermächtige politische System zu rebellieren. Mit der Rekonstruktion des spezifischen, über die Sozialisation vermittelten Arrangements zwischen dem Institutionensystem des Staatssozialismus und den politischen Akteuren soll darüber hinaus das, was in der DDR oft die „Befindlichkeit" genannt wurde, schärfer gezeichnet und aufgezeigt werden, was die Bevölkerung an politischen Erfahrungen in den Prozeß der deutschen Vereinigung einbringt.

Über die Bedeutung politischer Subjekte oder Akteure liegt in der Demokratie- und Transitionsforschung inzwischen eine breitere Literatur vor. Wenn man die Vorgänge in Ost- und Mitteleuropa und in der DDR in einen weiteren Zusammenhang mit den Ablösungen autoritärer Regime in Südeuropa und Lateinamerika stellt, d.h. sie als Prozeß des Übergangs zu parlamentarischen Demokratien begreift, bieten sich verschiedene, bereits vorliegende theoretische Arbeiten an. Auch wenn die DDR insofern einen Sonderfall darstellt, als die Umbruchphase relativ rasch in den rasanten Vereinigungsprozeß mit der Bundesrepublik überführt wurde, d.h. die demokratische von einer nationalen Bewegung überlagert bzw. ersetzt wurde, so folgte die erste Phase des eigentlichen, politischen Zusammmbruchs des Herrschaftssystems einem generellen, anderen staats-

sozialistischen Systemen ähnlichen Muster. Wie Adam Przeworski in seinem Beitrag über die Transition zur Demokratie argumentiert, können
makroorientierte Analysen der gesellschaftlichen und sozio-ökonomischen Zusammenhänge – und, so könnte man hinzufügen, der internationalen Dependenzen – allenfalls die Bedingungen der Ablösung autoritärer Herrschaft aufzeigen, nicht jedoch den Prozeß selbst; hier seien
mikroorientierte Analysen erforderlich, die das Handeln politischer Akteure in den Mittelpunkt stellen[1]. In der traditionellen DDR- und Kommunismusforschung waren Bevölkerung und politische Subjekte – mit
Ausnahme der Parteielite – kaum beachtet worden; erst durch den politischen Umbruch, als sich die Beziehung zwischen den herrschaftstragenden und -sichernden Institutionen und den Akteuren selbst schlagartig
umkehrte, erschienen die Subjekte – wie kurz zuvor auf der Straße – nun
auch auf der wissenschaftlichen Agenda. Diese Entwicklung war jedoch
das Resultat eines Prozesses der zunehmenden Differenzierung und Politisierung, der schon Jahre zuvor eingesetzt hatte.

Spätestens seit Mitte der achtziger Jahre war bekannt, daß die Gesellschaft in der DDR eine außerordentliche Differenzierung erfahren hatte.
Neue politische Gruppierungen, wie die unabhängigen Friedens-, Frau-
en-, Menschenrechts- und Umweltgruppen waren entstanden. Die „prä-
ventive Ausbürgerung" (Dietrich Staritz) nahm zu, während die, die im
Lande blieben, nach neuen Formen politischer und gesellschaftlicher Aktivität suchten. Dies deutet darauf hin, daß sich die Einstellungen von
Teilen der Bevölkerung zu verändern begannen. Auch Wissenschaftlern
in der DDR war diese Ausdifferenzierung, die bald außer Kontrolle geriet,
nicht verborgen geblieben; sporadisch tauchten Schlagworte wie „Wertewandel" auf oder es wurde eine „wachsende Dynamik in den Wertstrukturen" erwähnt[2]. Bereits vor dem Umbruch 1989 begannen sich also Ver-

---

1　Vgl. Adam Przeworski, Some Problems in the Study of the Transition to Demo-
　　cracy, in: Guillemo O'Donnell, Phillipe Schmitter/L. Whitehead (Hrsg.), *Tran-*
　　sitions from Authoritarian Rule, Washington: Johns Hopkins University Press
　　1986, S. 47-62. Das Projekt von O'Donnell, Schmitter und Whitehead bezog sich
　　zunächst auf Südeuropa und Lateinamerika. – Zur Beschreibung des Umbruchs
　　vgl. z.B. Dietrich Staritz, Ursachen und Konsequenzen einer deutschen Revo-
　　lution, in: *Der Fischer Weltalmanach. Sonderband DDR*, Frankfurt a. M.: Fischer
　　Taschenbuch Verlag 1990, S. 13-44.
2　„Bisher wurde in marxistischen Arbeiten die (relative) Stabilität von Wertsyste-
　　men betont. Wir stellen jetzt die These auf, daß in unserem Jahrhundert, speziell
　　im Zusammenhang mit dem wissenschaftlich-technischen Fortschritt, eine
　　wachsende Dynamik in den Wertstrukturen festzustellen ist. In der bürgerlichen
　　Soziologie wird sie als 'Wertwandel' registriert und untersucht." Herbert F.
　　Wolf, Zur Bedeutung von Sozialindikatoren. Über die Entwicklung und Verän-
　　derung von Wertorientierungen im Zusammenhang mit dem wissenschaftlich-
　　technischen Fortschritt im Sozialismus, in: *Informationen zur soziologischen For-*
　　schung in der DDR, hrsg. v. d. Akademie für Gesellschaftswissenschaften beim
　　ZK der SED, 19. Jg. 1983, H. 4, S. 37.

schiebungen abzuzeichnen, die zudem Ansätze einer Zivilgesellschaft erkennen ließen.

In scharfem Gegensatz zu dieser – zunächst nur in informellen Gruppen oder unter dem Dach der Kirche stattfindenden – Ausdifferenzierung der Bewußtseinslagen in der Gesellschaft stand das Beharrungsvermögen der politischen Führung. Sie lehnte schließlich ganz offen jegliche Reformen ab, besonders die von Michail Gorbatschow eingeleitete Neubestimmung des Sozialismusprojekts[3]. Statt dessen hielt die Partei- und Staatsführung an überkommenen Politik- und Entscheidungsmustern fest und schottete sich immer mehr nach innen wie nach außen ab. Angesichts des fortschreitenden Erosionsprozesses bei der Einwilligung in das Herrschaftsarrangement besonders unter der jüngeren Generation – eine Tatsache, die der Führung aufgrund der von ihr geleiteten und kontrollierten Jugendforschung genau bekannt war – hielt sie eine noch intensivere politisch-ideologische Erziehung für notwendig. In den achtziger Jahren erfolgte daher eine umfassende Reideologisierung.

Damit hatte sich nicht erfüllt, was ein großer Teil der westlichen DDR-Forscher angenommen hatte, daß sich nämlich das Land modernisierte und durch die Erfordernisse ökonomischer und sozialer Modernisierung zu größerer politischer Partizipation, Sachbezogenheit und Flexibilität gezwungen sein würde. Betrachtet man die achtziger Jahre, so ist gerade das Gegenteil eingetreten. Das politische System blockierte vielmehr eine Modernisierung; je mehr sachgerechte und kompetente Politikentscheidungen erforderlich wurden, desto mehr erwiesen sich diejenigen, die die Entscheidungsmacht hatten, als unfähig, angemessene Konzepte auszuarbeiten, ja selbst die anstehenden Probleme adäquat zu reflektieren; politische Korrekturmechanismen fehlten, die eine Veränderung „von innen" herbeiführen konnten. So blieb die Fähigkeit zu sachgerechtem, rationalem Handeln beschränkt, die Lernbereitschaft eingefroren, eine Demokratisierung wurde unmöglich gemacht. Die Elastizität von Partei und Staat wurde schließlich ebenso überschätzt wie seine Problemlösungs- und Krisenbewältigungskompetenz.

Aber auch normative Ansätze sowie die von der Totalitarismustheorie geprägten Untersuchungen waren auf diesen raschen Zusammenbruch der Regime in Ost- und Mitteleuropa nicht vorbereitet. Das lag vor allem

3   Zur Problemlage in der DDR vgl. z. B. Gert-Joachim Glaeßner, Vom „realen Sozialismus" zur Selbstbestimmung. Ursachen und Konsequenzen der Systemkrise in der DDR, in: *Aus Politik und Zeitgeschichte*, B 1-2/1990, S. 3-20; sowie die Beiträge in: ders. (Hrsg.), *Die DDR in der Ära Honnecker*, Opladen: Westdeutscher Verlag 1988; Werner Weidenfeld/Hartmut Zimmermann (Hrsg.), *Deutschland-Handbuch. Eine doppelte Bilanz 1949-1989*, Bonn/München 1989; vgl. auch Dietrich Staritz, *Geschichte der DDR 1949-1985*, Frankfurt a. M.: Suhrkamp 1985, insbes. S. 198ff., sowie die kritische Zustandsbeschreibung von Antonia Grunenberg, Jugend in der DDR: Zwischen Resignation und Aussteigertum, in: *Aus Politik und Zeitgeschichte. Beilage zur Wochenzeitung Das Parlament*, B 27/86, v. 5.7. 1986, S. 3-19.

daran, daß sie die politischen Kommandostrukturen als so übermächtig ansahen, daß Veränderungen nur über äußeren Einfluß möglich erschienen[4]. Keime einer Zivilgesellschaft wurden von ihr ebenso übersehen, wie von der herkömmlichen DDR-Forschung; eine Veränderung durch politische Akteure oder Massenbewegungen in diesen Gesellschaften selbst wurde nicht für möglich gehalten.

Politisches System und administrative Wirtschaftslenkung schienen in beiden Forschungsrichtungen so eng aufeinander abgestimmt zu sein, daß es weder Raum für eine Zivilgesellschaft noch für politische Subjekte gab. So taucht der Begriff „Zivilgesellschaft" – zumindest in der Bundesrepublik – erst sehr spät auf und wird hier zunächst auch nur in seiner englischen Fassung als „civil society" rezipiert; Theorien der „collective action" und „resource mobilization" fehlen völlig[5]. Erst die politische Kulturforschung konnte eine von der offiziellen politischen Zielkultur verschiedene Kultur und die Konturen einer Zivilgesellschaft aufzeigen[6].

In der Retrospektive ist die Dauer des staatssozialistischen Herrschaftssystems mindestens ebenso erklärungsbedürftig, wie sein rasanter, implosionsartiger Zusammenbruch. Rückblickend müssen als die zwei Säulen, auf denen die Herrschaft beruhte, sicherlich die Verfügung der Parteiführung über die Machtmittel sowie die materiellen Ressourcen der Gesellschaft und die von der Sowjetunion gegebene Garantie für die Staatlichkeit der DDR gelten. Wie Staritz zutreffend ausgeführt hat, war die relative Stabilität aber auch auf die „Teileinwilligung" und das „Arrangement" vieler DDR-Bürger mit einem – allerdings bescheiden ausgestatteten – „Sozialvertrag" zurückzuführen[7]. Die Bereitschaft, in dieses Arrangement einzuwilligen, ging jedoch seit Ende der siebziger Jahre merklich zurück. Die Weigerung der jüngeren Generation, den Sozialvertrag zu akzeptieren, setzte schließlich die massenhafte Bewegung in Gang – zunächst in der Ausreisewelle, dann in den Massendemonstrationen in der DDR gegen die politische Führung.

Mit der Analyse der politischen Sozialisation, die ja gerade die Integration in das System garantieren sollte, wird der deutliche „Kulturum-

4   So vertritt beispielsweise Zbigniew Brzezinski die Auffassung, daß nur der wachsende Einfluß von Medien und Massenkommunikationsmitteln und der Druck des Westens die versteinerten Verhältnisse in Bewegung setzen könnten. Vgl. Zbigniew Brzezinski, *The Grand Failure. The Birth and Death of Communism in the Twentieth Century*, London: Macdonald 1990.

5   Vgl. zur Mobilisierungstheorie das einflußreiche Werk von Charles Tilly, *From Mobilization to Revolution*, Reading/Mass.: Addison-Wesley 1978. – Zur theoretischen Diskussion über die Zivilgesellschaft vgl. Z.A. Pelczynski (Hrsg.), *The State and Civil Society*, Cambridge: Cambridge University Press 1984.

6   Vgl. z. B. Volker Gransow, East German Society at the Turning Point? Review Article, in: *Studies in Comparative Communism*, 20. Jg. 1987, H. 1, S. 103-109; Hubertus Knabe, Politische Opposition in der DDR. Ursprünge, Programmatik, Perspektiven, in: *Aus Politik und Zeitgeschichte. Beilage zur Zeitschrift Das Parlament*, B 1-2/1990, S. 21-32.

7   Staritz, Ursachen und Konsequenzen (Anm. 1), S. 23.

bruch" aufgrund des Generationenwechsels verständlich, der der Implosion der herrschaftstragenden und herrschaftssichernden Institutionen vorausging[8]. Die Faltlinien dieses Umbruchs sollen im folgenden ausgeleuchtet werden. Zwei miteinander zusammenhängende Fragen stehen deshalb im Mittelpunkt der vorliegenden Studie. Zum einen ist zu fragen, inwiefern – wie bislang angenommen – die politisch-ideologische Erziehung tatsächlich ein primärer Faktor der Herrschaftssicherung war. Zum anderen ist damit die Frage aufgeworfen, was die Dauerhaftigkeit des Systems erklärt, da die politische Erziehung in der von ihr angestrebten durchgreifenden Wert- und Einstellungsbildung versagt hat.

Die zentrale Forschungshypothese der Studie ist die, daß das Auseinanderklaffen von offizieller Herrschaftslegitimation, die die offizielle politische Kultur der DDR-Führung ausmachte, und der faktisch vorhandenen, das Mikromilieu des Alltags strukturierenden dominanten politischen Kultur eine eigentümliche politische Doppelkultur entstehen ließ, die für das Herrschaftssystem charakteristisch war und auf dem seine relative Dauerhaftigkeit beruhte.

Diese Doppelkultur begründete das systemtypische Arrangement für die politische Sozialisation. Sie war daher durch einen tiefgreifenden Widerspruch charakterisiert. Zwar appellierte die politische Führung aufgrund ihres offiziell vertretenen Selbstverständnisses beständig an den „aktiven" Bürger, sich an der Gestaltung der Gesellschaft zu beteiligen. Tatsächlich wurden Aktivität und Selbständigkeit aber nur in dem Maße angestrebt und gefördert, in dem sie den Zielen von Partei und Staat entsprachen; bekräftigt wurde dies durch entsprechende Sanktionen bzw. Belohnungen. Bereits in der Schule wurde den Heranwachsenden vermittelt, daß maßvolle Anpassung und nicht gesellschaftliche Veränderung gewünscht werde – eine Erfahrung, die sich in Berufsausbildung, Studium und Alltag fortsetzte. Dies führte dazu, daß sich die – im übrigen auch für andere staatssozialistische Systeme typische – Doppelkultur besonders in der Sozialisation der Heranwachsenden manifestierte, in der sich offizieller Anspruch, Sprache und Programmatik von faktischer Erfahrung und eigenständiger Urteilsbildung kraß unterschieden.

Der theoretische Rahmen dieser Studie wurde vor allem aus der politischen Kulturforschung gewonnen. Zunächst als eine Richtung der Demokratieforschung entwickelt, wurde die politische Kulturforschung dann seit Ende der sechziger Jahre auch in der Kommunismusforschung eingeführt[9]. Dieser Ansatz wurde gewählt, weil er, anders als die tradi-

---

8   Vgl. zum Kulturumbruch und zum „Generationenriß" (Niethammer) auch Lutz Niethammer, Das Volk und die Revolution. Versuch einer historischen Wahrnehmung der laufenden Ereignisse, in: Charles Schüddekopf (Hrsg.), *„Wir sind das Volk". Flugschriften, Aufrufe und Texte einer Revolution*, Reinbek: Rowohlt Taschenbuchverlag 1990, S. 251-278.

9   Vgl. den Überblick bei Archie Brown, (Hrsg.), *Political Culture and Communist Studies*, London: The Macmillan Press 1984, S. 2f.; Christiane Lemke, Die politische Kultur sozialistischer Systeme in Osteuropa. Fragestellungen, theo-

tionelle institutionenzentrierte oder systemtheoretisch-funktionalistisch geprägte DDR-Forschung es erlaubte, die historisch und sozio-kulturell geformten subjektiven Dimensionen des Politischen und besonders die Subjekte im politischen Gemeinwesen schärfer in den Blick zu nehmen. Wie Archie Brown, der prononcierteste Vertreter einer historisch orientierten „subjektiven Schule" in der politischen Kulturforschung, herausgestellt hat, sollte die politische Sozialisation einen festen Platz in der Erforschung der politischen Kultur staatssozialistischer Systeme haben, um beurteilen zu können, ob die Herrschaftssysteme in der Durchsetzung des Konzepts vom „neuen Menschen" überhaupt erfolgreich waren[10]. Aus der vorgeschlagenen Verbindung von politischer Kulturforschung und politischer Sozialisationsanalyse konnten fruchtbare Arbeitshypothesen entwickelt werden. Die vorliegende Studie arbeitet jedoch – im Unterschied zu Brown – mit einem weiten Begriff der politischen Kultur. Er bezeichnet historisch, soziologisch und kulturell beeinflußte Werte, Einstellungen, Kenntnisse und Verhaltensweisen, die sich auf Politik und das politische System beziehen und die Interaktion der Subjekte mit dem politischen System prägen und beeinflussen. Er umfaßt subjektive (Einstellungen, Werte, Handlungen u.a.) wie objektive Dimensionen (institutionelle Rahmenbedingungen, sozialstrukturelle Stellung, formalisierte Regeln usw.). Zugleich verzichtet er auf eine Wertung, beispielsweise indem nur eine demokratische Kultur als „politische Kultur" bezeichnet wird, wie es teilweise in der westlichen Diskussion geschieht; gleichwohl

Fortsetzung der Fußnote

retische und konzeptuelle Probleme, in: Gerd Meyer/ Franciszek Ryszka (Hrsg.), *Die Politische Kultur Polens*, Tübingen: Francke Verlag, S. 41-55. – Den Zusammenhang zwischen politischer Sozialisation und politischer Kultur stellten in der vergleichenden Politikwissenschaft vor allem heraus: Gabriel Almond/Sidney Verba, *The Civic Culture. Political Attitudes and Democracy in Five Nations*, Princeton, N. J.: Princeton University Press 1963. – Neuere Veröffentlichungen von Almond, Inglehart und Pye erinnern daran, daß das Potential dieser Forschungsrichtung noch nicht ausgeschöpft ist; angesichts der Umbrüche in Ost- und Mitteleuropa erfährt dieser Ansatz gegenwärtig eine Renaissance. Vgl. z.B. Gabriel Almond, Politische Kulturforschung – Rückblick und Ausblick, in: Dirk Berg-Schlosser/Jakob Schissler (Hrsg.), *Politische Kultur in Deutschland, Politische Vierteljahresschrift*, Sonderheft 18/1987, S. 27-38; Ronald Inglehart, The Renaissance of Political Culture, in: *American Political Science Review*, Bd. 82, H. 4(1988), S. 1203-1230; Harry Eckstein, A Culturalist Theory of Political Change, in: *American Political Science Review*, Bd. 82, H. 3 (1988), S. 789-804. – Für den deutschsprachigen Raum vgl. auch Ralf Rytlewski, Soziale Kultur als politische Kultur: die DDR, in: Berg-Schlosser/Jakob Schissler (Hrsg.), *Politische Kultur in Deutschland*, S. 238-246.

10 Vgl. Archie Brown, Introduction, in: Archie Brown/Jack Gray (Hrsg.), *Political Culture and Political Change in Communist States*, 2. Aufl., London: The Macmillan Press 1979, S. 18f. – Ein erster Versuch, politische Sozialisation in staatssozialistischen Systemen zu analysieren, lieferte der von Volgyes herausgegebene Band: Ivan Volgyes (Hrsg.), *Political Socialization in Eastern Europe: A Comparative Framework*, New York: Praeger 1975.

unterscheidet er zwischen einer offiziellen politischen Kultur im Sinne der Partei- und Staatsführung und einer in der Gesellschaft vorhandenen, vielschichtigen dominanten Kultur.

Der Begriff politische Sozialisation, der in der Studie entwickelt wird, begründet einen herrschafts- und ideologiekritischen Zugang zur Analyse staatssozialistischer Systeme, der die Subjekte selbst in den Mittelpunkt stellt. Er unterscheidet sich grundlegend vom Begriff politisch-ideologische Erziehung, wie er in der DDR verwandt wurde. Während die politisch-ideologische Erziehung fest in der offiziellen politischen Kultur verankert war, umfaßt die politische Sozialisation alle Prozesse der politischen Meinungs-, Einstellungs- und Verhaltensbildung, also auch solche, die entweder nicht der offiziellen Zielkultur folgten wie oppositionelle Haltungen, oder die in informellen, nichtstaatlichen Gruppen und Zusammenhängen stattfanden. Wie in der Studie im einzelnen noch zu zeigen sein wird, blieb der Zugriff des Herrschaftssystems auf die Lebensbereiche der Bevölkerung im DDR-Alltag bis 1989 begrenzter, als es Anspruch und Organisation des Herrschaftssystems selbst nahelegten. Reste der alten Zivilgesellschaft, überkommene und neue Freiräume, Privatheit und Individualität waren in größerem Maße vorhanden, als es die bisherige, primär institutionenzentrierte herrschaftskritische DDR-Forschung angenommen hatte. Politische Informiertheit, Einstellungen, Meinungen und Verhaltensweisen haben sich daher nicht nur in der politisch-ideologischen Erziehung herausgebildet.

Politische Sozialisation wird in der Studie als Teilprozeß der allgemeinen Sozialisation verstanden, in dem politische Kenntnisse, Einstellungen, Werte und Handlungsmuster erworben werden, die die Grundlage von konkretem politischem und sozialem Verhalten bilden. Zur politischen Sozialisation in der DDR im Untersuchungszeitraum trug sowohl die organisierte politisch-ideologische Erziehung in Schule, Jugendverband, Ausbildung, Wehrdienst, Studium und politischen Schulungen bei als auch die sozialen und politischen Erfahrungen in Familie, Freundeskreis, Kirche oder anderen informellen, nicht-staatlichen oder alternativen Gruppen. Aufgrund der Verknüpfung der allgemeinen mit der politischen Sozialisation erfolgt die politische Sozialisation in erster Linie im Jugendalter, ist jedoch nicht auf diesen Lebensabschnitt beschränkt. Der Erwerb politischer Werte, Einstellungen und Verhaltensweisen wird als ein widersprüchlicher Prozeß betrachtet, in dem nicht nur „herrschende" Normen und Werte übernommen werden, die entweder eine einfache Anpassung an das Herrschaftssystem oder Ablehnung und Verweigerung bewirken; vielmehr wird in der Studie davon ausgegangen, daß zur politischen Sozialisation auch diejenigen Prozesse gehören, die dazu geführt haben, daß einzelne oder Gruppen der Gesellschaft andere als die herrschenden Einstellungen und Verhaltensmuster erworben, Konflikte ausgetragen oder zur Veränderung der politischen Kultur beigetragen haben. In dieser Studie steht damit nicht die Polarität von Anpassung oder Verweigerung im Mittelpunkt, sondern die Frage nach der inneren Logik des Zusammenhangs zwischen politischer Ordnung und ziviler Gesellschaft.

Da sich die Untersuchung in erster Linie auf einen – vielschichtigen – Materialbestand aus der DDR stützt, sind einleitend einige Bemerkungen zum methodischen Vorgehen und zur Verwendung dieses Materials notwendig. Die DDR-Forschung, in deren Tradition nicht zuletzt auch diese Arbeit verfaßt ist, war stets damit konfrontiert – sofern sie wie diese Studie empirisch-analytisch orientiert ist –, daß Selbst- und Fremdzensur, restriktive Veröfffentlichungspolitik und Geheimhaltung von Daten die Forschungsarbeit erheblich erschwerten, häufig sogar unmöglich machten. Dies hat mit dazu beigetragen, daß sie heute zu einem „umstrittenen Wissenschaftsfeld" (Rüdiger Thomas) in der Politik- und Sozialwissenschaft geworden ist. Während sich andere staatssozialistische Länder wie Polen, Ungarn und selbst die Sowjetunion um eine – zumindest partiell – sich westlichen Standards annähernde Forschung bemühten, blieb die DDR restriktiv und oft provinziell, da internationale Untersuchungsergebnisse und Forschungsmethoden häufig nicht einmal einem kleinen Kreis von Experten bekannt waren, obwohl sich die Gesellschaftswissenschaften in der DDR zunehmend ausdifferenzierten. Zugleich sollte nicht übersehen werden, daß die traditionelle westliche DDR-Forschung Erhebliches geleistet hat; sie hat bereits frühzeitig Problemlagen und Konfliktlinien aufgezeigt, sie ausführlich beschrieben und nicht zuletzt dazu beigetragen, daß die „andere deutsche Republik" nicht aus dem wissenschaftlichen Diskurs verschwunden ist. Eine pauschale Verurteilung ist daher ebenso ungerechtfertigt wie es eine Beschönigung der Leistungen dieses Forschungsfeldes ist.

Trotz mannigfacher Schwierigkeiten und Probleme schien es angesichts der Brisanz des Themas lohnend, dieses Forschungsprojekt durchzuführen. Gesichtet und ausgewertet wurden Monographien, Gesetzestexte und Verordnungen sowie einschlägige Fachzeitschriften aus der DDR aus dem politischen, pädagogischen und kulturellen Bereich. Insbesondere handelt es sich dabei um die Zeitschriften „Deutsche Zeitschrift für Philosophie", „Einheit", „Pädagogik", „Das Hochschulwesen", „Geschichtsunterricht und Staatsbürgerkunde", „Sinn und Form", „Weimarer Beiträge". Berücksichtigt wurden auch die „Wissenschaftlichen Zeitschriften" der Hochschulen, insbesondere der Humboldt-Universität Berlin und der Karl-Marx-Universität Leipzig („Gesellschaftswissenschaftliche Reihe"). Diese Materialien standen ebenso wie die „Informationen zur soziologischen Forschung in der Deutschen Demokratischen Republik", herausgegeben von der Akademie für Gesellschaftswissenschaften beim ZK der SED, und die „Informationen des Wissenschaftlichen Rates 'Die Frau in der sozialistischen Gesellschaft'", herausgegeben vom gleichnamigen Rat bei der Akademie der Wissenschaften, im Archiv des Zentralinstituts für sozialwissenschaftliche Forschung der Freien Universität zur Verfügung. Mit einbezogen wurden darüber hinaus Berichte und Publikationen der Kirchen. Hilfsquellen bildete zusätzlich die dokumentarische und halbdokumentarische Literatur aus der DDR.

Die Auswertung der Materialien konnte im Verlauf der Forschungsarbeit und damit bereits vor dem Umbruch ergänzt werden durch Eigenbeobachtungen und Expertengespräche mit Wissenschaftlern aus der DDR sowie mit Fachleuten der internationalen DDR- und Kommunismusforschung in der Bundesrepublik, den USA und Großbritannien. So war es möglich, das häufig spröde, verschlüsselte oder unvollständige Material auf seine Aussagefähigkeit hin zu hinterfragen, Einschätzungen und Zwischenergebnisse zu überprüfen und nötigenfalls zu korrigieren. Dieser Zugang war im Rahmen von internationalen Tagungen und durch eigene Kontakte gegeben, die in Einzelfällen auch Einblick in einige bislang unbekannte interne Materialien ermöglichten.

Durch den Umbruch hat sich die Forschungslage grundlegend gewandelt. Bislang unter Verschluß gehaltene Untersuchungsergebnisse werden jetzt publiziert, kommentiert und Besuchern zugänglich gemacht. Daten wie beispielsweise die der Bevölkerungszählung 1982 werden erstmals – so im „Sozialreport '90" – bekanntgegeben[11]. All dies kann das Herrschaftsarrangement in vierzig Jahren Staatssozialismus nur partiell und lediglich retrospektiv ausleuchten; viele Entwicklungen der vergangenen Jahrzehnte, so auch das qualitative und quantitative Profil politischer Einstellungen und Werte, werden nicht rekonstruierbar sein. Unter diesen nun öffentlich zugänglichen Materialien sind jedoch Angaben, die über Bewußtseinslagen und Einstellungen im Untersuchungszeitraum, d.h. bis 1989, Auskunft geben und die für diese Untersuchung nutzbar gemacht werden konnten. Als besonders aufschlußreich erwies sich ein Besuch im Zentralinstitut für Jugendforschung in Leipzig im Sommer 1990.

Die Studie ist in fünf Kapitel gegliedert. Das erste Kapitel entwickelt den methodisch-theoretischen Rahmen. Vor dem Hintergrund neuerer Ergebnisse der politischen Sozialisationsforschung werden Ansatz, Fragestellungen und Untersuchungslinien entwickelt. Kapitel zwei diskutiert das in der DDR vertretene offizielle Konzept der politisch-ideologischen Erziehung und setzt es von dem in dieser Untersuchung verwendeten Sozialisationsansatz ab. Kapitel drei liefert eine auf empirischem Material basierende Analyse der Rolle der Sozialisationsagenturen in der politischen Sozialisation. Untersucht werden, bezogen vor allem auf die Jugendsozialisation, die Familie, staatliche wie nichtstaatliche Sozialisationsagenturen und die Massenmedien. Kapitel vier geht der Frage der sozialen Differenzierungen der DDR-Gesellschaft nach und untersucht,

---

11 Vgl. Gunnar Winkler (Hrsg.), *Sozialreport '90. Daten und Fakten zur sozialen Lage in der DDR*, Berlin (DDR): Verlag Die Wirtschaft 1990. – Zur Kritik der DDR-Forschung vgl. z. B. Rüdiger Thomas, Von der DDR-Forschung zur kooperativen Deutschland-Forschung. Bilanz und Perspektiven eines umstrittenen Wissenschaftsfeldes, in: *Zeitschrift für Parlamentsfragen*, 1/1990, S. 126-136.

wie sich politisches Bewußtsein und Verhalten vor dem Hintergrund so-
zialstruktureller Unterschiede konstituiert haben. Exemplarisch werden
zwei Schnittebenen gelegt, die für die Legitimation des Herrschaftssystems einen zentralen Stellenwert besessen haben: das Wohnumfeld bzw.
die Wohnung und die Unterschiede, die auf die Geschlechterrollen zurückzuführen sind. Kapitel fünf diskutiert abschließend die Relevanz von
Geschichtsbild und Geschichtsbewußtsein für die politische Sozialisation.

1. Politische Sozialisation und Gesellschaft

Politische Sozialisation ist Teil des umfassenderen Sozialisationsprozesses, in dem die Mitglieder einer Gesellschaft in die jeweilige Gesellschaft integriert werden. Sie bezeichnet den Prozeß, in dem sich die Individuen Werte, Einstellungen und Kenntnisse erwerben, die das politische Handeln beeinflussen und lenken. Die klassische politische Sozialisationsforschung ging von der Frage aus, wie demokratisches Verhalten erlernt und Demokratien stabil erhalten werden können. Politische Sozialisationsforschung und Demokratieforschung sind in der westlichen Politik- und Sozialwissenschaft daher eng miteinander verknüpft. Verschiedene theoretische Erklärungsansätze und empirische Untersuchungen haben folgerichtig die Beziehung zwischen Politik und Gesellschaft, zwischen politischen Institutionen – Staat, Parteien, Verbände, Bildungseinrichtungen u.a. – und dem politischen Bewußtsein und Verhalten der Bevölkerung näher zu beleuchten versucht. Zur politischen Sozialisation in westlichen Industriegesellschaften ist in den vergangenen drei Jahrzehnten eine Fülle von theoretischen und empirischen Untersuchungen entstanden[1].

Die Entwicklung von Werten, Einstellungen und Kenntnissen, die politische Handlungsmuster der Bevölkerung in staatssozialistischen Systemen über Jahrzehnte hinweg geprägt haben, ist dagegen, von einigen Ausnahmen abgesehen, bislang kaum untersucht worden. Die politische Sozialisationsforschung bleibt im wesentlichen auf westliche Industriegesellschaften konzentriert, obwohl die Frage der Beziehung von politischem System und Bevölkerung in den vom Staatssozialismus stalinistischen Typs nachhaltig geprägten Gesellschaften erhebliche Brisanz besitzt. Mit dem Aufbrechen der zentralistisch-autoritären Strukturen sind fundamentale politisch-ideologische Legitimationsmuster bloßgestellt worden; zum ersten Mal in der Nachkriegsgeschichte wird darüber hinaus die Vielschichtigkeit politischer Auffassungen sichtbar. In der vorliegenden Studie wird die These vertreten, daß Analysen politischer Sozialisa-

---

1 Vgl. zum Stand der Sozialisationsforschung z.B. Bernhard Claußen/Klaus Wasmud (Hrsg.), *Handbuch der politischen Sozialisation*, Braunschweig: Agentur Pedersen 1982; Christine Kulke, Politische Sozialisation, in: Klaus Hurrelmann/Dieter Ulich (Hrsg.), *Handbuch der Sozialisationsforschung*, Weinheim/Basel: Beltz 1980, S. 745-776; Peter Pawelka, *Politische Sozialisation*, Wiesbaden: Akademische Verlagsgesellschaft 1977; Stanley A. Renshon (Hrsg.), *Handbook of Political Socialization*, New York: The Free Press 1977; Michael Zängle, *Einführung in die politische Sozialisationsforschung*, Paderborn: Ferdinand Schöningh 1978.

tionsprozesse und deren Ergebnisse nicht nur für das Verständnis der bisherigen Funktionsweise des Herrschaftssystems in der DDR, sondern auch für eine fundierte Einschätzung der politischen Erneuerungsfähigkeit unerläßlich sind. Dem politisch handelnden Subjekt kommt gerade in der Umbruchpase zentrale Bedeutung zu.

Zur Präzisierung des theoretischen und methodischen Vorgehens wird im folgenden zunächst ein knapper Überblick über den Stand und die Probleme der politischen Sozialisationsforschung gegeben und dann auf der Basis des derzeitigen Forschungsstandes auf die Analyse der politischen Sozialisation in der ehemaligen DDR eingegangen. Angeknüpft wird vor allem an die politische Kulturforschung, aus deren Differenzierung von offizieller und dominanter politischer Kultur und der Thematisierung subjektiver Dimensionen von Herrschaft Forschungshypothesen gewonnen werden sollen. Die Betrachtung politischer Sozialisation erfolgt im Kontext eines „weiten" Begriffs der politischen Kultur, der, um hinreichend aussagefähig zu sein, objektive wie subjektive Elemente der politischen Kultur einbezieht.

1.1. Politische Sozialisation: Zur Entwicklung eines Forschungsparadigmas

1.1.1. Westliche politische Sozialisationsforschung

Die politische Sozialisationsforschung in der Bundesrepublik verdankt ihr Entstehen im wesentlichen zwei Wurzeln: der sich vom Nationalsozialismus wie vom Kommunismus abgrenzenden Demokratieforschung einerseits und der mit modernen sozialwissenschaftlichen Forschungsmethoden arbeitenden empirischen Sozialisationsforschung andererseits. Probleme der Entstehung und Entwicklung politischen Bewußtseins und Verhaltens wurden im Nachkriegsdeutschland systematisch reflektiert, galt es doch die Periode nationalsozialistischer Herrschaft in Richtung auf eine Demokratisierung des gesamten politischen und gesellschaftlichen Systems zu überwinden. Wie Otto Stammer hervorhob, sollte die sich neu etablierende Politikwissenschaft in erster Linie als Demokratieforschung verstanden werden; nach Stammer sollte sich diese Demokratieforschung nicht nur mit politischen Institutionen und deren Funktionsweise befassen, sondern auch die Dynamik sozialer und sozio-kultureller Prozesse und deren Zusammenhänge mit dem jeweiligen Herrschaftssystem untersuchen. Das damit verknüpfte Anliegen, Demokratien westlichen Musters als gelebte Demokratien zu begreifen, teilt dieser Ansatz der Politikwissenschaft mit der politischen Sozialisationsforschung, die heute zum Baustein moderner Politik- und Sozialwissenschaften gehört.

Zunächst anknüpfend an deutsche bzw. europäische Wissenschaftstraditionen vor dem Nationalsozialismus, dann stark beeinflußt von der

Rezeption angloamerikanischer Forschungsergebnisse, entwickelte sich in den sechziger und siebziger Jahren in der Bundesrepublik eine vielschichtige politische Sozialisationsforschung eigener Prägung, deren Einflüsse weit über den akademischen Raum hinaus bis in die politische Bildung spürbar geworden sind[2]. War die amerikanische Forschung ursprünglich führend, hat sich inzwischen auch in der Bundesrepublik ein beachtliches Spektrum politischer Sozialisationsforschung entfaltet. So hat der Sozialisationsforscher Bernhard Claußen jüngst in einer Besprechung über Arbeiten zur politischen Sozialisation die beeindruckende Vielfalt allein der bundesrepublikanischen Literatur belegen können[3]. Angesichts dieser Vielfalt fällt es schwer, den gegenwärtigen Stand der Diskussion kurz und bündig auf den Begriff zu bringen. Eine grobe, aber dennoch übersichtliche Zusammenfassung der relevanten theoretischen Konzeptionen und Forschungsansätze gibt Christine Kulke im „Handbuch der Sozialisationsforschung", die zur Verortung des Forschungsfeldes hier genügen mag[4]. Sie unterscheidet:

1. Identifikations-/Legitimationskonzepte: In diesen Konzepten wird politische Sozialisation als ein Prozeß der Übertragung bzw. Übernahme sozialer Normen und Werte verstanden, der zur Stabilisierung und Legitimierung des sozialen und politischen Systems beiträgt. In Verbindung mit strukturell-funktionalen Positionen (Talcott Parsons) und der Systemtheorie spielten in diesen Ansätzen insbesondere die Lerntheorie und die Rezeption der Psychoanalyse eine große Rolle. Typisch für diese Ansätze, die sich insbesondere in den USA seit Anfang der sechziger Jahre entwickelt haben, sind z.B. die Arbeiten von Fred J. Greenstein, der, analog zu den psychoanalytisch beeinflußten allgemeinen Sozialisationstheorien, eine frühzeitig erworbene Prägung von Basisorientierungen annahm, oder Arbeiten von David Easton und Jack Dennis, die das wohl prononcierteste systemtheoretische Konzept politischer Sozialisation vorgelegt haben. In gewisser Weise sind zu diesen Ansätzen auch die lerntheoretisch geprägten Arbeiten von Robert D. Hess und Judith Torney sowie die identitätstheoretische Orientierung von Richard E. Dawson und Kenneth Prewitt zu rechnen[5].

2 Vgl. zum geistesgeschichtlichen Hintergrund der allgemeinen Sozialisationstheorie ausführlicher Dieter Geulen, Die historische Entwicklung sozialisationstheoretischer Paradigmen, in: Hurrelmann/Ulich (Hrsg.), *Handbuch der Sozialisationsforschung* (Anm. 1), S. 15-49.
3 Vgl. Bernhard Claußen, Politische Sozialisation: Konsolidierung und Differenzierung eines Forschungsparadigmas, Teil I, in: *Neue Politische Literatur*, 29. Jg. 1984, H. 1, S. 91-116, Teil II, in: ebd., H. 2, S. 167-184.
4 Kulke, Politische Sozialisation, in: Hurrelmann/Ulich, *Handbuch der Sozialisationsforschung* (Anm. 1), S. 751 ff.
5 Hier wird Bezug genommen auf folgende Arbeiten: Fred J. Greenstein, *Children and Politics*, New Haven: Yale University Press 1965; David Easton/Jack Dennis, *Children in the Political System*, New York: McGraw-Hill 1969; Robert D. Hess/

2. Interaktions-/Identitätskonzepte: Kulke faßt in dieser Gruppe sowohl die von George Herbert Mead und die Handlungstheorie des symbolischen Interaktionismus beeinflußten Konzepte zusammen als auch die gesellschaftstheoretisch begründeten interaktionistischen Ansätze, die auf Jürgen Habermas zurückgehen. Betont wird hier der Erwerb des flexiblen Rollenlernens und -handelns zur Konstituierung eines „political self", wie sie beispielsweise bei Dawson und Prewitt zu finden sind, bzw. die Entwicklung von Ich-Identität und kommunikativer Kompetenz wie bei Habermas[6].

3. Kognitions-/Kooperationskonzepte: Hier wird politische Sozialisation als sozialkognitive Entwicklung der Persönlichkeit verstanden. Im Mittelpunkt steht der Aufbau eines Wertbewußtseins und der moralischen Urteilsfähigkeit des Subjekts. Angeregt durch die Arbeiten von Jean Piaget und Lawrence Kohlberg, sind im amerikanischen wie im bundesrepublikanischen Raum verschiedene Forschungen entstanden, die zu dieser Gruppe von Ansätzen zu rechnen sind, so zum Beispiel der emanzipationsorientierte Ansatz von Hans-Christian Harten[7].

4. Kritische Aufklärung, Partizipation und politisch-gesellschaftliche Emanzipation: Politische Sozialisation wird in diesen Konzepten vor allem vor dem Hintergrund antagonistischer Gesellschaftsstrukturen gesehen. Gefragt wird nach den Chancen der Beeinflußbarkeit von Herrschaft, der Entwicklung realer demokratischer Strukturen bzw. der Entwicklung subjektiver und objektiver Entfaltungspotentiale. Zwei Hauptstränge lassen sich in dieser gesellschaftskritischen Gruppe ausmachen, die sozialpsychologisch-psychoanalytisch orientierten Untersuchungen, insbesondere aus der Autoritarismusforschung, und sozioökonomisch bzw. gesellschaftstheoretisch fundierte Arbeiten[8]. Sozialisationsziele sind „Partizipation" oder „Emanzipation"[9]. Neben Aktivitäten in Parteien und Organi-

Fortsetzung der Fußnote

  Judith Torney, *The Development of Political Attitudes in Children*, Chicago: Aldine 1967 Richard E. Dawson/Kenneth Prewitt, *Political Socialization*, Boston: Little, Brown & Co. 1969; Richard E. Dawson/Kenneth Prewitt/Karen S. Dawson, *Political Socialization*, 2. Aufl., Boston: Little, Brown & Co. 1977.

6 Vgl. Jürgen Habermas, *Zur Entwicklung der Interaktionskompetenz*, Frankfurt a.M.: Gesellschaft zur Förderung der Wissenschaft 1975; ders., *Theorie des kommunikativen Handelns*, Frankfurt a.M.: Suhrkamp 1981; Rainer Döbert/Jürgen Habermas/Gertrud Nunner-Winkler (Hrsg.), *Entwicklung des Ichs*, 2. Aufl., Königstein/Ts.: Athenäum/Hain/Scripton/Hanstein 1980.

7 Vgl. Hans-Christian Harten, *Kognitive Sozialisation und politische Erkenntnis*, Weinheim: Beltz 1977. Nicht berücksichtigt werden von Kulke feministische Positionen; vgl. dazu in kritischer Abgrenzung von Piaget und Kohlberg Carol Gilligan, *In a Different Voice. Psychological Theory and Women's Development*, Cambridge, Mass./London: Harvard University Press 1982.

8 Vgl. zu letzterem beispielsweise David Oesterreich, *Autoritarismus und Autonomie*, Stuttgart: Klett 1974.

9 Vgl. z.B. zur Partizipation Richard M. Merelman, Social Stratification and

sationen wird dabei auch die Teilnahme an Bürgerinitiativen, Protest- und Alternativbewegungen mituntersucht.

Je nach Forschungsansatz und Erkenntnisinteresse wurden in der politischen Sozialisationsforschung unterschiedliche Aspekte des komplizierten Prozesses untersucht, in dem sich politisches Bewußtsein und Verhalten in modernen, westlichen Industriegesellschaften entwickeln. Unter thematischen Gesichtspunkten lassen sich zusammengefaßt drei Schwerpunkte unterscheiden:

- Die Untersuchung von Sozialisationsagenturen wie Familie, Schule, Medien u.a.
- Die Konzentration auf Entwicklungsabschnitte, wobei im Lebenszyklus bestimmte Prägungsphasen angenommen werden.
- Die Erforschung von sozialen Gruppen und – vor allem im amerikanischen Raum – von Minoritäten oder Subkulturen in der Gesellschaft.

In Bezug auf die Untersuchung von Sozialisationsagenturen standen Familie und Schule zunächst im Mittelpunkt der Reflexion der politischen Sozialisationsforscher. Das Interesse an der Familie als Sozialisationsagentur zeigte sich bereits in den von Theodor W. Adorno, Max Horkheimer und anderen der Frankfurter Schule nahestehenden Autoren beeinflußten Forschungen zum „antiautoritären Sozialcharakter", in denen familiale Strukturen als grundlegend für politisches und Sozialverhalten angesehen werden[10]. In den „Studien über Autorität und Familie" (1936) entwarfen die Mitarbeiter des Instituts für Sozialforschung die Grundbausteine einer Theorie politischer Sozialisation im präfaschistischen Deutschland, die für Teile der Faschismusforschung und später für die Autoritäts- und Vorurteilsforschung wegweisend wurde. Mit der Emigration der Mitarbeiter des Instituts entwickelte sich in den Vereinigten Staaten eine einflußreiche Strömung theoretisch und empirisch vorgehender Sozialisationsforschung, die später auch in der Bundesrepublik rezipiert wurde.

Das Interesse an der Familie als Sozialisationsagentur wurde bestärkt durch die empirisch angelegten amerikanischen Untersuchungen von Herbert Hyman und Fred Greenstein. Hymans 1959 publizierte Studie, in der er Schülerbefragungen und Jugenduntersuchungen aus den vierziger und fünfziger Jahren auswertete und von den geäußerten politischen Orientierungen auf bestimmte Regelmäßigkeiten des „learning of social patterns" in der Kindheit schloß, gilt in den USA als wegbereitend

Fortsetzung der Fußnote

Political Socialization in Mature Industrial Societies, in: *Comparative Education Revue*, 19/1975, S. 13 ff. Zur Emanzipation vgl. z.B. Hermann Giesecke, *Didaktik der politischen Bildung*, München: Juventa 1972; Rolf Schmiederer, *Zwischen Affirmation und Reformismus*, Frankfurt a.M.: Europäische Verlagsanstalt 1972; ders., *Politische Bildung im Interesse der Schüler*, Hannover: Schriftenreihe der Niedersächsischen Landeszentrale für Politische Bildung 1977.

10 Vgl. Max Horkheimer (Hrsg.), *Studien über Autorität und Familie*, Paris 1936.

für eine eigenständige politische Sozialisationsforschung[11]. Hymans Studie, die aus der politischen Soziologie kam, regte in der Folgezeit vor allem Arbeiten über politische Partizipation in demokratischen Gesellschaften an. Auch Greenstein geht in seiner bekannten Untersuchung „Children and Politics" (1965) davon aus, daß politische Einstellungen auf einen Prozeß des „political learning" zurückzuführen sind, für den die frühkindliche Sozialisation in der Familie entscheidend ist. Der Erwerb von politischen Einstellungen geht mit sozialem Lernen einher, wie seine Definition politischer Sozialisation zeigt. Er bezieht in den politischen Sozialisationsprozeß ein: „all political learning, formal and informal, deliberate and unplanned, at every stage of the life cycle, including not only explicite political learning but also nominal nonpolitical learning that affects political behaviour, such as the learning of politically relevant social attitudes and the acquisition of politically relevant personality characteristics."[12] Der primäre Einfluß der Familie auf politische Einstellungen, Werte und Verhaltensweisen wurde dagegen in anderen Studien in Frage gestellt. Hess und Torney ziehen aus ihren Untersuchungen politischer Einstellungen von Jugendlichen, die sie durch Altersgruppenvergleich ermittelt hatten, den Schluß, daß die Schule der wichtigste Agent politischer Sozialisation in den USA sei[13]. Die durch Hess und Torney ausgelöste Kontroverse regte eine Reihe empirischer Untersuchungen an, wie beispielsweise M. Kent Jennings Vergleich von familialen und schulischen Einflüssen oder Stanley A. Renshons Untersuchung der Familie[14]. Auch in der Bundesrepublik fand sie Beachtung. Allerdings scheint diese klassische Kontroverse, ob Familie oder Schule den entscheidenden oder gar alleinigen Einfluß auf politische Einstellungen und Verhaltensweisen ausübt, inzwischen weitgehend beigelegt zu sein. Mit der Erweiterung des Forschungsspektrums um neue Variablen sind diese Sozialisationsagenturen anders gewichtet worden. Heute werden neben Schule und Familie immer häufiger auch Sozialisationseinflüsse wie Medien, Freundesgruppen, Arbeitswelt, Wohnumgebung und intermediäre Gruppen untersucht, deren Bedeutung für westliche Demokratien in der Forschung belegt werden konnte.

11 Vgl. Herbert H. Hyman, *Political Socialization – A Study in the Psychology of Political Behaviour*, New York: The Free Press 1959 (Neuauflage 1969).
12 Fred I. Greenstein, Political Socialization, in: David L. Sills (Hrsg.), *Interventional Encyclopedia of The Social Sciences*, Bd. 14, New York 1968, S. 551.
13 Vgl. Hess/Torney, (Anm. 5).
14 Vgl. M. Kent Jennings, An Aggregate Analysis of Home and School Effects on Political Socialization, in: *Social Science Quarterly*, 55. Jg. 1974, H. 2, S. 394 ff.; M. Kent Jennings/Richard G. Niemi, *The Political Character of Adolescence*, Princeton: Princeton University Press 1974; Stanley A. Renshon, *Psychological Needs and Political Behavior*, New York 1974; ders., Personality and Family Dynamics in The Political Socialization Process, in: *American Journal of Political Science*, 19/1975; vgl. auch die ausführliche, kritische Erörterung bei Zängle, *Einführung* (Anm. 1), S. 73 ff.

Auch hinsichtlich des zweiten thematischen Schwerpunkts, der Untersuchung bestimmter Altersstufen, haben sich im Lauf der Zeit Veränderungen ergeben. Waren für die ersten Studien, vor allem unter dem Einfluß psychoanalytischer Theoreme und des Behaviorismus, Prägungen der Kindheit und frühen Jugend von ausschlaggebendem Interesse, so ist nunmehr – nicht zuletzt aufgrund von Studenten-, Bürgerrechts- und Protestbewegungen – auch das Jugend- und Erwachsenenalter zum wichtigen Forschungsgegenstand geworden. Greenstein war beispielsweise noch von einer Prägung während der frühkindlichen Sozialisation ausgegangen, und in dem lerntheoretisch beeinflußten Ansatz von Hess und Torney war von einer „Kristallisation" („hardening") politischer Einstellungen die Rede, die mit der 8. Schulklasse, also im Alter von 13 bis 14 Jahren, abgeschlossen sei. Heute ist zwar immer noch umstritten, ob von regelmäßigen Zusammenhängen zwischen der psychischen Entwicklung und den sie fördernden Umweltbedingungen in der Kindheit und Jugend auf eine für die politische Sozialisation auch langfristig wirksame Prägungsphase im Lebenszyklus geschlossen werden kann[15], jedoch gelten Annahmen wie die von Greenstein, insbesondere aber die von Hess und Torney, nicht zuletzt auch aus forschungsmethodologischen Gründen als überholt[16]. Im Unterschied zu diesen früheren Arbeiten ist daher verschiedentlich die Bedeutung der Adoleszenz für politisches Bewußtsein und Verhalten unterstrichen worden, so in der von Döbert, Habermas und Nunner-Winkler verfaßten und bereits erwähnten Publikation[17].

Die Erweiterung und Veränderung der Forschungsfragestellungen gilt auch für den dritten oben genannten Schwerpunkt, die Erforschung bestimmter sozialer oder ethnischer Gruppen oder der Subkulturen. Zwar hatte schon Greenstein auf schichtenspezifische Faktoren familialer Sozialisation hingewiesen. Immerhin gehörte der sozio-ökonomische Status in den USA bereits seit Anfang der sechziger Jahre zu den relevanten Forschungsvariablen. Systematisch aufgenommen wurden soziale oder kulturelle Unterschiede allerdings erst in den sechziger Jahren. Differenzierungen, die aus der sozialen Schichtzugehörigkeit resultierten, konnten nicht nur in den USA nachgewiesen werden – u.a. von Sidney Verba und Norman Nie (1972) sowie von Herbert Hirsch, der politische Sozialisationsprozesse in einem ländlichen Armutsgebiet der USA, den Appala-

15 Vgl. Gisela Behrmann, Politische Sozialisation, in: *Handlexikon zur Politikwissenschaft*, hrsg. v. Wolfgang W. Mickel in Verb. mit Dietrich Zitzlaff, München 1983, S. 412.

16 Vgl. auch die Kritik von Zängle, *Einführung* (Anm. 1), S. 39 ff., und Günter C. Behrmann, Zur Einführung: Politische Sozialisationsforschung, politische Kultur und politische Bildung, in: ders. (Hrsg.), *Politische Sozialisation in entwickelten Industriegesellschaften*, Bonn 1979, S. 9 ff.

17 Vgl. Döbert/Habermas/Nunner-Winkler (Hrsg.), *Entwicklung des Ichs* (Anm. 6), sowie Rainer Döbert/Gertrud Nunner-Winkler, *Adoleszenzkrise und Identitätsbildung*, Frankfurt a.M.: Europäische Verlagsanstalt 1975.

chen, untersuchte. Auch in der Bundesrepublik hat die schichtenspezifische Sozialisationsforschung zum Beispiel durch die Erforschung der politischen Sozialisation von Arbeitern und Arbeiterjugendlichen dazu beigetragen, ursprüngliche mittelschichtsorientierte Theoreme in Frage zu stellen. Insbesondere aus den USA stammen Untersuchungen zu Unterschieden der politischen Sozialisation verschiedener kultureller oder ethnischer Gruppen; dies gilt sowohl für Gruppen innerhalb desselben politischen Systems, den USA, als auch für verschiedene politische Systeme in der vergleichenden politischen Sozialisationsforschung[18]. In der Bundesrepublik hat das Interesse an kulturellen und ethnischen Vergleichen in jüngerer Zeit ebenfalls zugenommen, und zwar nicht nur im Rahmen großangelegter internationaler Studien, sondern auch in Bezug auf kulturelle Unterschiede in der Bundesrepublik, wie sich in der Forschung zu ausländischen Jugendlichen, Frauen und Arbeitnehmern zeigt.

Auch die Problematik geschlechtsspezifischer politischer Sozialisation hat in den USA wie neuerdings auch in der Bundesrepublik an Bedeutung gewonnen. Wie Carol Pateman in ihrer Kritik an der von Gabriel Almond und Sidney Verba 1963 veröffentlichten Studie „The Civic Culture" hervorhob, die eine geringere politische Beteiligung und ein angeblich geringeres politisches Interesse von Frauen ermittelt hatte, muß geschlechtsspezifische politische Sozialisation als „missing link" für die Erklärung dieser Phänomeme herangezogen werden[19]. In der Bundesrepublik hat sich vor allem Carol Hagemann-White mit geschlechtsspezifischen Sozialisationsbedingungen und Lebenswelten von Mädchen und Frauen befaßt, während die Auswirkungen geschlechtsspezifischer Sozialisationsmechanismen auf politisches Verhalten bislang erst wenig untersucht worden

18 Vgl. Sidney Verba/Norman H. Nie, *Participation in America*, New York: Harper and Row 1972; Herbert Hirsch, *Poverty and Politicization*, New York: The Free Press 1971. Zur Kritik am Mittelschichtstheorem vgl. die gesellschaftskritisch orientierte Literatur, auf die Dieter Geulen in seinem Überblicksartikel eingeht. Vgl. Geulen, Historische Entwicklung (Anm. 2) S. 45f. Vgl. auch die Forschungsarbeiten der Gruppe um Lempert: W. Lempert/E. Hoff/L. Lappe, *Konzeptionen zur Analyse der Sozialisation durch Arbeit (Materialien aus der Bildungsforschung*, Nr. 14), Berlin: Max-Planck-Institut für Bildungsforschung 1979, sowie die Erörterung bei Zängle, *Einführung* (Anm. 1), S. 117-142. Zur Ethnizität vgl. aus der amerikanischen Literatur z.B. Paul Abramson, *The Political Socialization of Black Americans: A Critical Evaluation of Research on Efficacy and Trust*, New York: The Free Press 1977; Chris Garcia, *Political Socialization of Chicano Children: A Comparative Study with Anglos in California Schools*, New York: Praeger 1973. Vgl. zu dieser Tendenz auch die Schilderung bei Behrmann, Politische Sozialisation (Anm. 15).

19 Vgl. Carol Pateman, The Civic Culture. A Philosophical Critique, in: Gabriel A. Almond/Sidney Verba (Hrsg.), *The Civic Culture Revisited*, Boston/Toronto: Little, Brown & Co. 1980, S. 57-102, hier S. 77. Zum Thema Frauen und Politik existiert in den USA inzwischen eine umfangreiche Literatur. Vgl. aus der Partizipationsforschung z.B. Ethel Klein, *Gender Politics. From Consciousness to Mass Politics*, Cambridge, Mass./London: Harvard University Press 1984.

sind[20]. Neuere Forschungen berücksichtigen tendenziell stärker die unterschiedlichen Soziallagen und Differenzierungen aufgrund von Geschlecht und Alter. Sie befassen sich mit Basisbewegungen, Subkulturen oder nicht-institutionalisierten Politikformen sowie mit neuen Kommunikationssystemen als Formen der Öffentlichkeit. Auch die ehemals für die politische Sozialisationsforschung charakteristische Konzentration auf Variablen, die politisches Bewußtsein in erster Linie als Identifikation mit den herrschenden politischen Werten und Normen erfassen und als Anpassung an das politische System beschreiben, wurde modifiziert, teilweise sogar völlig revidiert zugunsten von Untersuchungen mittels Partizipations- oder Protestskalen, der Unterscheidung und Ausdifferenzierung konventioneller und unkonventioneller politischer Verhaltensweisen und der Aufnahme neuer Formen politischer Partizipation[21].

Die Veränderung von Forschungsfragestellungen und -methoden ist vor allem darauf zurückzuführen, daß sich Entwicklungen in verschiedenen westlichen Industriegesellschaften mit den traditionellen Ansätzen und Methoden der politischen Sozialisationsforschung nicht erfassen ließen. In den USA waren es vor allem die Mobilisierung ethnischer Minderheiten in der civil-rights-Bewegung, das politische Engagement der jüngeren Generation, insbesondere der Studenten, gegen den Vietnamkrieg, die Frauenbewegung und nicht zuletzt die Watergate-Affäre und die Irankrise, die zu der Veränderung der Forschungsfragestellungen beigetragen haben[22]. Die politische Sozialisationsforschung, die nicht nur

20 Vgl. Carol Hagemann-White, *Sozialisation: weiblich – männlich?*, Opladen: Leske und Budrich 1984; Helga Bilden, Geschlechtsspezifische Sozialisation, in: Hurrelmann/Ulich, *Handbuch der Sozialisationsforschung*, (Anm. 1), S. 777-809.

21 Vgl. zu den internationalen Untersuchungen z. B. Samuel H. Barnes/Max Kaase et al., *Political Action*, Beverly Hills/London: Sage 1979; Klaus Allerbeck/Max Kaase/Hans-Dieter Klingemann, Politische Ideologie, politische Beteiligung und politische Sozialisation, in: *Politische Vierteljahresschrift*, 20. Jg. 1979, H. 4, S. 357-378 (Teil I), ebd., 21. Jg. 1980, H. 1, S. 88-96 (Teil II).

22 Vgl. dazu auch Behrmann, *Einführung* (Anm. 16). Mit der Veränderung von Forschungsparadigmen hat sich bei den meisten amerikanischen Forschern heute eine positivere Einschätzung der bundesdeutschen Demokratie durchgesetzt. In einem Vergleich der politischen Kultur der Bundesrepublik und der USA schreiben Richard M. Merelman und Charles R. Foster z. B.: „Mehrere Autoren haben unlängst die Auffassung vertreten, daß es der Demokratie in der Bundesrepublik gelungen sei, tiefe Wurzeln zu schlagen ... Dies zeigt uns, wieso der Gegensatz zwischen der Bundesrepublik und den USA für die Untersuchung der politischen Kultur und der Erziehung von besonderem Reiz ist. In den USA läßt sich beobachten, wie eine traditionell stabile Demokratie ihre kulturellen Stützen zu verlieren beginnt. Die Situation in der Bundesrepublik läßt sich dagegen unter der Fragestellung untersuchen, wie ein zuvor autoritäres, historisch diskontinuierliches Regierungssystem die kulturellen Grundlagen einer Demokratie erwirbt." Richard M. Merelman/Charles R. Foster, Politische Kultur und Erziehung in entwickelten Industriegesellschaften: Bundesrepublik Deutschland und Vereinigte Staaten, in: Behrmann (Hrsg.), *Politische Sozialisation* (Anm. 16), S. 136. Ähnlich positiv und kritisch

um die Analyse empirisch relevanter Zusammenhänge der politischen Sozialisation bemüht war, sondern auch Aussagen über die Stabilität bzw. Legitimität des politischen Systems insgesamt treffen wollte, wurde von diesen politischen und sozialen Entwicklungen teilweise überrascht und zeigte sich enttäuscht über die Aussagekräftigkeit ihrer bis dahin angewandten Untersuchungsmethoden, deren Ergebnisse und Prognosewert. Als Beispiel sei hier auf die systemtheoretisch orientierten Studien von Easton und Dennis hingewiesen, deren Untersuchung über die politischen Ansichten Jugendlicher in den sechziger Jahren zum Ziel hatte, Beständigkeit und Stabilität politischer Herrschaft, kurz, die „Regierbarkeit" des Systems zu erklären. Unter dem Eindruck sozialer und politischer Konflikte, getragen von der Generation, von der die Forscher aufgrund ihrer Untersuchungen in den sechziger Jahren angenommen hatten, daß sie die Stabilität des Systems noch weiter befestigen würde, kommen Dawson/Prewitt/Dawson in Abgrenzung von der Systemtheorie dagegen zehn Jahre später zu dem Schluß, daß vor allem die Machtkonstellation und die Rolle von Interessengruppen in der Gesellschaft untersucht werden müßten. Politische Sozialisationsforschung kristallisiert sich für sie in der Frage, „how political values are transmitted from the dominant interests in society to the dominated group"[23]. Prewitt hat diese Überlegungen politischer Sozialisation auch hegemonietheoretisch untermauert, wobei er sich einerseits von der Elitetheorie Moscas, andererseits von der marxistischen Theorie Gramscis abgrenzt.

Die Untersuchung neuer Formen politischen Verhaltens des „partizipierenden Aktivbürgers" kommt nicht nur in länderspezifischen, sondern auch in international vergleichenden Studien zum Tragen. So zeigen beispielsweise Samuel H. Barnes, Max Kaase und andere in einer 1979 veröffentlichten Studie, in welchem Ausmaß Formen direkter politischer Beteiligung Eingang in die politische Kultur der acht untersuchten Länder – USA, England, Niederlande, Bundesrepublik Deutschland, Finnland, Italien, Schweiz und Österreich – gefunden haben und sprechen von einer „partizipatorischen Revolution"[24]. Eine andere Forschergruppe – Verba, Nie und Kim – untersuchte politisches Verhalten, das gleichfalls eine Partizipation im politischen System anzeigt. Das Material wurde in den USA, Nigeria, Indien, Jugoslawien, Holland, Österreich und Japan gesammelt. Dazu heißt es im Vorwort: „We are more concerned with par-

Fortsetzung der Fußnote
   gegen die Befunde von Almond und Verba gewandt, argumentiert auch David Conradt, Changing German Political Culture, in: Almond/Verba (Hrsg.), *The Civic Culture Revisited* (Anm. 19), S. 212-272.
23 Dawson/Prewitt/Dawson, *Political Socialization* (Anm. 5), S. 27. Vgl. auch Kenneth Prewitt, Politische Sozialisationsforschung in den Vereinigten Staaten – kommen wir auf dem eingeschlagenen Weg an das gewünschte Ziel?, in: Behrmann (Hrsg.), *Politische Sozialisation* (Anm. 16), S. 117-134.
24 Vgl. Barnes/Kaase et al., *Political Action* (Anm. 21); vgl. auch Allerbeck/Kaase/Klingemann, Politische Ideologie (Anm. 21).

ticipatory behavior – in the wide range of ways in which individuals can participate in politics – than in participatory attitudes... Furthermore, we seek to explain patterns of political participation in terms of the contemporaneous social and psychological characteristics of individuals, not in terms of earlier socialization. Lastly, unlike the approach used in The Civic Culture, our concern here is with the problems of social and political equality within nations"[25]. Diese international vergleichenden, groß angelegten Untersuchungen tragen dazu bei, politische Sozialisation in voneinander verschiedenen bzw. sich ähnelnden politischen Systemen zu analysieren und die Vielfalt der Formen gelebter Demokratie zu verdeutlichen.

In der Bundesrepublik waren es Ende der sechziger Jahre zunächst die Studentenbewegung und die Streikaktivitäten der von Krisenerscheinungen betroffenen Arbeiter, die die politische Sozialisationsforschung zum Umdenken anregten. Schichtenspezifische Sozialisationsforschung und kompensatorische Erziehung, emanzipatorische und konflikttheoretisch orientierte Modelle der politischen Sozialisation sowie umfangreiche empirische Untersuchungen zum Arbeiterbewußtsein kennzeichneten die Diskussion zur politischen Sozialisation. Die Entstehung von Bürgerrechts- und Protestbewegungen, alternativen politischen Kulturen und neuen sozialen Bewegungen in den entwickelten Industriegesellschaften hat die politische Sozialisationsforschung vor neue Forschungsfragen gestellt und in der Folgezeit zu veränderten Forschungsparadigmen geführt[26]. Gegenwärtig konzentriert sich die politische Sozialisationsforschung darauf, diesen Veränderungen im Erscheinungsbild der westlichen Demokratien Rechnung zu tragen. Durch vergleichende Untersuchungen von Werten und Einstellungen der Bevölkerung in verschiedenen westeuropäischen Ländern und in den USA kommt Ronald Inglehart beispielsweise zu dem Schluß, daß sich ein grundlegender Wertewandel vollzogen habe; so sieht er explizit einen Zusammenhang zwischen Strukturveränderungen moderner, postindustrieller Gesellschaften und dem Auftreten eines „Wertewandels" mit der Spezifik politischer Sozialisation, so daß die politische Sozialisation eine Schlüsselfunktion in seiner theoretischen Interpretation besitzt. Er glaubt in seinen Untersuchungen be-

---

25 Sidney Verba/Norman H. Nie/Jae-on Kim, *Participation and Political Equality. A Seven-Nation Comparison,* Cambridge: Cambridge University Press 1978, S. XI.
26 Vgl. zu den politischen Veränderungen durch neue sozialen Bewegungen in der Bundesrepublik z. B. Karl-Werner Brand/Detlef Büsser/Dieter Rucht, *Aufbruch in eine neue Gesellschaft,* Frankfurt a.M.: Suhrkamp 1983; Otthein Rammstedt, *Soziale Bewegungen,* Frankfurt a.M.: Suhrkamp 1985; Klaus-Jürgen Scherrer, Politische Kultur und neue soziale Bewegungen, in: Gert-Joachim Glaeßner u.a., *Die Bundesrepublik in den siebziger Jahren,* Opladen: Leske und Budrich 1984, S. 71-92. Einen entscheidenden Einfluß in der Entwicklung der Bewegungsforschung hat u. a. Touraine gehabt. Vgl. Alain Touraine, *The Post-Industrial Society: Tomorrow's Social History,* New York: Random House 1971.

stätigt zu sehen, daß „materialistische" Werte in den entwickelten Industriegesellschaften zunehmend durch „postmaterialistische" Werte abgelöst werden, eine Beobachtung, die er in der These vom Wertewandel
zusammengefaßt hat[27]. Danach gehören Demokratisierung des beruflichen und politischen Lebens, größere persönliche Freiheit, reichere Sozialbeziehungen, Kultur und Freizeit zum Wertekatalog der Postmateria-
listen. Seine Theorie stützt sich auf eine Sozialisationshypothese, wonach
die Grundwerte eines Menschen überwiegend durch diejenigen politischen Bedingungen determiniert werden, die in der Jugendzeit, d.h. in
der „formativen Phase" der ersten zwanzig Lebensjahre erfahren werden.
Inglehart, der diese Sozialisationshypothese mit der Motivations- und
Bedürfnistheorie A. K. Maslows verknüpft, nimmt an, daß die Generationen in westlichen Industrienationen, die in der Phase materieller Not
geboren und sozialisiert worden sind, materialistische Werte aufweisen,
während die Generationen, die in relativer Prosperität aufgewachsen sind,
zunehmend postmaterialistische Werte entwickelt haben.

Empirische Untersuchungen, die beispielsweise das Jugendwerk der
Deutschen Shell AG in der Bundesrepublik durchgeführt hat – „Jugendliche und Erwachsene 1981" und „Jugendliche und Erwachsene 1985" –,
lassen zwar keinen generellen Wertewandel der jüngeren Generation erkennen, wohl aber ein deutliches Segment dieser Bevölkerungsgruppe
mit „postmaterialistischen" Werten bzw. einer größeren Affinität zu den
neuen sozialen Bewegungen in der Bundesrepublik. Meredith Watts, Arthur Fischer, Werner Fuchs und Jürgen Zinnecker charakterisieren die Veränderungen der politischen Sozialisation für die Bundesrepublik mit folgenden Tendenzen: Erstens sei eine größere Autonomie der Jugendsozialisation von erwachsenenzentrierten Sozialisationsagenturen wie Familie,
Schule und Arbeitsplatz zu erkennen; zweitens habe die Rolle anderer
Sozialisationszusammenhänge – sowohl informeller als auch formeller,
z.B. über Medien vermittelter Einflüsse – für Jugendliche zugenommen;
drittens seien die Effekte des Ausbaus von Bildung und Bildungschancen
nicht zu übersehen[28].

Ähnlich wie in der Bundesrepublik haben sich auch in der DDR vor
1989 Umwelt-, Frauen- und Friedensgruppen und, zumindest in Großstädten, eine jugendliche „Alternativkultur" herausgebildet, wenn auch
in wesentlich kleinerem Maßstab. Diese Entwicklungen deuteten auf eine
Umschichtung von Werten und auf veränderte politische Verhaltensweisen hin. Dadurch erhielten Fragen nach deren Ursachen und Auswirkungen erhöhte Brisanz. Sie verwiesen nicht nur auf Defizite der offiziellen

27 Vgl. Ronald Inglehart, *The Silent Revolution*, Princeton, NJ.: Princeton University Press 1977; ders., The Silent Revolution in Europe, in: *American Political
Science Review*, 65. Jg. 1971, H. 4, S. 991-1017.
28 Vgl. Meredith W. Watts/Arthur Fischer/Werner Fuchs/Jürgen Zinnecker, *Generations and Youth in Post-War Germany*, Greenwood Press 1989.

politisch-ideologischen Erziehung, sondern auch auf das Aufbrechen des politischen Konformismus.

1.1.2. Zur Rolle der politischen Sozialisation in der DDR- und Kommunismusforschung

Angeregt durch die in den USA breit entfaltete politische Sozialisationsforschung und angesichts der Defizite in der Kommunismusforschung fand sich Anfang der siebziger Jahre im Rahmen der Jahrestagung der amerikanischen Vereinigung der Politischen Wissenschaften eine Gruppe von Kommunismusforschern zusammen, die erstmals versuchte, ein Problemraster für die Analyse der politischen Sozialisation in Osteuropa – einschließlich der DDR – zu erstellen und auf einzelne staatssozialistische Länder anzuwenden. Wie Ivan Volgyes einleitend in der von ihm herausgegebenen Publikation „Political Socialization in Eastern Europe", ein Produkt dieser Tagung, hervorhebt, seien für die kommunistisch regierten Länder Osteuropas, einschließlich der DDR, einige Besonderheiten zu berücksichtigen, die es erforderlich machten, für die Erforschung der politischen Sozialisation in diesen Ländern ein eigenes, systemspezifisches Problem- und Analysekonzept zu entwickeln[29].

Nach Volgyes sei in Betracht zu ziehen, daß kommunistische Systeme einen wesentlich größeren „input" leisteten, d.h. mehr Anstrengungen unternähmen, die politische Sozialisation ihrem Selbstverständnis entsprechend zu gestalten, als westliche Demokratien. Daraus ergebe sich, daß die politische Sozialisation wesentlich formalisierter verlaufe, und zwar sowohl institutionell als auch in ihrer inhaltlichen Ausformung. Hinzu komme, daß diese Systeme eine wesentlich größere Kontrolle über den Prozeß der politischen Sozialisation anstrebten als westliche Demokratien. Volgyes unterschied zwei Ebenen der politischen Sozialisation: die der Weitergabe von Werten, Normen und Kenntnissen von der Erwachsenen zur Kinder- und Jugendgeneration und die der „Resozialisierung" von Erwachsenen durch Erwachsene. Während sich auf der Erwachsenen-Kind-Ebene durchaus ähnliche Muster der Übernahme oder Ablehnung von Werten und Normen finden ließen wie in westlichen Gesellschaften, sei die Sozialisation auf der Erwachsenen-Erwachsenen-Ebene eine Besonderheit kommunistischer Systeme. Historisch gesehen sei für die politische Sozialisation zwischen zwei Grundformen zu unterscheiden: die „revolutionäre" Form (*revolutionary*), die unmittelbar nach der Etablierung kommunistischer Regime vorhanden war und die auf den Bruch mit bislang dominierenden Werten und Einstellungen bzw. auf die Erziehung des „neuen Menschen" abzielte, und die Phase der

---

29 Vgl. Ivan Volgyes (Hrsg.), *Political Socialization in Eastern Europe: A Comparative Framework*, New York: Praeger 1975, S. 1f.

Kontinuität *(continuum)*, in der politische Sozialisation auf graduelle Veränderungen hinzielt, eher subtil erfolgt und traditionelle Einstellungen, Werte und Normen stärker berücksichtigt. In dieser Phase liegt das Hauptgewicht darauf, einen Teil des „revolutionären" Ansporns zurückzunehmen, das öffentliche Leben bis zu einem gewissen Grade zu entpolitisieren und die Bevölkerung für Ziele und Inhalte zu sozialisieren, wie sie modernen, entwickelten Gesellschaft entsprechen. Kennzeichnend für diese Phase ist auch der Versuch, die bestehende Herrschaft durch populäre Repräsentanten in der politischen Führung des Landes oder durch Aufnahme von populistischen Elementen in die politischen Programme zu legitimieren. Konkret zu untersuchen sind nach Volgyes vor allem die Sozialisationsagenturen. Er unterteilt sie in informelle (Familie, peer groups und Freundeskreise, Kirchen) und formelle Sozialisationsagenturen (Parteien, Jugendverbände, Schulen, Gewerkschaften, das Militär) sowie in die „politische Kommunikation" in den Medien, die für politische Sozialisation in sozialistischen Systemen grundlegend sind.

Die Einteilung in verschiedene Phasen, in denen politische Sozialisation erfolgt, entspricht Beobachtungen in der internationalen DDR- und Kommunismusforschung, die in der Vergangenheit die Veränderungen herausgestellt haben, die auf die Etablierung veränderter Wertesysteme und die Erziehung des „neuen sozialistischen Menschen" abzielten. Die „revolutionäre" Phase gilt sowohl für Länder, in denen diese Umwälzungen primär durch soziale und politische Revolutionen hervorgerufen wurden – wie in der Sowjetunion oder China – als auch für diejenigen, in denen sie unter dem Einfluß der Sowjetunion und als Folge des Zweiten Weltkrieges etabliert wurden, wie in den Ländern Osteuropas und inbesondere in der DDR. Gerade während und unmittelbar nach den Umbruchsituationen, die Volgyes als „revolutionäre" Phase bezeichnet, erscheint der „subjektive" Faktor, die Umerziehung des Menschen, als essentieller Bestandteil der kommunistischen Politik. Die klassische Totalitarismustheorie hatte diesen Anspruch als „totalitäre Erziehung" (Max Gustav Lange) beschrieben und damit einen für die Frühphase wichtigen Vorgang herausgestellt, den sie in der Folgezeit allerdings nicht nur überschätzte, sondern zum fixen Merkmal des kommunistischen Herrschaftssystems erstarren ließ.

In der DDR-Forschung haben bereits Ernst Richert und Martin Draht darauf hingewiesen, daß kommunistische Regime anstreben, ein verändertes Wertesystems durchzusetzen und darauf angewiesen sind, daß die Bevölkerung dieses Wertesystem zumindest partiell übernimmt. So sagt Draht in seinem Vorwort zu Richerts Buch „Macht ohne Mandat": „Die Verwirklichung einer auf diesem neuen Wertungssystem beruhenden und deshalb von den herrschenden gesellschaftlichen Werthaltungen radikal abweichenden Ordnung ist das Ziel des Totalitarismus.... Deshalb ist das Ziel des Totalitarismus erst erreicht, wenn er sich nicht nur als politisches und gesellschaftliches System durchgesetzt hat, sondern wenn die Menschen sein neues Wertungssystem innerlich übernommen haben"[30]. Was Draht hier, gekleidet in die damals vorherrschende Terminologie der Kommunismusforschung als Totalitarismustheorie ausführt, ist der für die politische Sozialisation wichtige Aspekt der „Verinnerlichung" des Wertesystems, der für die Fortexistenz und die Legitimation dieser Systeme unabdingbar ist. Zwar sind nicht alle diese Werte unbedingt neu, wie dies Draht annimmt. Dennoch wird hier der entscheidende Vorgang herausgestellt, daß die Etablierung kommunistischer Systeme nicht nur bedeute, daß die politischen Institutionen transformiert würden, sondern daß auch angestrebt werde, die Wert- und Einstellungsstrukturen der Bevölkerung umzuformen. Auch Otto Stammer spricht bereits in den fünfziger Jahren in seiner Erörterung des „neuen gesellschaftlichen Bewußtseins" in der DDR davon, daß das System, das von ihm als totalitär charakterisiert wird, darauf angewiesen sei, die neuen, angestrebten Werte und Einstellungen zu einem gewissen Grad in der Bevölkerung zu verankern. Diesem Bestreben komme entgegen, daß das System besonders auf die junge Generation eine gewisse Anziehungskraft ausübe, was zur „politischen Hingabe" sowie zur „Leistungsübersteigerung" führen könne[31]. Stammer nennt hierfür drei Gründe. Zum einen biete die kommunistische Wert- und Gesellschaftsorientierung eine gewisse „Lebenserleichterung", da sie die Welt als rationale, kalkulier- und beherrschbare Ordnung verstehe und dem Einzelnen einen festen Platz zuweise. Zum anderen wirke das System durch soziale Mechanismen, indem es den Jugendlichen soziale Chancen biete, schnell zu höherem Einkommen, verantwortlicher Tätigkeit und gesellschaftlichem Ansehen zu kommen. Ein Moralkodex von Arbeits-, Partei-, Gruppenmoral und Patriotismus, verbunden mit einem „System von Anspornungen", sorge zudem für die psychologische Befestigung des Wertesystems. Damit benennt Stammer einen dreifachen Zusammenhang von philosophisch-weltanschaulichen, sozialen und psychologischen Komponenten für den Versuch der Befestigung des Wertesystems in der Frühphase der DDR, die sich nach Volgyes Unterscheidung als „revolutionäre" Phase der politischen Sozialisation einstufen läßt.

Die Phase der „Kontinuität" läßt sich für die DDR mit Beginn der sechziger Jahre ansetzen. In dieser Zeit, die sich mit Brecht als Phase der „Mühen der Ebene" bezeichnen läßt, tritt die graduelle und an die Erfordernisse der modernen Industriegesellschaft angepaßte politische Sozialisation stark in den Vordergrund; zeitweilig dominieren technokrati-

---

30 Martin Draht, Totalitarismus in der Volksdemokratie. Einleitung zu Ernst Richert, *Macht ohne Mandat*, Köln/Opladen: Westdeutscher Verlag 1963, S. XXVI.
31 Otto Stammer, Sozialstruktur und System der Werthaltungen der Sowjetischen Besatzungszone Deutschlands, in: *Schmollers Jahrbuch für Gesetzgebung, Verwaltung und Volkswirtschaft*, 76. Jg. 1956, H. 1, S. 55-105. Die Arbeit wurde für eine größere Studie über die SBZ/DDR an der Harvard University unter der Leitung von Carl J. Friedrich verfaßt.

sche Akzentuierungen sogar über die politisch-ideologische Ausrichtung der Erziehung und Bildung, die später aber wieder zurückgenommen werden. Die Vermittlung „kommunistischer" Werte und Verhaltensweisen als Kernbestandteil der Politik der DDR-Führung, die als „ideologische Erziehung" Eingang in die Arbeit der politischen Organisationen und in das gesamte Bildungswesen gefunden hat, verbindet sich mit dem Versuch, politische Umwälzung zu „veralltäglichen" und Gesellschaft, Wirtschaft und politisches System effektiver zu gestalten. Der Modernisierungsschub der sechziger Jahre, der sich in Reformen in Wirtschaft (Planung und Leitung der Volkswirtschaft, Arbeitsrecht) und Gesellschaft (Bildung, Familie, Jugend) niederschlug, ließ Formen und Inhalte der Herrschaftsausübung und der politischen Erziehung nicht unberührt. Mit der Ausdifferenzierung der Gesellschaft und den immer komplexer werdenden Funktions- und Entscheidungszusammenhängen wurden z.B. Fachwissen und Innovationsfähigkeit unabdingbar. So hat Ludz aufgezeigt, daß sich dieser Modernisierungs- und Anpassungszwang auch in der Parteielite der SED nachzeichnen läßt[32]. Eine in ein zu enges Korsett starrer Ideologie und Konformität gezwängte politische Erziehung erschien daher eher dysfunktional; zugleich mußte sich das politische System trotz Ausdifferenzierung und Modernisierung stets seiner Herrschaft versichern. Im Spannungsverhältnis zwischen Kontinuität und Wandel moderner, industrieller Gesellschaften mußte daher die politisch-ideologische Erziehung neu überdacht werden, so daß sich für diese Phase der Kontinuität ein eigentümlicher und widersprüchlicher Wechselprozeß von modernen, fachlich-rationalen und ideologischen Akzentuierungen in der politischen Sozialisation feststellen läßt.

Arthur Hanhardt greift diese Politik in den sechziger und frühen siebziger Jahren auf und analysiert – gestützt auf die Auswertung empirischer Materialien der DDR-Jugendforschung – die Bedeutung der Sozialisationsagenturen und der Sozialisationsziele in der DDR[33]. Sein Beitrag, der für den damaligen Forschungsstand einen guten Überblick über die Sozialisationsziele, die Struktur und die Bedeutung der Sozialisationsagenturen und die Widersprüche zwischen Anspruch und Realität politischer Sozialisation liefert, zeigt vor dem Hintergrund aktueller Entwicklungen und unter Berücksichtigung neuer Forschungsergebnisse aber zugleich die Grenzen der Aussagefähigkeit seiner Analyse auf. Hanhardt stellt zunächst das offiziell vertretene Ziel der politischen Sozialisation dar, die Erziehung zur sozialistischen Persönlichkeit, um dann im Fortgang der Analyse der Sozialisationsagenturen den „gap" zwischen „is" und „ought" zu diskutieren. Partei, Gewerkschaft und Jugendorganisation bescheinigt Hanhardt gewisse Erfolge in der Erziehung der „sozia-

32 Vgl. Peter Christian Ludz, *Parteielite im Wandel*, Köln/Opladen: Westdeutscher Verlag 1968.
33 Arthur M. Hanhardt, East Germany: From Goals to Realities, in: Volgyes (Hrsg.), *Political Socialization* (Anm. 29), S. 66-91.

listischen Persönlichkeit" und der Herstellung gesellschaftlicher und politischer Stabilität. Er hebt aber auch hervor, daß die Kluft zwischen „is" und „ought", zwischen Anspruch und Realität politischer Sozialisation, nach wie vor besteht. Dies wird vor allem bei der Untersuchung der „informellen" Sozialisationsagenturen deutlich, zu denen bei Hanhardt Familie, Freundesgruppen und die Kirchen gehören. Zusammenfassend erläutert Hanhardt die Bedeutung der politischen Sozialisation für die gesellschaftliche und politische Entwicklung der DDR. Angesichts der Stabilität der DDR könne die politische Sozialisation als relativ erfolgreich angesehen werden. Allerdings ließe sie – im Unterschied zu anderen osteuropäischen Ländern – kaum die Herausbildung unterschiedlicher, teils konkurrierender politischer Strömungen zu. Als Gründe führt Hanhardt das Fehlen demokratischer, „westlicher" Traditionen an und die relative Homogenität der Gesellschaft, die durch den geringen sozialen Einfluß der Kirchen und das fast völlige Fehlen ethnischer Minderheiten charakterisiert wird. Die Leistungsorientierung der „achievement-oriented society" habe zudem Konformität gefördert, wobei ökonomischer Fortschritt – und hier schneide die DDR wieder besser ab – politische Stabilität befördert habe. Dem Bildungswesen, einem Kernbestandteil politischer Sozialisation, bescheinigt Hanhardt starke ideologische Ausrichtung, aber auch solide Qualität in der Vermittlung von Lerninhalten. Trotz der insgesamt erreichten relativen Stabilität werde allerdings – so Hanhardts Prognose – weiterhin mit Druck *(pressure)* und Unzufriedenheit *(dissatisfaction)* zu rechnen sein.

Der Versuch von Volgyes, Hanhardt und anderen, erstmals einen Rahmen für die vergleichende Untersuchung der politischen Sozialisation in den Ländern Osteuropas zu entwickeln und anzuwenden, ist aus heutiger Sicht aus mehreren Gründen unzureichend. Zum einen lassen sich aufgrund einer besseren Materiallage wesentlich präzisere und differenziertere Aussagen über die einzelnen Sozialisationsagenturen treffen. Zum anderen aber – und diese Kritik ist gegen das von Volgyes und Mitautoren entwickelte Vergleichsraster zu Recht vorgebracht worden – sind dem organisations- und institutionsbezogenen Vorgehen, das soziologische und historisch-kulturelle Aspekte ausklammert, Grenzen gesetzt. Als fruchtbarer hat sich erwiesen, die Analyse der Sozialisationsagenturen und der dort erfolgenden politischen Sozialisation in ein Gesamtkonzept der Erforschung politischer Herrschaft und Legitimation zu stellen, das die historisch-kulturellen wie soziologisch-politologischen Spezifika stärker akzentuiert und über eine primär institutionsbezogene Betrachtung hinausgeht. Zu erklären ist heute vor allem, warum es in keinem dieser Länder gelungen ist, Legitimität über die politische Sozialisation zu erzielen.

1.1.3. Politische Sozialisation als Thema der politischen Kulturforschung

In jüngerer Zeit ist die Bedeutung der politischen Sozialisation insbesondere von der politischen Kulturforschung unterstrichen worden, die sich zunächst in der anglo-amerikanischen Kommunismusforschung entfaltete und schließlich auch in der Bundesrepublik rezipiert wurde. Die Analysen historischer Entstehungsbedingungen, nationaler Besonderheiten und subjektiver Komponenten der meist vergleichend arbeitenden politischen Kulturforschung belegten die außerordentliche Vielfalt dessen, was als Traditionen, Brauchtum und „nationale Charaktere" in die Etablierung kommunistischer Systeme eingeflossen war und sich hier über Erziehung, Gewohnheit und politische Mechanismen auf komplizierte und teils widersprüchliche Weise mit der *goal culture* verbunden hatte. Mit der Entwicklung dieses Forschungsansatzes war die Abkehr von einer schematischen, oft ahistorischen und auf politische Institutionen beschränkten Betrachtung der Beziehung zwischen politischem System und dem vorhandenen Bewußtsein der Bevölkerung eingeleitet, wie sie teilweise in systemtheoretischen, modernisierungstheoretischen oder in der Totalitarismustheorie zuzuordnenden Ansätzen der Kommunismusforschung vorzufinden war. Politische Sozialisation wurde im Zusammenhang mit der politischen Kultur als wichtiger Vermittlungsprozeß zwischen der kommunistischen *goal culture*, den aus den Erfordernissen und Entwicklungen moderner Industriegesellschaften resultierenden Werten, Einstellungen und Verhaltensweisen und traditionellen Elementen im Bewußtsein und Verhalten der Bevölkerung bezeichnet[34].

Theoriegeschichtlich gesehen, geht die politische Kulturforschung auf die klassischen vergleichenden Analysen zurück, die das „Committee on Comparative Politics" in den USA um Sidney Verba, Lucian Pye und Gabriel A. Almond Ende der fünfziger Jahre durchgeführt hat und in

---

34 Vgl. zur Aufnahme des politischen Kulturansatzes in der Kommunismusforschung insbes. Archie Brown, Introduction, in: ders. (Hrsg.), *Political Culture and Communist Studies*, London: The MacMillan Press 1984, S. 1f.; Christiane Lemke, Die politische Kultur sozialistischer Systeme in Osteuropa, in: Gerd Meyer/Franciszek Ryszka (Hrsg.), *Die Politische Kultur Polens*, Tübingen: Francke 1989, S. 41-55 Vgl. Archie Brown/Jack Gray (Hrsg.), *Political Culture and Political Change in Communist States*, London: The MacMillan Press 1984. Zur Unterscheidung der verschiedenen Ebenen in der politischen Kulturanalyse der Sowjetunion schlägt Barbara Jancar folgende Ebenen vor: „In the case of the Soviet Union, three sets of values or attitudes suggest themselves as objects of political culture theory: those values which have persisted over time in the mainstream and substreams of the national political culture, those values which generally may be identified as informing the process of industrialization, and those values which are specific to the concept of the 'new socialist man' and Marxist-Leninist ideology." Barbara Jancar, Political Culture and Political Change (Review Article), in: *Studies in Comparative Communism*, 27. Jg. 1982, H. 1, S. 77.

denen die Forscher den Begriff „political culture" in die Politikwissenschaft einführten und in ihren empirischen Untersuchungen systematisch anwendeten. Wie Almond rückblickend erläutert, standen dabei Überlegungen zu einer Reihe politischer Entwicklungen Pate, die die Forschergruppe veranlaßten, nach neuen Wegen in der vergleichenden Politikwissenschaft zu suchen[35]. Das „Scheitern der Aufklärung und des Liberalismus" (Almond) seit Beginn dieses Jahrhunderts, das sich in zwei Weltkriegen, dem aufkommenden Faschismus in Europa und in der russischen Revolution ausdrückte, begründete für die Gruppe das Interesse an stabilen politischen Systemen, insbesondere stabilen Demokratien westlichen Musters, die sie im Unterschied zur traditionellen Lehre als „erlebte" Demokratien begriffen sehen wollten. Zudem war durch das Aufkommen neuer Nationalstaaten im Zuge der Entkolonialisierung deutlich geworden, daß Politikwissenschaft und Demokratieforschung vor neuen Fragen stehen würden. Der von Almond, Verba u.a. entwickelte Ansatz läßt sich als Versuch charakterisieren, die strukturalistisch-funktionelle Systemtheorie mit psychokulturellen Theorien zu verbinden. Unter Rückgriff auf die Soziologie Max Webers und Talcott Parsons, die Sozialpsychologie und die Kulturanthropologie von Bronislaw Malinowski, George Herbert Mead und Harold Lasswell, operationalisierten sie ihn für die vergleichende politische Kulturforschung. In der empirischen Untersuchung der Vereinigten Staaten, der Bundesrepublik Deutschland, Großbritanniens, Italiens und Mexikos wendeten sie ihn erstmals an. Mit der Abkehr von der primär institutionsbezogenen Politikforschung lenkten sie das Interesse auf politische Haltungen, Symbole und Werte bzw. die Art und Weise, wie Menschen innerhalb des Rahmens politischer Institutionen handeln. Politische Sozialisation wird in den Studien von Almond und Verba zu einem Schlüsselvorgang. Sie liegt dem Lernprozeß zu einer integrierten, partizipativen „civic culture" zugrunde, die als die stabilste Form der Demokratie angesehen wird. Unterschieden wird zwischen der Grundsozialisation, die in nichtpolitischen Bereichen (Familie, Schule, Freundeskreis) durchlaufen wird, in der aber Erfahrungen erworben werden, die einen Einfluß auf spätere politische Einstellungen ausüben, und die politische Sozialisation im engeren Sinne, die auf direkten persönlichen Erfahrungen im politischen Prozeß beruht (politische Aktivität, Umgang mit Institutionen, kollektive Erfahrungen in einer Gesellschaft).

Die in den folgenden Jahren erhobenen kritischen Einwände gegen

35 Vgl. Gabriel A. Almond/Sidney Verba, *The Civic Culture*, Princeton, N.J.: Princeton University Press 1963; Gabriel A. Almond/James S. Coleman (Hrsg.), *The Politics of the Developing Areas*, Princeton, N.J.: Princeton University Press 1960; Lucian W. Pye/Sidney Verba (Hrsg.), *Political Culture and Political Development*, Princeton, N.J.: Princeton University Press 1965. Zur methodisch-theoretischen Einordung vgl. insbes. Gabriel A. Almond, The Intellectual History of the Civic Culture Concept, in: Almond/Verba (Hrsg.), *The Civic Culture Revisited* (Anm. 19), S. 1-36.

Almond und Verbas Ansatz konzentrierten sich auf theoretisch-politische, philosophische und methodische Fragen. Besonders nachdrücklich wurde die Fixierung auf die amerikanische Demokratie als Idealtypus der partizipativen politischen Kultur kritisiert. Andere Kritikpunkte bezogen sich auf die Vernachlässigung historischer und national spezifischer Besonderheiten einzelner Länder, die Problematik der analytischen Trennung von politischer Kultur, politischer Struktur und politischem Verhalten und auf die Anlage des samples (z.B. Vernachlässigung von Minderheiten) bzw. die Auswahl und Auswertung der Fragen[36]. Kaum kritisiert wurde dagegen die Verknüpfung der Analyse der politischen Kultur mit der politischen Sozialisation. Carol Pateman hebt in ihrer Kritik sogar ausdrücklich hervor, daß die politische Sozialisation als „missing link" in den Autoritätsstrukturen des täglichen Lebens zwischen politischer Struktur und politischer Kultur eines Landes weiter zu erforschen sei[37].

Trotz der Einwände, die gegen die nunmehr als klassisch geltenden Arbeiten von Almond, Verba und anderen erhoben wurden, beeinflußten ihre Überlegungen nicht nur die allgemeine Politikwissenschaft, sondern auch die Kommunismusforschung. Dies zeigt sich deutlich in der ersten Gruppe von Kommunismusforschern, die das Konzept der politischen Kultur auf kommunistisch regierte Systeme anwandten, wie Frederick Barghoorn für die Sowjetunion, Archie Brown und Jack Gray für Osteuropa, Richard R. Fagen für Kuba, Richard H. Solomon für China und Robert C. Tucker, die zunächst stark von der „political-culture"-Analyse durch Almond, Verba, Pye und anderen beeinflußt waren[38]. Mit der Ausdifferenzierung des Konzepts und der Entstehung einzelner „Schulen"

---

36 Zur Kritik des Konzepts vgl. z. B. Brian Barry, *Sociologists, Economists and Democracy*, London 1980; Pateman, The Civic Culture (Anm. 19), S. 57-102; Jerzy J. Wiatr, The Civic Culture from a Marxist-Sociological Perspective, in: Almond/Verba (Hrsg.), *The Civic Culture Revisited* (Anm. 19), S. 103-123. Jakob Schissler hat für die Bundesrepublik darauf hingewiesen, daß die ausgesprochen kritische Beurteilung der bundesdeutschen Demokratie im Gefolge der „political-culture"-Analyse auf einer Verabsolutierung der amerikanischen „civic culture" und einer unzulässigen Geringschätzung rechts- und sozialstaatlicher Traditionen in Deutschland beruht. Vgl. Jakob Schissler, Zu einigen Problemen der Politischen Kultur in der Bundesrepublik Deutschland, in: Behrmann (Hrsg.), *Politische Sozialisation* (Anm. 16), S. 158-173.
37 Pateman, The Civic Culture (Anm. 19), S. 77f.
38 Hier wird Bezug genommen auf folgende Studien: Brown/Gray (Hrsg.) *Political Culture* (Anm. 34); Richard R. Fagen, *The Transformation of Political Culture in Cuba*, Stanford: Stanford University Press 1969; Richard H. Solomon, *Mao's Revolution and the Chinese Political Culture*, Berkeley University Press 1971; Robert C. Tucker, Culture, Political Culture and Communist Society, in: *Political Science Quarterly*, 88. Jg. 1973, H. 2, S. 173-190; Lucien W. Pye/Mary Pye, *Asian Power and Politics: Cultural Dimensions of Authority*, Cambridge: Harvard University Press 1985. Vgl. auch Archie Brown, „Political Development" and the Study of Communist Politics, Review Article, in: *Studies in Comparative Communism*, 15. Jg. 1982, S. 1/2, S. 131-140.

bzw. Richtungen in der Erforschung der politischen Kultur sozialistischer Länder ging die Kommunismusforschung allerdings bald eigene Wege. Die häufig wertgeladene Verbindung von „political culture" und „political development" wich der Konzentration auf nationale Besonderheiten bzw. Einzigartigkeiten *(uniqueness)* der disparaten politischen Kulturen verschiedener Länder, so daß sich die politische Kulturforschung erheblich ausdifferenzierte[39]. Interessanterweise hat sie auch in sozialistischen Ländern Aufmerksamkeit gefunden, so in der Sowjetunion, in Polen und dann auch in der DDR. Verbindungslinien existierten hier vor allem mit der in diesen Ländern betriebenen Alltags- und Lebensweiseforschung. Schließlich erlebte die politische Kulturforschung insofern eine Renaissance, als die Frage der Reformfähigkeit staatssozialistischer Gesellschaften, die sich mit der Politik des sowjetischen Parteichefs Gorbatschow kraß stellte, immer mehr auch als Problem der politisch-kulturellen Verfaßtheit dieser Gesellschaften diskutiert wird[40].

In seiner politischen Kulturanalyse unterstreicht der britische Kommunismusforscher Archie Brown die Bedeutung, die der politischen Sozialisation in der Erforschung der politischen Kultur sozialistischer Systeme zukommt. Da Brown einer der prononciertesten Vertreter der politischen Kulturforschung ist, von dem ein relativ ausgereiftes Konzept für die Analyse osteuropäischer Länder vorliegt, soll auf seinen Ansatz an dieser Stelle ausführlicher eingegangen und sein Beitrag kritisch kommentiert werden. Browns Hauptinteresse gilt, und hier folgt er Almond und Verba, subjektiven Überzeugungen, Werten und Einstellungen *(attitudes)* der politischen Kultur; er sieht sich selbst als einen Vertreter der „subjektiven" Schule. Brown definiert politische Kultur folgendermaßen. „It will be understood as the subjective perception of history and politics, the fundamental beliefs and values, the foci of identification and loyalty, and the political knowledge and expectations which are the product of the specific historical experience of nations and groups"[41]. Allgemein formuliert, unterscheidet Brown vier Formen der politischen Kultur:
- eine vereinheitlichte politische Kultur;
- eine dominante politische Kultur, die mit verschiedenen Subkulturen *(sub-cultures)* koexistiert;

39 Archie Brown weist darauf hin, daß es 1976 in der Kommunismusforschung bereits dreißig verschiedenen Arten gab, das politische Kulturkonzept zu definieren. Brown, Introduction, in: ders. (Hrsg.), *Political Culture and Communist Studies* (Anm. 34), S. 2.

40 Zur Rezeption in osteuropäischen Ländern und der DDR vgl. Wiatr, The Civic Culture (Anm. 36); Lemke, Die politische Kultur sozialistischer Systeme (Anm. 34). Zur Problematik der Reformfähigkeit und der politischen Kultur der UdSSR vgl. z.B. Seweryn Bialer, Inside Glasnost, in: *The Atlantic*, Februar 1988; Robert C. Tucker, *Political Culture and Leadership in Soviet Russia*, New York/London: Norton 1987.

41 Brown, Introduction, in: Brown/Gray (Hrsg.), *Political Culture* (Anm. 34), S. 1.

- eine dichotomische politische Kultur;
- eine fragmentierte politische Kultur[42].

Erstere war das Ziel, nicht aber die Realität in kommunistisch regierten Ländern. Letztere ist charakteristisch für Vielvölkerstaaten, während eine dichotomische politische Kultur in den Ländern mit ausgeprägtem Elite-Masse-Unterschied existiert. Für die meisten Länder Osteuropas sind eher Mischformen charakteristisch[43]. Brown benennt folgende Elemente, die für die Analyse der politischen Kultur relevant sind. Erstens: frühere politische Erfahrungen („previous political experience"), insbesondere die subjektive Wahrnehmung von Geschichte und geschichtlicher Erfahrung; zweitens: Werte und politische Grundüberzeugungen („values and fundamental political beliefs"), insbesondere solche, die grundsätzlichen und allgemeinen Charakter haben (Einstellung zu Sicherheit, Freiheit, Unabhängigkeit, Gleichheit, Individualismus, Kollektivität oder Paternalismus); eingeschlossen ist auch der Glaube an politische Mythen (z.B. Partisanenkämpfe); drittens: Bezugspunkte der Identifikation und Loyalität („foci of identification and loyalty"), wie nationale, religiöse, klassen- oder gruppenspezifische Einstellungen und Symbole; viertens: politische Kenntnisse und Erwartungen („political knowledge and expectations"), die sich sowohl auf das eigene politische System als auch auf andere Gesellschaften beziehen können und durch Erziehung, Massenmedien, Reisemöglichkeiten und Kontakte erworben werden[44].

Politische Sozialisation ist bei Brown insbesondere im Hinblick auf die offizielle politische Kultur relevant. „This involves consideration of what are the major components of the official political culture... The efficacy of socialization into the offical political culture is a major concern here and ideally (lack of data for some countries makes this ideal difficult to achieve) a distinction should be made between its efficacy for different social groups. The large and important question which follows on from this is: how successful have the holders of institutional power been in changing the political culture – in replacing traditional values and creating a 'new man'?"[45]. Diese Überlegung ergibt sich für Brown aus seiner „Dissonanztheorie", d.h. aus der Annahme, daß sich zwar die institutionellen Rahmenbedingungen bzw. die politischen Strukturen in kommunistischen Ländern rasch wandeln können, die politische Kultur diesen Wandel allerdings mit Zeitverzögerungen, Brüchen und Widersprüchen durchmacht. Wie Brown argumentiert, zeigen sich Kontinuität und Wandel politischer Systeme in Osteuropa in den politischen Institutionen und in den Mustern politischen Verhaltens. Während sich politisch-institutionelle Strukturen in kurzen Zeiträumen wandeln können – die Umwäl-

42 Vgl. ebd., S. 8.
43 Ebd., S. 8.
44 Ebd., S. 16 ff.
45 Ebd., S. 18.

zungen im Osteuropa der Nachkriegszeit sind hier beredtes Beispiel –, kann dies für politische Kulturen nicht ohne weiteres angenommen werden, so daß es zu einer Dissonanz zwischen der politischen Kultur und dem politischen System kommen kann. Brown führt daher die wichtige Unterscheidung zwischen der offiziellen und der dominanten politischen Kultur ein („official" und „dominant political culture"). Die erstere wird durch Partei, Staat, Massenmedien und das Erziehungswesen verbreitet, die letztere ist dagegen die faktisch in den Köpfen dominierende politische Kultur. Politische Sozialisation folgte dem Anspruch nach der offiziellen politischen Kultur; zumindest kann dies bis zum Beginn der tiefgreifenden Reformen in Polen, Ungarn, der CSFR, in Rumänien und der DDR 1989/90 festgehalten werden. Bei Brown heißt es bereits, daß Fragen nach dem Erfolg bei der Umsetzung dieses Anspruchs, nach Brüchen, Defiziten und faktischen Veränderungen im politischen Bewußtsein der Bevölkerung von entscheidender Bedeutung sind.

Brown konzentrierte sich also auf subjektive Elemente der politischen Kultur und klammerte das politische Verhalten aus; ähnlich wird beispielsweise auch von Walter Rosenbaum und Samuel Huntington verfahren. Dieser „subjektivistische" Zugriff auf die politische Kultur stieß allerdings in der Kommunismusforschung zunehmend auf Kritik[46]. Die Kontroverse um die Fassung des Begriffs politische Kultur sozialistischer Systeme ist indes mehr als nur ein Streit um Definitionen. Es geht vielmehr um die grundsätzliche konzeptionelle Frage, inwieweit die Diskrepanz zwischen gewolltem politischen Bewußtsein und tatsächlichem Verhalten als zum Systemcharakter gehörig ausgewiesen werden kann und inwieweit – die hierdurch generierte eigentümliche „Doppelkultur" einmal gegeben – in einem solchen System exakte Einschätzungen politischer Verhältnisse oder Voraussagen möglich sind. Brown weist zwar zu Recht auf die Gefahr des Zirkelschlusses hin, Verhalten durch die politische Kultur zu erklären und diese wiederum durch das Verhalten. Auch argumentiert er richtig, daß es häufig nicht möglich ist festzustellen, ob ein konkretes Verhalten tatsächlich politische Überzeugungen reflektiert oder ob es lediglich durch gesellschaftlichen und politischen Druck zustande kommt. Diese Problemsicht führt dazu, daß Forscher wie Brown für eine strikte Trennung von Verhalten und Bewußtsein und für die reine Extrapolation der subjektiven Elemente der politischen Kultur argumentieren. Befürworter der weiten Definition verweisen dagegen nicht nur auf die Schwierigkeiten der Datenerhebung von subjektiven Einstellun-

---

46 Walter Rosenbaum definiert politische Kultur als a) subjektive Orientierungen auf individueller Ebene („individual level"), b) kollektive Orientierung gegenüber dem System („system level approach"). Er bezeichnet zwei Fragen für die politische Sozialisation als entscheidend:
– welche Institutionen sind am aktivsten bzw. bedeutendsten
– welcher Inhalt wird über politische Informationen bzw. Erziehung mitgeteilt.
Vgl. Walter Rosenbaum, *Political Culture*, New York: Praeger 1975, S. 4, 18.

gen, die deshalb durch „objektive" Daten ergänzt werden müßten, sondern auch auf mögliche Gefahren eines „Behaviourismus", der von soziologischen, historischen und herrschaftsspezifischen Bedingungen abstrahiert. Für die in der DDR-Forschung vorfindliche Datenlage muß zudem unmißverständlich festgestellt werden, daß es für den Untersuchungszeitraum weder möglich ist, Analysen über tatsächliche Einstellungen, Werte und Verhaltensweisen durch eigene empirische Untersuchen abzusichern, noch ist es möglich, daß die Auswertung der zur Verfügung stehenden Materialien bei einem Vorgehen rein nach dem Brownschen Konzept einen wissenschaftlich relevanten Befund erbringen kann. Befürworter einer engen „subjektiven" Sicht der politischen Kultur begeben sich zudem in die Gefahr, von einer allgemein menschlichen Natur her argumentieren zu müssen, die zwar politisch gefaßt sein kann – Demokratie als menschliches Grundbedürfnis –, die aber dennoch nicht in der Lage ist, die spezifischen Mechanismen der Entstehung und Veränderung politischen Bewußtseins und Verhaltens zu entschlüsseln. Der spezifische Charakter des Herrschaftssystems bliebe damit ausgeblendet oder zumindest stark unterbelichtet.

In der Diskussion, ob die politische Kulturforschung in erster Linie subjektive Einstellungen *(attitudes)* oder nicht auch objektives Verhalten *(behaviour)* untersuchen sollte, plädiert die Mehrzahl der Forscher für ein umfassenderes Konzept, das sowohl Einstellungen und Werte als auch Verhalten einschließen soll[47]. Schon Robert C. Tucker hatte sich, beeinflußt durch die Kulturanthropologie, für eine weitere Fassung des Begriffs politische Kultur in der Kommunismusforschung ausgesprochen, indem er ihn definierte als: „Political culture, politics as a form of culture, and politics as an activity related to the larger culture of society, might in other words be taken as the central subject matter of the discipline. Instead of treating political culture as an attribute of a political system, we would then view the political system of society in cultural terms, i.e. as a complex of real and ideal culture patterns, including political roles and their interrelations, political structures and so on"[48]. In seiner jüngsten Publikation hat Tucker den weiteren Begriff der politischen Kulturforschung erneut verteidigt und hervorgehoben, daß dieser für die Kommunismusforschung am fruchtbarsten sei[49]. Auch andere prominente Kommunismusforscher, z.B. Stephen White ziehen es vor, mit einem wei-

---

47 Vgl. zu der aktuellen Debatte den von Archie Brown herausgegebenen Sammelband *Political Culture and Communist Studies* (Anm. 34), insbesondere die Kontroverse zwischen Mary McAuley und Archie Brown; Jancar, Political Culture and Political Change (Anm. 34), S. 69–82. Mit einem weiteren politischen Kulturbegriff arbeitet z. B. für Rumänien auch Michael Shafir, Political Culture, Intellectual Dissent, and Intellectual Consent: the Case of Romania, in: *Orbis*, 27. Jg. 1983, H. 2, S. 393–420.
48 Tucker, *Culture, Political Culture, and Communist Society* (Anm. 38), S. 182.
49 Vgl. Tucker, *Political Culture and Leadership in Soviet Russia* (Anm. 40).

ten Begriff der politischen Kultur zu arbeiten. White definiert politische Kultur in diesem Sinne, wenn er schreibt: „Political culture may be defined as the attitudinal and behavioural matrix within which the political system is located"[50]. Kommunismusforscher wie Volker Gransow sehen ebenfalls im „weiten" Begriff der politischen Kultur einen richtungweisenden Forschungsansatz[51].

1.2. Die Untersuchung politischer Sozialisation als Teil der Erforschung der politischen Kultur: Das forschungsmethodische Konzept

Die vorliegende Studie geht aus forschungsmethodischen Gründen von einem weiten Begriff der politischen Kultur aus. „Politische Kultur" steht deshalb synonym für einen „weiten" Begriff des politischen oder Herrschaftssystems als vom „Herrschaftsapparat" unterschieden und umfaßt „subjektive" wie „objektive" Faktoren. Konzeptionell soll mit Archie Brown unterschieden werden zwischen der offiziellen politischen Kultur des Herrschaftsapparats und der dominanten politischen Kultur als derjenigen Kultur, die tatsächlich im Alltag und in der Privatssphäre das Bewußtsein und Verhalten der Bevölkerung dominiert, deren Spiegelbild das Auseinanderklaffen von politischer Erziehung und politischer Sozialisation ist. Diese Unterscheidung ermöglicht eine präzisere Bestimmung der für die DDR charakteristischen Doppelkultur, einer Struktur, die, so die Forschungshypothese dieser Studie, sowohl die vergleichsweise Stabilität des Herrschaftssystems in der Vergangenheit wie die Gründe für die Destabilisierung seiner Verfaßtheit bloßzulegen vermag. Die über Jahrzehnte erfolgte politische Sozialisation in dieser Doppelkultur erklärt darüber hinaus die Schwierigkeiten der Transformation zu demokratischen Einstellungs- und Verhaltensmustern.

Um die Beziehung zwischen politischer Kultur und politischer Sozialisation zu präzisieren, unterscheide ich drei hierachisierte, interdependente methodische Bezugsebenen, die für alle in den folgenden Kapiteln analysierten Bereiche Geltung haben:

1. Ausgangsebene ist die kritische Analyse der offiziellen kommunistischen Zielkultur – der aktiven und präsenten ideologischen Komponente des Herrschafts- und Machtapparates –, für die sich die politische Sozialisation zentral in der Kodifizierung des sozialistischen Persönlichkeits-

50 Stephen White, *Political Culture and Soviet Politics*, London/New York 1979.
51 Vgl. Volker Gransow, *Konzeptionelle Wandlungen der Kommunismusforschung*, Frankfurt a.M./New York: Campus 1980, S. 153; ders., Political Culture in the GDR: Propositions for Empirical Research, in: Margy Gerber et al. (Hrsg.), *Studies in GDR Culture and Society*, Washington D.C.: University Press of America 1981, S. 1-20.

bildes und der spezifischen Konzeption der politischen Erziehung manifestiert. Diese sollte sich auf den verschiedenen Stufen institutionalisierter politischer Sozialisation und in Folge in der Gesellschaft als Ganzes durchsetzen.

2. Für das Verhältnis von Herrschaftssystem und politischer Sozialisation sind Entwicklungen zu berücksichtigen, die aus dem DDR-spezifischen Prozeß des sozialen Wandels und der Modernisierung der Gesellschaft resultieren, um die Genese der „politischen Doppelkultur" sachgerecht analysieren zu können, d.h. das Funktionsverhältnis von offizieller politischer Kultur und politischer Erziehung auf der einen, von dominanter politischer Kultur und politischer Sozialisation auf der anderen Seite. Diese Ebene einer herrschaftssoziologischen Untersuchung ist zur Prüfung der einleitend aufgestellten Forschungshypothese unverzichtbar.

3. Für die Beziehung zwischen politischer Kultur und politischer Sozialisation sind geschichtliche Momente aufzunehmen, die die gelebte Geschichte der DDR berücksichtigen oder als traditionelle Elemente den Haupt- oder Nebenströmungen der nationalen politischen Kultur angehören, das Verhältnis zur eigenen Staatsgeschichte bestimmen und das allgemeine Geschichtsbewußtsein prägen. Historisch-kulturelle Betrachtungen sind auf dieser Ebene vorrangig.

1.2.1. Zielkultur und Herrschaftsanspruch des Systems

Folgt man Archie Browns Argumentation, daß die Analyse der politischen Sozialisation zunächst im Hinblick auf die offizielle politische Kultur erfolgen sollte, dann muß sowohl das Zielkonzept „goal culture" als auch die Frage der erfolgreichen – oder mißlungenen – Umsetzung dieses Konzepts in der politischen Sozialisation näher untersucht werden. Das bedeutet, daß der Herrschaftsanspruch mit seiner Realisierung konfrontiert werden muß; bei der Umsetzung des Konzepts kommt es zu Brüchen und Defiziten der Herrschaftslegitimation. Ausgangspunkt für die Untersuchung der Zielkultur und des damit verbundenen Herrschaftsanspruchs für den Untersuchungszeitraum ist die Zielsetzung, eine der marxistisch-leninistischen Ideologie entsprechende Formung sozialistischer Persönlichkeiten durchzusetzen. Aufgrund des Fehlens „antagonistischer", aus sozialen Klasse entspringenden Über- und Unterordnungsverhältnisse war in staatssozialistischen Systemen davon ausgegangen worden, daß die politische Sozialisation nicht in widersprüchlichen gesellschaftlichen Verhältnissen, sondern in Übereinstimmung mit dem „gesellschaftlichen Interesse" erfolgen muß[52]. Dieses Selbstverständnis von

52 *Wörterbuch der marxistisch-leninistischen Soziologie*, Berlin (DDR): Dietz-Verlag 1977, S. 241. Im Nachschlagewerk *Kleines Politischen Wörterbuch*, 3. Aufl., Berlin

Herrschaft und Sozialisation führte dazu, daß der politische Bewußtseinsbildungsprozeß „von oben", das heißt von den Zentralen der Macht organisiert und strukturiert wurde. Hier mußte daher die herrschafts- und
ideologiekritische Analyse des politischen Sozialisationsprozesses in der
zentralistisch-autoritären Phase dieser Gesellschaften ansetzen.

Bereits in früheren Arbeiten wurde der Herrschaftsanspruch des politischen Systems der DDR kritisch untersucht. Gegen die Umsetzung des
marxistisch-leninistischen Verständnisses von Herrschaft wurden theoretische wie auch empirisch begründete Einwände geltend gemacht. Die
Fixierung auf das „politische System" bei gleichzeitigem Ausblenden des
Vermittlungsprozesses politischer Werte, Einstellungen und Verhaltensweisen blieb jedoch für die bisherige herrschaftskritische Literatur charakteristisch; die Problematik der politischen Sozialisation blieb weitgehend ausgeklammert. Besonders die Frage der Legitimation und der Herr-
schaftsansprüche des politischen Systems wurde in einigen neueren Arbeiten der DDR- und Kommunismusforschung kritisch reflektiert[53]. Henry Krisch schlägt beispielsweise vor, die politische Kultur der DDR nach
den Versuchen zu befragen, die unternommen wurden, um das System
zu legitimieren (*legitimacy*). Er argumentiert, daß die politische Führung
der DDR versuchte, ihre Legitimation dadurch zu erhöhen, daß sie sowohl
traditionelle, aus der deutschen politischen Kultur herrührende Werte
aufnahm, als auch solche, die der neu entstandenen, alternativen politischen Kultur entsprangen[54]. Krisch konzentriert sich in seiner Betrachtung allerdings auf die Beziehung zwischen politischem System und Gesellschaft, während er Mechanismen zum Erwerb politischer Einstellungen und politisch-kultureller Werte, also die politische Sozialisation, außer
acht läßt. In der bisherigen herrschaftskritischen Literatur lassen sich
grundsätzlich zwei Blickrichtungen der Kritik unterscheiden.

Die eine Gruppe von Kritikern problematisierte primär das Klassen-
verhältnis in staatssozialistischen Ländern und stellte die Entstehung einer neuen Funktionärsklasse bzw. der Bürokratie als Klasse heraus, während die andere Gruppe die Parteielite – Avantgarde im marxistisch-le-

Fortsetzung der Fußnote
(DDR): Dietz Verlag 1978, fehlt der Begriff Herrschaft zwischen „Heimat" und
„historische Mission der Arbeiterklasse" völlig.

53 Vgl. Irma Hanke, *Alltag und Politik*, Opladen: Westdeutscher Verlag 1987, insbes. S. 298; Henry Krisch, Changing Political Culture and Political Stability in
the German Democratic Republic, in: *Studies in Comparative Communism*, 19. Jg.
1986, H. 1, S. 41-53; vgl. auch ders., Der Wandel der politischen Kultur und
politische Stabilität in der DDR, in: Gert-Joachim Glaeßner (Hrsg.), *Die DDR in
der Ära Honecker*, Opladen: Westdeutscher Verlag 1988, S. 151-166 (dt. Kurzfas-
sung des englischen Aufsatzes); Sigrid Meuschel, Integration durch Legitimation?, in: *Ideologie und gesellschaftliche Entwicklung in der DDR*, Köln: Verlag
Wissenschaft und Politik 1985, S. 15-29; Michael Peltzer, *Sozialistische Herrschaft
und materielle Interessen*, Opladen: Westdeutscher Verlag 1987.

54 Vgl. Krisch, *Changing Political Culture* (Anm. 53), S. 41.

ninistischen Selbstverständnis – einer kritischen Prüfung unterzog. Zur ersteren Gruppe sind beispielsweise András Hegedüs mit seinen kritischen Ausführungen bürokratisierter Herrschaft sozialistischer Gesellschaften zu rechnen, Ota Siks Kritik der Parteibürokratie im „kommunistischen Machtsystem" und Rudolf Bahros Position zur Herrschaft der Bürokratie in der DDR[55]. In der zweiten Gruppe überwiegen Arbeiten, die Mechanismen der Herrschaftssicherung kritisch beleuchtet haben, so die Studie von Ludz zur „Parteielite im Wandel". In der anglo-amerikanischen Diskussion stellte Gordon Skilling pressure groups heraus, die Herrschaftsausübung beeinflußt haben. Beide herrschaftskritischen Strömungen sind allerdings eng miteinander verknüpft. Soziale Bedingungen von Herrschaft in staatssozialistischen Systemen einerseits, strukturelle Zusammenhänge andererseits hatte im übrigen bereits von Ernst Richert benannt und problematisiert. Von ihm stammt die Charakterisierung des „doppelten Herrschaftsverhältnisses" in der DDR, nämlich „einmal das der einen Klasse über die andere und daneben innerhalb der herrschenden Klasse die Beherrschung der rückständigen proletarischen Massen durch die Parteielite"[56]. So übt der Staat nach Richert eine doppelte Herrschaftsfunktion aus; er fungiert als „Unterdrückungsmittel" im Klassenkampf und als Führungsmittel bei der Antizipation der gesellschaftlichen Entwicklung. Alle oben genannten Arbeiten stellten die These von der „Herrschaft des Volkes" bzw. von der Interessenübereinstimmung zwischen Herrschaftsapparat und Bevölkerung gründlich in Frage. Es wurde aber auch deutlich, daß Formen der Herrschaft und der Herrschaftssicherung in staatssozialistischen Systemen nicht statisch, sondern wandelbar und unter dem Zwang gesellschaftlicher Modernisierungen bedingt anpassungsfähig waren.

Die Veränderung von Herrschaftsmechanismen konnte zum Beispiel im Zusammenhang mit der Entwicklung von Partizipationsformen aufgezeigt werden. In Weiterentwicklung der These, daß staatssozialistische Gesellschaften im Zuge der Modernisierungen Sachverstand und „konsultative Partizipationsmechanismen" benötigen, hat z. B. Hartmut Zimmermann das veränderte DDR-Selbstverständnis des politischen Systems und die Ausweitung der Funktionen von Gewerkschaften, Massenorganisationen und anderen Einrichtungen der „sozialistischen Demokratie" aufgezeigt[57]. Auch in verschiedenen Studien der anglo-amerikanischen

---

55 Vgl. ausführlicher Gert-Joachim Glaeßner, *Sozialistische Systeme*, Opladen: Westdeutscher Verlag 1982, S. 148ff.
56 Richert, *Macht ohne Mandat* (Anm. 30), S. XXXVII.
57 Vgl. Hartmut Zimmermann, Power Distribution and Opportunities for Participation: Aspects of the Socio-Political System of the GDR, in: Klaus von Beyme/Hartmut Zimmermann (Hrsg.), *Policymaking in The German Democratic Republic*, New York: St. Martin's Press 1984, S. 1-108; ders., *DDR-Forschung: Zum Verständnis des Gegenstandbereichs, zur Forschungslage und zur Forschung auf dem Gebiet der Massenorganisationen und der Partizipationsproblematik* („Sozialistische

DDR- und Kommunismusforschung wurden Formen der Partizipation als Veränderung von Herrschaftsmechanismen interpretiert, wobei die Frage, ob es sich hier um Wandlungen in Richtung auf eine Öffnung oder Demokratisierung der Gesellschaften oder lediglich um eine Verfeinerung kommunistischer Herrschaftstechniken handelte, durchaus umstritten blieb[58].

Eine ausgesprochen kritische Bewertung erfuhr die Herrschaftsausübung in staatssozialistischen Systemen dann in der im anglo-amerikanischen Sprachraum und vor allem von polnischen und ungarischen Intellektuellen geführten Diskussion über die „civil society" in staatssozialistischen Ländern. Nachhaltig beeinflußt durch den Prager Frühling 1968 und die Bildung der unabhängigen Gewerkschaft Solidarität in Polen 1980/81 argumentieren Vertreter dieser Position, die teilweise der „Budapester Schule" um Ferenc Féher und Agnes Heller nahestehen, daß eine längst überfällige Reform der Herrschaftsstrukturen staatssozialistischer Systeme nur über den Weg der Rückgewinnung persönlicher Freiheitsrechte gegenüber Staat und Partei möglich sei, also von Rechten, die seit der französischen Revolution Bestandteil demokratischer Bewegungen sind[59]. Diese Kritik stützte sich verschiedentlich auch auf eine geistesgeschichtliche Rückbesinnung auf Hegelsche bzw. Marxsche Ausführungen über die staatsbürgerliche Gesellschaft[60]. Radikaler als in den vorgenannten herrschaftskritischen Positionen wird hier die individuelle Autonomie gegenüber dem „Herrschaftsapparat" betont und der Finger auf das zentrale Problem der Legitimität von Herrschaft in staatssozialistischen Systemen gelegt. Problematisiert wird, daß hinter die positiven

Fortsetzung der Fußnote

Demokratie"), Berlin 1977 (Manuskriptdruck, Freie Universität Berlin). Zur Rolle der Gewerkschaften vgl. insbes. Hasko Hüning/Gero Neugebauer, Der FDGB und die Formel 'Einheit von Wirtschafts- und Sozialpolitik'. Die Gewerkschaften der DDR auf dem Weg zu einer neuen Politik?, in: Glaeßner (Hrsg.), *Die DDR in der Ära Honecker* (Anm. 53), S. 314-331.

58 Vgl. Jan F. Triska/Peter M. Cocks (Hrsg.), *Political Development in Eastern Europe*, New York/London: Praeger 1977, insbes. der Abschnitt „Political Participation". Vgl. auch die Kontroverse um diesen Ansatz in *Studies in Comparative Communism*, 25. Jg. 1982, H. 1/2, S. 131 ff. Eine kritische Besprechung und Übersicht findet sich bei Mary McAuley, Political Participation under Review. Review Article, in: *Studies in Comparative Communism*, 27. Jg. 1984/85, H. 3/4, S. 241-252. Zur empirischen Anwendung vgl. Wayne DiFrancisco/Zvi Gitelman, Soviet Political Culture and 'Covert Participation' in Policy Implementation, in: *The American Political Science Review*, 78. Jg. (1984), H. 3, S. 603-621.

59 Vgl. z.B. Andrew Arato, Civil Society Against the State, in: *Telos*, 47/1981, S. 23-47. Ähnlich argumentierten bereits Ferenc Fehér/Agnes Heller/György Márkus, *Diktatur über die Bedürfnisse*, Hamburg: VSA 1976.

60 Vgl. zur theoretischen Fundierung dieser Argumentation auch den von dem in Oxford lebenden Polen-Experten Pelczynski herausgegebenen Band. Z.A. Pelczynski (Hrsg.), *The State and Civil Society*, Cambridge usw.: Cambridge University Press 1984.

historischen Errungenschaften der „bürgerlichen" Rechte und Freiheiten
– besonders in der politischen Sphäre – zurückgegangen wird.

Für die Analyse des Herrschaftssystems in der DDR im Untersuchungszeitraum muß konzeptionell geschieden werden zwischen offizieller und dominanter politischer Kultur, wie von Brown vorgeschlagen.
Konkret bedeutet dies, daß im Hinblick auf die offizielle politische Kultur
vor allem nach Persönlichkeitsbild, Lehrplänen, Geschichtsbild usw. zu
fragen ist, deren Gestalt und Wirkung daraufhin untersucht werden müssen, ob und inwieweit sie tatsächlich ihr Ziel erreicht haben. Dies ist die
Leitebene der vorliegenden Arbeit als einer politikwissenschaftlichen Studie, d.h. sie transportiert die einleitend aufgeworfene Fragestellung, indem
sie ideologie- und herrschaftskritisch untersucht, inwiefern das Ziel uni-
verseller Durchsetzung der offiziellen Ideologie erreicht wurde und Herrschaft in dieser Form wirksam in alle gesellschaftlichen Bereiche und in
das Mikromilieu des Alltags gedrungen ist. Damit verknüpft ist die Frage,
ob politische Erziehung tatsächlich einen „Eckpfeiler" der Stabiltät des
Herrschaftssystems gebildet hat. Die Forschungshypothese dieser Untersuchung geht von einem sehr weitgehenden historischen Scheitern dieser
ideologischen Bemühungen des Herrschaftsapparates aus; faktisch wurde
diese Hypothese durch den politischen Umbruch in der DDR im Herbst
1989 bestätigt. Aber bereits vor diesem Umbruch ließ sich die Funktionsfähigkeit des Herrschaftssystem nicht allein aus dem unleugbaren Gewicht des Herrschafts- und Machtapparates und seiner Komponente „politischer Erziehung der Bevölkerung" erklären. Gezeigt werden soll das
Scheitern des Herrschaftsapparates anhand der Entwicklung des Herr-
schaftsinstrumentes politischer Erziehung selbst. Relevant ist die den genuinen Zielen politischer Erziehung widersprechende Tatsache qualitativer und quantitativer Entfaltung von gesellschaftlichen Bereichen, die der
unmittelbaren ideologischen Einwirkung weitgehend entzogen blieben
und die eine beträchtliche Eigendynamik entfaltet haben. Beides verlangt
einen über die Funktionsanalyse des Herrschafts- und Machtapparates
hinausreichenden methodischen Rahmen, um die politische Doppelkultur,
d.h. vor allem auch die faktische Begrenztheit autoritativer und ideologischer Herrschaftsinstrumente, erklären zu können.

Für eine politikwissenschaftliche Studie in einem bezüglich empirischer Fundierung fraglos sehr schwierigen Bereich muß auf die möglichst
breite Berücksichtung aussagefähigen Materials besonderer Wert gelegt
werden. Zusätzlich zur Auswertung von Dokumenten, Zeitschriften, Monographien und Studien aus Wissenschaft und Politik bezieht sie punktuell auch dokumentarische und schöngeistige Literatur in die Untersuchung mit ein. Da der Rückgriff auf diese Literatur in der Forschung
nicht unumstritten ist, soll dieses Vorgehen hier kurz begründet werden.
Literatur erfüllte in der DDR und anderen staatssozialistischen Systemen
über lange Zeit die Funktion einer Ersatzöffentlichkeit; häufig wurde sie

auch als Gegenöffentlichkeit bezeichnet[61]. Sie erwies sich daher als aufschlußreiche Hilfsquelle für die Forschung von Politik- und Sozialwissenschaftlern. In der Bundesrepublik hat insbesondere Irma Hanke mit ihrer Studie über „Alltag und Politik" (1987) gezeigt, wie Literatur als ein Bereich der politischen Kultur der DDR so interpretiert werden kann, daß Verbindungslinien zwischen Literatur und Alltag im politischen System aufgezeigt werden können[62]. So kommt Hanke zu einem aufschlußreichen Befund der Herrschaftsrealität in der DDR. Sie findet in der DDR-Literatur ein „dichotomisches Gesellschaftsbild" vor, in dem die von der Herrschaft „Überzeugten" dem Rest der Gesellschaft anonym und fremd bleiben und in dem die „Überzeugten" selbst einen hohen Preis für ihr Überzeugtsein zahlen. In der Literatur dokumentiere sich somit ein „respektables Maß an Herrschaftskritik"; die „Erfolge" der politischen Sozialisation erscheinen in einem ungünstigen Licht, und der Fortbestand asymmetrischer Herrschaftsverhältnisse im Alltag wird angeprangert. Zu Recht stellt Hanke im Zusammenhang mit der Alltagserfahrung heraus, daß die täglich erlebte Kluft zwischen offizieller Sprache bzw. politischem Anspruch des Systems und täglicher Erfahrung in der Lebenswelt für die Subjekte zu häufig nicht auflösbaren Widersprüchen und Konflikten führt, die für viele DDR-Bürger oft in eine charakteristische Apathie mündeten, während andere nach authentischen Formen der Lebensäußerung suchten.

Erst der Blickwinkel vom Alltag her ermöglichte es, diese Vorgänge realer politischer Sozialisation genauer zu beleuchten. Den Zusammenhang zwischen politischer Sozialisation und politischer Kultur ausführlicher thematisierend, sieht Hanke in der schöngeistigen Literatur eine Tradition der „unpolitischen Kultur" ausgedrückt, die sie nicht nur auf ein Merkmal sozialistischer Systeme generell zurückgeführt wissen will, sondern in der sie, in Übereinstimmung mit anderen westlichen Beobachtern, „nationale Konstanten" wiederfindet, die in der Wechselbeziehung zwischen der offiziell propagierten politischen Kultur und den tradierten Verhaltensformen durchschlagen[63]. „Zu fragen wäre demnach, soweit sich aus der Literatur dazu Hinweise ergeben, nicht nur nach dem Ausmaß der Differenz zur herrschenden politischen Ordnung, sondern nach dem spezifischen Konsens, der Übereinstimmung der Werte von 'oben' und

---

61 Den Begriff „Gegenöffentlichkeit" verwendet z.B. der amerikanische Germanist David Bathrick. Vgl. David Bathrick, Kultur und Öffentlichkeit in der DDR, in: Peter U. Hohendahl/Patricia Herminghouse, *Literatur der DDR in den siebziger Jahren*, Frankfurt a.M.: Suhrkamp 1983, S. 53-81. Bathrick bezieht sich insbesondere auf Jürgen Habermas' Theorie der Öffentlichkeit und Agnes Hellers Sozialismuskritik. Vgl. auch Christine Schoefer, *In a Public Voice? Politics and Literature in the GDR*, PhD Diss., University of California at Berkeley, Berkeley 1985.

62 Vgl. Hanke, *Alltag und Politik* (Anm. 53), S. 298f.

63 Ebd., S. 310.

'unten', der jenes Maß an Loyalität ermöglichte, daß die Gesellschaft der DDR zusammen und funktionsfähig erhält."[64] Letztere „Übereinstimmung" kann m. E. jedoch nicht als Eckpfeiler der Funktionsfähigkeit des Herrschaftssytems der DDR angesehen werden, sondern als ein beförderndes sekundäres Element. Die Analyse von Sozialisationsmustern in der Literatur ergibt allerdings, daß bestimmte Überlieferungen dem Arrangement mit der staatssozialistischen politischen Ordnung entgegenkamen. So lassen sich sozialstrukturelle Faktoren benennen, die die Anpassung an das staatssozialistische Herrschaftssystem begünstigten. In den Schilderungen der Intelligenz wird beispielsweise die Dominanz von Werthaltungen sichtbar, die „alter" und „neuer" Kultur gemeinsam sind. Übereinkünfte, die an Überliefertem anknüpfen, lassen sich auch in Bezug auf verinnerlichte autoritäre Verhaltensdispositionen, Unverständnis gegenüber Liberalismus und Liberalität, die vorherrschende Lern- und Arbeitsgesinnung, Hervorheben des Familiensinns oder das Nachwirken des bürgerlichen Bildungsideals nachweisen. Demgegenüber ist in der Literatur nicht eindeutig auszumachen, inwieweit Merkmale einer spezifischen politischen Kultur der Arbeiterklasse erhalten geblieben sind. Als politisch handelndes Subjekt wird sie kaum beschrieben. Arbeiter bilden – so Hankes Befunde – die „skeptische Klasse", da sie mit den Widersprüchen der behaupteten „Herrschaft der Arbeiterklasse" unmittelbar konfrontiert wurden. Dennoch stellten sie keine offene politische Opposition dar.

1.2.2. Politische Sozialisation im Kontext ökonomisch-sozialer Entwicklung

Um das Verhältnis von Herrschaftsapparat und dominanter politischer Kultur, d.h. das Herrschaftssystem als funktionsfähiges Ganzes zu analysieren, ist der Prozeß ökonomisch-sozialer Entwicklung und Differenzierung mit seinen Konsequenzen für die politische Sozialisation in die Untersuchung mit einzubeziehen. Die Differenzierungen haben sich teilweise forciert durch die zentrale Planung und Leitung, teilweise aber auch relativ eigendynamisch und zumindest partiell konträr zu zentralistischen Vorgaben entfaltet, so daß die Analyse eines erweiterten methodischen Rahmens bedarf. Objektive, durch die ökomonisch-soziale Entwicklung gegebene gesellschaftliche Parameter bestimmten in der DDR-Geschichte stets den Rahmen für die Legitimation der Herrschaft und für die Veränderung von Erziehungszielen und -inhalten. Zugleich bildeten sich mit den ökonomischen und sozialen Entwicklungen Konfliktlinien heraus, die schließlich dazu führten, daß sich das Bewußtsein der Bevölkerung und damit die dominante politische Kultur ausdifferenzierte und, um das prägnanteste Beispiel zu nennen, eine alternative und op-

---

64 Ebd., S. 311.

positionelle politische Kultur entstand, die den demokratischen Wandel der offiziellen politischen Kultur der Gesellschaft als erste einklagte.

Ausschlaggebend für den Differenzierungsprozeß war der Modernisierungsschub der späten siebziger und achtziger Jahre in weiten Teilen der Wirtschaft, Wissenschaft und Gesellschaft. Um Weltmarktstandards zu erreichen und vor allem im Wettbewerb mit Ländern der sich enger zusammenschließenden Europäischen Gemeinschaft sowie den aufstrebenden Schwellenländern Asiens bestehen zu können, wurden – propagandistisch unterstützt – besonders die Mikroelektronik und andere neue Technologien gefördert. In ehrgeizigen Programmen strebte man die Einführung von Computertechnik schon im Vorschulalter an und informierte die Öffentlichkeit über „chips" und „software". Zugleich formierten sich Unbehagen und Kritik, wie beispielsweise in Diskussionen über Gentechnologien, kontroversen Fortschritts- und Umweltdiskussionen deutlich wurde, so daß schließlich Besorgnis über eine „wachsende Dynamik" in den Wertstrukturen der Bevölkerung unter systemkonformen Wissenschaftlern aufkam[65]. Zumindest bis zur ersten Hälfte der achtziger Jahre schienen sich die Annahmen von Modernisierungstheorien zu bestätigen; die Modernisierungstheorie wurde daher zu einem prominenten Ansatz in der westlichen DDR- und Kommunismusforschung[66]. Bereits in früheren Entwürfen waren Modernisierungstheorien häufig mit Erwartungen einer „Liberalisierung" oder Öffnung des staatssozialistischen politischen Systems verknüpft. Diese setzte jedoch erst wesentlich später und unter völlig anderen Bedingungen ein als angenommen. Inwieweit die revolutionsartigen Umbrüche in der DDR, in Polen, Ungarn, der CSFR und Rumänien 1989 mit Modernisierungstheorien zu erklären sind, steht daher erneut zur Debatte.

Allgemein formuliert, versuchen Modernisierungstheorien Veränderungen politischer und kultureller Strukturen als Funktionen sozio-ökonomischen Wandels zu beschreiben. Urbanisierung, Industrialisierung und Technikentwicklung führen, so die Argumentation der Modernisierungstheorien, zu weitreichenden Entwicklungen auf den Gebieten Bil-

---

65 Vgl. Herbert F. Wolf, Zur Bedeutung von Sozialindikatoren, in: *Informationen zur soziologischen Forschung in der DDR*, 19. Jg. 1983, H. 4, S. 37.

66 Vgl. zur Konzeption der Modernisierung in der DDR insbes. Hartmut Zimmermann, *Wissenschaftlich-technische Revolution in der DDR*, Diss., Freie Universität Berlin 1981; ders., Politische Aspekte in der Herausbildung, dem Wandel und der Verwendung des Konzepts 'wissenschaftlich-technische Revolution' in der DDR, in: *Deutschland Archiv*, 9. Jg. 1976, Sonderheft, S. 17 ff. Zur Modernisierungsdiskussion allgemein vgl. z.B. die Beiträge in Wolfgang Zapf (Hrsg.), *Theorien des sozialen Wandels*, Köln/Berlin 1969, und den Überblick bei Peter Flora, *Modernisierungsforschungen zur empirischen Analyse der gesellschaftlichen Entwicklung*, Opladen: Westdeutscher Verlag 1974. Zum Einfluß der Modernisierungstheorien in der DDR- und Kommunismusforschung vgl. die Übersicht und kritische Kommentierung bei Glaeßner, *Sozialistische Systeme* (Anm. 51), S. 88ff.; Gransow, *Konzeptionelle Wandlungen* S. 122f.

dung, Kultur, Sozialbeziehungen und Politik. In der früheren Kommunismusforschung lassen sich grob drei Hauptströmungen der Modernisierungstheorien unterscheiden:

- Arbeiten, die sich auf Industrialisierung und Technologieentwicklung konzentrieren (z.B. Huntington 1968; Lane 1976);
- Arbeiten, in denen politische Modernisierung und politischer Wandel im Mittelpunkt stehen (z.B. Triska/Cocks 1977);
- Arbeiten, die versuchen, Modernisierungen auf individualpsychologischer Ebene zu erfassen (z.B. Inkeles/Smith 1974; Inkeles 1983)[67].

In der bundesrepublikanischen DDR-Forschung sind die makropolitischen amerikanischen Modernisierungstheorien der sechziger und siebziger Jahre erst verzögert rezipiert worden, dies wohl nicht zuletzt deshalb, weil sich DDR-Forschung zunächst als „Deutschlandforschung" und nicht im Rahmen der vergleichenden Kommunismusforschung etablierte. Als „Industriegesellschaftstheorie" und „Konvergenztheorie" wurde die anglo-amerikanische Diskussion zumindest partiell in der Bundesrepublik aufgenommen. Peter Christian Ludz hat die 1971 erstmalig herausgegebenen „Materialien zum Bericht der Lage der Nation" der Bundesregierung, deren wissenschaftliche Leitung Ludz oblag, methodisch in die modernisierungstheoretische Diskussion eingeordnet[68]. Mit der „wissenschaftlich-technischen Revolution" in der DDR und den Modernisierungsbestrebungen im Zuge der Intensivierung wirtschaftlicher Entwicklung haben modernisierungstheoretische Ansätze in der Bundesrepublik insbesondere im Rahmen der Diskussion über die Einführung neuer Technologien eine Renaissance erfahren. Die Förderung von Fortschrittsoptimismus und Innovationsfähigkeit sowie Veränderungen im Bildungsbereich (wie die Diskussionen über die Erweiterung der Allgemeinbildung um Grundkenntnisse und -fertigkeiten im Umgang mit neuen Technologien, die Einführung neuer Studienordnungen für Ingenieure und Tech-

---

67   Vgl. z.B. Samuel P. Huntington, *Political Order in Changing Societies*, New Haven: Yale University Press 1968; David Lane, *Politics and Society in the USSR*, 2. Aufl. New York: New York University Press 1978; Triska/Cocks, *Political Development* (Anm. 58); Alexander Inkeles (Hrsg.), *Exploring Individual Modernity*, New York: Columbia University Press 1983. Inkeles, der zunächst stark von der struktuell-funktionalen Soziologie Parsons und Mertons beeinflußt war, war Mitherausgeber der auf Emigrantenbefragungen basierenden Harvard-Studie über das „Soviet Social System" in den fünfziger Jahren; in den sechziger und siebziger Jahren wandte er sich auch Entwicklungsländern zu und konzentrierte sich immer mehr auf die individualpsychologische Komponente der Modernisierung.

68   Vgl. Peter Christian Ludz, Comparative Analysis of Divided Germany, in: *Studies in Comparative Communism*, 22. Jg. 1979, H. 2/3, S. 144ff. „In view of the various methodological risks involved we have assigned the concept of modernization a heuristically valuable function for comparative analyses". Ebd., S. 149.

niker und die Überlegungen zur verstärkten Förderung von Hochbegabten belegen) boten sich für Untersuchungen modernisierungstheoretischer Hypothesen an. Die Attraktivität der Modernisierungstheorien erklärte sich wohl zum einen daraus, daß „Modernisierung", „sozialer und politischer Wandel" und „politische Entwicklung" in der Sozialwissenschaft weitgehend positiv besetzte Begriffe sind; allerdings mehrten sich zunehmend Zweifel an der ungebrochenen Positivität „moderner" Entwicklungen. Zum anderen reflektieren diese Begriffe das Bedürfnis, die Veränderungen, die in den siebziger und achtziger Jahren in staatssozialistischen Ländern stattgefunden haben, adäquater beschreiben und einschätzen zu können als dies etwa die Totalitarismustheorie vermocht hatte. Befördert wurde dies auch durch das Interesse, auf parallele Entwicklungen in Ost und West – Technologieentwicklung, Wachstumsprobleme, Umweltbelastung u.a. – eingehen zu können.

Kritisch gegen die Modernisierungstheorien gewandt, sind seit Beginn der siebziger Jahre allerdings mehrere Einwände vorgetragen worden, die in der DDR-Forschung jedoch nur unzureichend berücksichtigt worden sind. Dies gilt insbesondere für die Untersuchung von Zusammenhängen zwischen sozio-ökonomischen Entwicklungen und den Veränderungen in Werten, Einstellungen und Verhaltensweisen der Bevölkerung. Hauptkritikpunkt ist die in Modernisierungstheorien verbreitete Annahme eines *linearen* Entwicklungsprozesses, in dessen Verlauf Industrialisierungsprozesse quasi zwangsläufig zu einer Weiterentwicklung von Politik, Gesellschaft und Kultur führten.

Schon bald wurde daher eine kritische Verwendung des Modernisierungsbegriffs gefordert. Eine „aufgeklärte" Variante der Modernisierungtheorien vertritt beispielsweise die amerikanische Sowjetunion-Forscherin Gail W. Lapidus[69]. Sie belegt in einer fundierten, materialreichen Studie über die frühe Frauenpolitik in der Sowjetunion, daß es durchaus sinnvoll sein kann, soziale und politische Veränderungen in sozialistischen Systemen im Kontext von Modernisierungen zu betrachten, wenn man eine lineare Entwicklungslogik und eine Dichotomie von „Traditionalität" und „Modernität" vermeidet und Momente der Ungleichzeitigkeit und Diskontinuität berücksichtigt[70]. Das sowjetische Beispiel zeigt, so Lapidus, daß die Entwicklung der Gleichberechtigung der Frau einen widersprüchlichen Verlauf genommen hat. Einer anfänglichen Liberalisierung, die sich

---

69 Vgl. zur Kritik der Modernisierungstheorien Gail W. Lapidus, Modernization Theory and Sex Roles in Critical Perspective – the Case of the Soviet Union, in: Jane S. Jacquette (Hrsg.), *Women in Politics*, New York usw.: Wiley 1974, S. 243-256. Sie führt dort aus (ebd., S. 247), daß das sowjetische Beispiel „brings into sharp focus the inadequacies of theories of role change which rely on the static dichotomies of tradition and modernity, and on the evolutionary and systematic imagery of classical modernization theory".

70 Vgl. Gail W. Lapidus, *Women in Soviet Society*, Berkeley: University of California Press 1978.

in der Einrichtung einer Frauenorganisation in der Partei zeigte und die in Positionen, wie sie z.B. von Alexandra Kollontai vertreten wurde, zum Ausdruck kommt, folgte eine Reaktivierung tradierter Frauenrollen *trotz* forcierter Industrialisierung. Dieses kann nach Lapidus nur erklärt werden, wenn Diskontinuitäten schärfer akzentuiert werden und die herausragende Rolle politischer Entscheidungsträger in sozialistischen Systemen stärker berücksichtigt wird.

Die Betonung der eigenständigen Rolle des politischen Systems verbunden mit einer Entkoppelung von Ökonomie und Politik, findet sich auch bei Theda Skocpol. Kritisch gegen Barrington Moore gewandt, vertritt Skocpol zunächst die These, daß es keinen zwingenden Zusammenhang zwischen sozio-ökonomischen und politischen Modernisierungen gibt; politische Institutionen und Funktionsträger besäßen vielmehr ein Eigengewicht, insbesondere in sogenannten Umbruchphasen[71]. In ihrer in den USA vielbeachteten Untersuchung entwickelt Skocpol diese These anhand der Revolutionen in Frankreich, Rußland und China[72]. Sie zeigt, wie sich – bedingt durch interne und externe Auseinandersetzungen – neue politische Institutionen und Staatsgebilde konstituieren und alte Regime ablösen. Die neuen politischen Systeme sind es, die die Gesellschaft transformieren. Angesichts des revolutionären Umbruchs in osteuropäischen Gesellschaften und der DDR wäre eine kritische Revision der Thesen Skocpols durchaus lohnend; dies kann an dieser Stelle jedoch nicht geleistet werden.

Um dem Dilemma einer schematischen, globalen Betrachtung von Modernisierungsprozessen in der DDR- und Kommunismusforschung zu entgehen, haben mehrere Autoren vorgeschlagen, von „partieller Modernisierung" zu sprechen. Für die DDR übernahm bereits Ludz, von dem der methodisch wohl reflektierteste Versuch stammt, die amerikanische Modernisierungsdiskussion für die DDR-Forschung fruchtbar zu machen, in Anlehnung an Dietrich Rüschemeyer diesen Begriff[73]. Für ein bereits hochindustrialisiertes Land, wie es die DDR ist, so argumentierte Ludz, seien globale Modernisierungstheorien als Analyseinstrument wenig geeignet. Vielmehr sei es sinnvoll, Teilbereiche gesellschaftlicher Entwicklung unter dem Aspekt der Modernisierung zu betrachten. Bei Ludz bezieht sich der Begriff in erster Linie auf „die mit der beruflichen Mobilität einhergehende Bildungs- und Informationsexpansion, auf das Interesse an neuem und mehr Wissen sowie auf die Dynamik weltweit zu beob-

---

71 Vgl. Theda Skocpol, A Critical Review of Barrington Moores „Social Origins of Dictatorship and Society", in: *Politics and Society,* 4. Jg. 1973, H. 1, S. 1-34.

72 Vgl. Theda Skocpol, *States and Social Revolutions. A Comparative Analysis of France,* Russia and China, Cambridge: Cambridge University Press 1979. Skocpol gehört zu den Befürwortern des „state-centered-approach" in der amerikanischen Sozialwissenschaft.

73 Peter Christian Ludz, *Mechanismen der Herrschaftssicherung,* München/Wien: Hanser 1980, insbes. S. 17, 58-65.

achtender Akkulturationsprozesse"[74]. Partielle Modernisierung bedeutet, daß sich im Prozeß des Wandels neben „modernen Sozialformen" auch weniger moderne erhalten oder neu herausbilden können. Auf die DDR bezogen, heißt das, „daß der Modernisierungsprozeß...tradierte, historisch überholte Wert- und Orientierungsmuster häufiger begünstigt als abbaut"[75]. Explizit verweist Ludz auf den ebenso interessanten wie umstrittenen Rückgriff auf preußische Traditionen, den „vormodernen" Versuch, weiterhin alles Wissen zu „integrieren" („harmonistischer und organisatorischer Universalismus") und den Glauben an wissenschaftliche Großorganisationen, wie z.B. die Akademie für Gesellschaftswissenschaften beim ZK der SED.

Die Kernthese, die sich aus einer kritisch gelesenen Modernisierungstheorie ergibt, ist die der Differenzierung des allgemeinen und des politischen Bewußtseins im Unterschied zur Differenzierung des politischen Systems und seiner Strategien zur Herrschaftssicherung. Eine zentrale Darstellungsebene dieser Arbeit ist daher die Herausarbeitung soziologischer Koordinaten politischer Sozialisation, um die Differenzierung politischen Bewußtseins als eine Haupthypothese zu bestätigen. Die Exemplifikation dieser Hypothese erfolgt vor allem deshalb, um die Auffächerung dessen, was wir als dominante politische Kultur bezeichnet haben, aufzuzeigen. Mit dieser Fragestellung greift die Studie nicht zuletzt einen Hinweis Browns auf, der hervorhebt, daß die Analyse der Verbindung von politischer Kultur und politischer Sozialisation bedeute, nach der Effektivität politischer Sozialisation differenziert zum Beispiel nach verschiedenen sozialen Gruppen zu fragen[76]. In der vorliegenden Studie ist eine kritisch reflektierte Modernisierungstheorie das Instrument der Analyse der Veränderung objektiver gesellschaftlicher Parameter und deren Auswirkungen auf Herrschaftslegitimation wie Bewußtseinsveränderung. Bei der Differenzierung des politischen Bewußtseins sind mehrere Momente zu unterscheiden.

1. Die offiziell forcierte Modernisierung erzeugt selbst ein widersprüchliches Resultat. Aus dem mißlungenen Versuch, die zentrale Planwirtschaft durch ehrgeizige Modernisierung als überlegene, einen hohen und gleichen Lebensstandard gewährleistende Wirtschaft zu etablieren, resultierte eine permanent virulente Distanz zum Herrschaftssystem und seiner offiziellen politischen Ideologie. Ersatzangebote wie höhere Bildung und Recht auf Arbeit konnten diese Distanz nur bedingt und mit knapper werdenden Ressourcen zunehmend schwieriger überbrücken. Aufgrund nicht eingelöster Ansprüche von Modernisierung und Fortschritt vertiefte

---

74 Ebd., S. 17.
75 Ebd., S. 60.
76 Vgl. Brown, Introduction, in: Brown/Gray (Hrsg.), *Political Culture* (Anm. 34), S. 18.

sich die in der Bevölkerung vorhandene Scheidung in wenige Überzeugte und viele Distanzierte.

2. Die festzustellende allgemeine Differenzierung der Bewußtseinslagen und damit der Grundlagen politischen Bewußtseins wurde daher mitbestimmt und kompliziert durch den gesellschaftsspezifisch zweischneidigen Charakter der Modernisierung, d.h. der generellen Modernisierung ebenso wie dem Mangel an Modernisierung. Veränderungen von Sozialbeziehungen und Sozialisationszusammenhängen, höheres Bildungs- und Qualifikationsniveau, Verstädterung und fortschreitende Industrialisierung, wie sie von der Modernisierungstheorie herausgestellt werden, sind, wie Ludz und andere richtig argumentiert haben, wichtige soziale Rahmenbedingungen für die Analyse der politischen Sozialisation. Es wäre aber falsch, einen direkten, linearen Zusammenhang zwischen sozio-ökonomischer Entwicklung und politischen Einstellungen, Werten und Verhaltensweisen herstellen zu wollen, etwa in dem Sinne, daß ein hoher Bildungsstand zwangsläufig zu einem bestimmten Grad der Politisierung führt oder daß technologische Innovation automatisch soziale Entfremdung akzeleriert. Mit Lapidus, Skocpol und Ludz muß vielmehr das Moment der Diskontinuität und Ungleichzeitigkeit hervorgehoben werden, das in staatssozialistischen Ländern durch die leitende und lenkende Funktion politischer Institutionen verstärkt wurde. Weiterhin soll davon ausgegangen werden, daß die Modernisierung von Wirtschaft und Gesellschaft in der DDR Ungleichzeitigkeiten und Widersprüche einschloß, die die Fortexistenz und teilweise selbst die Wiederbelebung tradierter Wert- und Orientierungsmuster begünstigte. Diese Widersprüche resultierten nun nicht nur, wie Ludz annahm, aus dem fortschreitenden Modernisierungsprozeß, sondern auch aus dem Mangel an Modernisierung, dem fortgesetzten Zurückbleiben hinter selbstgesteckten Zielen und vor allem hinter der Entwicklung von Lebensstandards und Lebensstilen in der Bundesrepublik. Diese zweischneidige Entwicklung, die sich durch eine kritisch reflektierte Modernisierungstheorie als Instrument der Analyse von Veränderungen objektiver gesellschaftlicher Parameter ergibt, erscheint als wichtiges Charakteristikum der Modernisierung in der DDR.

Diese Momente der Ungleichzeitigkeit und Widersprüchlichkeit sind vor allem durch die politische Kulturforschung ins Bewußtsein gehoben und schärfer gefaßt worden. Da die politische Kulturforschung nicht von einer quasi zwangsläufigen Höherentwicklung der Gesellschaft im Zuge von Industrialisierung und Modernisierung ausgeht und auch nicht, wie beispielsweise Inglehart, ein allgemeines „Wohlstandniveau" der Gesellschaft annimmt, das sich in der politischen Sozialisation einzelner Generationen geltend macht, sondern von der Überlappung von verschiedenen, historisch und kulturell geprägter Komponenten ausgeht, die sich aus traditionell Überliefertem, modernen, soziologisch geprägten Entwicklungen und Anforderungen der kommunistischen Zielkultur zusammensetzen, gelingt es ihr, diese Phänomene der Ungleichzeitigkeit präziser zu benennen.

3. Bei der Differenzierung des politischen Bewußtseins ist ein drittes Moment zu berücksichtigen, nämlich die Ausdifferenzierung und Umschichtung von Werten aufgrund der negativen Folgen der Modernisierung, die von der DDR-Bevölkerung zunehmend gesehen und gespürt wurden und die die Fragwürdigkeit der behaupteten Überlegenheit des sozialistischen Planwirtschaftssystems und damit die Distanz zur offiziellen Ideologie erhöhten. Hier bündelt sich eine Reihe von Widersprüchen, die sich aus der Spezifik „sozialistischer" Modernisierung ergaben. Einerseits strebte diese nach größtmöglichem Fortschritt und höherem Lebensstandard, andererseits steckte sie aber in dem Dilemma, daß die planwirtschaftliche Ordnung einen trotz größter Anstrengungen vergleichsweise geringeren Lebensstandard nur um den Preis progressiven und maßstablich größeren Umweltruins zu realisieren vermochte als das scharf kritisierte kapitalistische System. Daß eine solche Umweltbelastung, wenn sie jenseits von verheimlichten Meßwerten die menschlichen Sinne peinigt (wie z.B. exessive Luftverschmutzung), eine Gegenreaktion auf den Plan ruft, ist evident. Spezifisch daran – so die hierzu vertretene Forschungshypothese dieser Arbeit – sind Form und Umfang der Gegenreaktion. Umweltschutz wurde deshalb ein Schlüsselbereich für die Genese alternativer oder oppositioneller politischer Kultur, weil hier in krassester Weise der Überlegenheitsanspruch der zentralen Planwirtschaft in einem Bereich demaskiert wird, der im allgemeinen Verständnis in West und Ost als eine Domäne von Planung, von zwangsläufigen Eingriffen und Regulationen gilt. Die in striktester Umweltgesetzgebung kodifizierte Verlogenheit dieses Anspruchs und die – bis zum November 1989 – praktizierte Geheimhaltung kritischer Umweltdaten kollidierten mit dem Gefühl, daß die menschlichen Lebensgrundlagen bedroht seien. Und dieses Gefühl verspürte eine stetig wachsende Anzahl von Bürgern der DDR. Ähnliches gilt für die alternative Friedensbewegung. Der Demokratiemangel wurde zur subjektiven Bedrohung, die aktive Gegenwehr erzeugte. Daß zunächst nur eine kleine Anzahl von Bürgern aktiviert wurde, ist m.E. nicht nur der unrühmliche „Verdienst" der Sicherheitsorgane, sondern der objektiven Widersprüchlichkeit des dominanten politischen Bewußtseins geschuldet, dem sich – durchaus verständlich – Modernisierungsmängel in erster Linie als Mängel an adäquaten Möglichkeiten der Einflußnahme darstellten.

Die Entstehung einer alternativen politischen Kultur als drittes Moment der Ausdifferenzierung politischen Bewußtseins im Zuge der Modernisierung hat in der westlichen Literatur vor allem in Arbeiten zur politischen Kultur der DDR breite Aufmerksamkeit gefunden. Wie die Arbeiten von Gransow und Krisch zeigen, wurde bei der Analyse von Wertveränderungen und der Entstehung von Gegenkulturen beispielsweise nicht einfach von einem aufgrund von Modernisierung entstandenen

Phänomen gesprochen, sondern es wurde hervorgehoben, daß sich Traditionelles, Modernes und offiziell Angestrebtes miteinander verknüpften. Wie Henry Krisch in seinem Problemaufriß zu Entwicklungen der politischen Kultur der DDR herausstellt, hat sich seit Beginn der achtziger Jahre eine alternative politische Kultur (*alternative political culture*) gebildet, die er von der offiziellen politischen Kultur und der traditionellen politischen Kultur unterscheidet. Die alternative politische Kultur enthält zwar Elemente der beiden anderen Kulturen, sie geht aber insofern über diese hinaus, als sie sowohl neue Themen (*issues*) aufgreift als auch neue Formen politischer Aktivität herausbildet[77]. Krisch sah darin bereits eine bedeutende Herausforderung für das politische System der DDR. Er charakterisierte diese Entwicklung – besonders die Friedensbewegung sowie Umwelt- und Frauengruppen – als Entstehungsprozeß von „neuen sozialen Bewegungen"[78]. Seine Einschätzung wurde Mitte der achtziger Jahre auch von anderen DDR- und Kommunismusforschern geteilt, die, wie beispielsweise Volker Gransow, ebenfalls auf die Entstehung und Bedeutung der alternativen politischen Kultur hingewiesen haben[79]. Gransow, der die politische Kultur als komplexes Phänomen verstanden wissen will, das nicht auf Kultur beschränkt ist, sondern materielle Lebensbedingungen und politische Praxis mit einschließt, ging davon aus, daß die alternative politische Kultur in den achtziger Jahren an Bedeutung gewonnen hat – ein Prozeß, dem er ähnlich weitreichende Konsequenzen zuschrieb wie Krisch. Anita Mallinckrodt, deren politische Kulturanalyse eher systemtheoretisch angelegt ist, charakterisierte die neuen Gruppen als „political cultural subgroups". Sie rechnet zu den „subgroups" nicht nur Ökologie- und Friedensgruppen, sondern auch gesellschaftskritische Künstler und Intellektuelle[80].

Gestützt wurden diese – schon vor dem politischen Umbruch formulierten – Einschätzungen über die Bedeutung von neuen sozialen Gruppen bzw. die Entstehung von „neuen sozialen Bewegungen" durch westdeutsche Veröffentlichungen, die, teilweise angereichert mit dokumentarischem Material aus der DDR selbst, über die Friedensbewegung, die alternative Jugendkultur oder die Künstlerszene berichtet hatten[81]. Im Zuge

77 Vgl. Krisch, *Changing Political Culture* (Anm. 53), insbes. S. 51f.
78 Ebd., S. 51.
79 Vgl. Volker Gransow, Fünf Kulturen und ein Trilemma. Notizen zur DDR-Kulturpolitik, in: *DDR-Report*, 8/1984, S. 430-433; East German Society at the Turning Point? Review Article, in: *Studies in Comparative Communism*, 20. Jg. 1987, H. 1, S. 103-109.
80 Anita Mallinckrodt, Wanted: Theoretical Framework for GDR Studies. For Sale: A System/Functional Approach, in: *GDR Monitor*, 1983/84, H. 10, S. 12-27.
81 Vgl. z.B. Wolfgang Büscher/Peter Wensierski u.a., *Friedensbewegung in der DDR Texte 1978-1982*, Hattingen: Scandia 1982; dies., *Studien zur neuen Jugendbewegung in der DDR. Forschungsbericht 1984-1986*, Berlin, unveröff. Ms; Antonia Grunenberg, Jugend in der DDR. Zwischen Resignation und Aussteigertum in: *Aus Politik und Zeitgeschichte*, B 27/86, S. 3-19.

der Modernisierung und Ausdifferenzierung der Gesellschaft ist es damit bereits vor der „Herbstrevolution" 1989 zu Verschiebungen im Bewußtsein von Teilen der Bevölkerung gekommen, die nicht nur die offiziell vertretene „kommunistische" Zielkultur in Frage stellten, sondern die auf Sozialisationsprozesse hindeuten, die anderen als den im Rahmen institutionalisierter politischer Erziehung angestrebten und geförderten Sozialisationsmustern folgten. Während die offizielle Politik einen nahezu ungebrochenen Fortschrittsoptimismus propagierte, wurde der Rückstand zur Bundesrepublik immer deutlicher und die Probleme im eigenen Land – vor allem im Umweltbereich und hinsichtlich der Produktivität der Betriebe – wurden immer krasser. Während die politische Führung ökonomisches Wachstum vor ökologische Vernunft stellte und über die politische Erziehung in Schule, Ausbildung und Beruf vermittelte, griff bei Teilen der jüngeren Generation, bei Schriftstellern und Intellektuellen Besorgnis über wachsende Umweltbelastung und Zerstörung der natürlichen Lebensgrundlagen der Gesellschaft um sich und veranlaßte sie zu einem entsprechenden politischen Engagement. Während offiziell von einer sozialen und politischen Gleichheit der Geschlechter ausgegangen wurde, problematisierten Frauengruppen, Schriftstellerinnen und einzelne Intellektuelle vorhandene Mechanismen geschlechtsspezifischer Sozialisation und Formen kultureller Diskriminierung im Alltag.

Es fehlte nicht nur an Artikulationsmöglichkeiten, da es keine plurale Interessenvertretung gab, sondern auch an wirksamen Korrekturmechanismen. Die Phänomene der Umschichtung von Werten und der Veränderung politischer Verhaltensweisen, wie sie zunächst in einer unabhängigen Friedensbewegung, in der Umwelt- und Fortschrittsdiskussion oder in informellen Jugend- oder Frauengruppen zum Ausdruck kamen und sich schließlich in einer massenhaften politischen Bewegung ausdrückten, lassen sich nicht durch Übertragungen von Postmaterialismustheorien oder die Anwendung von globalen Modernisierungstheorien auf die DDR erklären. Vielmehr muß nach einer DDR-spezifischen Erklärung gesucht werden, die die widersprüchliche politische Sozialisation im Kontext des staatssozialistischen Herrschaftssystems nachzeichnet und der bestimmte soziologische Prozesse zugrundeliegen. Hierfür sind keine linearen oder monokausalen Begründungszusammenhänge anzunehmen, sondern durch tradierte Elemente gebrochene, diskontinuierliche und widersprüchliche Formen politisch-sozialer Entwicklung.

Die Differenzierung politischen Bewußtseins aufgrund sozialer und ökonomischer Entwicklungen der DDR-Gesellschaft muß als eine zentrale Darstellungsebene dieser Arbeit gelten. Sie bildet die Folie, gegen die die Umsetzung des Herrschaftsanspruchs des Systems gesehen wird. Die sich hieraus ergebende Auffächerung der dominanten politischen Kultur – im Unterschied zur offiziellen politischen Kultur – läßt sich nicht nur für die Sozialisationsagenturen aufzeigen, sondern auch für sozialstrukturelle und generationsspezifische Differenzierungen und Unterschiede in der

Lebenslage und deren Auswirkungen auf politisches und soziales Bewußtsein. Die Untersuchung von politisch-soziologischen Zusammenhängen ist für die politische Kulturanalyse von herausragendem Interesse,
um den Ursachen von Wertverschiebungen, alternativen oder gegenkul-
turellen Bewegungen auf die Spur zu kommen. Daher wird in der vorliegenden Studie davon ausgegangen, daß sich nur unter der Berücksichtigung von soziologischen Koordinaten die Grundlagen von Verschiebungen in Wert- und Einstellungsmustern und Verhaltensweisen in der DDR-
Gesellschaft zureichend erklären lassen.

1.2.3. Geschichtsbetrachtung und politische Sozialisation

Die Partei begründete die politische Legitimation des seperaten DDR-
Staates, indem sie sich auf die antifaschistische Tradition der deutschen
Arbeiterbewegung berief. Diese Legitimationsfigur wurde über die politisch-ideologische Erziehung auf den verschiedenen Stufen von Bildung
und Erziehung mit dem marxistisch-leninistischen Geschichtsbild verknüpft. Diesen gezielt vermittelten Elementen der Geschichte standen
eigene Lebenserfahrungen und traditionelle Elemente der nationalen politischen Kultur gegenüber, die sich in politischen Einstellungen und Werten der Bevölkerung wiederfinden. Beide Linien, das offiziell vermittelte
Geschichtsbild und die traditionelle, teils selbst erfahrene Geschichte, gingen in den Prozeß der politischen Sozialisation ein. Daher bildet die geschichtliche Dimension der Entwicklung und Modifikation des Herr-
schafts- und Gesellschaftssystems eine wichtige ergänzende Linie der
Analyse politischer Sozialisation.
     In der politischen Kulturforschung konnte durch die Analyse von na-
tionalen Besonderheiten, historischen Entstehungsbedingungen und kul-
turellspezifischen Komponenten einzelner sozialistischer Länder die außerordentliche Vielfalt dessen belegt werden, was als Tradition, Brauchtum und „nationale Charaktere" in die Entwicklung staatssozialistischer
Systeme eingeflossen ist und hier über Erziehung, Gewohnheit und so-
zio-kulturelle Mechanismen wirksam wurde. Teilweise verschmolzen die
traditionellen Elemente mit der offiziellen „goal culture"; weitaus häufiger bildeten sie jedoch die Quellen einflußreicher Gegenströmungen zur
offiziellen politischen Kultur. Dabei betreibt die politische Kulturforschung nicht selbst Geschichtsforschung, sondern sie beschäftigt sich in
erster Linie mit der Problematik, wie Geschichte und Tradition einzelner
Länder in subjektives politisches Verhalten, in Werte, Einstellungen und
Verhaltensweisen eingehen. Brown spricht hier zum Beispiel von früheren
politischen Erfahrungen und von der „perception of history", die für die
politische Kulturanalyse relevant sind[82].

82 Brown, Gray (Hrsg.), *Political Culture* (Anm. 37), S. 17.

Für die DDR ist wiederholt ausgeführt worden, daß sich in der politischen Kultur verschiedene Traditionslinien geltend machten, die Werte, Einstellungen und Verhaltensweisen der Bevölkerung beeinflußten[83]. Charakteristisch für die offizielle politische Kultur der DDR blieb die Berufung auf Traditionen der deutschen Arbeiterbewegung, die in der politischen Kultur des Alltags über Feiern, Rituale und bewußt gepflegte Erinnerungen an die Arbeiterkultur sichtbar wurde. In ihr fanden neben der proletarischen Traditionslinie auch Elemente des kleinbürgerlich-idealistischen Kulturverständnisses von Kommunisten und Sozialdemokraten der Weimarer Republik eine Fortsetzung. Zum traditionellen Erbe gehören aber auch obrigkeitsstaatliche Elemente, die als „preußische" Neigung zur regelhaftigen Über- und Unterordnung eine spezifische, nicht zuletzt durch den Stalinismus geprägte, Überformung erfahren haben[84]. Diese Traditionslinie begünstigte nicht nur die von Irma Hanke als „unpolitische politische Kultur" bezeichneten Verhaltensweisen in der Bevölkerung, die sie in der Fügsamkeit gegenüber festgeschriebenen Formen politischer Herrschaft und in der „Delegation politischer Aktion an 'Befugte' und den Rückzug auf Persönlichkeitskultur und private Welt" belegt sieht[85], sondern sie unterstützt auch Einstellungen der Bevölkerung, nach der das politische System an den Leistungen gemessen wird, die der Staat als Garant für soziale Sicherheit, Ordnung und wirtschaftliche Leistung erbringt. Hinzu kommt, daß die DDR – im Unterschied zu den anderen staatssozialistischen Ländern in Osteuropa – ein Kernland des Protestantismus war. Die Hervorhebung des antifaschistischen Elements durch die politische Führung verdeutlichte, daß die DDR Teil des „schwierigen Vaterlandes" blieb, das das Erbe des deutschen Nationalsozialismus zu bewältigen hatte[86], obwohl dieser Rhetorik keine wirkliche Aufarbeitung

83 Vgl. Martin und Sylvia Greiffenhagen, *Ein schwieriges Vaterland*, Frankfurt a.M.: Fischer 1981; Martin Greiffenhagen, *Von Potsdam nach Bonn*, München/Zürich: Piper 1986, insbes. S. 216-234 („Politische Kultur in beiden deutschen Staaten"). Vgl. auch Hanke, *Alltag und Politik* (Anm. 53).

84 Zum Problem des obrigkeitsstaatlichen Denkens in der DDR vgl. Dietrich Staritz, Untertänigkeit: Erbe und Tradition, in: Margy Gerber et al. (Hrsg.), *Studies in GDR Culture and Society*, Bd. 6, Lanham usw: University Press of America 1986, S. 37-48.

85 Hanke, *Alltag und Politik* (Anm. 53), S. 310f. Eine frühe satirisch-kritische Bearbeitung des Problems der Über- und Unterordnung liefert der Roman von Volker Braun, *Hinze-Kunze-Roman*, Halle: Mitteldeutscher Verlag 1985 (zugl. Frankfurt a.M: Suhrkamp 1985). Die Reaktion der DDR-Medien war prompt: Eine wohlwollende Rezension von Klaus Höpcke erschien in der *Weltbühne* (Nr. 33/1985), eine sehr kritische Besprechung dagegen von Anneliese Löffler, Professorin an der Humboldt-Universität, in: *Neues Deutschland*, v. 9.10.1985, unter dem Titel „Wenn Inhalt und Form zur Farce gerinnen". Der Roman war einer der meist diskutierten Werke in der DDR. Die DDR-Ausgabe enthält ein Nachwort von Dieter Schlenstedt.

86 Greiffenhagen/Greiffenhagen, *Ein schwieriges Vaterland* (Anm. 83).

der Vergangenheit folgte. Mit der Betonung der geschichtlichen Dimension als ergänzender Untersuchungsebene hebt die Studie methodisch darauf ab, daß der Zusammenhang zwischen politischer Sozialisation und politischer Kultur unter herrschaftskritischen Aspekten auch historisch-kulturell zu fassen ist.

1.3. Die Operationalisierung des forschungsmethodischen Konzepts

Die Hauptlinien des Vorgehens dieser Studie ergeben sich aus dem forschungsmethodischen Konzept der Analyse politischer Sozialisation. Der herrschaftskritische Ansatz wird mit der politischen Kulturanalyse verknüpft, um die Sozialisationsmechanismen aufzudecken, die die Herrschaft im staatssozialistischen System der DDR befestigt, kurz vor dem Umbruch aber zusehends ausgehöhlt haben. Die Dissonanzen zwischen Herrschaftsanspruch und Zielkultur und den tatsächlich erworbenen Werten, Einstellungen und Verhaltensweisen der dominanten politischen Kultur stehen somit im Zentrum der Analyse.

Die vorliegende Studie begreift politische Sozialisation als Teil der politischen Kultur der Gesellschaft der DDR und folgt insofern der Argumentation Archie Browns, als sie die politische Sozialisation mit dem Herrschaftsanspruch des Systems verknüpft. Untersucht werden soll, inwieweit diese Herrschaft tatsächlich auf der Durchsetzung des Anspruchs politischer Erziehung als Formung „sozialistischer Persönlichkeiten" beruhte oder inwieweit eben diese Vorstellung bereits einen pars-pro-toto Fehlschluß implizierte. Sie teilt die Verknüpfung von politischer Kultur und politischer Sozialisation mit anderen Arbeiten in der DDR-Forschung, so zum Beispiel mit Irma Hankes Studie zur politischen Kultur der DDR, in der der Prozeß der politischen Sozialisation und seine Ergebnisse einen wichtigen Stellenwert einnehmen. Hier soll ein weiter Begriff der politischen Kultur verwendet werden, der sowohl Werte und Einstellungen als auch Verhaltensweisen einschließt. Tatsächlich werden im Prozeß der politischen Sozialisation Normen, Werte und Einstellungen erworben, die sich in Verhalten manifestieren. Daher kann der Prozeß der politischen Sozialisation sowohl anhand von „subjektivem" (Einstellungen) wie „objektivem" (Verhalten) Material überprüft werden. Zugleich ist die politische Sozialisation das Bindeglied zwischen der „subjektiven" politischen Kultur (Einstellungen, Werte, Normen, Verhaltensweisen) und der „objektiven" politischen Kultur (Institutionen, Sozialisationsagenturen). Will man die von Brown aufgeworfene Problematik nicht mit einer simplen Gegenüberstellung von „input" und „output" erklären, sondern die politische Sozialisation in ihrer vielschichtigen realen Gestalt erfassen, dann läßt sich die offizielle Zielkultur und der damit verknüpfte Herrschaftsanspruch am besten mit einem abgestuften Bedingungsgefüge vergleichen, in dem politische Sozialisation, die im offiziellen Konzept faktisch mit politischer Erziehung gleichgesetzt wird, erfolgen soll. Die tatsächliche Gestalt und reale gesellschaftliche Bedeutung dieses Bedingungsgefüges als Verkörperung dieses Anspruchs ist mit der Forschungshypothese dieser Untersuchung zu konfrontieren. Das heißt, die relative Stabilität von Herrschaft ist nicht primär aus der Verlängerung von Herrschaftsideologie und -instrumenten ins Mikromillieu des Alltags – aus einer „Feinstruktur" von Herrschaft sozusagen – zu erklären, sondern aus dem fundamentalen gesellschaftlichen Schisma von offizieller und dominanter politischer Kultur, dessen Ausgangspunkt die sich unter den Auspizien dieser „Doppelkultur" tendenziell verstärkende Divergenz von politischer Erziehung und politischer Sozialisation der Individuen ist.

Zwei Aspekte müssen in der Analyse des Untersuchungsgegenstandes – der politischen Sozialisation als dem komplexen Prozeß der Prägung politischen Bewußtseins und Handelns, wie er der Komplexität des Herrschaftsverhältnisses selbst entspricht – sorgfältig geschieden werden: Zum einen durchziehen die in der Begründung des forschungsmethodischen Konzept ausführlich dargestellten interdependenten Untersuchungsebenen – als horizontale Schichtung gewissermaßen – die gesamte Darstellung in den Kapiteln zwei bis vier. Zum anderen ergibt sich die Gliederung des Stoffes daraus, daß eine möglichst umfassende Darstellung aller wesentlichen Elemente politischer Sozialisation vom Kindes- bis zum Erwachsenenalter versucht wurde, was aufgrund der Materiallage jedoch nicht immer möglich war. Dabei korrespondiert die inhaltliche Schwerpunktsetzung bestimmter Abschnitte und Kapitel mit der größeren Bedeutung – als *primus inter pares* – einer forschungsmethodischen Schicht.

Die Kapitel zwei und drei haben zum Ziel, die generelle Limitation von Herrschaft im Bereich der politischen Sozialisation, d.h. die begrenzte Reichweite und Wirksamkeit politischer Erziehung, nachzuweisen. Zugleich soll demonstriert werden, in welcher Weise sich die politische Doppelkultur aufzeigen läßt. Dieser Teil der Untersuchung der politischen Sozialisation ist primär dem Kindes- und Jugendalter gewidmet, da in diesem Lebensabschnitt die Weichen für die politische Sozialisation gestellt werden. Die Ausklammerung anderer Lebensabschnitte ist jedoch, wie z.B. das Ausblenden der Arbeitswelt, nicht systematischer Natur, sondern der Materiallage geschuldet. Für den Untersuchungszeitraum standen keine Materialien über relevante Lebensbereiche der Erwachsenen, insbesondere aus dem Arbeits- und Berufsleben, zur Verfügung.

Kapitel zwei befaßt sich zunächst kritisch mit dem über Jahrzehnte dominierenden offiziellen Forschungskonzept der Jugendforschung und setzt dies von dem in dieser Untersuchung entwickelten Forschungsansatz ab. Dies ist nicht zuletzt deshalb notwendig, weil Ergebnisse der von der DDR durchgeführten Forschung in den folgenden Kapiteln aufgenommen, verarbeitet und kritisch kommentiert werden. Im Unterschied zu dem in dieser Studie verwandten Begriff „politische Sozialisation" stand für die Jugendforschung das politisch-ideologisch begründete Konzept der „Erziehung zur sozialistischen Persönlichkeit" im Mittelpunkt. Dabei handelte es sich nicht um ein starres, unwandelbares Konzept; wie anhand der Veränderungen des ideologischen Leitbildes zu zeigen sein wird, hat sich das Persönlichkeitskonzept in seiner konkreten Umsetzung dem sich verändernden Alltag partiell anpassen müssen; dabei haben das sich wandelnde politische Umfeld, der wachsende Modernisierungszwang und der Druck einer sich zunehmend auch politisch artikulierenden Jugendkultur eine entscheidende Rolle gespielt. Dieser Prozeß der faktischen Anpassung von Teilen der offiziellen politischen Kultur an die dominante politische Kultur läßt sich insbesondere in der Jugendforschung aufzeigen, obwohl sie nie den offiziell abgesteckten Rahmen hinterfragte. Für die vorliegende Untersuchung der konkreten Sozialisationsprozesse ergibt sich aus dieser herrschafts- und ideologiekritischen Betrachtung des bisherigen Konzepts politischer Erziehung die Unterscheidung in politisch-ideologische Erziehung und politische Sozialisation.

In Kapitel drei soll zunächst untersucht werden, in welcher Form sich das Zielkonzept der politisch-ideologischen Erziehung auf der institutionell-organisatorischen Ebene, d.h. in den Sozialisationsagenturen, durchgesetzt hat. In der organisierten Bildung und Erziehung kodifizieren Bildungskonzeptionen, Lehrpläne und -programme den offiziellen Anspruch politisch-ideologischer Erziehung. Politisches Verhalten und Bewußtsein sollten in den Sozialisationsagenturen über verschiedene Mechanismen „gelernt" werden; die Prägung von Werten, Einstellungen und politischem Verhalten insbesondere in der heranwachsenden Generation sollte hier stattfinden. Bis zum Herbst 1989 galt die staatlich organisierte Sozialisation in Schule, Studium, Berufsausbildung und FDJ als Fundament der Befestigung der offiziellen politischen Kultur und als zentrales Scharnier politischer Herrschaft.

Wie das Kapitel jedoch zeigen wird, waren bereits vor dem Umbruch ernsthafte Zweifel an der tatsächlichen Bedeutung und einer durchgreifenden Wirkung dieses Herrschaftsinstruments angebracht; der scheinbare Perfektionismus organisierter politisch-ideologischer Erziehung verhüllte, was sich jenseits von einheitlicher Ideologie und Herrschaftslegitimation abzuzeichnen begann. Die selbst im Kernbereich organisierter und staatlich kontrollierter Sozialisationsagenturen eindeutig begrenzte Wirksamkeit der politischen Erziehung für die Bildung politischen Bewußtseins wird im folgenden zum einen anhand der Form der „Anpassung" der Bildungskonzepte an „veränderte" gesellschaftliche Bedingungen aufgewiesen; zum anderen wird die bislang kaum beachtete, für die politische Bewußtseinsbildung relevante Bedeutung nichtstaatlicher, d.h. dem unmittelbaren Zugriff des Herrschaftssystems entzogener Sozialisationsagenturen nachgewiesen. Die Frage, wieweit der Durchgriff des Herrschaftssystems auf die politische Erziehung tatsächlich reichte und welche Rolle andere, nichtstaatliche Sozialisationsagenturen im Mikromilieu des Alltags (Familie, Freundeskreise oder informelle Gruppen) spielten, kann erst durch den erweiterten Begriff der politischen Sozialisation beantwortet werden. Die Bedeutung letzterer Sozialisationseinflüsse ist wesentlich schwieriger zu erfassen und wurde früher kaum beachtet; sie ist aber für die Analyse der politischen Sozialisation unter herrschafts-kritischen Aspekten unabdingbar, da sie zum Fundament der politischen Doppelkultur gehören, die sich vor allem im Mikromilieu des Alltags entfaltete.

Während das dritte Kapitel die Bedeutung der Differenz offizieller und dominanter politischer Kultur für das Herrschaftssystem analysiert – konzentriert auf die Differenz von politischer Erziehung und politischer Sozialisation in den Sozialisationsagenturen –, soll im vierten Kapitel an-hand dreier verschiedener Schnittebenen durch das gesellschaftliche Gan-ze, die geeignet sind, soziale Differenzierungen aufzuzeigen, die Auffä-cherung der dominanten politischen Kultur und ihre Bedeutung für das Verhältnis von Herrschaftssystem und politischer Sozialisation schwer-punktmäßig untersucht werden. Zudem bezieht das hierzu vorhandene Material überwiegend alle Altersstufen der Bevölkerung in die Betrach-tung ein. Die soziale Ausdifferenzierung der Gesellschaft zeigt sich zum einen in der Veränderung der Sozialstruktur, die in der soziologischen Forschung der DDR selbst zu einer Neubestimmung des Leitbildes der „sozialistischen Persönlichkeit" als eines universellen Zielbildes geführt hat; Arbeiterklasse wie Intelligenz wurden danach differenzierter einge-schätzt und Zielbestimmungen politischer Erziehung modifiziert. Zwei weitere für die Herrschaftslegitimation zentrale Bereiche sollen außerdem kritisch überprüft werden. Da sich politische Sozialisation nicht nur in Sozialisationsagenturen manifestiert, sondern von einer Vielzahl sozialer, kultureller und sozio-ökonomischer Faktoren im Mikromilieu des Alltags beeinflußt ist, soll dem Wohnumfeld besondere Aufmerksamkeit gewid-met werden, denn hier handelt es sich um einen Bereich, in dem der Versuch ideologischer Legitimationsabsicherung und tatsächliche Lebens-praxis auseinanderklaffen. Ähnliches gilt für die dritte Schnittebene der Analyse von Differenzierungen im Bevölkerungsdurchschnitt, die Unter-suchung der Differenz zwischen Frauen und Männern in Sozialisation und Politik und der besonderen Lebenswelt von Frauen.

Im vierten Kapitel soll exemplarisch anhand des offiziellen Geschichts-bildes der Zusammenhang zwischen Geschichte und politischer Soziali-sation thematisiert werden. Für die offizielle politische Kultur hat die Bestimmung eines spezifischen Geschichtsbildes eine zentrale Funktion. Bereits Volgyes und andere beobachteten, daß in der Phase der „Konti-nuität", d.h. nach der Etablierung staatssozialistischer Herrschaft, histo-risch-kulturelle und nationale Traditionen in der politischen Sozialisation durchschlugen. Für die SED wurde eine auffallende Betonung von „Erbe" und „Tradition" in den vergangenen Jahren geradezu charakteristisch. Probleme der Definition der nationalen Identität im geteilten Land ver-suchte sie durch eine Neudefinition von geschichtlichem Erbe und Tra-

dition zu überwinden, um die Stabilität des politischen Systems zu erhöhen. Bemerkenswert war dabei, daß die Partei, nachdem sie in der
Frühphase zunächst den Bruch mit den alten Traditionen in den Vordergrund gerückt hatte, die nicht aus der Arbeiterbewegung kamen, Mitte
der siebziger Jahre einen Prozeß der Neubewertung von Erbe und Tradition einleitete, der erst durch die Diskussion über Zweistaatlichkeit und
nationale Identität im Winter 1989 abgebrochen wurde bzw. in eine neue
Phase getreten ist.

Einem Vorschlag Archie Browns folgend, wird die Frage der Herrschaftsfunktion von Tradition und Geschichtsbild in der vorliegenden
Studie in erster Linie anhand der Rolle des Geschichtsbewußtseins und
der Wahrnehmung von Geschichte als „kollektivem Gedächtnis" einge-
hender geprüft und dabei sowohl auf die Bedeutung von Geschichte für
das offizielle Konzept politischer Sozialisation als auch für das faktisch
vorhandene Geschichtsbewußtsein eingegangen werden, soweit es sich
aus den wenigen verfügbaren Quellen extrapolieren läßt. Auch insofern
verfolgt die Studie eine eingegrenzte Problemstellung, die sich daraus
ergibt, daß sie keine komplexe Analyse der politischen Kultur anstrebt,
sondern Geschichte und Tradition im Hinblick auf die politischen Sozialisation als Teilaspekt der politischen Kultur darstellen und im Hinblick
auf die Doppelkultur kritisch befragen will. Die analytische Einordnung
der Diskussion über die Neufassung des Geschichtsbildes, die damit ver-
bundene Hervorhebung bestimmter Elemente der deutschen Geschichte
bei gleichzeitiger Ausblendung anderer, in der dominanten Kultur vorhandener Elemente soll zur schärferen Fassung der Differenz von politisch-ideologischer Erziehung und politischer Sozialisation und der Scheidung der beiden Kulturen – offizielle und dominante Kultur – beitragen.

2. Das offizielle Konzept der politisch-ideologischen Erziehung in der DDR (bis 1989)

2.1. Politische Erziehung oder Sozialisation?

Im Unterschied zur Diskussion in den westlichen Ländern wurde in der DDR bis zum Herbst 1989 zwar der Begriff Sozialisation im Sinne der allgemeinen Grundsozialisation verwandt, nicht aber der Begriff „politische Sozialisation". Selbst gegen die Verwendung des Begriffs Sozialisation in der Fachliteratur bestanden bis in die achtziger Jahre hinein Widerstände. Statt dessen wurde von einem marxistisch-leninistischen Persönlichkeitsbild gesprochen, oder, spezifischer auf den Prozeß des Erwerbs politischer Einstellungen und Werte bezogen, von politisch-ideologischer Erziehung.

Die Abgrenzung von im Westen verwendeten Begriffen ist nicht allein eine Frage unterschiedlicher Definitionen, sie wirft auch ein bezeichnendes Licht auf das Selbstverständnis und die verschiedenen Konzeptionen von politischer Sozialisation. In dem von Günter Clauß und anderen herausgegebenen „Wörterbuch der Psychologie" wird der Begriff erstmals definiert. Dort heißt es zum Stichwort „Sozialisation": „Persönlichkeitsentwicklung unter dem Aspekt ihrer gesellschaftlichen Determination und Funktion. Ausgangspunkt der marxistischen S.theorie ist der Prozeß der Anthropogenese und der Soziogenese (Entstehung der Gesellschaft), der gesellschaftliche Gesetzmäßigkeiten zur Wirkung brachte, die allmählich gegenüber den Gesetzmäßigkeiten der biologischen Evolution dominant wurden. S. ist der *lebenslange individuelle Lernprozeß*, in welchem sich das menschliche Individuum... als Persönlichkeit entwickelt, indem es sich in seiner Lebenstätigkeit die gesellschaftlichen Verhältnisse als soziale Beziehungen sowie die gesellschaftlich geschaffenen materiellen und ideellen Werte in individueller Form nicht nur aneignet sondern sie auch *bereichert*"[1].

---

1   *Wörterbuch der Psychologie*, hrsg. v. Günter Clauß u.a., Leipzig: Bibliographisches Institut 1981, S. 572. In der 1976 erschienenen ersten Auflage des Wörterbuchs wird der Begriff wesentlich knapper abgehandelt; von einer „marxistischen Sozialisationstheorie" wird nicht gesprochen, lediglich auf die „marxistische Psychologie" Bezug genommen. Hans Hiebsch und Manfred Vorweg verwenden den Begriff Sozialisation bereits früher. Vgl. Hans Hiebsch/Manfred Vorweg, *Einführung in die marxistische Sozialpsychologie*, 5. Aufl., Berlin (DDR): Deutscher Verlag der Wissenschaften 1971 (1. Aufl. 1967).

Die „marxistische Sozialisationstheorie" legte Wert auf die „gesell-schaftliche Bestimmtheit" des Individuums, das Wesen des Menschen als „Ensemble gesellschaftlicher Verhältnisse" (Marx). Schlüsselkategorie ist die Aneignung, durch die das Individuum zum „Subjekt der Erkenntnis, der Kommunikation und der Arbeit" wird[2]. Die marxistisch-leninistische Sozialisationstheorie stützte sich in erster Linie auf Studien aus der so-wjetischen (Ananjew) und der DDR-Psychologie (Hans Hiebsch). Aber auch die Persönlichkeitstheorie des französischen Marxisten Lucien Sève und Arbeiten aus der westlichen „kritischen Psychologie" wurden rezi-piert. Sie grenzt sich jedoch nachdrücklich von westlichen „bürgerlichen" Sozialisationstheorien ab, die nach Auffassung der DDR-Wissenschaftler von einer „ahistorischen Gegenüberstellung von Persönlichkeit und Ge-sellschaft aus(gehen)"[3] und angeblich zum „Biologismus" – zum Beispiel den Triebtheorien – oder zum „Soziologismus" der Rollentheorien führen. Die Trennlinie zur „bürgerlichen" Sozialisationstheorie wird genau dort gezogen, wo westliche Theorien einem Determinationszusammenhang zwischen gesellschaftlicher und individueller Entwicklung nicht folgen, den die marxistisch-leninistische Position als Grundbedingung menschli-chen Lernens annimmt.

Die ausführliche Behandlung des Begriffs Sozialisation markiert selbst eine bestimmte Entwicklungsstufe der DDR-Gesellschaftswissenschaft. Allerdings offenbart sie zugleich eine ambivalente Haltung gegenüber diesem Begriff. Während einerseits die Wichtigkeit anerkannt wird, die der individuellen Sozialisation und dem Individuum in der Gesellschaft zukommt, so werden andererseits die von der sogenannten bürgerlichen Sozialisationstheorie verwandten Theorieansätze aus dem eigenen Wis-senschaftsverständnis verbannt. Noch vor wenigen Jahren war die Posi-tion der DDR-Wissenschaftler eindeutig, indem der Begriff Sozialisation in den Wortschatz der „bürgerlichen Wissenschaft" verwiesen wurde. Das 1977 von Georg Assmann und anderen herausgegebene „Wörterbuch der marxistisch-leninistischen Soziologie" erläutert zum Stichwort „Sozialisa-tion": „Begriff, der in der gegenwärtigen bürgerlichen Soziologie zur Kennzeichnung der individuellen Aneignung jener Orientierungen oder Normen auf dem Weg von Lernprozessen dient, die für ein rollengerech-tes Verhalten entsprechend den funktionalen Bedingungen eines gegebe-nen Interaktionszusammenhangs erforderlich sind"[4]. Dies sei grundsätz-lich von der „marxistisch-leninistischen Konzeption des gesellschaftlichen Wesens" verschieden; von einer marxistischen Sozialisationstheorie wird nicht gesprochen. Vereinzelt wird diese Abgrenzung sogar noch prononcierter vorgetragen. So heißt es in einem Beitrag zur Berufspädagogik: „Erziehung – und schon gar nicht im Sozialismus – hat nichts mit einer

---

2   Ebd., S. 572.
3   Ebd., S. 573.
4   *Wörterbuch der marxistisch-leninistischen Soziologie*, hrsg. v. Georg Assmann u.a., Berlin (DDR): Dietz Verlag 1977, S. 569-570.

abgesonderten, 'aparten' Beziehung zu tun und auch nichts mit der sogenannten Sozialisation oder Sozialisierung. Diese Begriffe entstammen der bürgerlichen Soziologie und sollten ihr überlassen bleiben"[5].

Die Abgrenzung gegenüber dem im Westen verwendeten Sozialisationsbegriff erfolgte nicht primär aus wissenschaftstheoretischen Gründen. Sie verweist vielmehr auf die vormals verbreitete Auffassung, daß Erziehung und Sozialisation Klassen- und Machtfragen seien und folgt politischen Motiven. Der „bürgerlichen Sozialisationstheorie" gehe es in erster Linie darum, Herrschaftsbeziehungen zu erhalten, während es in der sozialistischen Gesellschaft darauf ankomme, „verantwortungsbewußte, *schöpferische* Mitgestalter der gesellschaftlichen Entwicklung zu erziehen"[6]. Das Sozialisationskonzept verschleiere Klassen- und damit Machtfragen und sei daher für die sozialistische Gesellschaft unbrauchbar. Besonders für die Analyse politischer Einstellungen, Werte und Verhaltensweisen müsse der Begriff politische Sozialisation folgerichtig abgelehnt werden. Daher werden in dem relativ weit gefaßten, gesellschaftsbezogenen Sozialisationsbegriff – wie ihn das „Wörterbuch der Psychologie" entwickelt –, der Arbeit, Kommunikation, Erkenntnis sowie explizit „historisch-konkrete" und politische Prozesse einbezieht, Prozesse der politischen Bewußtseinsbildung nicht erwähnt. Das rigide Politikverständnis führte dazu, politisches Bewußtsein und Verhalten in erster Linie als Resultat einer gezielten und gesteuerten politischen Erziehung zu begreifen. Die den Sozialisationstheorien inhärenten entwicklungs- und sozialpsychologischen Aspekte und der spontane, zufällige und plurale Charakter der Sozialisation haben in diesem Konzept keinen Platz.

In den achtziger Jahren taucht der Begriff Sozialisation in Veröffentlichungen dann häufiger auf. In der gesellschaftswissenschaftlichen Forschung hatte ein Umdenkungsprozeß stattgefunden, der – parallel zu den Versuchen, die „Leerstelle Individuum" in der marxistisch-leninistischen Theorie zu füllen – das Bemühen erkennen ließ, die individuelle Spezifik im Entwicklungsprozeß präziser zu erfassen. Ein hervorragendes Beispiel für diese Umorientierung ist die aus der Bildungssoziologie kommende Arbeit zur geschlechtsspezifischen Sozialisation von Hildegard Maria Nickel. Für sie bedeutet die Untersuchung der Geschlechtersozialisation,

---

5 Gerhard Krause, Die Dialektik von Individuum und Kollektiv bei der allseitigen Persönlichkeitsentwicklung der Lehrlinge, in: *Forschung der sozialistischen Berufsbildung*, 4/1985, S. 144. Eine ausführlichere Auseinandersetzung mit der westlichen Sozialisationsforschung und dem Begriff Sozialisation findet sich im übrigen bei Artur Meier, *Soziologie des Bildungswesens. Eine Einführung*, Köln: Pahl-Rugenstein 1974, (Lizenzausgabe), S. 61-82.

6 *Wörterbuch der Psychologie* (Anm. 1), S. 572. Diese politische Abgrenzung führte teilweise zu recht eigentümlichen Schlußfolgerungen. So schreiben Clauß u.a., daß das „Vorherrschen negativer Sanktionen" in der bürgerlichen Gesellschaft mit dem Klassenantagonismus (Gehorsam) zusammenhänge, während in der sozialistischen Gesellschaft eine *„Dominanz der positiven Bekräftigung (Belobigung)"* angestrebt werde. Vgl. ebd., S. 572.

Gemeinsamkeiten und Unterschiede in der Sozialisation von Jungen und Mädchen in Familie, Schule und Alltag aufzudecken, um die Frage beantworten zu können, auf welchen Mechanismen die noch bestehenden Unterschiede beruhen und welche Konsequenzen dies vor allem für die Vorbereitung der Jugendlichen im Umgang mit neuen Technologien hat[7]. Nickel bezieht sich auf drei Konzepte: das sozialisationstheoretische, das die Herausbildung sozialer Identitäten charakterisiert, das handlungstheoretische, das auf Handlungsanforderungen und -möglichkeiten abzielt und Sozialisation als Entwicklung gruppentypischer Handlungsprofile begreift, und das sozialstrukturelle, das soziale Identitäten vor dem Hintergrund der gesellschaftlichen Arbeitsteilung faßt[8]. Anknüpfend an Thesen des Bildungssoziologen Artur Meier, der sich bereits in den siebziger Jahren mit sozialisationstheoretischen Fragen befaßt hatte, versteht sie Sozialisation als „ein Beziehungsverhältnis zwischen objektiven Daseinsbedingungen und Handlungsanforderungen einesteils und subjektiven Strukturen, sozialen Charakteren bzw. Identitäten und Handlungsprofilen andernteils."[9] In diesem Rahmen bezieht sich Geschlechtersozialisation „auf die subjektiven Vorgänge, die bei den Akteuren gesellschaftlicher Prozesse, hier also den Geschlechtergruppen, infolge ihrer praktischen Auseinandersetzung mit ihren Lebensbedingungen ausgelöst wurden, auf die Dialektik von objektiven, sozialstrukturellen Bedingungen und subjektiven Verarbeitungsformen, die sich schließlich in sozialtypischen Identitäten und Handlungsprofilen realisiert"[10]. Mit diesem differenzierten, weit gefaßten Sozialisationsbegriff ist es Nickel möglich, eine Reihe aufschlußreicher empirischer Untersuchungen auszuwerten und die Hintergründe für Sozialisationsmechanismen aufzudecken, die zu geschlechtsspezifischen Identitäts- und Handlungsprofilen führen und zufällige, ungeplante Entwicklungsprozesse einschließen.

Im übrigen sind sozialisationstheoretische Konzepte schon in der Sowjetunion thematisiert worden. So heißt es in der Zeitschrift „Sowjetwissenschaft", daß die „Berührungsängste" sowjetischer Psychologen mit Problemen der „politischen Erziehung der Persönlichkeit" schwer erklärbar und zudem „völlig unbegründet" seien[11]. Westliche Theorien der politischen Sozialisation werden teilweise zustimmend kommentiert bzw. deren Annahmen als Hypothesen übernommen. Es wird gefordert, eine für die Sowjetunion tragbare Theorie zu entwickeln, die die „politische Entwicklung der Persönlichkeit" erklärt. Recht traditionell fällt dagegen

7　Vgl. Hildegard Maria Nickel, *Geschlechtersozialisation in der Familie und als Funktion gesellschaftlicher Arbeitsteilung*, Diss. B, Humboldt-Universität zu Berlin (DDR) 1985.
8　Vgl. ebd., S. 3.
9　Ebd. (Thesen zur Dissertation B), S. 4.
10　Ebd., S. 4.
11　S.K. Roschtschin, Psychologische Probleme der politischen Entwicklung der Persönlichkeit, in: *Sowjetwissenschaft*, 38. Jg. 1985, H. 1, S. 54.

die Definition dieses Prozesses aus: als „aktive Aneignung der in der Gesellschaft geltenden ideologischen und politischen Werte und Normen durch das Individuum und ihre Umsetzung in ein bewußtes System sozialpolitischer Einstellungen, das die Positionen und das Verhalten des Individuums im politischen System der Gesellschaft bestimmt"[12]. Zusammen mit Perestroika und Glasnost haben Sozialisationstheorien und Theorien des Individuums aber an Bedeutung gewonnen[13].

Während also in Bezug auf die allgemeine Sozialisation Bewegung in den Begriffsapparat der Gesellschaftswissenschaftler in der DDR kam, blieb der Begriff politische Sozialisation tabuisiert. Der von Partei und Staat vorgegebene Rahmen ging ausschließlich von der Vermittlung eines geschlossenen, herrschaftskonformen politischen Bewußtseins aus. Dagegen schließt der Begriff politische Sozialisation die gezielte Entwicklung politischen Bewußtseins nur als einen – und nicht zwangsläufig den bedeutendsten – Wirkungsfaktor in der Entwicklung politischen Bewußtseins ein. Dies hätte jedoch, vom bisherigen offiziellen Selbstverständnis her gesehen, eine bedenkliche „Unschärfe" in das Konzept einer „politischen Erziehung" gebracht und konnte daher nicht akzeptiert werden. Die in dieser Untersuchung vorgenommene Unterscheidung zwischen politisch-ideologischer Erziehung und politischer Sozialisation ist daher mehr als nur eine begriffliche; sie markiert zugleich eine herrschaftskritische Distanz zum Konzept der politischen-ideologischen Erziehung.

2.2. Das Leitbild der „sozialistischen Persönlichkeit" und die Jugendforschung

Die politisch-ideologische Erziehung erfolgte entsprechend dem Leitbild der „sozialistischen Persönlichkeit". Es besaß fest umrissene politische und ideologische Merkmale; die Überzeugung von der Überlegenheit des Sozialismus und die „marxistisch-leninistische Weltanschauung" bildeten den Kern, der mit positiven Merkmalen wie „optimistische Lebensauffassung", „schöpferische Selbständigkeit" und „Aufgeschlossenheit gegenüber dem Neuen" ausgeschmückt wurde[14]. Im Unterschied zu west-

12 Ebd., S. 56. Der Begriff „politische Entwicklung der Persönlichkeit" soll den Begriff politische Sozialisation ersetzen.
13 Vgl. D.W. Olschanski, Neue Literatur zur politischen Bewußtseinsbildung, in: *Sowjetwissenschaft* (Anm. 11), S. 107-108. Vgl. auch die Ausführungen über den „Faktor Mensch" bei Bernd Knabe, Von der Arbeits- zur Leistungsgesellschaft?, in: *Aus Politik und Zeitgeschichte. Beilage zur Wochenzeitung Das Parlament*, B. 15/16, 12.4.1986, S. 24-35.
14 *Kleines Politisches Wörterbuch*, 3. überarb. Aufl., Berlin (DDR): Dietz-Verlag 1978, S. 687. In verschiedenen Gesetzeswerken wurde das Erziehungsziel verankert. Im Jugendgesetz der DDR hieß es: „Die Entwicklung der jungen Menschen zu sozialistischen Persönlichkeiten ist Bestandteil der Staatspolitik der Deutschen

lichen pluralistischen Gesellschaften prägte in der DDR ein einheitliches, ideologisch fest umrissenes Leitbild mit gesetzlich kodifiziertem Normcharakter die Erziehung und das gesamte Bildungssystem. In der politischen Erziehung erfüllte es eine Doppelfunktion. Zum einen handelte es sich erklärtermaßen um ein politisches Konzept mit eindeutig ideologisch-legitimatorischer Funktion, das aus der marxistisch-leninistischen Geschichts- und Gesellschaftstheorie abgeleitet wurde. Behauptet wurde, daß erst die Beseitigung der „Klassenschranken" eine „allseitige" Persönlichkeitsentwicklung und die Entfaltung aller psychischen und physischen Potenzen ermögliche. Eine „höhere" Entwicklung der Persönlichkeit sei daher erst in der sozialistischen Gesellschaft möglich, wobei davon ausgegangen wurde, daß es sich in der DDR bereits um eine „sozialistische" Gesellschaft handle. Da sich die „höhere" Entwicklung der Persönlichkeit nicht „spontan" vollziehen konnte, sondern nur durch die leitende und führende Rolle der SED, blieb das Persönlichkeitskonzept eng mit dem Herrschaftsanspruch der Partei und des Staates verbunden. Nur in dem Maße, in dem Wertorientierungen und Verhaltensweisen mit den offiziellen politischen Zielen von Partei und Staat übereinstimmten, galten Persönlichkeiten als sozialistische Persönlichkeiten[15]. Stets stand diese ideologisch-legitimatorische Funktion in offiziellen Verlautbarungen, Gesetzestexten und politisch-propagandistischen Publikationen im Vordergrund.

Die zweite Funktion des Leitbildes läßt sich als erkenntnis- und handlungsanleitende Funktion bezeichnen. Jugendforschung, Sozial- und Entwicklungspsychologie, Soziologie und Kulturtheorie trugen dazu bei, Handlungsanleitungen beispielsweise für die pädagogische Praxis, den politischen Unterricht oder für familien- oder kulturpolitische Maßnahmen zu erarbeiten. Praxisbedürfnisse und Forschungsleitlinien setzten hier andere Akzente als in den primär ideologisch-legitimatorischen Publikationen, obwohl auch diesen Studien ein klarer politisch-ideologischer Rahmen gesetzt war. Ihr Erkenntniswert muß vom heutigen Standpunkt als ausgesprochen restringiert eingestuft werden, da sie teilweise direkt und eng als „Auftragsforschung" angelegt waren; Selbst- und Fremdkontrollen durch „Forschungspläne", außerfachliche, politische Entscidun-

Fortsetzung der Fußnote
Demokratischen Republik und der gesamten Tätigkeit der sozialistischen Staatsmacht." *Gesetz über die Teilnahme der Jugend an der Gestaltung der entwickelten sozialistischen Gesellschaft und über ihre allseitige Förderung in der Deutschen Demokratischen Republik (Jugendgesetz der DDR)*, Gesetzblatt Teil I Nr. 5, 31.1.1974, Abs. I, § 2 (1).
15 „Vorrangige Aufgabe bei der Gestaltung der entwickelten sozialistischen Gesellschaft ist es, alle jungen Menschen zu Staatsbürgern zu erziehen, die den Ideen des Sozialismus treu ergeben sind, als Patrioten und Internationalisten denken und handeln, den Sozialismus stärken und gegen alle Feinde zuverlässig schützen." Ebd., Paragraph 1 (1).

gen u.ä. bestimmten die Forschung gerade in dem sensitiven Bereich der politisch-ideologischen Erziehung und der Persönlichkeitsforschung.

Beide Funktionen des Leitbildes der sozialistischen Persönlichkeit können bis in die fünfziger Jahre zurückverfolgt werden, in denen erste Arbeiten zur sozialistischen Persönlichkeit entstanden[16]. Beispielhaft sind die damaligen idealistisch-normativen Vorstellungen der Erziehung zum „neuen Menschen", die vor allem durch Ulbrichts „10 Gebote der sozialistischen Moral und Ethik" charakterisiert wurden. Im Zuge der ersten Entstalinisierung nach 1956 und vor dem Hintergrund schwerwiegender politischer und sozialer Spannungen, hervorgerufen durch die sozialökonomischen Umstrukturierungen, wie die fortschreitenden Enteignungen, die soziale Deklassierung der Intelligenz und der Mittelklassen und die Kollektivierung der Landwirtschaft sowie durch die verschäfte Konfrontation mit der Bundesrepublik, hatten sich die Legitimationsprobleme des DDR-Staates zugespitzt. Ulbrichts Katalog „sozialistischer" Tugenden und Wertorientierungen knüpfte nicht nur an Rhetorik und Tradition der kommunistischen Arbeiterbewegung an, sondern auch an andere traditionelle deutsche Moral- und Wertvorstellungen. So fungierte der Entwurf einer „sozialistischen" Moral und Ethik als Hilfskonstruktion, um politische Herrschaft zu zementieren und zu legitimieren. Forciert wurden die Bestrebungen, sozialistische Persönlichkeiten zu erziehen, mit der Diskussion über die Neustrukturierung des Bildungswesens. Im polytechnischen Unterricht, der in den fünfziger Jahren zunächst schrittweise in den DDR-Schulen eingeführt wurde, kann das Zusammenfließen von einer explizit politisch-ideologischen Begründung einer „marxistischen Pädagogik" und praxisorientierten Überlegungen verfolgt werden. In der bildungspolitischen Diskussion profilierte sich allerdings bald die handlungsanleitende Funktion. Sozial- und entwicklungspsychologische Überlegungen, z.B. die Erziehung altersgemäß zu gestalten, spielten in der Diskussion ebenso eine zunehmende Rolle wie der Versuch, das Bildungssystem inhaltlich und strukturell auf die Erfordernisse einer modernen Industriegesellschaft zuzuschneidern.

In den sechziger Jahren setzte sich eine evolutionäre Konzeption der sozialistischen Persönlichkeitserziehung durch. Moralische Entwürfe machten einem ausgearbeiteten ideologischen Erziehungskonzept Platz. Der „Reformschub" in Wirtschaft, Planung, Wissenschaft und Bildung erforderte konkrete Handlungs- und Entscheidungsgrundlagen. In dem 1965 verabschiedeten Bildungsgesetz wird erstmalig und umfassend das Erziehungsziel „sozialistische Persönlichkeit" kodifiziert; das Familiengesetzbuch (1965) und später das Jugendgesetz (1974) verfahren ähnlich. Gesellschaftspolitisch gesehen, prägt insbesondere das Schlagwort von der wissenschaftlich-technischen Revolution das Persönlichkeitsbild in

16 Vgl. hierzu ausführlicher Christiane Lemke, *Persönlichkeit und Gesellschaft*, Opladen: Westdeutscher Verlag 1980, S. 15-82.

dieser Phase; eine schrittweise Realisierung der „allseitig entwickelten sozialistischen Persönlichkeit", die aufgrund ihrer bildungs- und qualifikationsmäßigen Kompetenzen in der Lage ist, die Anforderungen der modernen Industriegesellschaft zu meistern, wird zum Grundanliegen des Leitbildes. Fundierte Allgemeinbildung und fachliches Spezialwissen, Flexibilität und Disponibilität werden gefördert. Auch in dieser Phase bleibt die ideologisch-legitimatorische Funktion voll erhalten; ja, es läßt sich das Bestreben einer „Vermassung" der Ideologie erkennen, nicht zuletzt in der eindeutigen gesetzlichen Kodifizierung des sozialistischen Persönlichkeitsbildes, die in der pädagogischen Praxis über Lehrpläne, Unterrichtsmaterialien u.a. umgesetzt wird. Die Diskussion über das Leitbild der „sozialistischen Persönlichkeit" ist verknüpft mit dem Versuch der „Verwissenschaftlichung der Gesellschaft", um eine in den sechziger Jahren verbreitete Kurzformel zu gebrauchen. So wird vor dem Hintergrund einer – teilweise polemisch geführten – Abgrenzung von der „philosophischen Anthropologie" und der eher technokratisch geprägten Orientierung in den Sozialwissenschaften, wie sie insbesondere in kybernetischen Ansätzen vertreten wird, zugleich das sich Ende der sechziger Jahre abzeichnende Bemühen sichtbar, den „subjektiven Faktor" zu berücksichtigen.

Im Leitbild der sozialistischen Persönlichkeit gewinnt in den siebziger und achtziger Jahren das Subjektive stärker an Profil. Zwar geben politisch-ideologische Grundkomponenten den Rahmen vor, in dem sich die Persönlichkeitstheorie zu entwickeln hat, dennoch zeichnet sich immer deutlicher das Bedürfnis ab, das Individuelle und Subjektive stärker zu akzentuieren, in dem auch deutlich leistungs- und effizienzorientierte Züge hervortreten. Dies läßt sich sowohl an verschiedenen Arbeiten zum Leitbild der sozialistischen Persönlichkeit als auch anhand der Jugendforschung zeigen. Die pragmatische Gesellschaftspolitik der siebziger Jahre, die die Ziele der politisch-ideologischen Erziehung nicht mehr an sozial-ökonomische Umwälzungen, sondern an den Ausbau und die Stabilisierung des Gegebenen knüpft, führt zunächst dazu, daß man sich in den nunmehr etablierten Strukturen einrichtet; tatsächlich läßt sich für die siebziger Jahre eine gewisse Stabilisierung der Gesellschaft feststellen. Um so schwerer muß die DDR daher die Tatsache treffen, daß auch sie von den wirtschaftlichen Krisen im Westen, von der bedrückenden Stagnation der sowjetischen Wirtschaft und ihrem weiter auseinanderklaffenden Produktivitätsrückstand zur Bundesrepublik bedroht ist. Mit der Politik der „intensiven Reproduktion der Gesellschaft" und der Ausschöpfung von Reserven in der Gesellschaft werden daher zunehmend individuelle Entwicklungsmomente stärker betont[17]. Intelligenzforschung

17 Zur Diskussion über die „intensive Reproduktion" und die Ausschöpfung von Bildungsreserven vgl.: Intensive Reproduktion – Entwicklung sozialer Strukturen, Bedürfnisse und gesellschaftliche Aktivität. Tagung des wissenschaftlichen Rates für soziologische Forschung in der DDR, in: *Informationen zur*

und Begabungstheorien, die darauf abzielten „natürliche", genetisch bedingte Begabungspotentiale zu erkennen und zu nützen, erleben beispielsweise eine Renaissance[18]; vor dem Hintergrund der oben erwähnten Intensivierungsstrategie wird dies verständlich; vorhandene Potenzen auszuschöpfen bedeutet natürlich auch, Begabungsreserven zu nutzen. Subjektivität als Entwicklungsfaktor wird profilierter und differenzierter betrachtet; ein Teilresultat ist die Alltags- und Lebensweiseforschung. Gleichzeitig geht es immer noch darum, das Persönlichkeitskonzept im Interesse gesellschaftspolitischer Zielsetzungen zu funktionalisieren, d.h. durch eine wirklichkeitsnähere Analyse die ihm zugeschriebene Wirksamkeit in der Entwicklung „parteilichen" politischen Bewußtseins zu optimieren[19].

Tatsächlich läßt sich in den achtziger Jahren eine Reideologisierung beobachten. Die Partei schreibt der politisch-ideologischen Erziehung eine Schlüsselrolle zu, da der für die Ausschöpfung vorhandener Reserven nötige Mobilisierungseffekt angeblich durch die „kommunistische Weltanschauung" und die Identifikation mit den Zielen der sozialistischen Gesellschaft gefördert wird. Politische Überzeugtheit sollte auch ein Bollwerk gegen Erosionen des Wertesystems bilden, die im Zuge der forcierten Modernisierungsstrategie und der Westöffnung der DDR auftreten könnten. Wie die revolutionsartigen Entwicklungen im Herbst 1989 gezeigt haben, hat sich diese Hoffnung der politischen Führung als falsch und unrealistisch erwiesen; angesichts der Rebellion der Menschen gegen die ideologisch-legitimatorische Bevormundung muß vielmehr angenommen werden, daß Partei und Staat durch die Reideologisierung selber zur Verschärfung der Lage beigetragen haben.

Mit der Etablierung der DDR-Jugendforschung in dem von Walter Friedrich geleiteten „Zentralinstitut für Jugendforschung beim Amt für Jugendfragen" (ZIJ) in Leipzig verfügte die DDR über die Möglichkeit, soziale, politische und entwicklungspsychologische Probleme Jugendli-

Fortsetzung der Fußnote
soziologischen Forschung in der DDR, 17. Jg. 1981, H. 3; Manfred Lötsch, Sozialstruktur und Triebkräfte, in: *Informationen zur soziologischen Forschung in der DDR,* 20. Jg. 1984, H. 3, S. 14f.

18 Darauf deutete z.B. auch ein interdisziplinäres Forschungsprojekt hin, das 1985 an der Humboldt-Universität begonnen wurde. Vgl. Karl-Friedrich Wessel, Forschungsprojekt „Der Mensch als biopsychosoziale Einheit", in: *Deutsche Zeitschrift für Philosophie,* 36. Jg. 1988, H. 2, S. 97-106 (mit weiterführenden Literaturangaben zur Diskussion über „Biologisches" und „Soziales").

19 Vgl. Toni Hahn, Individuelles Bewußtsein in der Dialektik von wissenschaftlich-technischer, ökonomischer und sozialer Dynamik des Sozialismus, in: *Informationen zur soziologischen Forschung in der DDR,* 23. Jg. 1987, H. 2, S. 21-27. Diese Bemühung ist auch erkennbar in: Wissenschaftliche Arbeitstagung zu „Problemen der politisch-ideologischen Führung des wissenschaftlich-technischen Fortschritts", in: *Informationen zur soziologischen Forschung der DDR,* 21. Jg. 1985, H. 3, insbes. S. 45 ff. (Plenarreferat von Günther Bohring).

cher zu erforschen. Dadurch trug das Institut wesentlich zur Diskussion über die „sozialistische Persönlichkeit" bei. Es hat einige Publikationen vorgelegt, die, wenn auch in eingeschränkter Weise, Schlußfolgerungen über die Prozesse der Sozialisation erlauben. Das 1966 gegründete Institut führte u.a. mehrere komplex angelegte Intervallstudien durch, die Jugendliche zwischen 16 und 25 Jahren in ihrer Entwicklung begleiteten; diese Studien wurden allerdings entsprechend der Aufgabenstellung des Instituts vor allem als Auftragsforschung durchgeführt. Sie weisen daher die theoretischen, ideologischen und nicht zuletzt empirischen Beschränkungen auf, denen die Jugendforschung bis zum Herbst 1989 unterlag[20]. In den folgenden Kapiteln wird auf diese Arbeiten kritisch Bezug genommen, da sie unseren Untersuchungszeitraum betreffen. Insbesondere seien folgende Studien genannt: Eine 1968 begonnene Intervallstudie zum Entwicklungsprozeß im zweiten Lebensjahrzehnt mit zunächst tausend 12-13jährigen Schülern in Leipzig (1978: 400); eine 1970 begonnene Studenten-Intervallstudie (SIS), die rund 2500 Studenten in fünf Intervalluntersuchungen das Studium hinweg begleitete, mit nachfolgenden Untersuchungen zum Leistungsverhalten von Studenten; verschiedene empirische Erhebungen zu Freizeitinteressen und -bedürfnissen der Jugendlichen; Studien über Arbeiter-Jugendliche in Großbetrieben und Studien zur Intelligenz[21].

Aus den Veröffentlichungen des Zentralinstituts für Jugendforschung geht hervor, daß die Untersuchung des politischen Bewußtseins und Verhaltens der Jugendlichen einen wichtigen Stellenwert eingenommen hat. Allerdings sind gerade die Ergebnisse zu diesem Problemkomplex bis

20 Nach dem politischen Umbruch hat sich Walter Friedrich für eine offenere, empirisch orientierte Forschung ausgesprochen und z.B. erstmals Ergebnisse zur bislang öffentlich tabuisierten Frage der Haltung zur Vereinigung von DDR und Bundesrepublik vorgelegt. Vgl. Walter Friedrich, Demokratie braucht Demoskopie, in: *Neues Deutschland*, 7.12.1989, S. 6.
21 Vgl. Walter Friedrich/Harry Müller (Hrsg.), *Zur Psychologie der 12- bis 22-jährigen*, Berlin (DDR): Deutscher Verlag der Wissenschaften 1980; Kurt Starke, *Jugend im Studium*, Berlin (DDR): Deutscher Verlag der Wissenschaften 1980. *Die Freizeit der Jugend*, hrsg. v. einem Autorenkollektiv (Leiter: Peter Voß), Berlin (DDR): Dietz-Verlag 1981; Werner Gerth u.a., *Jugend im Großbetrieb*, Berlin (DDR): Deutscher Verlag der Wissenschaften 1979; Walter Friedrich/Achim Hoffmann, *Persönlichkeit und Leistung*, Berlin (DDR): Deutscher Verlag der Wissenschaften 1986. Für Funktionäre in der politischen Praxis geschrieben ist die Studie von: Peter Förster (Hrsg.), *Jugend. Weltanschauung. Aktivität*, Berlin (DDR): Verlag Neues Leben 1980; Walter Friedrich/Werner Gerth (Hrsg.), *Jugend konkret*, Berlin (DDR): Verlag Neues Leben 1984. – Bei den Studien des ZIJ ist zu berücksichtigen, daß sie bis 1990 nicht DDR-repräsentativ sind, sondern nur bestimmte Populationen erfaßten. Vgl. die Aufstellung bei Walter Friedrich, Mentalitätswandlungen der Jugend in der DDR, in: *Aus Politik und Zeitgeschichte*, Bd. 16-17, S. 25. Ich danke Peter Förster vom ZIJ für das aufschlußreiche Gespräch im Sommer 1990.

zum Herbst 1989 nur bruchstückhaft veröffentlicht worden. Pauschale Aussagen oder Tendenzangaben, wie z.B. „immer mehr" Jugendliche eignen sich „immer vollständiger" die sozialistischen Überzeugungen an, beherrschen das Bild. Zwar stellt sich die Situation in den achtziger Jahren im Vergleich zu den sechziger Jahren günstiger dar, bleibt aber in Aussagekräftigkeit und Vollständigkeit des Materials erheblich von dem entfernt, was in westlichen – und selbst in einigen sozialistischen – Ländern üblich war. Die Verwendung von Materialien aus der DDR-Jugendforschung erfordert daher eine kritische Lesung und Einordnung ihres Konzepts politischer Erziehung und Entwicklung; nach der Öffnung dann publizierte Daten und Untersuchungsergebnisse ermöglichten präzisere, wenn auch nicht empirisch gesättigte Aussagen. Aus den Untersuchungen läßt sich aber ein forschungsleitendes Konzept politischer Erziehung extrapolieren, das in funktionaler, inhaltlicher, entwicklungspsychologischer und struktureller Hinsicht einige Besonderheiten aufweist, die es von westlichen Sozialisationskonzepten unterscheidet.

Politische Erziehung wurde herrschaftsfunktional und auf die Ziele der „sozialistischen Gesellschaft" hin definiert. Sie wurde daher durch ein hohes Maß an Verzahnung politischer und gesellschaftlicher Sozialisation charakterisiert, deren zentral geplanter und durchorganisierter Charakter der Funktion dieser Erziehung am ehesten gerecht zu werden versprach. Durch ein dichtes Netz von Gesetzen, Verordnungen und institutionellen Richtlinien wurde die Verzahnung etabliert und vorgegeben; besonders deutlich wird dies am Einfluß der Jugendorganisation FDJ, der an Schulen, Universitäten und anderen Bildungseinrichtungen weitgehende Rechte und Aufgaben eingeräumt wurden; auch die Zusammenarbeit zwischen Elternhaus und Schule wurde genau geregelt, wobei die Rolle der Eltern den Interessen und Vorgaben der Schulen untergeordnet wurde. Die politische Erziehung erfolgte gemäß dem Leitbild der sozialistischen Persönlichkeit. Gesellschaftliche Ziele und subjektive „Wertorientierungen" oder „Einstellungen" sollten im Prozeß der politisch-ideologischen Erziehung so in Einklang gebracht werden, daß sie ein optimales Funktionieren des Herrschaftssystems garantierten. Recht klar wird dies in der von Friedrich und Müller zur Intervallstudie gegebenen Definition. Dort heißt es: „Sozialistische Wertorientierungen sind subjektive Widerspiegelungen *sozialer Sollwerte*, sie werden in einem vielgestaltigen System der Bildung und Erziehung sowie der aktiven Einbeziehung des Jugendlichen in die gesellschaftliche Praxis wissenschaftlich vermittelt und als Verhaltensdisposition angeeignet"[22]. So wird grundsätzlich von einem „System von gesellschaftlichen Wertorientierungen"[23] gesprochen, das diesem Konzept zufolge politische Einstellungen und Verhaltensweisen

22 Friedrich/Müller, *Zur Psychologie der 12- bis 22-jährigen* (Anm. 21), S. 126 (Hervorhebungen, die Verf.).
23 Ebd., S. 132.

strukturiere. Zu den Einstellungen heißt es in einer anderen Publikation der Jugendforscher: *„Einstellungen* ... sind Verhaltensdispositionen, die das Verhalten in bezug auf die *Werte, Anforderungen und Ziele der Gesellschaft* regulieren"[24]. Es paßt zu diesem herrschaftsbestimmt-funktionalen Konzept, daß eine größtmögliche Konsistenz sozialistischer Wertorientierungen angestrebt werden sollte. Einstellungen zur Arbeit, zum Lernen, zu Freizeit, Lebensführung und zu politischen Themen sollten ein der „sozialistischen Lebensweise" entsprechendes „aufeinander abgestimmtes Beziehungsgeflecht"[25] ergeben. Zwar wurde eingeräumt, daß gerade im Jugendalter Widersprüche zwischen den Werten in einzelnen Lebenssphären auftreten können, aber diese Fragestellung wurde – zumindest öffentlich – nicht weiter verfolgt.

Vom Standpunkt der politischen Erziehung aus waren Widersprüche im Wertesystem selbst wie im politischen Bewußtsein ebenso unerwünscht, wie zwischen subjektiver Wertorientierung und gesellschaftlichen Systemzielen. Konfliktfähigkeit und Konfliktbereitschaft wurden zum Funktionieren des Gesamtsystems nicht erwartet, ja sogar als schädlich angesehen. Angestrebt wurde lediglich politische „Aktivität" und „Partizipation" im Rahmen bestehender Institutionen, um den Mobilisierungseffekt politischer Sozialisation zu dokumentieren. In den Untersuchungen über Arbeiterjugendliche beispielsweise galten die Teilnahme an der Neuererbewegung oder der Messe der Meister von morgen (MMM) als Indikatoren für die in Aktivität umgesetzten sozialistischen Wertorientierungen. „Gesellschaftliche Aktivität" war insbesondere von den zukünftigen Kadern, den Studenten, gefragt. Der Bezug auf das „Gesellschaftssystem" scheint Parallelen zu Identifikations- und Legitimationskonzepten der politischen Sozialisationsforschung in westlichen Ländern nahezulegen, in denen politische Sozialisation als Prozeß der Übernahme sozialer und politischer Normen und Werte verstanden und – häufig mit systemtheoretischen Argumenten wie bei Easton und Dennis – als Stabilisierung und Legitimierung des politisch-sozialen Systems definiert wurde[26]. Unterschiede zwischen diesen Modellen und dem DDR-Konzept treten allerdings besonders kraß hervor, wenn man das Sozialisationskonzept unter inhaltlichen Gesichtspunkten analysiert.

Gesellschaftspolitische, von der SED vorgegebene Ziele bildeten die allgemeine inhaltliche Richtschnur politisch-ideologischer Erziehung. Wie Friedrich und Müller ausführten, gehe es bei der „kommunistischen Erziehung" der Jugendlichen darum, „feste und dauerhafte soziale Orientierungen zu erzeugen, in denen sich der Ideengehalt, Vorzüge und Werte des Sozialismus widerspiegeln und die eine wesentliche Voraussetzung dafür sind, daß sich die heranwachsende Persönlichkeit in ihrem gesam-

---

24 Förster (Hrsg.), *Jugend. Weltanschauung. Aktivität* (Anm. 21), S. 53.
25 Friedrich/Müller, *Zur Psychologie der 12- bis 22-jährigen* (Anm. 21), S. 132.
26 Vgl. oben Kapitel 1, 1.1.2.

ten Verhalten und in ihren Entscheidungen von der Klassenposition der Arbeiterklasse leiten läßt (sozialistischer Klassenstandpunkt)"[27]. Das Sozialisationskonzept verfährt hier eindeutig normativ; die Inhalte sind fest umrissen und Grundtheoreme, an denen politisches Bewußtsein und Verhalten gemessen werden, sind fixiert. Die vom Zentralinstitut für Jugendforschung durchgeführte Intervallstudie hat auf dieser Basis beispielweise Indikatoren untersucht wie „die Bereitschaft, sich politisch zu betätigen und der sozialistischen Gesellschaftsordnung zu dienen. Ihr folgt das Bestreben, sich offen zum Marxismus-Leninismus, sich als Kommunist zu bekennen"[28]. Andere mögliche Indikatoren wie Konfliktfähigkeit, Autonomie und Urteilsfähigkeit waren damit ebenso ausgeschlossen wie andere Werte und Einstellungen aus dem Spektrum konservativer, rechtspopulistischer, linksradikaler oder alternativer Muster. Die Jugendforscher stellten eine Reihe von Zusammenhängen besonders heraus, die für den inhaltlichen Aufbau der Wertorientierungen wichtig seien. Dazu gehörte neben der „allgemeinen gesellschafts- und weltpolitischen Konstellation" und dem „praktischen Tätigkeitsumfeld der Jugendlichen in Schule, Beruf und Kollektiven" auch die „weltanschauliche Grundorientierung als Basisorientierung"; behauptet wurde immer wieder, daß eine frühe Herausbildung „sozialistischer Grundwerte" andere gesellschaftsbezogene Werte positiv befördere und auch das „Lern- und Leistungsniveau" positiv beeinflusse[29]. Mechanismen, die im Schulalltag den Zwang zur Anpassung verstärkten und damit unausweichlich zur Doppelkultur führten, wurden damit beschönigt. Der Druck, die „weltanschaulichen Positionen" ständig zur Quintessenz des Erziehungsauftrags zu erklären, verstellte den Blick für die eigentlichen Lern- und Lebenserfahrungen, die die Schüler und Jugendlichen sammelten und machte eine kritisch-korrektive Forschung unmöglich.

Kennzeichnend für die Untersuchungen blieb der Bezug auf den „sozialistischen Klassenstandpunkt"; dieser *a priori* gesetzte Standpunkt, bei dem es sich um die Weltanschauung schlechthin handelte, führte zu einer eigentlichen Definition von Subjekt und Objekt, von Kognitivem und Emotionalem. Zur Weltanschauung gehörte die Überzeugung von der Existenz „objektiver" Gesetze der Entwicklung des Sozialismus und von der Beherrschbarkeit von Natur und Gesellschaft. In der Formulierung zum Stichwort „Sozialisation" im „Wörterbuch der Psychologie" (1981), daß die sozialistische Persönlichkeit zum „Subjekt von Erkenntnis, Kom-

---

27 Friedrich/Müller, *Zur Psychologie der 12- bis 22-jährigen* (Anm. 21), S. 126.
28 Ebd. – Wie aus einer Tabelle (ebd., S. 133) hervorgeht, werden die „gesellschaftsbezogenen Wertorientierungen" auf folgende „Objektbereiche" bezogen: marxistisch-leninistische Weltanschauung, Kommunismus, Deutsche Demokratische Republik, Führungsfunktion der Arbeiterklasse, Ablehnung des Imperialismus. Nähere Angaben, wie bzw. mit welchen Fragen diese „Wertorientierungen" ermittelt wurden, liegen nicht vor.
29 Ebd., S. 130 ff.

munikation und Arbeit" wird, kommt dies auf psychologischer Ebene zum Ausdruck. Für die Sozialisation führte dies zur Priorität des Kognitiven und zur Funktionalisierung des Emotionalen, allerdings weniger im Sinne Piagets und Kohlbergs als Weg zur Ich-Autonomie, sondern um „soziale Sollwerte" (Friedrich/Müller) in „bewußte Verhaltenssteuerung" (Friedrich) umzusetzen; das Kognitive wurde daher der kritisch-hinterfragenden, forschenden Dimension beraubt. Sozialistische Wertorientierungen beruhten in erster Linie auf der „kognitiven Einsicht in die hinter den Erscheinungen waltenden Gesetzmäßigkeiten des revolutionären Weltprozesses und in die Strategie und Taktik der Politik der revolutionären Partei"[30].

Das bedeutete, daß der Erkenntnisprozeß stets auch als politischer, wertender, den „objektiven Gesetze" folgender verstanden wurde, gegen den das Subjekt daher nur unter Strafe verstoßen konnte. Entsprach das Objektive den Zielen der Partei, dann wurden die „emotionalen Beziehungen zu den sozialistischen Ideen"[31] stark gefördert. Das Ziel der politischen Erziehung bestand daher nicht nur in der Vermittlung von Kenntnissen, Werten und Einstellungen, sondern im Bekenntnis zu den „sozialistischen Werten" und dem Engagement für die Ziele der „sozialistischen Gesellschaft". Erkennen, Bekennen und Verhaltensmaxime sollten eine Einheit bilden. Wie die Jugendforscher jedoch festellen mußten, verlief die Umsetzung dieser emotional-wertenden Elemente komplizierter als die wissensmäßige Aneignung von Lerninhalten. Die emotionale Bindung wurde besonders im Kindheits- und frühen Jugendalter gefördert. Für ältere Jugendliche hingegen, insbesondere im Studienalter, wurde ein emotional geprägtes, idealisiertes und ideologisch uneingeschränkt zustimmendes Weltbild negativ beurteilt[32]. Besonders unter dem Eindruck der verstärkten Leistungsförderung und in dem Bestreben, innovative Potenzen im stark reglementierten Hochschullernklima freizusetzen, wurde die Ideologie zum Hemmschuh.

Generell rangierten in der Jugendforschung sozial bedingte Entwicklungsfaktoren vor entwicklungs- und altersspezifischen Komponenten. Walter Friedrich wandte sich wiederholt gegen die Annahme biologisch bedingter Reifungsprozesse; besonders nachdrücklich bestritt er „biolo-

30 Ebd., S. 126.- Vgl. aus den umfangreichen Werken von Piaget und Kohlberg insbes. Jean Piaget, *Das moralische Urteil beim Kinde*, Frankfurt a.M. 1973; Lawrence Kohlberg, Stage and Sequence: The Cognitive-Developmental Approach to Socialization, in: Goslin, D.A. (Hrsg.), *Handbook of Socialization Theory and Research*, Chicago: Rand McNally 1969.
31 Friedrich/Müller, *Zur Psychologie der 12- bis 22-jährigen* (Anm. 21), S. 126.
32 Zu den Untersuchungsergebnissen bei Studenten heißt es bei Starke: „Unter den ideologisch vorbehaltlos positiv Urteilenden finden sich – dies muß relativierend gesagt werden – einige Studenten, die ohne großes Nachdenken einseitig, undialektisch urteilen. Dieser Teil der Studenten ist aber nicht charakteristisch und wird auch kleiner." Starke, *Jugend im Studium* (Anm. 21), S. 118/119.

gische" Einflußfaktoren für das politisches Bewußtsein und Verhalten Jugendlicher. Verneint wurde vor allem das Vorhandensein von Generationskonflikten. Aus den Ergebnissen der Intervallstudien folgerten die Jugendforscher, daß „die Weichen für den Charakter des zukünftigen Staatsbürgers bereits in der Kindheit gestellt werden"[33]. Auch in der westlichen politischen Sozialisationsforschung wurde ja zunächst, insbesondere unter dem Einfluß psychoanalytischer Theoreme zur Bedeutung frühkindlicher Sozialisation, von einer frühen Prägung des sozialen und selbst des politischen Verhaltens ausgegangen.

Anders als in der westlichen Literatur wurde in der DDR jedoch nicht der Familie die entscheidende Rolle für die politische Sozialisation zugeschrieben, sondern den staatlichen Erziehungsträgern im Vorschul- und Schulalter im Verbund mit der Jugendorganisation. Das Elternhaus wurde nur als sekundärer Faktor eingebracht, etwa wenn es darum ging, Probleme von Jugendlichen zu erklären, oder wenn nach „Begabungen" und Potentialen gesucht wurde. Tatsächlich ist die Bedeutung der frühkindlichen Sozialisation für politisches und Sozialverhalten kaum für sich allein untersucht worden. Dagegen wurde immer wieder die Erziehungsleistung der Staatseinrichtungen herausgestrichen. Jugendforscher stellten wiederholt eine hohe Stabilität einmal erworbener Wertorientierungen fest. So konstatierten Friedrich und Müller auf der Basis der Intervallstudien des Zentralinstituts für Jugendforschung: „21jährige Jugendliche mit einem stark ausgeprägten sozialistischen Staatsbewußtsein hatten diese Einstellung 9 Jahre vorher als 12jährige bereits zu 79 %"[34]. Dies wird als Beleg für den Erfolg erzieherischer Bemühungen, aber auch als Widerlegung der Hypothese von der Abhängigkeit politisch-ideologischer Entwicklungsprozesse vom kalendarischen Alter der Jugendlichen interpretiert[35]. Wie Starke allerdings bemerkt, sind bei den Studenten die „ideologisch positiven" meist auch die politisch stabilsten, während bei anderen Gruppen mehr oder weniger starke Veränderungen in den Wert- und Einstellungstrukturen auftreten können. Nicht in jedem Fall sei die Stabilität positiv zu werten, denn sie führe unter Umständen zur Befestigung einschränkend positiver Urteile[36].

Die Untersuchungsergebnisse der Intervallstudien verweisen neben Stabilität und Kontinuität aber auch auf entwicklungspsychologisch bedingte „Schübe". Zu den kognitiven Aspekten geben Friedrich und Müller an, daß die höchsten Werte vom 13. bis 16. Lebensjahr und vom 18. bis 21. Lebensjahr erzielt würden[37]. Schulische Lehrpläne und das zuneh-

---

33 Friedrich/Müller, *Zur Psychologie der 12- bis 22-jährigen* (Anm. 21), S. 132.
34 Ebd., S. 131 f.
35 Vgl. Friedrich/Gerth, *Jugend konkret* (Anm. 21), S. 273.
36 Starke, *Jugend im Studium* (Anm. 21), S. 119/120.
37 Friedrich/Müller, *Zur Psychologie der 12- bis 22-jährigen* (Anm. 21), S. 127. Solche „Entwicklungsschübe" werden – kritisch gegen Friedrich gewandt – noch stärker von dem DDR-Psychologen Kossakowski akzentuiert. Vgl. Adolf Kos-

mende Interesse für politische Tagesfragen sowie, besonders die älteren Jugendliche betreffend, der Einstieg in den Arbeits- und Berufsalltag, FDJ-Studienjahr, Wehrdienst u.a. seien Hauptverursacher für diese Schübe. Hier zeigten sich bestimmte „Knotenpunkte" in der Entwicklung, die durch die Konfrontation der Heranwachsenden mit der Gesellschaft hervorgerufen worden seien. Die emotional-wertende Entwicklung folge einem anderen Muster. Wie die Jugendforscher feststellten, hätten Zwölfjährige noch ein stark idealisiertes Bild von sich und der Umwelt; die Jüngeren akzeptierten soziale Werte meist uneingeschränkt und unwidersprochen[38]. Der subjektive Wandel von Werten verlaufe allmählich, Lebensumweltveränderungen wie Berufseintritt, Studienbeginn könnten ihn beschleunigen. Emotionale und soziale Bindungen an die Eltern blieben noch relativ lange bestimmend; Konformität in den politischen Auffassungen zwischen Eltern und Kindern bzw. Jugendlichen bestimmten das Bild. Allgemein könne man davon ausgehen, daß das Profil sozialistischer Wertorientierungen bei Vierzehnjährigen bereits recht stabil und differenziert entwickelt sei.

Politische Erziehung meint in der Jugendforschung bis 1989 also den gezielten Eingriff in die persönliche, private und lebensalltägliche Umwelt des Heranwachsenden mit dem Ziel, die aktive Parteinahme zu fördern und das politische Bewußtsein zu festigen – in allerdings, durch die Einheitspartei als Hüterin des Wissens, sorgsam vorgezeichneten Bahnen. Aber: Gerade in den von uns angeführten Studien, deren Forschungsrahmen eindeutig auf diese der offiziellen politischen Kultur zugehörigen Instrumente zugeschnitten blieb, findet sich empirisches Material zu nicht organisierten Sozialisationsprozessen, das Ansatzpunkte für eine kritische Interpretation, kontrastierend zur „harmonischen" Einordnung dieser Fakten in das offizielle Sozialisationskonzept, gibt.

Zusammenfassend läßt sich festhalten: Sinn und Zweck dieses Abschnitts war es, einen Aufriß des allgemeinen forschungsleitenden Konzepts der von uns ausgewerteten Studien der offiziellen DDR-Gesellschaftswissenschaft zu geben und das offizielle Konzept der politisch-ideologischen Erziehung kritisch zu hinterfragen. Für die Auswertung dieses Materials ist folgendes zu berücksichtigen:

- Die in diesem Kontext *ideologische* Funktion des Terminus „politische Erziehung", der, wie ausgeführt, nicht einfach nur eine Teilmenge des von uns verwandten Begriffs „politische Sozialisation" darstellt. Der Begriff politische Sozialisation markiert daher eine herrschaftskritische Distanz zu dem bis zum Umbruch 1989 offiziell vertretenen marxistisch-leninistischen Konzept der politischen Erziehung.

Fortsetzung der Fußnote

sakowski, Theoretische und praxisrelevante Probleme einer Periodisierung der psychischen Ontogenese der Persönlichkeit, in: *Psychologie für die Praxis*, 3/1984, S. 177-192.

38 Vgl. ebd., S. 129/130.

- Die „Evolution" des Leitbildes der sozialistischen Persönlichkeit von der Sozialromantik der Ulbrichtzeit bis zum „realen Sozialismus" Honeckers, die zugleich eine stärkere, wenngleich zum ideologischen Gehalt des Leitbildes nicht spannungsfreie Profilierung des Subjektiven und Individuellen beinhaltet. Tatsächlich ist besonders für die achtziger Jahre von einer umfassenden *Reideologisierung* auszugehen, die schließlich die Kluft zwischen offizieller und dominanter politischer Kultur vertiefte.

- Der am Beispiel der DDR-Jugendforschung umrissene *affirmative* Charakter der empirisch-theoretischen Operationalisierung ihres Sozialisationskonzepts. Der affirmative Charakter bog den Erkenntnisgewinn der Jugendforschung auf den offiziell vorgegebenen Forschungsrahmen zurück; angesichts der Ausdifferzierung der Jugendkultur besonders in den achtziger Jahren fällt der Mangel an differenzierten empirischen Untersuchungen besonders negativ auf. Bestimmte Problemkonstellationen – beispielsweise das Potential und die Ursachen von Rechtsradikalismus oder die Entwicklung alternativer, politischer Einstellungen – wurden, zumindest soweit bekannt, überhaupt nicht untersucht, andere – zum Beispiel die Bedeutung der Bundesrepublik für DDR-Jugendliche – nicht öffentlich diskutiert.

3. Die Sozialisationsagenturen: Verzahnung von gesellschaftlicher und politischer Sozialisation

Sozialisationsagenturen sind Träger der politischen Kultur einer jeden Gesellschaft; sie vermitteln die für die Gesellschaft und Politik relevanten Kenntnisse, Werte, Einstellungen und Verhaltensweisen. Das staatssozialistische System zielte darauf ab, die offizielle kommunistische Zielkultur zu festigen; plurale Ziele waren im Selbstverständnis von vornherein ausgeschlosssen. Sozialisationsagenturen fungierten als wesentlicher Vermittlungszusammenhang zwischen gesellschaftspolitischen Zielsetzungen und organisatorisch-institutioneller Umsetzung dieses Anspruchs[1]. Die Untersuchung der Frage, inwiefern das Ziel der Vermittlung „sozialistischer" Werte, Einstellungen und Verhaltensweisen überhaupt verwirklicht werden konnte, ist zugleich eine Frage der Funktionsweise der Herrschaftsverhältnisse im staatssozialistischen System; diese Untersuchung ist eine wesentliche Aufgabe der kritischen Analyse der bisherigen Geschichte und der Transformationsfähigkeit dieser Gesellschaften.

Politische Sozialisation erfolgte nicht nur im eigens dafür organisierten Rahmen, also beispielsweise im politischen Unterricht der Schulen oder in Schulungen von Parteien und Gewerkschaften. Vielmehr wurden politische Einstellungen auch in den Sozialbeziehungen des Alltags, in der Familie, in Freundesgruppen, im Wohnumfeld usw. geprägt. In der westlichen Sozialisationsforschung wird häufig zwischen „organisierter" und „nicht-organisierter" politischer Sozialisation unterschieden bzw. wird auch von manifester oder latenter Sozialisation gesprochen. Für die DDR war charakteristisch, daß der Versuch unternommen wurde, alle Sozialisationsformen auch politisch in das Herrschafts- und Gesellschaftssystem von Partei und Staat einzubinden. Dies ist, gemessen an dem in den Gründerjahren der DDR-Gesellschaft intendierten Grad der Einflußnahme fraglos gescheitert. Bereits für den Zeitraum vor dem Umbruch im Herbst 1989 muß unterschieden werden zwischen Sozialisationsagenturen, deren politischer Charakter manifest war und die klar auf die sozialistische Zielkultur hin strukturiert und organisiert wurden, und solchen, in denen politische Sozialisation spontan oder in informellen und nichtstaatlichen Zusammenhängen erfolgte. Am Beispiel der Untersuchung von nicht-organisierten sozialen Gruppen, z.B. Freundesgruppen, wird deutlich, daß

---

1 Vgl. Ivan Volgyes (Hrsg.), *Political Socialization in Eastern Europe: A Comparative Framework*, New York: Praeger 1975, S. 1f.

es sich um nichts anderes als das Einholen dieser ideologischen Prämissen davongelaufenen gesellschaftlichen Wirklichkeit handelt. Die Relevanz von „Mikrogruppen" wurde theoretisch schon Mitte der sechziger Jahre von einzelnen DDR-Wissenschaftlern festgestellt (Friedrich, Hiebsch, Vorwerg), und sie wurden in den empirischen Studien der DDR-Jugendforschung in den folgenden Jahren zumindest berücksichtigt. Publiziert wurden die Ergebnisse der Jugendforschung aber erst in den achtziger Jahren – als ihre Existenz kaum mehr zu übersehen war – und dies auch nur in gewissem Umfang und nicht frei von ideologischem Ballast.

In der folgenden Analyse der Sozialisationsagenturen wird daher unterschieden zwischen der Familie als erster, *primärer* gesellschaftlicher Sozialisationsagentur, die auch in der DDR ihre sozial und kulturellhistorisch überlieferte Funktion behalten hat, und der *organisierten politischen* Sozialisation in Schule, Berufsausbildung, Studium, Jugendverband und in der vormilitärischen Wehrerziehung[2]. Gesondert behandelt werden die *nichtstaatlichen* Sozialisationsagenturen wie die informellen und Freundesgruppen, die im Alltag der ansonsten stark reglementierten Gesellschaft gleichsam als „zweite Gesellschaft" existierten und eine eigene Sozialisationsleistung erfüllten. Besondere Bedeutung haben auch die Kirchen, die sich als einzige autonome Organisation behaupten konnten. Die *Massenmedien* werden als eigene Sozialisationsagentur behandelt; seit den siebziger Jahren kam ihnen ein immer größeres Gewicht für die Meinungsbildung zu.

3.1. Primäre Sozialisation: Die Rolle der Familie

Analysen über die politische Sozialisation in westlichen Ländern haben sich bereits seit langem mit der Rolle der Familie im Sozialisationsprozeß auseinandergesetzt und Zusammenhänge zwischen kindlicher bzw. jugendlicher Sozialisation und der Entwicklung von Wert- und Einstellungsmustern aufdecken können. In der politischen Analyse staatssozialistischer Systeme dagegen ist zwar der Anspruch des Herrschaftssystems, familiale Beziehungen so zu gestalten, daß sie mit den gesellschaftspolitischen Zielen des sozialistischen Systems übereinstimmen, wiederholt herausgestellt und problematisiert worden[3]; der tatsächliche Einfluß der

2   Der Bereich der Arbeit wird in dieser Studie nicht gesondert behandelt. Wie sich zeigte, ließen sich zur Sozialisation in der Arbeitswelt – zumindest für den Untersuchungszeitraum – keine befriedigend aussagekräftigen Materialien beibringen. Selbst in der schöngeistigen Literatur bleiben Einstellungen und Verhaltensweisen der Arbeiter relativ profillos. Vgl. Irma Hanke, *Alltag und Politik*, Opladen: Westdeutscher Verlag 1987, S. 312. Eine anschauliche Schilderung findet sich dagegen bei Irene Böhme, *Die da drüben. Sieben Kapitel DDR*, Berlin: Rotbuch-Verlag 1983, S. 20ff.

3   Vgl. Volgyes, *Political Socialization in Eastern Europe* (Anm. 1). Für die DDR hat

Familie auf Wert- und Einstellungsstrukturen konnte indes – nicht zuletzt aufgrund fehlender empirischer Materialien – nur unzulänglich eingeschätzt werden. So kommt Arthur Hanhardt in seiner bereits erwähnten Analyse politischer Sozialisation in der DDR zu dem Schluß, daß der faktische Einfluß der Familie eher ab- als zunehmen werde[4]. Soziologische Veränderungen, wie sie für alle Industrieländer charakteristisch seien – die Zunahme der Frauenerwerbstätigkeit, der Trend zur Kleinfamilie, der Ausbau und die Verlängerung öffentlicher Erziehung –, sind nach seiner Meinung ebenso dafür verantwortlich wie die politischen Zielsetzungen des Systems. Als Sphäre der Privatheit, auf die der sozialistische Staat nur vermittelten Einfluß habe, gehe die Familienpolitik dahin, familiale Sozialisation weitestgehend durch staatliche Vorschul- und Schuleinrichungen und durch die Jugendgruppen der Pioniere und der FDJ zu ersetzen. Soziologische Veränderungen und politische Maßnahmen zusammengenommen führten nach Hanhardt dazu, daß der Familie nur noch geringe Bedeutung für die politische Bewußtseins- und Verhaltensbildung der Jugendlichen zukommen werde.

Die Einschätzung Hanhardts, daß die Familienpolitik zu einer weitgehenden Ablösung familialer politischer Sozialisation durch staatliche oder betriebliche Sozialisationseinrichtungen führen würde, wurde auch beeinflußt durch die von ihm angenommenen Implikationen des sich an sowjetischen Modellen der Kindererziehung anlehnenden früheren Erziehungskonzepts der DDR, das sich auf den Ausbau der staatlichen Erziehungseinrichtungen zur Erziehung der „neuen Generation von Sozialisten" konzentrierte. In einer späteren Studie geht Barbara Hille hingegen davon aus, daß trotz der sozialen Veränderungen und der Zielsetzungen des Systems gerade das Gegenteil eingetreten sei. Sie stellt für die Sozialisationsleistung der Familie sogar fest: „Im Normalfall erweist sich die Familie in vielen Lebensbereichen den *außerfamilialen Institutionen* als überlegen."[5] Sollten Hilles Beobachtungen zutreffen und die Familie tatsächlich einen weitaus größeren Einfluß auf Einstellungen und Werte der

Fortsetzung der Fußnote

Barbara Hille Untersuchungen zur Familie gesichtet und ausgewertet. Vgl. Barbara Hille, *Familie und Sozialiation in der DDR*, Opladen: Leske und Budrich 1985.
4 Vgl. Arthur Hanhardt, East Germany: From Goals to Realities, in: Volgyes, *Political Socialization in Eastern Europe* (Anm. 1), S. 66-91.
5 Hille, *Familie und Sozialisation* (Anm. 3), S. 187; vgl. auch Gisela Helwig, *Jugend und Familie in der DDR*, Köln: Wissenschaft und Politik 1984, S. 11f.; Stichwort „Familie", in: *DDR-Handbuch*, hrsg. v. Bundesministerium für innerdeutsche Beziehungen unter der wiss. Leitung v. Hartmut Zimmermann, Bd. 1, Köln: Wissenschaft und Politik 1985, S. 370-374. Eine große Wertschätzung der Familie weisen auch empirische Ergebnisse aus Polen aus. Vgl. z.B. Stefan Novak, Values and Attitudes of the Polish People, in: *Scientific American*, Bd. 245, 1/1981.

Heranwachsenden ausüben als bislang angenommen, dann ergebe sich ein verblüffender Befund. Während sich westliche Forscher zunehmend kritisch zu ursprünglichen Annahmen über den bedeutenden Einfluß der Familie auf politische Sozialisation äußern und erstaunlich geringe Korrelationen zwischen der politischen Überzeugung von Eltern und Kindern in westlichen Demokratien fanden[6], weisen Untersuchungen wie die von Hille für staatssozialistische Gesellschaften auf eine andere Entwicklungsrichtung hin. Trotz der gezielten Umstrukturierung der Erziehung und den massiven Versuchen, die offizielle politische Kultur in Bildung und Erziehung zu verankern, liesse sich ein prägender – und möglicherweise nachhaltiger – Einfluß der Familie annehmen.

Die lange Zeit dominierende skeptische Haltung gegenüber der Sozialisationsleistung der Familie in der DDR zog zunächst ein erhebliches forschungspolitisches Defizit nach sich. Psychoanalytische Theoreme über den Einfluß frühkindlicher Sozialisation auf den in Einstellungen und Verhaltensweisen manifestierten Sozialcharakter wurden zurückgewiesen, aber kaum eigene Arbeiten zur familialen Sozialisation vorgelegt. Die Familie als Kern der „Privatheit" zählte zu den Relikten einer alten, überwunden geglaubten Gesellschaft. Die Familie, so wurde argumentiert, befördere nicht nur traditionelle Geschlechterbeziehungen, sondern konservative, „kleinbürgerliche" oder sogar „reaktionäre" Werte und Haltungen. Die Erziehung des „neuen Menschen" sollte daher in erster Linie im öffentlichen Erziehungssektor erfolgen. Die Sorge um die drastisch sinkende Geburtenrate seit Mitte der sechziger Jahre und die Entwicklung familienpolitischer Maßnahmen in den siebziger Jahren führten jedoch einen Wandel herbei; die Familie wurde zunehmend Objekt soziologischer und psychologischer Forschung. Im folgenden soll anhand empirischer Untersuchungen aufgezeigt werden, welche soziale Bedeutung die Befragten der Familie beimessen. Diese Aussagen sollen mit Fakten und Einschätzungen zum Strukturwandel der Familie kontrastiert werden, um sowohl den Grad der subjektiven Bejahung als auch eine mögliche Diskrepanz zu den sozialen Fakten zu bewerten.

Die ideologische Zielsetzung, die Familie als eine das politische Bewußtsein prägende Instanz soweit wie sozialverträglich möglich durch staatlich kontrollierte Erziehungsagenturen außer Kurs zu setzen, reflektierte durchaus konsistent die Bedeutung des Familienverbandes als Raum der Privatsphäre, der Tradierung einer – über die gesamte Bandbreite der sozialen Skala gesehen – Meinungsvielfalt politischer Haltungen und der Möglichkeit des offenen Diskurses, d.h. auch der eigenstän-

6 Vgl. z.B. Kent Jennings/Richard Niemi, The Transmission of Political Values from Parent to Child, in: *American Political Science Review,* 62, H. 1(1968), S. 169-184; Donald D. Searing/Joel J. Schwartz/Alden E. Lind, The Structuring Principle in Political Socialization and Belief Systems, in: *American Political Science Review,* 67, H. 2(1973), S. 415-432; Kent Jennings/Richard Niemi, *Generations and Politics,* Princeton: Princeton University Press 1984.

digen Verarbeitung von Informationen. In der Privatheit des Familienverbandes konnten westliche Rundfunk- und Fernsehsender gesehen bzw.
gehört werden, was schließlich zum Nachgeben der SED in der Frage
der Nutzung dieser Medien führte. Damit war einem Großteil der DDR-
Bevölkerung im familiären Rahmen bzw. in der Privatsphäre ein recht
umfassender Informationsstand über das Weltgeschehen sowie dessen Beurteilung aus einer von der offiziellen Deutung abweichenden politischen
Perspektive möglich. Bereits die deutliche Aufwertung des Forschungs-
gegenstandes „Familie" – in qualitativer wie quantitativer Hinsicht – in-
diziert die ungebrochene Virulenz der Familie und ihres Umfeldes als
der Domäne privater Meinungs- und Urteilsbildung, die offensichtlich
auch durch den rapiden Strukturwandel der Familie nicht außer Funktion
gesetzt wurde.

Der Grad der subjektiven Wertschätzung des Ehe- und Familienlebens
und damit zugleich der Sphäre von Privatheit und potentieller Pluralität
auch politischer Haltungen – bis hin zur generellen Ablehnung von Politik
– ist ein aussagefähiger Indikator für die Resistenz gegen politische Indoktrination und für das Scheitern des erwünschten Durchgriffs auf wesentliche Ebenen der politischen Sozialisation der Individuen. Repräsentieren die Aussagen der Befragten zumindest teilweise mehr Wunschbild
als Wirklichkeit, verglichen mit den im familiären Alltag vorhandenen
Spannungen und Konflikten, so ist dies nicht primär mangelnder Lebens-
erfahrung der Befragten zuzurechnen, sondern bestärkt die Interpretation
dieser Aussagen als Indikatoren einer positiven Wunschvorstellung bezüglich des „Freiraums" Familie. Da empirische Fragestellungen häufig
auf die Übereinstimmung bzw. Nichtübereinstimmung mit dem Leitbild
der „sozialistischen Persönlichkeitsbildung" beschränkt blieben, ist es
nicht möglich, politische Sozialisation in Abhängigkeit von der Familien-
situation differenziert aufzuschlüsseln. So lassen sich aus der offiziellen
Familiensoziologie oder Jugendforschung z.B. keine Erkenntnisse gewinnen über die Bedeutung eines christlichen oder oppositionellen Familien-
milieus, über Vorurteilsstrukturen z.B. ethnischer Art oder über den Umfang konservativer oder autoritativer Einstellungsstrukturen, wie sie in
der westlichen politischen Sozialisationsforschung seit Jahren ausführlich
thematisiert werden.

Aufgrund des Wandels in der Familienpolitik ging man jedoch dazu
über, die Bedeutung der Familie für die psychosoziale, psychische, intellektuelle und emotionale Entwicklung der Heranwachsenden anzuerken-
nen und positiv zu bewerten. Wie das „Wörterbuch der Psychologie"
zum Stichwort „Familienerziehung" ausführt, sei die Familie „eine, wesentliche Bedingung für die Persönlichkeitsentwicklung des Kindes"[7]. Sie
sei die erste und über viele Lebensjahre besonders intensiv wirkende

---

7 *Wörterbuch der Psychologie*, hrsg. v. Günter Clauß u.a., Leipzig: Bibliographisches Institut 1981, S. 172.

soziale Gruppe, da sie erstens einen großen Wirkungsbereich verkörpere, zweitens im Vergleich zu anderen sozialen Gruppen besonders stabil und beständig und drittens durch einen hohen Grad emotionaler Bindungen charakterisiert sei. Ihr Einfluß erstrecke sich auf ein breites Spektrum psychischer und sozialer Entwicklung von der Ausgeglichenheit und Harmonie der Persönlichkeit bis hin zu sprachlichen Fähigkeiten und Fertigkeiten und Charaktereigenschaften. Ausdrücklich werden auch die allgemeine Lebenseinstellung und die „politisch-ideologische Grundhaltung" genannt. Untersuchungen aus der Familien- und Bildungssoziologie, der Psychologie und der Jugendforschung berichten übereinstimmend von der großen Bedeutung familialer Sozialisation für diese Seiten des Entwicklungsprozesses Kinder und Jugendlicher.

In der politischen Entwicklung, der Erziehung zur „sozialistischen Persönlichkeit", wurde die Sozialisationsleistung der Familie allerdings nur mit Einschränkungen anerkannt. Hier herrschte die Einschätzung vor, daß sich die Familien nur sehr langsam der „sozialistischen" Zielvorstellung annäherten und die Herausbildung sozialistischer Einstellungs- und Verhaltensweisen häufig sogar behinderten. In verschiedenen Gesetzestexten wurde das Leitbild der „sozialistischen Familienerziehung" und der Erziehung der Heranwachsenden zu „sozialistischen Persönlichkeiten" als Auftrag und Orientierungsrahmen für die Familien vorgegeben. So definiert das Familiengesetzbuch der DDR von 1965 ausdrücklich einen politischen Erziehungsauftrag an die Eltern mit klar umrissenem Ziel. Im Teil über „Eltern und Kinder" heißt es beispielsweise, daß es das Ziel der Erziehung sei, die Kinder zu Persönlichkeiten zu erziehen, die die „gesellschaftliche Entwicklung bewußt mitgestalten". Dies sei durch eine „verantwortungsbewußte Erfüllung der Erziehungspflichten" der Eltern, durch „eigenes Vorbild" und durch „übereinstimmende Haltung" gegenüber den Kindern zu gewährleisten; die Kinder sollten zur *„sozialistischen Einstellung"*, d.h. „zum Lernen und zur Arbeit, zur Achtung vor den arbeitenden Menschen, zur Einhaltung der Regeln des sozialistischen Zusammenlebens, zur Solidarität, zum sozialistischen Patriotismus und Internationalismus", erzogen werden. Die vom Herrschaftssystem angestrebte Verbindung der familialen Sozialisation mit der organisierten politischen Sozialisation kommt im Absatz 4 zum Ausdruck, wenn es heißt, daß die Eltern „eng" und „vertrauensvoll" mit der Schule bzw. anderen Erziehungs- und Ausbildungseinrichtungen sowie mit der Pionierorganisation und der Freien Deutschen Jugend zusammenarbeiten und diese „unterstützen" sollten[8]. Die Familienrechtlerin Anita Grandke erläutert

---

8 *Familiengesetzbuch der Deutschen Demokratischen Republik vom 20.12.1965*, Gesetzblatt der DDR, Teil I, Nr. 1, 3. Januar 1966, Paragraph 42 (2) (Hervorhebung die Verf.) sowie Paragraph 42 (4). Vgl. auch *Zur politischen und moralischen Erziehung in der Familie*, hrsg. von der Akademie der Pädagogischen Wissenschaften der DDR, Berlin (DDR): Volk und Wissen 1978.

dazu, daß die Hauptfunktion des „sozialistischen" Familientyps eben darin bestehe, bei der „Persönlichkeitsentwicklung mitzuwirken"[9]. Daß dies
eine Beschneidung der Rechte der Eltern – und der Kinder – in der
Gestaltung der Erziehung beinhaltete, wurde ebensowenig thematisiert
wie das Problem der politischen Funktionalisierung und Überfrachtung
der familiären Erziehung.

Tatsächlich wurde das im Gesetz kodifizierte Ziel nie erreicht. Besonders die Beschränkung der elterlichen Rechte bildete eine Quelle bestän-
diger Friktionen, wenn es um die Berufswahl, die religiöse Erziehung,
Kontakte zu Freunden und Bekannten in der Bundesrepublik u.a. ging.
Dies muß bei der Beschäftigung der Lebensweise-, Familien- und Jugendforschung mit der Sozialisationsleistung der Familie berücksichtigt werden, so bei der Frage der Herausbildung von Wert- und Einstellungsmustern[10]. Dabei handelte es sich offenbar um eine frühere Positionen kor-
rigierende Aufwertung der Rolle der Familie: Die Vernachlässigung der
Familie in der Forschung machte einer umfangreichen familiensoziologi-
schen und -psychologischen Forschung Platz. Angeregt wurde dies nicht
nur durch die empirisch orientierte Jugendforschung und die pädagogische Forschung, sondern auch – und dies zeigt die enge Verknüpfung
von Familien- und Frauenpolitik – durch den Wissenschaftlichen Beirat
„Die Frau in der sozialistischen Gesellschaft" und die Frauen- und Familienforschung am Institut für Soziologie und Sozialpolitik, beide an
der Akademie der Wissenschaften der DDR[11]. Es war nicht zuletzt die
veränderte Rolle der Frauen in der Gesellschaft, die die DDR-Wissenschaft
das Thema Familie aufgreifen ließ. Wie die Forscher(innen) des Instituts
für Soziologie und Sozialpolitik feststellten, bleibt die Familie unverzichtbar aufgrund ihrer „objektiven Funktion" (biologisch-sozial, ökonomisch,
geistig-kulturell). Aus einer Forschungsskizze zur „familialen Lebenswei-

---

9   Anita Grandke, Zur Entwicklung von Ehe und Familie, in: Herta Kuhrig/Wul-
    fram Speigner (Hrsg.), *Zur gesellschaftlichen Stellung der Frau in der DDR*, Leip-
    zig: Verlag für die Frau 1978, S. 233.
10 Vgl. Hille, *Familie und Sozialisation* (Anm. 3), S. 187. Vgl. auch Christiane Lemke,
    Socialization and Politics in the GDR: The Ambivalent Role of the Family, in:
    Margy Gerber et al. (Hrsg.), *Studies in GDR Culture and Society*, 7, Lanham/Lon-
    don: University Press of America 1987, S. 33–41.
11 Aufschluß über den Forschungsprozeß bis 1989/90 geben insbes. die *Informa-
    tionen des Wissenschaftlichen Beirats „Die Frau in der sozialistischen Gesellschaft"*
    bei der Akademie der Wissenschaften der DDR. Der Beirat wurde 1964 gegrün-
    det und 1981 als Wissenschaftlicher Rat unter dem Vorsitz von Herta Kuhrig
    weitergeführt. Den Bereich Frau und Familie im Institut für Soziologie und
    Sozialpolitik an der Akademie der Wissenschaften der DDR leitete Wulfram
    Speigner. Die ausgewählten Forschungsergebnisse erschienen im jährlich her-
    ausgegebenen *Jahrbuch für Soziologie und Sozialpolitik*, Berlin (DDR): Akademie
    Verlag. Über die gewaltigen Lücken und Versäumnisse der Frauenforschung
    wurde erst kurz vor Auflösung der DDR informiert. Vgl. *Frauenreport '90*,
    Berlin: Die Wirtschaft 1990.

se" geht hervor, daß Wertbewußtsein und Sozialisationsleistungen explizit im Forschungsprogramm der Gruppe eingeschlossen werden sollten[12].

Die große subjektive Bedeutung der Familie im DDR-Alltag wurde auch durch die Lebensweiseforschung herausgestellt. Die Leipziger Forschungsgruppe „Subjektive Sozialindikatoren" um Herbert F. Wolf, Alice Kahl und andere ermittelte zum Beispiel die subjektive Wertschätzung der Familie und stellte fest, daß sie mit Abstand die wichtigste Kleingruppe sei; familiäre Harmonie rangiere auf Platz eins der Rangskala für die persönliche Lebenszufriedenheit[13]. Die Zufriedenheit in der Familie wirke sich auch auf andere Lebensbereiche aus. Es zeige sich, daß die Familie in der Wertschätzung der Bevölkerung ihren Einfluß behaupten, wenn nicht sogar ausbauen konnte. In ihrer Lebensweiseforschung untersuchten die Wissenschaftler verschiedene soziale Gruppen: Familie, Arbeitskollektiv, gesellschaftliche Organisationen, Freizeitgruppen und Nachbarschaftsbeziehungen in der Wohnumwelt[14]. Sie bezeichnen diese Gruppen als „Mikromilieu",in dem ein „bestimmtes kulturelles Lebensniveau" realisiert werde[15]. Die Untersuchung thematisiert auch die Ambivalenz von Veränderung der Lebensweise einerseits und bewahrenden und konservierenden Tendenzen andererseits. Offenbar wollten die Forscher auch Aufschluß darüber gewinnen, „ob Werte gesteuert werden oder frühzeitig (in der primären Sozialisation) als Stereotyp herausgebildet werden"[16], d.h. in welchem Verhältnis Primärsozialisation und staatlich gesteuerte Sozialisation zueinander stehen. Sie kommen zu einem für die propagierte Zielkultur eher vernichtenden Ergebnis, indem sie festellen, daß die Familie, die „kein Vorreiter der Veränderung der Lebensweise (ist)"[17], in der subjektiven Wertschätzung dennoch mit Abstand an erster Stelle steht. Anders als in der auf „sozialistische" Veränderungen und Herrschaftssicherung drängenden Zielkultur dominieren in der familialen Sozialisation Elemente der Tradition und Kontinuität. Der Befund der Lebensweiseforschung deutet aber auch darauf hin, daß sich die subjektive Wertschätzung der Familie aus anderen als den politisch-ideolo-

---

12 Vgl. Jutta Gysi/Uta Meier, Zu theoretischen Problemen einer soziologischen Analyse der familialen Lebensweise, in: *Jahrbuch für Soziologie und Sozialpolitik 1982*, Berlin (DDR): Akademie Verlag 1982, S. 124. Jutta Gysi leitete die Forschungsgruppe Familie/Gesellschaft am Institut für Soziologie und Sozialpolitik der Akademie der Wissenschaften der DDR.

13 Vgl. Alice Kahl/Steffen Wilsdorf/Herbert F. Wolf, *Kollektivbeziehungen und Lebensweise*, Berlin (DDR): Dietz-Verlag 1984, S. 93; vgl. auch die Angaben über den Sinn des Lebens, ebd., S. 100.

14 Vgl. ebd., S. 33.

15 Ebd., S. 86.

16 Kurt Mühler, Bemerkungen zur individuellen Rangbildung von sozialen Werten als Teil der Lebensstrategie, in: *Informationen zur soziologischen Forschung in der DDR*, hrsg. von der Akademie für Gesellschaftswissenschaften beim ZK der SED, 21. Jg. 1985, H. 1, S. 46.

17 Kahl/Wilsdorf/Wolf, *Kollektivbeziehungen* (Anm. 13), S. 91.

gisch begründeten Zielen der sozialistischen Familienpolitik herleitete und daß subjektive Wertschätzungen und politisch-ideologisch motivierte Bewertungen der Familie in einem bezeichnenden Gegensatz zueinander standen.

Der in der Lebensweiseforschung ermittelten subjektiv hohen Wertschätzung der Familie und dem Wunsch nach familiärer Geborgenheit und Harmonie entspricht die Tatsache, daß die Familiengründung zur festen Lebensplanung junger Leute gehörte. Nach ihrer persönlichen Absicht befragt, meinten die meisten jungen Frauen und Männer, daß sie später heiraten wollten[18]. Bezeichnend ist auch, was die Ost-Berliner Soziologin Irene Runge nach Interviews mit Familien in den achtziger Jahren feststellt: „Die DDR ist ein stark familienorientiertes Land"[19]. Die Einstellung Jugendlicher zu Ehe und Familie wurde z.B. vom Jugendforschungsinstitut in Leipzig ermittelt. Befragt nach ihren Lebenszielen gaben Jugendliche in einer Intervallstudie des Zentralinstituts an erster Stelle an, daß sie ein „glückliches Ehe- und Familienleben" gestalten wollten. Die Familie – in diesem Zusammenhang die Gründung einer eigenen Familie – rangierte, wie aus der folgenden Tabelle hervorgeht, vor der Zufriedenheit im Beruf, dem Wunsch nach mehr Bildung, dem Bedürfnis, für andere da zu sein und der Leistungsmotivation im Beruf.

Tabelle 1: Bedeutsame Lebenszielstellungen von männlichen und weiblichen jungen Werktätigen – Rangfolge nach Punktzahl aufgrund der Wichtung der Prozentanteile für "sehr große und große Bedeutung"

	Rangplatz	
	männlich	weiblich
Glückliches Ehe- und Familienleben gestalten	1.(170)	1.(184)
Hohe Befriedigung in der beruflichen Tätigkeit erlangen	2.(129)	2.(128)
Umfangreiches Wissen aneigenen und erweitern	3.(102)	4.(91)
Für andere Menschen dasein, ihnen helfen	4.(86)	3.(105)
Überdurchschnittliches in der Arbeitstätigkeit leisten	5.(70)	5.(72)

Quelle: Walter Friedrich/Werner Gerth (Hrsg.), *Jugend konkret*, Berlin (DDR): Verlag Neues Leben 1984, S. 49.

18 Die Einstellungen zur Heirat veränderten sich jedoch im Verlauf der achtziger Jahre; während 1982 noch drei Viertel der befragten Jugendlichen fest davon überzeugt waren, daß sie bestimmt heiraten werden, waren dies 1988 nur 40,2 Prozent der Frauen und 39,9 Prozent der Männer. Vgl. Gunnar Winkler (Hrsg.), *Sozialreport 90*. Daten und Fakten zur sozialen Lage in der DDR. Berlin (DDR): Verlag Die Wirtschaft 1990, S. 276.
19 Irene Runge, *Ganz in Familie*, Berlin (DDR): Dietz-Verlag 1985, S. 9.

Die veröffentlichten empirischen Ergebnisse der Jugendforschung geben darüber hinaus Hinweise auf die Sozialisationswirkung der Familie. Die Leipziger Jugendforscher Otmar Kabat vel Job und Arnold Pinther geben an, daß immerhin etwa 90 Prozent der Jugendlichen aller Altersstufen vom 12. bis 23. Lebensjahr in empirischen Erhebungen bekunden, daß sie zu ihren Eltern ein positives emotionales Verhältnis hätten. Auffällig ist auch, wie viele Jugendliche die Eltern als bevorzugte Vertrauenspartner angeben, nämlich – wie die folgende Tabelle zeigt –, 79 Prozent der Jugendlichen in der 6., 76 Prozent in der 8. und immerhin 54 Prozent in der 10. Klasse.

Tabelle 2: Bevorzugte Vertrauenspartner der Schüler (Angaben in %)

Schuljahr	Eltern	Ältere Geschwister	Gleich-altrige Freunde	Andere Personen	Probleme werden mit sich selbst ausgemacht
6. Klasse	79	4	4	6	7
8. Klasse	76	5	11	1	7
10. Klasse	54	8	23	1	14

Quelle: Otmar Kabat vel Job/Arnold Pinther, *Jugend und Familie*, Berlin (DDR) Deutscher Verlag der Wissenschaften 1981, S. 33.

Wie die Jugendforscher ausführen, zeigten sich übereinstimmende Einstellungen und Wertorientierungen zwischen Eltern und Kindern, die auf eine große Bedeutung der Familie für die Persönlichkeitsentwicklung und das Wertbewußtsein der Heranwachsenden hindeuteten[20]. Die Familie sei die erste, langzeitlichste und intimste Bezugsgruppe, die Sozialisationsleistungen erbringe, die keine andere Einrichtung zu leisten imstande sei. Die Vermittlung von Kenntnissen, Normen und Werten an die Jugendlichen sowie emotionale Geborgenheit haben offenbar ebenso wie ein gesichertes Maß an Privatheit in einer ansonsten überorganisierten Gesellschaft dazu beigetragen, daß die Familie eine wichtige Sozialform geblieben ist. Auch Untersuchungen über die Vorbildfunktion der Eltern zeigen, daß die Eltern in wesentlichen Bereichen auch nach dem 16. Lebensjahr noch stark das Verhalten Jugendlicher beeinflussen. Die von denselben Autoren zusammengestellte Erhebung belegt die Vorbildfunktion der Eltern für Jugendliche im Lehrlingsalter.

20 Otmar Kabat vel Job/Arnold Pinther, *Jugend und Familie*, Berlin (DDR): Deutscher Verlag der Wissenschaften 1981, S. 33. Vgl. auch Otmar Kabat vel Job, Familiäre Entwicklungsbedingungen Jugendlicher, in: Walter Friedrich/Harry Müller, *Zur Psychologie der 12- bis 22-jährigen*, Berlin (DDR), Deutscher Verlag der Wissenschaften 1980, S. 174-197.

Tabelle 3: Eltern als Vorbilder für Lehrlinge

Verhaltensbereiche		Eltern sind	
		Vorbild	kein Vorbild
In ihren/seinen Bemühungen um einen	Vater	93	7
hohen materiellen Lebensstandard	Mutter	94	6
In ihren/seinen Bestrebungen, immer das	Vater	91	9
Beste zu leisten	Mutter	94	6
In ihrem/seinem Verantwortungs-	Vater	90	10
bewußtsein	Mutter	95	5
In ihren/seinen Bemühungen um Ver-	Vater	83	17
vollkommnung der eigenen Bildung	Mutter	80	20
In ihren/seinen Beziehungen zum	Vater	76	24
Ehepartner	Mutter	86	14
In ihrem/seinem Unternehmungsgeist	Vater	77	23
	Mutter	83	17

Quelle: wie zu Tab. 2, S. 39.

In der Studenten-Intervallstudie (SIS) hat Starke ermittelt, daß selbst bei Studenten eine deutlich ausgeprägte Familienbindung festzustellen sei. Die Verbundenheit mit der Herkunftsfamilie – bei weiblichen Studierenden stärker ausgeprägt als bei den männlichen Kommilitonen – sei, so Starke, in allen sozialen Schichten gleich stark vorhanden. Sie korreliere positiv mit den familieninternen Bedingungen und erhielte sich während des gesamten Studiums[21].

Theoretische Ansätze zur Familiensozialisation fehlen jedoch noch bis Mitte der achtziger Jahre. Die empirisch-theoretische Arbeit der Soziologin Hildegard Maria Nickel ist eine der wenigen Studien, die sich, beeinflußt durch die Bildungssoziologie, auch theoretisch mit der Sozialisation auseinandersetzt. Nickel arbeitet die Bedeutung der Familie für die Sozialisation heraus und verschafft der Sozialisationsthematik einen Durchbruch. Im Mittelpunkt steht die Geschlechtersozialisation. Auch sie stellt einen für westliche Forscher zunächst überraschend großen Einfluß der Familie im Alltag fest, der sich vor allem in der Sozialisation der Heranwachsenden zeige. Nickel bezeichnet die Familie als „soziales Reproduktionsverhältnis". Gestützt auf bildungssoziologische Untersuchungen geht sie davon aus, daß die Familie „Stätte der Vermittlung sozialer Erfahrungen, von Werten und Lebensstilen" der einen an die andere Generation sei[22]. In der Familie vollzögen sich Haus-„arbeit", Gefühls- und

21 Vgl. Kurt Starke, *Jugend im Studium,* Berlin (DDR): Deutscher Verlag der Wissenschaften 1980, S. 126.
22 Hildegard Maria Nickel, *Geschlechtersozialisation in der Familie und als Funktion*

Beziehungs-„arbeit" sowie die Reproduktion von kulturellen Formen. Letzteres verwirkliche sich im Handeln „als Alltagskultur zwischen Geschlechtern und Generationen, als 'gelebte Ideologie'. Es realisiert Alltagswerte und folgt traditionellen kulturellen Mustern. Es kann also als wertrationales bzw. traditionales Handeln typisiert werden."[23] Damit übernehme die Familie Funktionen, die für die Gesellschaft unverzichtbar seien; sie sei aber zugleich in der Gefahr, Tradiertes in Form von Stereotypen, z. B. der Geschlechterstereotype, zu konservieren und zu perpetuieren. Das Ziel der Gleichheit der Geschlechter werde im familialen Sozialisationsalltag ständig durch die Fortexistenz von Stereotypen unterlaufen[24]. Zwar zeigten vorliegende Untersuchungen, daß die Geschlechtererziehung, also die bewußt verfolgte Geschlechtersozialisation durch die Eltern, kaum noch Differenzierungen aufweise; signifikante Unterschiede ließen sich dagegen im subjektiven Alltagshandeln feststellen, das sich in symbolischen Handlungen und Ritualisierungen manifestiere, die mit Geschlechterstereotypen verbunden seien[25]. Daß sich die neuere Forschung diesen alltagskulturell bestimmten Formen in der Familie zugewendet hat, muß als besonderes Verdienst der Sozialisationsforschung angesehen werden. Zwar ist durch die Analyse der familialen Sozialisation noch keine erschöpfende Antwort auf die Frage der Ungleichheit der Geschlechter in anderen Bereichen der Gesellschaft gegeben, gerade dort aber stellen sich die widersprüchlichen Tendenzen von Wandel und Beharrung besonders kraß dar, die sich in der fortbestehenden Frauendiskriminierung ausdrücken[26]. Nickel beleuchtet damit auch kritische Seiten des inter-generativen Austauschs im Sozialisationsprozeß in der Familie, die in den Veröffentlichungen der Jugendforschung nicht reflektiert wurden. Hier liegt der Schwerpunkt eher auf der Frage, inwiefern Familienverhältnisse „sozialistische" Einstellungen und Verhaltensweisen beförderten. Behauptet wurde eine Korrelation zwischen dem politischen Bewußtsein und der Aktivität der Eltern und derjenigen der Kinder. Mangelhafte Ausbildung „sozialistischer" Einstellungen wurde dementsprechend auf die Familienverhältnisse zurückgeführt. Nickel kann dagegen zeigen, daß die tatsächliche Sozialisationsleistung der Familie wesentlich umfassender und vielschichtiger gesehen werden muß.

Kritische Fragen an den Sozialisationsprozeß wurden allgemein formuliert zu selten gestellt bzw. erzielte Untersuchungsergebnisse kaum

Fortsetzung der Fußnote
gesellschaftlicher Arbeitsteilung, Diss. B, Humboldt-Universität zu Berlin (DDR) 1985, Thesen, S. 33.
23 Ebd., S. 30.
24 Vgl. zur geschlechtsspezifischen Sozialisation auch Abschnitt IV, Kap. 3 unten.
25 Vgl. Nickel, *Geschlechtersozialisation* (Anm. 22), Thesen, S. 10.
26 Vgl. auch Ulrike Enders, Kinder, Küche, Kombinat – Frauen in der DDR, in: *Aus Politik und Zeitgeschichte. Beilage zur Wochenzeitung Das Parlament,* 6-7/86, 8.2.1986, S. 26-37.

hinterfragt. Hervorgehoben wird immer wieder die positive Korrelation zwischen der politischen, systemkonformen Haltung der Eltern und der der Jugendlichen. So kommen die Jugendforscher Kabat vel Job und Pinther zu dem Schluß, daß politische Überzeugungen der Eltern „ideologieverstärkend und -stabilisierend" wirkten[27]. Jugendliche, deren Väter selber gesellschaftliche Funktionen ausübten, seien signifikant häufiger bereit, ehrenamtliche gesellschaftliche Funktionen zu übernehmen. Dies gelte besonders dann, wenn die Jugendlichen ein positives emotionales Verhältnis zu ihren Eltern hätten[28]. Jugendliche, die angaben, ein ausgezeichnetes Verhältnis zu ihren Eltern zu haben, erlebten durchschnittlich dreimal so oft täglich politische Gespräche im Familienkreis als Jugendliche, deren Verhältnis zu den Eltern gestört war[29]. Generell bevorzugten die 14- bis 16jährigen bei politisch-weltanschaulichen Fragen ihre Eltern deutlich öfter als Ratgeber als enge Freunde. Selbst von den 19- bis 20jährigen gaben immerhin 70 Prozent ihre Eltern als erste Ratgeber in politischen Fragen an[30]. Wie Starke in der Studenten-Intervallstudie herausstellte, gaben 83 Prozent der Studenten an, daß sie grundsätzlich die gleichen politischen Ansichten wie ihre Eltern besäßen. Je „ideologisch positiver" die Einstellung der Studenten, desto größer die Übereinstimmung mit dem Elternhaus. Die Chancen, daß in „sozialistischen Elternhäusern" „sozialistisch" eingestellte Jugendliche heranwüchsen, seien größer, als daß aus anderen Elternhäusern weniger „positiv" eingestellte Jugendliche kämen[31].

Die empirischen Untersuchungen behaupteten eine hohe intergenerative Kontinuität und Homogenität in den Familien im untersuchten Zeitraum. Tatsächlich kann diese Kontinuität der „sozialistischen Wertevermittlung" jedoch nur für einen recht kleinen Teil der Jugendlichen gegolten haben, da sich immer mehr Jugendliche kritisch von ihren „Vorbildern" zu entfernen begannen. Zudem folgte die Argumentation der Jugendforscher zur „Vorbildfunktion" einem historisch überholten Muster, in dem viele „Aktivisten der ersten Stunde" in der Frühphase der SBZ/DDR selber aus einem kommunistischen, sozialdemokratischen oder antifaschistischen Milieu stammten. Ihre politische Aktivität war geprägt durch persönliches Erleben der Eltern, deren politische Überzeugungen durch die – oft gemeinsam geleistete – Arbeit im Widerstand[32] oder die

27 Kabat vel Job/Pinther, *Jugend und Familie* (Anm. 20), S. 57.
28 Vgl. ebd., S. 57.
29 Vgl. ebd., S. 59.
30 Vgl. ebd., S. 56.
31 Starke, *Jugend im Studium* (Anm. 21), S. 125f.
32 Dagegen bleibt das Profil derjenigen, die nicht im Widerstand gearbeitet haben, unscharf. Einen Anstoß, das „alltägliche Gesicht" des Nationalsozialismus neu zu überdenken, gab zuerst der in der DDR und in der Bundesrepublik erschienene Roman von Christa Wolf, *Kindheitsmuster*, Darmstadt/Neuwied: Luchterhand 1984.

Emigration der Familie entstanden waren. In dem Maße aber, in dem sich Familien nicht mehr in einer politischen Extremsituation befanden, wie dies für die Zeit des Nationalsozialismus gegolten hatte, beruhte die Weitergabe der politischen Überzeugungen von den Eltern zu den Kindern immer stärker auf verbalen Vermittlungsmomenten; das persönliche Erleben unterschied sich zudem zunehmend von der historischen Erfahrungssituation. Die mittlere und jüngere Generation fand veränderte Bedingungen vor, in der Klassenkampfrhetorik, Antifaschismusappelle und Abgrenzung von äußeren „Feinden" nicht mehr passen mochten. Zunehmend bestimmten Orientierungen am materiellen Wohlstand, die Öffnung zum „Westen" und eine durch „paternalistische" Staatspolitik geförderte Entpolitisierung und Passivität die Lebensumwelt der jüngeren Generation. Angesichts dieser Veränderungen mit traditionellen Mustern einer Vorbildfunktion der Eltern zu argumentieren, wurde der tatsächlichen politischen Sozialisation immer weniger gerecht. Die Veröffentlichungen der Jugendforschung geben über differenzierte Prozesse innerfamiliärer Sozialisation allerdings ebensowenig Aufschluß wie über das Profil generationsspezifischer Veränderungen.

Zugleich veränderte sich die Sozialisationsagentur Familie durch die widersprüchlichen Tendenzen aus dem Zusammentreffen von Tradition, modernem Wandel und Zielkultur. Daß das Wunschbild von einem „glücklichen Familienleben" und die Wirklichkeit auseinanderklafften, drückte sich z.B. in der sehr hohen Scheidungsquote gerade junger Ehen aus, die durch familiensoziologische Daten über den Strukturwandel der Familie belegt wird. Wie soziologische Daten zeigen, war die traditionelle, auf Eheschließung begründete Familie einem grundlegenden Wandel unterworfen. Mit über 90 Prozent von in einem Berufs- oder Ausbildungsverhältnis stehenden Frauen nahm die DDR im internationalen Vergleich eine Spitzenposition ein. Gezielte Mobilisierungskampagnen in den sechziger und siebziger Jahre zur Ausschöpfung des Arbeitskräftereservoirs und zur Realisierung des Leitgedankens der Gleichberechtigungspolitik, der auf der beruflichen Selbständigkeit beruhte, führten dazu, daß in der Familie in der Regel beide Partner berufstätig waren. Zwar blieb die Ehe nach wie vor die Norm familiären Zusammenlebens – das belegen der ausgeprägte Wunsch nach Ehe und Familie bei Jugendlichen, das relativ frühe Heiratsalter und die steigende Anzahl von Männern und Frauen, die nach einer Scheidung wieder heiraten[33]. Die Zunahme der Frauenerwerbstätigkeit hat jedoch zu einer veränderten Lebenswirklichkeit und zu anderen Lebenszielen von Frauen geführt, die das Reproduktionsver-

---

33 Bei den Männern kamen 1960 auf hundert Eheschließende 12.5 vormals geschiedene Männer, 1970 16.0, 1980 18.8 und 1983 21.8. Bei den Frauen waren es 1960 9.2, 1970 13.5, 1980 17.7 und 1983 20.6. *Statistisches Jahrbuch der DDR 1985*, Berlin (DDR): Staatsverlag der DDR 1985, S. 371. In den achtziger Jahren verzichteten immer mehr Geschiedene auf eine Wiederheirat. Vgl. Winkler (Hrsg.) *Sozialreport '90* (Anm. 18), S. 17.

halten deutlich beeinflußt haben. Dies zeigt vor allem die sinkende Geburtenrate an. 1975 erreichte die durchschnittliche Kinderzahl pro Frau
im gebärfähigen Alter (14 bis 45 Jahre) den Tiefpunkt von 1,54. Familien-
und sozialpolitische Maßnahmen wie das Babyjahr konnten diesen Trend
zwar aufhalten (1980: 1,94; 1982: 1,86). Dennoch zeigte sich in den achtziger Jahren ein fallender Trend in der Geburtenentwicklung[34]. Auch die
Anzahl der kinderreichen Familien ist dementsprechend stark rückläufig[35].

Am deutlichsten werden die soziologischen Veränderungen der Familie im Untersuchungszeitraum an den rapide zunehmenden neuen Part-
nerschaftsformen. Neueren Angaben zufolge entschlossen sich rund 25
Prozent der unverheirateten Frauen und Männer zwischen dem 18. und
40. Lebensjahr zu einer Lebensgemeinschaft[36]. Auch die Anzahl alleinerziehender Elternteile bzw. die der Kinder, die in nichtehelichen Verhältnissen geboren werden, hat zugenommen. Der Anteil der Kinder, die von
unverheirateten Müttern geboren wurden, ist von 1978 (17,3 Prozent) bis
1983 (32 Prozent) um 14,7 Prozent und von 1970 bis 1983 sogar um 18,7
Prozent gestiegen[37]. Besonders Jutta Gysi hat in ihren Arbeiten am Institut
für Soziologie und Sozialpolitik der Akademie der Wissenschaften auf
die wachsende Anzahl unvollständiger Familien hingewiesen, die mit der
Zunahme von neuen „Lebensgemeinschaften" verbunden ist, in denen
Familien in ehe- und familienähnlichen Formen ohne Eheschließung zusammenleben. Wie Gysi ausführt, blieb ihre gesellschaftliche Stellung „sowohl in sozialer als auch in familienpolitischer, rechtlicher und zum Teil
auch in moralischer Hinsicht ungeklärt und wirft manches Problem, gerade auch im Hinblick auf familienpolitische Leistungen der Gesellschaft,
auf"[38]. Dennoch suchten insbesondere jüngere Menschen nach anderen
Lebensformen. Wie eine Studie hervorhebt, begann in Ost-Berlin seit Beginn der achtziger Jahre „die Lebensgemeinschaft einen relativ festen
Platz in den Lebensformen" einzunehmen[39].

Damit wurde eine neue Frauen- und Familienpolitik erforderlich, die
von der Partei- und Staatsführung jedoch nicht entwickelt wurde. Noch
in den sechziger Jahren wies Herta Kuhrig, langjährige Vorsitzende des
Wissenschaftlichen Rates „Die Frau in der sozialistischen Gesellschaft",

---

34 Vgl. ebd., S. 12.
35 Jutta Gysi gibt nach Materialien der Staatlichen Zentralverwaltung für Statistik
    an, daß es 1971 noch 182.000, 1979 dagegen nur noch 90.000 kinderreiche
    Familien in der DDR gegeben hat. Vgl. Jutta Gysi, Frauen- und Familienent-
    wicklung als Gegenstand sozialistischer Politik, in: *Jahrbuch für Soziologie und
    Sozialpolitik 1984*, Berlin (DDR): Akademie-Verlag, S. 105.
36 Vgl. Winkler (Hrsg.), *Sozialreport '90* (Anm. 18), S. 18.
37 Vgl. Gysi, *Frauen- und Familienentwicklung* (Anm. 35), S. 105.
38 Ebd., S. 109.
39 *Zwischen Alex und Marzahn*, Autorenkollektiv unter der Leitung von Georg
    Aßmann und Gunnar Winkler, Berlin (DDR): Dietz-Verlag 1987, S. 172.

auf die Veränderungen in den Familienstrukturen mit der Formel „Ehe- und Familienbeziehungen neuer Art" hin[40]. Dabei ging es um die Beseitigung rechtlicher Formen männlicher Vorherrschaft, die zum „Prozeß der Befreiung des Individuums" stilisiert wurde[41]; tatsächlich wurde diese Vorherrschaft in Politik und Gesellschaft nie gebrochen. Die Dynamik der achtziger Jahre mit der partiellen Auflösung traditioneller Eheformen durch die Häufung von „Lebensgemeinschaften" wurde durch die Sozialpolitik der siebziger Jahre befördert und stellte eine neue Phase der Partnerbeziehungen dar. Dies veranlaßte Soziologen, auch Konflikte zwischen Familienpolitik und empirischem Alltag in der Familie zu thematisieren, die durch die soziologischen Veränderungen entstanden waren und andere, empirisch orientierte Ansätze der Familiensoziologie zu suchen[42]. Dabei spielte auch die Sozialisationsthematik eine zunehmende Rolle. Oft vermissten die Partner der jüngeren Generation jedoch Vorbilder bzw. konkrete Hilfestellungen von Eltern und staatlichen Stellen. Diese Diskussion mußte sich zudem gegen den immer stärker werdenden Druck einer Müttterlichkeitsideologie wehren, der in der zweiten Hälfte der Honecker-Ära zunahm[43]. Sie drängte die Frauen- und Familienforschung in die Rolle, eine reine „Reproduktionsforschung" zu betreiben.

Zusammenfassend läßt sich zur familialen Sozialisation feststellen, daß die Untersuchungen von Jugendforschern, Familiensoziologen und Lebensweiseforschern in den späten siebziger und achtziger Jahren einen überraschend großen, ungebrochenen Einfluß der Familie auf den Sozialisationsprozeß der heranwachsenden Generation aufzeigen. Dies erstreckt sich auf Einstellungen, Wertmuster, Lebensorientierungen und Verhaltensweisen der Jugendlichen. Ein umfassender, lückenloser Durchgriff auf die Familienerziehung, wie er in der staatlichen Familien-, Jugend- und Bildungspolitik intendiert und gefordert wurde, ist nicht erfolgt. Vielmehr behielt die Familie eine zentrale Bedeutung, was darauf schließen

40 Herta Kuhrig, Familie und Familienglück, in: *Einheit*, 40. Jg. 1985, H. 12, S. 1104.
41 Ebd.
42 Jutta Gysi/Uta Meier, Zu theoretischen Problemen einer soziologischen Analyse familialer Lebensweise, in: *Jahrbuch für Soziologie und Sozialpolitik 1982*, Berlin (DDR): Akademie-Verlag 1982, S. 127. Vgl. auch die kulturkritische Erörterung der Doppelverantwortung von Frauen bei Irene Dölling, *Individuum und Kultur*, Berlin (DDR): Dietz-Verlag 1986, bes. Kap. 5, S. 131-161; vgl. auch dies., Entwicklungswidersprüche berufstätiger Frauen in der sozialistischen Gesellschaft, in: *Mitteilungen aus der kulturwissenschaftlichen Forschung 11*, hrsg. v. Lehrstuhl der Sektion Ästhetik und Kunstwissenschaften der Humboldt-Universität zu Berlin, Manuskriptdruck, Berlin (DDR) 1982, S. 76-87.
43 Diese Tendenz ist besonders in den letzten Jahrgängen der Frauenforschungs-Publikation „Die Frau in der sozialistischen Gesellschaft" festzustellen, die der gleichnamige Wissenschaftliche Rat herausgab. Vgl. kritisch dazu im Rückblick Herta Kuhrig, Brauchen wir ein neues Frauenbewußtsein?, in: *Einheit*, 12/1989, S. 1135-1140. Selbst im kritisch angelegten *Frauenreport '90* (Anm. 11) stehen „Reproduktion" und „Fruchtbarkeitsniveau" wieder am Anfang des Textes.

läßt, daß sie als „Freiraum" privaten Diskurses die Entwicklung eigener
– offiziell nicht erwünschter – Einstellungen und Verhaltensweisen begünstigte; auch die weitverbreitete „unpolitische" Lebensweise zählt hierzu. Offenbar führte der durchaus nicht unpolitische Wunsch nach einer
Sphäre der Privatheit und Individualitätsentfaltung dazu, die Attraktivität
der mit „Familie" verbundenen Wertvorstellungen trotz rapiden Struk-
turwandels zu stärken. Auch die Entwicklung von „Lebensgemeinschaften" oder Teilfamilien hat die Möglichkeiten des Zugriffs auf die Meinungsbildung in der Privatssphäre nicht vergrößert. Die immense Wertschätzung des Ehe- und Familienlebens spricht deutlich gegen die Annahme, daß die familiale Sozialisationsleistung durch den Einfluß der
organisierten politischen Sozialisation in Bildungssystem und Jugendverband zurückgedrängt werden konnte; vielmehr speiste sie die für die
DDR im Untersuchungszeitraum charakteristische „Doppelkultur", in der
private und halb-öffentliche Sphären die Bedeutung von Einrichtungen
der öffentlichen politischen Kultur übertrafen. Die Konservierung einer
traditionellen Sphäre der Privatheit ließ eine „passive Stärke" (Günter
Gaus) entstehen, die erst im Herbst 1989 in eine massenhafte, aktive
politische Artikulation umschlug.

3.2. Die organisierte politische Sozialisation

Die Krise des politischen Systems der DDR hat die bisherige organisierte
politische Sozialisation in Schule, Berufsausbildung, Studium und Jugendverband FDJ besonders nachhaltig erschüttert. Bezeichnenderweise war
die langjährige Volksbildungsministerin Margot Honecker als eine der
ersten gezwungen, ihr Amt im Oktober 1989 aufzugeben. Mit dem Verlust
der politischen Legitimität der SED war auch das Erziehungsideal der
„sozialistischen Persönlichkeit" unmittelbar in eine tiefe Krise geraten[44].
Wesentliche Bestandteile der politisch-ideologischen Erziehung – z.B. der
Staatsbürgerkundeunterricht, das marxistisch-leninistische Grundlagenstudium und die vormilitärische Erziehung – wurden abgeschafft bzw.
umgestaltet[45]. Der rapide Machtverlust der SED führte im gesamten Bildungsbereich zur Entflechtung der Verschränkung von Sozialisation und
gezielter, am „sozialistischen" Perönlichkeitsideal ausgerichteter politisch-
ideologischer Erziehung und damit zur Vernichtung eines bislang charakteristischen Eckpfeilers der Machtsicherung von Partei und Staat.

Noch Anfang der achtziger Jahre hatten Partei und Staat versucht, die
Defizite in der politisch-ideologischen Erziehung durch eine umfassende

44 Vgl. die kritischen Reflexionen von Freya Klier, *Lüg' Vaterland*, München: Kindler 1990; vgl. auch: Arbeitsbienen für den Staat, in: *Der Spiegel*, Nr. 7, 12.2.1990,
S. 75-92 (I), Nr. 8, 19.2.1990, S. 142-149 (II).
45 Vgl. Kein Ideologieunterricht mehr an den DDR-Schulen, in: *BMB-Informationen*, Nr. 21, 17.11.1989, S. 9.

Bildungs- und Lehrplanreform zu beheben. Erstmals seit der Verabschiedung des Gesetzes über das „einheitliche sozialistische Bildungssystem" (1965) wurde eine komplexe Umgestaltung von Lehrplänen, Erziehungsprogrammen und Ausbildungskonzeptionen für sämtliche Bildungsstufen von der Kinderkrippe bis zum Hochschulbereich eingeleitet. Diese Maßnahmen sollten alle Änderungen übertreffen, die es im Bildungswesen der DDR in den letzten zwanzig Jahren gegeben hatte. Dies geschah vor dem Hintergrund einer Reihe von Strukturänderungen und neuen Rahmenbedingungen, vor allem im Zusammenhang mit einer forcierten Modernisierung. Im folgenden Kapitel wird die Konzeption der intendierten Veränderungen im Bildungs- und Ausbildungsbereich analysiert. Es wird gefragt, wie die Flut neuer Lehrprogramme und Bildungsinhalte zu erklären war und in welchem Zusammenhang sie mit der politischen Sozialisation der Jugendlichen und Heranwachsenden standen. Wie die folgende Analyse zeigt, lassen sich bereits vor dem Umbruch 1989 Risse in der Umsetzung des Machtmonopols der SED in die politisch-ideologische Erziehung im Bildungsbereich aufzeigen. Die Emphase, mit der führende Bildungsplaner die Einführung neuer Lehrpläne, der SED-Politik folgend, begründeten, deutete bereits darauf hin, daß die Partei um die Ausdifferenzierung des Bewußtseins Jugendlicher und die Defizite der politisch-ideologischen Erziehung wußte und diesem Prozeß – besonders angesichts der forciert betriebenen Modernisierung – entgegenzuwirken suchte. Im Zentrum stand der Bereich, der dem unmittelbaren Zugriff von Partei und Staat unterlag, das organisierte Bildungswesen. Der Jugendverband und die vormilitärische Erziehung wurden zusätzlich als wesentliche Hebel zur Neugestaltung der politisch-ideologischen Erziehung eingesetzt.

3.2.1. Das Bildungssystem: Allgemeinbildung und Berufsausbildung

Wie im Bildungsgesetz der DDR von 1965 festgelegt, war oberstes Ziel die „Erziehung zur sozialistischen Persönlichkeit"[46]. Die politisch-ideologische Erziehung erfolgte auf allen Stufen des aufeinander abgestimmten Bildungsgefüges; politisches Wissen, Werte und Verhaltensweisen sollten von Beginn an, also bereits im Vorschulalter und durch alle Stufen der Bildung und Erziehung hindurch vermittelt werden. Erfaßt wurden Vorschuleinrichtungen wie Kinderkrippen, Kindergärten und Spiel- und Lernnachmittage, die zehnklassige allgemeinbildende polytechnische Oberschule, die Einrichtungen der Berufsausbildung, die zur Hochschulreife führenden Einrichtungen, insbesondere die Erweiterte Allgemeinbil-

---

46 Vgl. *Gesetz über das einheitliche sozialistische Bildungssystem der Deutschen Demokratischen Republik, Gesetzblat der DDR*, Teil I, Nr. 6 v. 25.2.1965.

dende Polytechnische Oberschule, Einrichtungen der Aus- und Weiterbildung Berufstätiger, Fachschulen, Universitäten und Hochschulen[47].

Mit den eingeleiteten umfassenden Veränderungen im DDR-Bildungswesen wurde – wie bereits im Zuge der Reformen in den sechziger Jahren – erneut deutlich, welche herausragende Bedeutung das gesamte Bildungswesen für das politische und soziale System der DDR besessen hat. So wurde im Rahmen des XI. Parteitags der SED 1986 die Rolle des Bildungssystems im Zusammenhang mit den wirtschafts- und gesellschaftspolitischen Zielsetzungen der Partei im Zuge der „intensiven Reproduktion" der Gesellschaft nachdrücklich unterstrichen[48]. Ein neues Lehrplanwerk wurde 1988 vorgelegt. Mit dieser Bildungspolitik wurden hauptsächlich zwei Ziele verfolgt: Zum einen sollten die veränderten Lehrpläne dazu führen, daß das Bildungssystem grundlegend modernisiert, d.h. den ehrgeizigen Zielvorgaben der „wissenschaftlich-technischen Revolution" besser angepaßt werde. Zum anderen wurde gleichzeitig eine Intensivierung der politisch-ideologischen Erziehung angestrebt[49]. An der grundsätzlichen Gliederung des Bildungswesens beabsichtigten die von Bildungspolitikern eingeleiteten Modernisierungsvorhaben ebensowenig Veränderungen vorzunehmen, wie an dem obersten Erziehungsziel der „sozialistischen Persönlichkeit". Vielmehr setzte die Veränderung der Inhalte auf der Ebene der Definition dessen an, was als „Allgemeinbildung" bzw. was als „Berufsbildung" gefaßt wurde sowie an der Ausarbeitung konkreter Lehrpläne. Die Operationalisierung des Lernziels „sozialistische Persönlichkeit" sollte im Zusammenhang mit der „wissenschaftlich-technischen Revolution" auf der Ebene von Unterrichts- und Stoffeinheiten, Lehr- und Studienplänen weiter „konkretisiert" werden. Ausschlaggebend waren wirtschaftspolitische Notwendigkeiten, insbesondere der – verglichen mit westdeutschen Standards – riesige Produktivitätsrückstand. Über eine Neukonzeption von Bildungsinhalten hofften die SED und führende Bildungsplaner und -politiker die Rückstände beheben und

47 Vgl. als Übersicht zum Bildungssystem bis 1989 z.B. Winkler (Hrsg.), *Sozialreport '90*, (Anm. 18), S. 47ff; sowie Gert-Joachim Glaeßner, *Die andere deutsche Republik*, Opladen: Westdeutscher Verlag 1989.

48 Vgl. Zimmermann, Innenpolitische Aspekte (Anm. 10). Zu den Entwicklungen im Bildungssystem in den achtziger Jahren vgl. auch Oskar Anweiler, Leistungssteigerung, Begabtenförderung, ideologischer Konformismus – Tendenzen der Bildungspolitik in der DDR, in: *DDR-Report*, 3/1984, S. 138-141.

49 Diese Zielsetzungen wurden auf dem IX. Pädagogischen Kongreß nochmals bekräftigt. Zur Koppelung von Allgemeinbildung und Werterziehung vgl. insbes. Gerhart Neuner, Entwicklungsprobleme sozialistischer Allgemeinbildung, in: *Pädagogik*, 40. Jg. 1985, H. 9, S. 657-683; ders., Werte in der kommunistischen Erziehung der Schuljugend, in: *Pädagogik*, 43. Jg. 1988, H. 3, S. 204-209; *Allgemeinbildung und Lehrplanwerk*, Autorenkollektiv unter der Leitung von Gerhart Neuner, Berlin: Deutscher Verlag der Wissenschaften 1987. Zur Bedeutung ideologischer Erziehung vgl. auch Dieter Kirchhöfer, Ideologie und Werte in der Erziehung, in: *Einheit*, 2/1989, S. 118-123.

über eine „wissenschaftlich-technische Revolution" notwendige Veränderungen herbeiführen zu können.

Die bildungspolitische Diskussion konzentrierte sich auf die grundlegende Modernisierung in der Aus- und Weiterbildung mit dem Ziel, Wissen und Können, aber auch Einstellungen und Werte der „wissenschaftlich-technischen Revolution" anzupassen. Die Neufassung der Bildungsinhalte und die Aufnahme von Mikroelektronik, Rechentechnik, Informatik, Umweltschutz, Mikrobiologie u.ä. in die Curricula oder als Kursangebote sollten einhergehen mit der Vermittlung von Einstellungen und Arbeitstugenden, die der Modernisierung und Rationalisierung entsprechen und der Innovationsfähigkeit förderlich sein sollten. Besonders hervorgehoben wurde die Vermittlung eines „realistischen Optimismus"[50]. Gefragt waren Arbeitsdisziplin, Mitdenken, die Bereitschaft zur Weiterbildung und zum Arbeits- und Wohnortwechsel bei Rationalisierung sowie die Ausbildung eines „sozialistischen Umweltbewußtseins"[51]. Diese Absichten sollten durch konkrete Maßnahmen erreicht bzw. befestigt werden. Für die gesamte allgemeinbildende polytechnische Oberschule wurde ein neues Lehrplanwerk erstellt. Rund vierzig neue Lehrpläne, z.B. für die polytechnischen Fächer, Mathematik, Physik, Biologie und Deutsch, wurden bereits zu Beginn der achtziger Jahre eingeführt. Die 1983/84 verabschiedete „Anweisung über die fakultativen Kurse" sollte dafür sorgen, daß Schülern neben dem Pflichtunterricht mehr Auswahlmöglichkeiten geboten wurden. Es wurde mehr Wert auf Experimentieren, Anschaulichkeit, Verständlichkeit und Aktualität gelegt. In der Berufsausbildung erhöhte man die Anzahl der Grundberufe von 28 auf 98, um eine größere Flexibilität im späteren Beruf zu ermöglichen. Für die gesamte Berufsausbildung wurden zudem seit 1986 überarbeitete Lehrpläne vorgelegt. Auch im Hochschulbereich wurden grundlegende Neuerungen angestrebt. Richtungweisend wurde die 1983 beschlossene Neukonzeption der Aus- und Weiterbildung der Ingenieure und Ökonomen, die auf stärkere Praxisverbundenheit und ein höheres Niveau der Ausbildung abzielte. Neue Lehrpläne für andere Studienrichtungen folgten, so für die Juristen, Mediziner, Germanisten und Psychologen. Die Anhebung des allgemeinen Qualifikationsniveaus insbesondere durch die stärkere Berücksichtigung von sogenannten Schlüsseltechnologien, die Heranbildung von Spitzenkräften durch eine intensivere Begabtenförderung, sowie die Förderung von Mobilitätsbereitschaft und Innovationsfähigkeit galten als erklärte Ziele der neuen Ausbildungsstrukturen und -inhalte.

Mit diesen Lehrplan- und Ausbildungsreformen sollte nicht nur eine Modernisierung von Inhalten erreicht werden, sondern vor allem auch eine Verbesserung bzw. Verstärkung der ideologischen Erziehung. Ange-

50 Vgl. z.B. Günther Bohring, Weltanschauliche Aspekte des wissenschaftlich-technischen Fortschritts und kommunistische Arbeitserziehung, in: *Pädagogik*, 38. Jg. 1983, S. 934-939.
51 Ebd., S. 935.

strebt wurde die enge Koppelung von Leistung und ideologischer Überzeugung, oder – wie es hieß – die „weltanschauliche Fundierung des
Leistungsverhaltens". Obwohl Pädagogen und Bildungspolitiker immer
wieder behaupteten, daß die „sozialistischen" Einstellungen und Werte
in der jungen Generation zunähmen, fällt auf, daß sich insbesondere in
den achtziger Jahren Hinweise auf Defizite und Probleme in der eher
problemorientierten Literatur häuften.

Erst durch die Veröffentlichung von Daten, die bis zum Herbst 1989
strikter Geheimhaltung unterlagen, wird es möglich, diese Hinweise in
einen größeren Zusammenhang zu stellen[52]. Untersuchungen aus dem
Zentralinstitut für Jugendforschung zeigen beispielsweise, daß die „Identifikation mit dem Marxismus-Leninismus", also ein Hauptindikator für
die gewünschten politischen Überzeugungen, seit Ende der siebziger Jahre schwächer wurde. Ab Mitte der achtziger Jahre zeigten sich bei der
Einstellung von Lehrlingen bereits deutliche Erosionserscheinungen.
Während 1975 noch 46 Prozent der Lehrlinge angaben, daß sie sich mit
der offiziellen Ideologie identifizierten, kehrte sich 1985 das Verhältnis
um, indem nun die gleiche Prozentzahl von Lehrlingen erklärte, daß sie
sich „kaum" oder „nicht" mit dieser Ideologie identifizierten. Im Oktober
1989 lehnten zwei Drittel der Lehrlinge den Marxismus-Leninismus ab.
Unter den Studenten war der Anteil derjenigen, die sich mit der offiziellen
Ideologie identifizierten, stets deutlich höher, nahm jedoch auch hier progressiv ab.

Tabelle 4: Identifikation mit dem Marxismus-Leninismus
(Angaben in Prozent)

	stark	mit Einschränkung	kaum/nicht
Lehrlinge			
1975	46	40	14
1979	33	49	18
1981[1]	28	50	22
1985[1]	14	40	46
1988	13	46	41
1989 (Mai)	9	35	56
1989 (Okt.)	6	32	62
Studenten			
1975	61	34	5
1979	57	35	8
1989 (Mai)	35	46	19

1 Nur männliche Lehrlinge
Quelle: Friedrich, Mentalitätswandlungen (Anm. 52), S. 27.

52 Vgl. dazu ausführlicher Walter Friedrich, Mentalitätswandlungen der Jugend
in der DDR, in: *Aus Politik und Zeitgeschichte* B. 16-17/1990, S. 29ff. Zum Problem
der Validität vgl. Kap. 2.2. der Arbeit.

Das Bemühen, die politisch-ideologische Erziehung zu intensivieren, zielte darauf, die Jugendlichen politisch-moralisch zu „stabilisieren" und ihre bewußte und bewußt vertretene Idenfikation mit den offiziellen Normen und Prinzipien stärker zu fördern. Die sozialistische Ideologie sollte nunmehr nach soziologischen und psychologischen Erkenntnissen „lebensnah" und altersgerecht vermittelt und Zusammenhänge mit fachlichen Themen stärker herausgearbeitet werden. Um diesen Anforderungen nachzukommen, wurden beispielsweise im Jahr 1983 neu überarbeitete Lehrpläne für den Staatsbürgerkundeunterricht für die Klassen 7 und 9 und 1984 für die Klassen 8 und 10 eingeführt. Diese Lehrpläne für die Fächer Staatsbürgerkunde, sowie für Geschichte an den allgemeinbildenden Schulen, die Anreicherung der Lehrpläne in der Allgemein- und Berufsausbildung mit politisch-ideologischen Wert- und Argumentationsrastern sowie die Einführung veränderter Lehrpläne für das marxistisch-leninistische Grundlagenstudium an den Hochschulen belegen das von Bildungspolitikern erläuterte Ziel.

Es wurde darauf gedrängt, die politisch-ideologische Erziehung zu vertiefen und die Bestandteile des Lehrplans enger aufeinander abzustimmen. Besonders prononciert trug diese Politik der damals amtierende Präsident der Pädagogischen Akademie der DDR, Gerhart Neuner, vor. Neuner ging davon aus, daß der Anspruch, ein „einheitliches wissenschaftliches Weltbild" zu begründen, am effektivsten in einem abgestuften, komplexen System politischer Erziehung eingelöst werden würde[53]. Der Anspruch selbst wurde dabei ebensowenig kritisch reflektiert wie die Verschränkung von politischen Vorgaben und pädagogischen Umsetzungen. Politisch-ideologische Erziehung sollte so angelegt sein, daß – aufbauend auf den bereits in der Vorschulerziehung vermittelten elementaren Kenntnissen – für den Heimatkundeunterricht, den Staatsbürgerkundeunterricht ebenso wie später für die Berufsausbildung, die Erweiterte Oberschule und das Grundlagenstudium an den Universitäten und Hochschulen entsprechende „Niveaustufen" konzipiert werden müßten. Tatsächlich sorgte ein umfassender Fächerkanon für die politisch-ideologische Erziehung.

Nach dem Lehrplanwerk von 1988 waren insgesamt 10,9 Prozent des Unterrichts an den Schulen für den „gesellschaftswissenschaftlichen Unterricht" vorgesehen[54]. Politisch-ideologische Einstellungen und Werte

---

53 Gerhart Neuner, Entwicklungsprobleme sozialistischer Allgemeinbildung, in: *Pädagogik*, 40. Jg. 1985, H. 9, S. 674. Neuner wurde zum Jahresbeginn 1990 abgelöst. Mit dem politischen Umbruch wurde auch die Akademie umstrukturiert.

54 Vgl. Winkler (Hrsg.), *Sozialreport '90* (Anm. 18), S. 53. Zu den Richtlinien bei der Neufassung der Staatsbürgerkunde insbes. Siegfried Piontkowski, Die ideologisch-theoretische und methodische Konzeption des Staatsbürgerkundeunterrichts und der überarbeiteten Lehrpläne der Klassen 8 und 10, in: *Geschichtsunterricht und Staatsbürgerkunde*, 26. Jg. 1984, H. 2/3, S. 115ff. Vgl. auch Horst

wurden neben der Staatsbürgerkunde, aber auch in den Fächern Deutsch und Geschichte, im polytechnischen Unterricht in den Klassen 7 bis 10 und im Wehrkundeunterricht in den Klassen 9 und 10 vermittelt. Während in Deutsch und Geschichte durch die Selektion von Texten und Ereignissen und deren Präsentation ein bestimmtes, aus dem ideologischen Weltbild abgeleitetes Verständnis der Geschichte, Kultur und Sprache vorgetragen wurde, zielten die beiden letztgenannten Fächer auf den Aufbau zweier für das sozialistische Persönlichkeitsbild zentraler Bereiche, die positive Einstellung zur Arbeit bzw. zur Berufstätigkeit und die Herausbildung der Wehrbereitschaft. Für die polytechnischen Fächer galt seit ihrer Einführung in den fünfziger Jahren, daß neben dem bildungstheoretischen und berufsvorbereitenden Charakter im theoretischen Teil („Einführung in die sozialistische Produktion", „Technisches Zeichnen") und im praktischen Teil („Produktive Arbeit") stets auch die Vermittlung von „sozialistischen" Arbeitstugenden beabsichtigt war. „Arbeitserziehung" gehörte zum Kernbestandteil politischer Sozialisation. Dies wurde auch in der Neukonzeption des polytechnischen Unterrichts deutlich. So spielte beispielsweise neben Kenntnissen über neue Technologien auch die Bereitschaft eine Rolle, sich auf die bevorstehenden Veränderungen einzustellen und dem wissenschaftlich-technischen Forstschritt „optimistisch" gegenüberzutreten.

Beim kritischen Lesen bildungspolitischer Aussagen der frühen achtziger Jahre fällt auf, daß die Sorge um die Vermittlung eines angemessenen „Bildes von der Welt" wächst[55]. Wiederholt wird auf die prinzipiellen Unterschiede zwischen „kapitalistischer" und „sozialistischer" Fortschrittsentwicklung eingegangen. Themen wie „Sinn und Funktion der Wissenschaft unter unterschiedlichen gesellschaftlichen Verhältnissen", „Wissenschaft als Human- und Destruktivkraft", wissenschaftlich-technische Revolution unter „sozialistischen Verhältnissen" beherrschen die bildungspolitische Diskussion[56]. Implizit wird damit das Problem transportiert, wie die DDR den Produktivitätsrückstand einholen und angesichts einer verschärften Konkurrenz auf dem Weltmarkt wettbewerbsfähig bleiben kann, ohne den Weg der „kapitalistischen" Bundesrepublik einzu-

Fortsetzung der Fußnote

Riechert, Zur Weiterentwicklung des Staatsbürgerkundeunterrichts in den Klassen 7-10, in: *Geschichtsunterricht und Staatsbürgerkunde*, 25. Jg. 1983, H. 1, S. 7-15. Riechert war Vizepräsident der Akademie der Pädagogischen Wissenschaften. Wolfgang Feige, Ansprüche an die geistige Aktivität in Staatsbürgerkunde, in: *Deutsche Lehrerzeitung*, 19/1988, S. 10ff.

55 Zur folgenden Ausführung vgl. insbes. Neuner, *Entwicklungsprobleme* (Anm. 53), S. 668. Vgl. zur Wertvermittlung auch Erich Hahn, Werte und Ideologie, in: *Pädagogik*, 38. Jg. 1988, H. 2, S. 101-113; Rolf-D. Stark, Zu Problemen der Herausbildung hoher Leistungsbereitschaft als einer stabilen Wertorientierung der Schüler oberer Klassen, in: *Pädagogik*, 38. Jg. 1988, H. 4, S. 286-295.

56 Ebd., S. 674.

schlagen, eine Position, die angesichts der Krise in der DDR immer weniger zu halten war.

Die im Schuljahr 1982/83 eingeleitete Lehrplanreform für den polytechnischen Unterricht sollte den Stoff an die Erfordernisse der Modernisierung von Wissenschaft und Technik anpassen. „Automatisierung der Produktion" und „Elektrotechnik" wurden als Stoffgebiete des Fachs „Einführung in die sozialistische Produktion" ausgebaut; erste „Kabinette" zur Computertechnik wurden in polytechnischen Zentren eingerichtet. Der fakultative Unterricht – die Kurse „Elektrotechnik" in den Klassen 9 und 10 sowie „Informatik" an der Erweiterten Oberschule – und die anderen Fächer sollten auf den polytechnischen Unterricht abgestimmt werden, um eine naturwissenschaftliche Grundlagenbildung zu garantieren und das Verständnis für wissenschaftlich-technische Entwicklungen zu fördern. Die Vermittlung von technischen, technologischen und ökonomischen Grundlagenkenntnissen sollte mit den gewünschten moralischen und weltanschaulichen Werten und Einstellungen verbunden werden. Charakteristisch blieb dabei erstens der Anspruch, Lernziele, Werte und Verhaltensmuster aus einer geschlossenen Ideologie abzuleiten. Dem Schüler sollte ein „festes" Weltbild vermittelt werden, das sich aus den Einzelelementen der Fächer zusammensetzt. Daran gekoppelt war der Anspruch, an die Erfahrungen der Schüler anzuknüpfen, konkretes Alltagsbewußtsein und gegebenenfalls emotionale Wertungen in die politisch-ideologische Erziehung einzubeziehen und Erlebtes mit den Werten und Lernzielen in Beziehung zu setzen. Damit war jedoch zu keiner Zeit gemeint, Alternativen und plurale Deutungsmuster offen zu diskutieren. Vielmehr war man bestrebt, die vorhandene Kluft zwischen Alltagserfahrungen und „Weltanschauung" durch die monistische Ethik des Marxismus-Leninismus zu schließen[57].

Kritischere Positionen, die darüber hinaus forderten, die „sozialen Erfahrungen" der Jugendlichen in die politische Bildung und Erziehung einzubeziehen, Widersprüche aufzugreifen und auch vor der Thematisierung von Konflikten nicht Halt zu machen[58], deuteten darauf hin, daß das von Neuner und anderen führenden Bildungspolitikern und Pädagogen propagierte „Weltanschauungs"-Konzept angesichts der veränderten

57 Vgl. Gerhart Neuner, Weltanschauliche Erziehung der Jugend, in: Akademie der Pädagogischen Wissenschaften (Hrsg.), *Jahrbuch 1983*, Berlin (DDR): Volk und Wissen 1984, S. 34.
58 So berichtet eine Autorin über ein 1981 bis 1985 an der Akademie der Pädagogischen Wissenschaften durchgeführtes Forschungsprojekt zu den Arbeits-, Alltags- und politischen Erfahrungen von Schülern, das auf eindeutige Diskrepanzen zwischen lehrerzentriertem, lehrplanorientiertem Unterricht und Umwelterfahrungen bzw. theoretischem Schulwissen und eigenen sozialen Erfahrungen hinwies. Vgl. Sabine Hoffmann, Soziale Erfahrungen der Schuljugend, in: *Informationen zur soziologischen Forschung in der DDR*, 20. Jg. 1984, H. 5, S. 61-67. – Die Studie war jedoch nicht verfügbar.

Bedingungen in dem Maße immer fragwürdiger wurde, in dem Alltagserfahrung und soziale Erfahrung des „Mikromillieus"[59] die Lebenswelt
der Jugendlichen und damit ihre Einstellungen und Werte nachhaltiger
bestimmten, als es die offiziell propagierten Leit- und Weltbilder taten.

Um gezielt bestimmte Interessen und Begabungen zu fördern, Leistungen zu steigern und flexibel auf aktuelle Probleme und Themen besonders
in der politisch-ideologischen Erziehung einzugehen, wurden 1983/84
fakultative Kurse eingerichtet, die die seit 1970/71 bestehenden Arbeitsgemeinschaften ablösten. Der fakultative Unterricht, an dem rund 80 Prozent der Schüler teilnahmen, wurde mehr und mehr ein „flexibler Bestandteil der Allgemeinbildung", der das Einheitsschulprinzip differenzierte und zusätzlichen interessen- und begabungsorientierten Unterricht
anbot. Der Unterricht wurde nach den Bereichen mathematisch-naturwis-
senschaftlich, gesellschaftswissenschaftlich, ästhetisch-künstlerisch, prak-
tisch-produktiv gegliedert[60]. Im gesellschaftswissenschaftlichen Bereich
wurden insgesamt sechs Kurse angeboten, die in den Rahmen der politisch-ideologischen Erziehung gehören (Probleme der internationalen Politik der Gegenwart, Geschichte der deutschen und internationalen Arbeiterbewegung, Geschichte der „sozialistischen Bruderländer", Philosophie oder Entwicklung des „sozialistischen Weltsystems"). Die Kurse im
mathematisch-naturwissenschaftlichen Bereich (Informatik, Elektronik,
Astronomie und Raumfahrt, Mikrobiologie oder sozialistische Landeskul-
tur) sollten eine positive Einstellung zum wissenschaftlich-technischen
Fortschritt vermitteln und die dringend erforderliche Innovationsfähigkeit
erhöhen helfen. Die fakultativen Kurse dienten der gezielten Interessen-
und Leistungsförderung und stellten nicht selten Weichen für die spätere
Berufslenkung.

Auch in der *Berufsausbildung* hatte die politische Erziehung in den
Fächern „Staatsbürgerkunde", „Sozialistisches Recht" und in der obligatorischen vormilitärischen Ausbildung bzw. in der Sanitätsausbildung für
die Zivilverteidigung ihren festen Platz. Dies gehörte zur allgemeinen
Grundlagenbildung in allen Facharbeiterberufen. Während das Fach
Staatsbürgerkunde bereits 1968 im Zuge der Reform des Berufsausbil-
dungssystems in den Fächerkanon aufgenommen wurde, wurde das Fach
„Sozialistisches Recht" 1977/78 neu als Grundlagenfach eingeführt. Sy-
stematisiert und neu gestaltet wurde – Anfang der achtziger Jahre – dann
die vormilitärische bzw. die Sanitätsausbildung.

Die politisch-ideologische Erziehung ist somit schrittweise ausgebaut
worden; in den achtziger Jahren galt sie als unabdingbarer Bestandteil
der Ausbildung „sozialistischer Facharbeiterpersönlichkeiten". Hinweise
darauf, gerade zukünftige Arbeiter stärker politisch-ideologisch zu schulen, lassen sich beispielsweise in den Veröffentlichungen zur Neuordnung

59 Anweiler, Leistungssteigerung (Anm. 48), S. 141.
60 Vgl. die Übersicht bei Neuner, Entwicklungsprobleme (Anm. 53), S. 680.

der Facharbeiterberufe und in den Anweisungen für die neuen Lehrpläne von 1986 finden. In der Verordnung über die Facharbeiterberufe heißt es: „Inhalt und Profil eines Facharbeiterberufes sind durch Verbindung von allgemeiner, polytechnischer und beruflicher Bildung sowie von kommunistischer Erziehung und beruflicher Ausbildung so zu gestalten, daß ein Beitrag zur allseitigen Persönlichkeitsentwicklung geleistet wird. Durch die Festlegung der erforderlichen Grundlagenbildung und beruflichen Spezialbildung sowie des Ausprägungsgrades des Wissens und Könnens ist eine hohe ökonomische Wirksamkeit der ausgebildeten Facharbeiter und ihre berufliche Disponibilität zu gewährleisten."[61] In einer Publikation des Zentralinstituts für Berufsbildung der DDR, die als Anleitung und Strukturhilfe für die Erarbeitung neuer Lehrpläne und Materialien für die Facharbeiterausbildung gedacht war, wie sie die „Richtlinie zur Inhaltsbestimmung, Entwicklung von Ausbildungsunterlagen und lehrplanbegleitenden Materialien für Facharbeiterberufe" vom 25. Februar 1982 forderte, wird das Lehrplanwerk in drei Gruppen zerlegt: Erstens in die spezifisch für jeden Facharbeiterberuf gültigen Dokumente, also die ihn bestimmende Berufs- und Qualifikationscharakteristik, das Berufsbild usw.; zweitens in die Lehrpläne der technischen Grundlagenfächer, die auf eine bestimmte Gruppe von Facharbeiterberufen zutreffen; drittens in die Lehrpläne für Staatsbürgerkunde, Sport, Betriebsökonomik und Sozialistisches Recht sowie für vormilitärische Ausbildung bzw. Sanitätsausbildung im Rahmen der Zivilverteidigung. Der letzte Teil war Bestandteil der Ausbildung für alle Facharbeiterberufe[62]. Für die Lehrpläne wurden „Parteilichkeit" und „Wissenschaftlichkeit" gefordert, die unter politisch-ideologischen, bildungspolitischen, volkswirtschaftlichen, fachwissenschaftlichen und pädagogischen Aspekten umgesetzt werden sollten. Der politisch-ideologische Aspekt zielte darauf ab, die „Einheit von kommunistischer Erziehung" und „beruflicher Ausbildung" konzeptionell zu verankern[63]. Defizite im Bereich der politischen Erziehung von Lehrlingen und jungen Arbeitern sollten, so der damalige Staatssekretär für Berufsbildung, Bodo Weidemann, durch eine konsequente Umsetzung der Lernziele für „klassenbewußte Facharbeiter" verringert werden. Generell gelte es, „das Niveau der politisch-ideologischen Arbeit (zu) erhöhen"[64].

---

61 *Verordnung über die Facharbeiterberufe, Gesetzblatt der Deutschen Demokratischen Republik*, Teil I, Nr. 4 v. 20.2.1985, S. 25-53.

62 Vgl. *Sozialistische Berufsbildung. Facharbeiterberufe. Lehrplanwerk*, hrsg. von einem Autorenkollektiv unter der Leitung von Peter Lorenz und Gottfried Schneider, Berlin (DDR): Volk und Wissen 1985, S. 152f.

63 Ebd., S. 213.

64 Bodo Weidemann, Konsequente Umsetzung der beschlossenen Maßnahmen zur weiteren Vervollkommnung der Berufsausbildung für die Heranbildung klassenbewußter Facharbeiter, in: *Berufsbildung*, 39. Jg. 1985, H. 1, S. 36-40.

Bereits die kritische Analyse der skizzierten, zu Beginn der achtziger Jahre eingeleiteten Veränderungen im Bildungsbereich läßt ein eigentümliches Spannungsverhältnis zwischen den beiden Zielsetzungen – Modernisierung und Re-Ideologisierung – erkennen. Während die aus den ökonomischen Erfordernissen abgeleiteten Modernisierungen zwangsläufig mehr selbständiges Denken und Handeln, autonome Entscheidungsfreiheit sowie eine größere Differenzierung im Bildungsbereich erforderten, zielte die Intensivierung der politisch-ideologischen Erziehung in verstärktem Maße auf die uniforme Anpassung an die herrschenden sozialistischen Norm- und Wertvorstellungen ab. Der beträchtliche Aufwand, die ideologische Beeinflussung zu steigern, indizierte, daß von einem „harmonischen" Verhältnis von fachlicher Leistung und „weltanschaulicher Fundierung" niemals die Rede sein konnte. Darauf deutete auch der in der konkreten Ausformung der Lehrpläne nicht zu übersehende Gegensatz zwischen fachlicher Qualifikation auf der einen und politischer Einförmigkeit auf der anderen Seite hin. Daß stärkere Lebensnähe und Konkretion das Grundproblem einer derartigen politischen Sozialisation lösen könnten, mußte bereits angesichts dieser Bildungsoffensive mehr als bezweifelt werden.

Mit dem Umbruch in der DDR 1989/90 ist dieses Spannungsverhältnis nun endgültig aufgebrochen und der ideologische Mantel gesprengt worden. Inwiefern es der organisierten politischen Sozialisation im Bildungssystem überhaupt gelungen ist, „sozialistische" Werte und Einstellungen zu verankern, wird im Nachhinein aufgrund fehlenden empirischen Materials schwer zu überprüfen sein. Es muß jedoch davon ausgegangen werden, daß sich der Generationenvertrag und damit die sozialistische Zielkultur im Verlauf der achtziger Jahre auflöste.

Wie Studien aus dem Zentralinstitut für Jugendforschung zeigen, identifizierten sich seit Ende der siebziger Jahre immer weniger Lehrlinge mit dem Marxismus-Leninismus; besondere Einbrüche erlebten die gewünschten politischen Überzeugungen dann in der zweiten Hälfte der achtziger Jahre. Während bis dahin beispielsweise die Überzeugung, daß sich „der Sozialismus historisch durchsetzen" würde, unter Jugendlichen noch weit verbeitet war, veränderte sich diese Ansicht – besonders nach der Machtübernahme Gorbatschows in der Sowjetunion – sehr schnell. Bereits 1988 gaben weit über die Hälfte der Lehrlinge und der jungen Arbeiter dem Sozialismus kaum oder keine Chance mehr und nur 6 bis 10 Prozent waren noch der Ansicht, daß sich der Sozialismus in der Welt ausbreiten würde. Lediglich die Studenten schätzten die Perspektive des Sozialismus günstiger ein, aber auch hier zeigten sich im Mai 1989 deutliche Verschiebungen. Die Zukunft des Sozialismus wurde zunehmend spektischer beurteilt.

Zweifel an der Wirksamkeit des politischen Unterrichts waren in der westlichen Forschung schon früher angemeldet worden. Zu nennen ist hier zum Beispiel die von Karl Schmitt anhand der Untersuchung des

Tabelle 5: Historische Perspektiven des Sozialismus (Angaben in Prozent)

Der Sozialismus wird sich in der ganzen Welt durchsetzen.
Das ist meine Meinung.

	vollkommen	mit Einschränkung	kaum/nicht
Lehrlinge			
1970	46	36	18
1975	63	28	9
1979	50	35	15
1983	47	45	8
1984	50	42	8
1988 (Mai)	10	32	58
1989 (Okt.)	3	27	70
Junge Arbeiter			
1970	35	41	24
1975	56	35	9
1979	39	43	18
1983	45	47	8
1984	44	46	10
1988 (Okt.)	6	30	64
Studenten			
1970	65	27	8
1975	78	20	2
1979	66	28	2
1983	68	31	1
1989 (Mai)	15	39	46

Quelle: Walter Friedrich, Mentalitätswandlungen der Jugend in der DDR, in: *Aus Politik und Zeitgeschichte,* B 16-17/1990, S. 29.

politischen Unterrichts in den allgemeinbildenden Schulen der DDR bereits vor den Lehrplanreformen vorgebrachte Problematisierung von Anspruch und Wirksamkeit der politisch-ideologischen Erziehung[65]. Karl Schmitt kommt in seiner Zusammenfassung der empirischen Befunde über die Ergebnisse politischer Erziehung in den allgemeinbildenden Schulen der DDR zu dem Schluß, daß „die Erziehungsziele hinsichtlich genereller politischer Einstellungen insofern weitgehend verwirklicht werden, als sich die Jugendlichen auf Befragen in ihrer Mehrzahl zu den gewünschten Überzeugungen bekennen"[66]. Wie Schmitt annahm, handelte es sich allerdings in vielen Fällen um die Wiedergabe angelernter Formeln. Die Schule wirkte eher als Verstärker im „Sozialisationskartell",

65 Eine ausführliche Beschreibung und Bewertung empirischer Untersuchungen zum politischen Unterricht in den allgemeinbildenden Schulen der DDR bis Ende der siebziger Jahre findet sich bei Karl Schmitt, *Politische Erziehung in der DDR,* Paderborn: Ferdinand Schöningh 1980.
66 Ebd., S. 228.

denn als primärer Verursacher dieser geäußerten politischen Einstellungen. Die Bereitschaft, sich zu den gewünschten Zielen zu bekennen, sei nicht zuletzt darauf zurückzuführen, daß den Schülern keine Alternativen zu den offiziell propagierten Deutungsmustern zur Verfügung stünden. Grundsätzlich sei zu fragen, ob das angestrebte Ziel, die Ideologie des Marxismus-Leninismus im politischen Unterricht so zu vermitteln, daß sie den Schülern Richtschnur für ihr Handeln in allen Lebensbereichen werde, überhaupt realisierbar ist. Diese Frage hält Schmitt in der abschließenden Beurteilung zum Stellenwert der politischen Erziehung in sozialistischen Systemen für nicht gelöst[67].

Die Kluft zwischen den obersten Lernzielen der Schule und den Erziehungsergebnissen („is-ought-gap" nach Arthur Hanhardt), die verschiedentlich konstatiert wurde, ist in erster Linie nicht auf unzureichende Anstrengungen oder Mangel an pädagogischem Geschick zurückzuführen. Vielmehr zeigte sich, daß die Annahme, alle Jugendlichen nicht nur mit einer umfassenden und geschlossenen Weltanschauung auszustatten, sondern diese auch als primäre Richtschnur für das Handeln in *allen* Lebensbereichen verbindlich zu machen, schon in sich selbst fehlerhaft und für moderne Gesellschaften nicht haltbar ist. Geschlossene und umfassende Gesellschaftsbilder können allenfalls nur für kleine Gruppen Intellektueller angenommen werden. In der westlichen Kommunismus- und politischen Kulturforschung wurde daher zu Recht auf erhebliche Inkonsistenzen des „belief system" in kommunistischen Gesellschaften hingewiesen. So stellt Archie Brown fest: „Mary McAuley, following Mann, rightly points to the likelihood of inconsistency within the belief systems of citizens of Communist countries and to the probability that the inconsistency is greater among less educated than among the more educated"[68]. Gerade in einer komplexen, differenzierten industriellen Gesellschaft wie der der DDR war dieses Problem verschärft gültig. Die geäußerten Überzeugungen der Schüler schlugen sich lediglich bei einem kleinen Teil in konkretem Handeln nieder[69]. Die Kluft zwischen geäußerten Überzeugungen einerseits und Verhaltensweisen andererseits blieb gerade für die offizielle politische Kultur der DDR charakteristisch. Archie Brown hat richtig und nachdrücklich darauf hingewiesen, daß es unabdingbar sei, bei der Analyse der politischen Kultur staatssozialistischer Systeme zwischen den subjektiven Überzeugungen *(beliefs)* und den politischen Verhaltensweisen *(behaviour)* zu unterscheiden. Brown stellt fest, „that it is precisely in authoritarian regimes that it is hardest to get at the beliefs

67 Vgl. ebd., S. 231ff.
68 Archie Brown, Conclusions, in: ders. (Hrsg.), *Political Culture and Communist Studies*, London: The Macmillan Press 1984, S. 157. Vgl. zu der Kontroverse auch Mary McAuley, Political Culture and Communist Politics: One Step Forward, Two Steps Back, in: ebd., S. 13-39, sowie die Replik von Archie Brown, Conclusions, in: ebd., S. 149ff.
69 Schmitt, *Politische Erziehung in der DDR* (Anm. 65), S. 229.

and values of citizens, it is equally a problem of these societies that the gulf between beliefs on the one hand, and behaviour on the other, may be an especially wide one, and that much overt political behaviour (of which voting behaviour is a clear example) may owe a lot to the price which non-conformists must pay for their non-conformity"[70].

Es muß davon ausgegangen werden, daß das Bildungssystem die von Brown angesprochene Kluft zwischen geäußerten Überzeugungen und Verhaltensweisen eher verstärkt als abgebaut hat. Selbst DDR-Wissenschaftler haben verschiedentlich auf „Problemgruppen" hingewiesen. Widersprüche zwischen vermitteltem Wissen und sozialer Erfahrung verschärften sich zudem, je größer der Zeitraum nach Verlassen der Schule war[71]. Hinweise auf Schwierigkeiten ließen sich auch aus der soziologischen Literatur entnehmen. So bestätigten Untersuchungen zum Leistungsverhalten junger Industriearbeiter, daß sie sich wenig an betrieblichen Plan- und Wettbewerbsdiskussionen beteiligten bzw. sich dafür interessierten – der größte Teil der befragten Jugendlichen stufte diese Aktivitäten als „mittelmäßig" ein; auch „Selbständigkeit" und „schöpferisches Handeln" sei bei ihnen nur relativ schwach ausgeprägt[72]. Der Versuch, schon mehr als umfassend zu bezeichnende direkte politisch-ideologische Beeinflussung noch zu steigern, spricht für die Schwäche dieser Form politischer Sozialisation. Die Neukonzeption der Lehrpläne in Richtung fachlicher Qualifikation plus Ideologie vermochte die Schwäche der handlungsrelevanten Überzeugungsleistung des Bildungssystems nicht aufzuheben; sie trug vielmehr selbst dazu bei, die Entfremdung vom politischen System und die Entpolitisierung großer Teile der Heranwachsenden noch zu vertiefen.

Das Auseinanderklaffen von ideologischem Anspruch und sozialer Erfahrung wurde zusätzlich dadurch verschärft, daß sich auch strukturell Veränderungen im Bildungssystem vollzogen. Bereits in den siebziger Jahren reduzierte die DDR die Zulassungszahlen für das Abendstudium, eine der wichtigsten Weiterbildungseinrichtungen. Dies stellte eine bildungspolitische Korrektur dar, da deutlich geworden war, daß der Bedarf an höherqualifizierten Kräften in weiten Teilen der Volkswirtschaft erschöpft war und Hochschulabsolventen nicht mehr mit einem ihrer Qualifikation entsprechenden späteren beruflichen Einsatz rechnen konnten. Zugleich wurde von einem weiterhin bestehenden Bedarf an niedrig qualifizierten und angelernten Arbeitskräften ausgegangen. Lediglich die För-

---

70 Vgl. Archie Brown, Introduction, in: ders. (Hrsg.), *Political Culture and Communist Studies* (Anm. 68), S. 4.

71 Vgl. Artur Meier, *Soziologie des Bildungswesens, Eine Einführung*, Köln: Pahl-Rugenstein 1974, S. 142. Vgl. dagegen seine kritischen Bemerkungen in Meier, „Arbeitsbienen für den Staat" (Anm. 44), S. 75f.

72 Günter Weghenkel, Zum Leistungsverhalten junger Industriearbeiter der DDR. Ergebnisse und Probleme, in: *Informationen zur soziologischen Forschung in der DDR*, 19. Jg. 1983, S. 31-49.

derung von Spitzenkräften und die Ausschöpfung von Reserven in bestimmten, vor allem den Schlüsseltechnologien zuzurechnenden Bereichen wurde gezielt und verstärkt betrieben. Soziologische Untersuchungen errechneten einen Bedarf an hochqualifizierten Kräften in der Volkswirtschaft, der darauf hinauslief, daß eine quantitative Ausweitung des
Anteils der Arbeitskräfte mit einem Fach- oder Hochschulabschluß nicht
erwartet wurde[73]. Vielmehr sah man es als vordringlich an, die Innovationsfähigkeit im Bildungssystem zu steigern[74]. Dieses Erfordernis, das
vor allem durch volkswirtschaftliche Überlegungen zur Konkurrenzfähig-
keit auf dem Weltmarkt gestützt wurde, verknüpfte sich mit der Kritik
an der Forschungspotenz der DDR-Hochschulen, so daß parallel zu den
inhaltlichen Veränderungen auch strukturelle Anpassungen eingeleitet
wurden. Das Bildungssystem, das in seinen Anfangsjahren vor allem gesellschaftliche Gleichheit durchsetzen sollte, indem es sich den bislang
sozial Nichtprivilegierten verpflichtet fühlte, machte sich bald immer
mehr die ehrgeizigen Ziele von Partei und Staat zu eigen, besonders
durch die Förderung politisch konformer Schüler und Studenten. Diese
Politik, die die Qualität fachlicher Qualifikation mit politischer Konformität koppelte, brachte es mit sich, daß nicht nur Konkurrenz- und Leistungsdruck gesteigert wurden. Vielmehr wurde zugleich – im Widerspruch zur Qualitätserhöhung – der Zwang zur Anpassung erhöht, um
die innovativen Potenzen, die man zu schaffen hoffte, weiterhin kontrollieren zu können und politisch besonders konformen Jugendlichen den
Zugang zu den höheren Bildungsstätten vorzubehalten.

Durch diese Politik verschärfte sich die Funktion des Bildungswesen
als *Steuerungs- und Selektionsinstrument*. Die Folge waren wachsende Fru-
stration, steigender Anpassungsdruck, nicht selten verknüpft mit der Be-
lohnung Privilierter und zunehmendem Druck auf Lehrer und Erzieher,
bessere Leistungen bei Schülern zu erzwingen. Da die Steuerung von
Berufslaufbahnen und die Rekrutierung für politische Funktionen nicht
dem Interesse einzelner, der Entscheidung der Eltern oder mehr oder
weniger zufälligen Zusammenhängen überlassen blieb, entstand ein er-
höhter Reibungsverlust mit nachhaltiger Wirkung auf die politische Perzeption des Systems, da Bildungswege und Erfahrungen, die in den le-
benszeitlich und inhaltlich dominierenden Lebensbereichen Jugendlicher

---

73 Vgl. Manfred Lötsch, Arbeiterklasse und Intelligenz in der Dialektik von wis-
    senschaftlich-technischem, ökonomischem und sozialem Fortschritt, in: *Deut-
    sche Zeitschrift für Philosophie*, 33. Jg. 1985, H. 1, S. 31-41; Rudi Weidig, Soziolo-
    gische Forschung in der DDR – eine Bilanz, in: *Deutsche Zeitschrift für Philoso-
    phie*, 34. Jg. 1986, H. 4, S. 339-348.
74 Die Autoren des „Sozialreport '90" beklagen, daß zuwenig für den Hochschul-
    bereich – besonders für die Forschung – ausgegeben worden sei, was der
    Innovation in Wissenschaft und Technik geschadet habe. „Im Vergleich zu den
    Ausgaben aus dem Staatshaushalt für die Staatssicherheit (3,5 Milliarden)
    erschienen sie lächerlich". Winkler (Hrsg.) *Sozialreport '90* (Anm. 18), S. 60.

wie Schule und Berufsausbildung gesammelt wurden, sich zu negativen politischen Erfahrungen verdichteten.

Auffallend viele Übersiedler aus der DDR im Sommer und Herbst 1989 gaben zum Beispiel die beschränkten Bildungs- und Berufsperspektiven ihrer Kinder als Grund für ihre Entscheidung an, die DDR zu verlassen[75]. Die negativen Erfahrungen, die auf Reibungsverluste der dirigistischen Bildungspolitik zurückzuführen sind, prägten die Perzeption des Systems und das politische Bewußtsein von Eltern und Kindern. Die Drosselung der Zulassungszahlen für die Hochschulen und die Einschränkung von Weiterbildungsmöglichkeiten (z.B. über das Fernstudium) hatten Aufstiegserwartungen enttäuscht und – ergänzt durch das Problem des nichtqualifikationsgerechten Einsatzes von rund 10,6 Prozent der Hochschulabsolventen – einen erheblichen Problemdruck verursacht[76]. Auch fand fortwährend eine negative Selektion politisch Andersdenkender statt. Diskriminierungen erfuhren vor allem Jugendliche, die sich aktiv in der Kirche engagierten. Zwar wurden in den achtziger Jahren einzelne engagierte Christen entgegen der früheren Praxis zum Studium an der Hochschule zugelassen[77]. Dabei handelte es sich allerdings um Ausnahmen; das Bekenntnis zur marxistisch-leninistischen Ideologie blieb das ausschlaggebende Auswahlkriterium. Auch diese negative Selektion hat erhebliche Auswirkungen auf die Perzeption des Systems gehabt. Entfremdung, Resignation oder offene Kritik bestimmten oft den weiteren biographischen und politischen Lebensweg der Betroffenen.

Der Leistungs- und Anpassungsdruck wurde von der für das Bildungswesen charakteristischen Kollektiverziehung nicht aufgefangen; es muß vielmehr davon ausgegangen werden, das der Gedanke der Kollektiverziehung den Anpassungdruck eher verschärfte. Politische Erziehung wurde nach dem offiziellen Konzept nicht nur über die Inhalte von Unterrichtseinheiten und über die Lehrpläne transportiert. Vielmehr entsprach es dem Versuch einer verstärkten „weltanschaulichen Fundierung" der Erziehung, daß ein bestimmtes Lernumfeld die politisch-ideologische Erziehung unterstützen sollte, indem Schüler, Lehrlinge und Studenten durch konkretes Verhalten für „sozialistische" Einstellungen und Verhaltensweisen sozialisiert werden sollten. Hier spielte das Konzept der Kollektiverziehung eine entscheidende Rolle. Definiert als „Lern- oder Arbeitsgruppe, bestehend aus *sozialistischen* Persönlichkeiten", sollten sich im Kollektiv die „sittlichen Werte und Normen der sozialistischen Ge-

---

75 Vgl. „Arbeitsbienen für den Staat" (Anm. 44), S. 75f.
76 Winkler (Hrsg.) *Sozialreport '90* (Anm. 18), S. 86. Vgl. auch die kritische Erörterung bei Katharina Belwe, Annäherung von Arbeiterklasse und Intelligenz. Eine Nivellierung nach unten, in: *Deutschland Archiv*, 20. Jg. 1987, H. 5, S. 515-530.
77 Vgl. Reinhard Henkys, Staat und Kirche in der DDR, in: *Aus Politik und Zeitgeschichte*, B 2/85, 12.1.1985.

sellschaft" widerspiegeln[78]. In der Vorschule, der Schule, der Berufsausbildung, im Betrieb und im Studium wurde der Kollektivgedanke verfolgt. Während am Arbeitsplatz vor allem der ökonomische Leistungsaspekt im Vordergrund stand, sollten Kollektive in allen anderen Bereichen und insbesondere im Bildungssystem erzieherische und politisch-ideologische Funktionen erfüllen. Anders als in Kleingruppen im soziologischen Sinn sollten im Kollektiv besondere Beziehungsformen gelten; ein Kern aktiver, „bewußter" Mitglieder sollte gegenüber den „aufgeschlossenen", aber nicht so „bewußten" oder „indifferenten" oder„ problematischen" Kollektivmitgliedern „Lokomotivfunktionen" übernehmen und Ziele, Normen und Verhaltensweisen der Gruppe prägen[79]. Der Kollektivgedanke geht auf die „sozialistische" Umgestaltung des Bildungswesens in den fünfziger Jahren zurück. Bereits Otto Stammer hatte damals auf die Bedeutung der Kollektive für die Erziehung zum „sozialistischen Bewußtsein" hingewiesen. „Gruppenmoral", so Stammer, gehöre zu den Hauptinstrumenten politischer Erziehung[80]. Er stellte besonders den Herrschaftsaspekt der Kollektive heraus; der Druck der „Gruppenmoral" gehe mit einem Verlust der Autonomie Jugendlicher einher und bereite frühzeitig auf spätere Kaderfunktionen vor. Dies gelte besonders für Kollektive der FDJ, die die Funktion eines „Geburtshelfers" sozialistischen Bewußtseins übernommen habe.

Kollektive gehörten später zwangsläufig zum Alltag der DDR-Jugendlichen und erfüllten neben den Funktionen der Kaderrekrutierung und -qualifizierung auch soziale und sozialpsychologische Funktionen. Sofern ein Kollektiv „gut" funktionierte, d.h. sofern sich positive Sozialbeziehungen entwickelten, konnte ein Kollektiv an der Basis Unterstützungsfunktionen ausüben[81]. Spannungsgeladene, durch Hierarchien charakterisierte Sozialbeziehungen, Bespitzelungen und Konflikte im Kollektiv konnten das Arbeits- und Lernklima jedoch erheblich belasten und die erwartete Leistung beeinträchtigen[82]. Im schulischen und im Ausbil-

78 *Wörterbuch der Psychologie* (Anm. 7), S. 278.

79 Ebd., S. 278.

80 Otto Stammer, Sozialstruktur und System der Werthaltungen der Sowjetischen Besatzungszone Deutschlands, in: *Schmollers Jahrbuch für Gesetzgebung, Verwaltung und Volkswirtschaft*, 76. Jg. (1956), H. 1, S. 99.

81 Vgl. die Beobachtungen bei Marilyn Rüschemeyer, Social Work Relations of Professional Women, in: *East Central Europe*, 8. Jg. 1981, H. 1/2, S. 23-37; dies., Integration Work and Personal Life, in: *GDR-Monitor*, Winter 1983, S. 27-47.

82 Psychologen und Leitungswissenschaftler der Friedrich-Schiller-Universität in Jena berichteten über ein Forschungsprojekt, in dem „formelle" und „informelle" Beziehungen in und zwischen Kollektiven in Betrieben auf ihre Konfliktverursachung hin untersucht wurden. Sie bestätigten die große Bedeutung informeller und zwischenmenschlicher Beziehungen. Vgl. Brigitte Edeler/Dieter Edeler, Die Analyse subjektiver Komponenten von Kollektivbeziehungen unter dem Aspekt der Einheit von formeller und informeller Organisation, in: *Informationen zur soziologischen Forschung in der DDR*, hrsg. von der Akademie für Gesellschaftswissenschaften beim ZK der SED, 21. Jg. 1985, H. 3, S. 28-31.

dungsbereich und besonders dort, wo der offizielle Jugendverband dominierte, wurde politische Erziehung zur Anpassung an politische Normen und Verhaltensweisen trainiert. Die Durchsetzung gesellschaftlicher Ziele, d.h. der durch die Parteiführung als solche deklarierten Vorgaben, gegenüber individuellen Interessen gehörte zum Grundzug der Kollektiverziehung. Aus diesem Prinzip ergab sich, daß Lehrer, Erzieher und Hochschullehrer eine sehr starke, dominierende Position einnehmen konnten. Sie waren gehalten, das Kollektiv der Lernenden „anzuleiten" und ihm gegenüber „fortgeschrittene" ideologische und gesellschaftspolitische Positionen zu vertreten[83]. Damit wurde schon frühzeitig auf einige Merkmale der offiziellen politischen Kultur hin sozialisiert, wie die Anerkennung der herausragenden Bedeutung von „führenden Kadern" oder das Prinzip der Einzelleitung in Betrieben. Mit der Ausrichtung der Bildungspolitik auf die Förderung von Begabung und fachlicher Qualifikation verlor der Mythos Kollektivleistung, dessen Mangel primär in der undifferenzierten, ideologisch einseitigen Auslegung des Kollektivgedankens beruhte, zunehmend seine theoretische wie praktische Kohärenz. Bereits vor dem Umbruch 1989 zeichnete sich daher der Versuch eines veränderten Herangehens an den Gedanken der Kollektiverziehung in der Diskussion um die Förderung individueller Begabungen ab. Einzelne Pädagogen forderten, daß „individuelle Besonderheiten" eines jeden Schülers berücksichtigt werden müßten; man solle nicht pauschal von der Persönlichkeitsentwicklung *des* Schülers, sondern vielmehr von der „Entfaltung der Individualität jedes einzelnen" sprechen[84].

Der dem ideologischen Konzept des „sozialistischen Kollektivs" zuwiderlaufende Trend der Leistungsförderung höhlte auch den sinnstiftenden Charakter von Ritualen immer mehr aus, soweit diese nicht die staatliche Identität als solche, sondern die herrschende Macht- und Sozialstruktur herausstellten. Das Lernklima und die Bedeutung von Kollektiven wurden im Bildungssystem durch bestimmte Rituale und symbolische Formen gestützt, die die Integration in das Kollektiv und die Identifikation mit den herrschenden Normen und Werten fördern sollten und mit dem Alltag verknüpft wurden[85]. Eine Vielzahl von Ritualen sollte

83 Vgl. hierzu ausführlicher Meier, *Soziologie des Bildungswesens* (Anm. 71), S. 187ff.
84 Vgl. z. B. Edgar Drefenstedt, Herausbildung grundlegenden sicheren Könnens und optimale Persönlichkeitsentwicklung jedes Schülers, in: *Wissenschaftliche Zeitschrift der Karl-Marx-Universität Leipzig. Gesellschaftswiss. Reihe,* 37. Jg. 1988, H. 3, S. 222-226. Drefenstedt hebt hevor, daß man nicht mehr „pauschal von Persönlichkeitsentwicklung *des* Schülers" reden, sondern die „Entfaltung der Individualität jedes einzelnen" betrachten müßte. Vgl. ebd., S. 226.
85 Vgl. Ralf Rytlewski, Politik in der DDR als Ritual – das Beispiel der Jugendweihe, in: *DDR-Report,* 17. Jg. 1984, S. 714. Auch für andere sozialistische Länder, z.B. die Sowjetunion, wurde in der westlichen Kommunismusforschung die Bedeutung der Rituale unterstrichen, so bei Christel Lane, *The Rites of Rulers,* Cambridge: Cambridge University Press 1981.

für Gruppen und größere Gemeinschaften Identität stiften. Dazu zählen nach Rytlewski „Rituale der Mitwirkung: betriebliche Plandiskussionen, Verpflichtungen der Belegschaften und Wohngemeinschaften, Wahlen und Kandidatenvorstellungen, Aufmärsche, Freundschaftstreffen und Volksaussprachen zu Gesetzesvorhaben ... Begrüßungs- und Versammlungsrituale sowie Rituale der Helden- und Führerverehrung"[86]. Eines der wichtigsten Rituale im Bildungssystem stellte die Jugendweihe dar. Mit dieser Veranstaltung am Ende des achten Schuljahres sollten die Schüler im Rahmen einer feierlichen Veranstaltung in die „Reihe der Erwachsenen" aufgenommen werden; das Gelöbnis, sich zum Sozialismus und zur DDR als ihrem Staat zu bekennen, bildete das Kernstück des Rituals, das dazu diente, symbolisch eine Gemeinschaft zu konstituieren, aber zugleich soziale Kontrolle auszuüben. Neben der Jugendweihe gehörten im Bildungssystem Begrüßungs- und Versammlungsrituale, Heldenverehrungen, Selbstverpflichtungen im Rahmen von Wettbewerben u.a. zum Alltag. Ihre Bedeutung wurde durch eine Reihe ähnlicher Veranstaltungen im öffentlichen Leben verstärkt. Der distinkte – die herrschenden Verhältnisse sanktionierende – Charakter der auf „sozialistische Kollektive" oder deren Leiter bezogenen Rituale stand jedoch mit dem Ziel der Leistungssteigerung und Innovationsförderung in einem Spannungsverhältnis, das immer schwerer zu überbrücken war.

Zusammenfassend läßt sich zur Einschätzung des Beitrags der politischen Erziehung in Schule und Berufsausbildung zur politischen Bewußtseinsbildung festhalten, daß die Emphase, die im Rahmen der Bildungsreform der achtziger Jahre auf eine verstärkte ideologische Schulung gelegt wurde – nach über dreißig Jahren politischer Überzeugungsarbeit –, bereits unmißverständlich anzeigte, daß keine „harmonische" Verbindung von fachlicher Leistung und politischer Überzeugtheit erreicht werden konnte. Wie die Studien aus dem Zentralinstitut für Jugendforschung zeigen, identifizierten sich in den achtziger Jahren vor allem Lehrlinge und junge Arbeiter immer weniger mit dem Marxismus-Leninismus und der SED. Sie äußerten sich zunehmend skeptisch über die Zukunft des Sozialismus[87]. Da die fachlich bezogenen modernisierten Lerninhalte wie Computerkurse u.a. *prima facie* keinen Grund für eine zusätzliche ideologische Offensive erkennen lassen, handelte es sich darum, Defizite in der Wirksamkeit politischer Erziehung zu kompensieren. Die bislang wenig erfolgreiche Medizin blieb im Kern gleich; lediglich Darreichungsform und Dosis wurden verändert. Die Spannung, die durch die Modernisierung und Leistungssteigerung einerseits, die massive Re-Ideologisierung andererseits erzeugt wurde, konnte auch durch die Erneuerung und Perfektionierung der politisch-ideologischen Erziehung und flankierender

---

86 Rytlewski, Politik in der DDR als Ritual (Anm. 85), S. 715.
87 Vgl. dazu vor allem die Angaben in Friedrich, Mentalitätswandlungen (Anm. 52), S. 29. Zur Aufschlüsselung der untersuchten Population vgl. ebd., S. 25.

Mechanismen wie Kollektiverziehung und Rituale nicht verringert werden.

Eine Erneuerung und Öffnung der Bildungspolitik blieb aus; statt dessen wurde die systemkonforme politisch-ideologische Erziehung intensiviert und ausgebaut. Rituell-konformistische Anpassung, Entpolitisierung, Entfremdung und immer deutlicher auch Ablehnung des staatssozialistischen Gesellschaftssystems waren die Folge staatlich verordneter Konformität im politischen und ideologischen Bereich. Verschärft durch eine Bildungspolitik, in der dirigistische Absolventenlenkung, staatlich verordnete leistungsorientiertere Selektion von Schülern und politischer Konformitätsdruck im Mittelpunkt standen, erhöhten sich diese konfliktträchtigen Bedingungen, ohne daß eine angemessene politische Alternative in Sicht war. Für die Masse der Bevölkerung, deren Ausbildungs- und Aufstiegsmöglichkeiten *de facto* zurückgeschnitten wurden, löste sich die für die fünfziger und sechziger Jahre durchaus reale Option von Bildung und begrenztem sozialem Aufstieg nun auf und machte einer offenen Unzufriedenheit Platz. Da dies auf einem insgesamt höheren Bildungsstand mit einer damit verknüpften Erwartungshaltung erfolgte, erhöhte sich der Problemdruck für das Herrschaftssystem erheblich. Für die verbleibende kleine Gruppe von erforderlichen Hochqualifizierten traten zwangsläufig die fachlichen Anforderungen verknüpft mit politischer Anpassung stärker in den Vordergrund; da Lernziel Kreativität und Können und Lernziel Sozialismus jedoch in keinem zwingenden, inneren Zusammenhang standen, setzte sich bei dieser Gruppe wachsender Pragmatismus und ein eher technokratisches Verständnis von der gesellschaftlichen Entwicklung durch.

Die Bildungspolitik wurde dem neuen Konfkliktpotential ebensowenig gerecht, wie der angestrebten Leistungssteigerung; sie trug dazu bei, die tiefe Krise zu verschärfen. Erst mit dem Umbruch im Herbst 1989 wurde das ideologische Korsett dieser Politik gesprengt. Während ideologischer Ballast, unsinniger Dirigismus und kontraproduktiver Zwang zur Anpassung rasch und energisch abgestreift werden sollen, wird sich erst in Zukunft zeigen können, welche Bestandteile der im Zuge der Modernisierung eingeführten Bildungsoffensive in einem gründlich reformierten, offenen System Platz haben werden. Gescheitert ist jedoch nicht nur der Versuch einer zentristisch-etatistischen Abstimmung von Bildungs- und Beschäftigungssystem, sondern auch das administrativ-autoritäre Modell marxistisch-leninistischer politisch-ideologischer Erziehung im Bildungssystem.

3.2.2. Die Studenten im Studium: Politische Sozialisation der Intelligenz

Im Rahmen der Modernisierung von Bildungsinhalten seit Beginn der achtziger Jahre wurde den Hochschulen eine besonders große Bedeutung zugeschrieben. Zugleich prallten im Hochschulbereich die Vorstellungen von Partei und Staat über Modernisierung einerseits, Re-Ideologisierung andererseits besonders kraß aufeinander. Während die DDR-Führung die Hochschulausbildung durch eine Neukonzeption ganzer Studiengänge – so im Bereich der Ausbildung von Ingenieuren, Ökonomen und Agraringenieuren, durch die umfassende Veränderung von Lehrinhalten und -methoden und eine stärkere Förderung von Begabungen und Spitzentalenten – modernisieren und das innovative Potential erhöhen wollte, hielt sie zugleich an der uniformen, geschlossenen politisch-ideologischen Erziehung und Beeinflussung der Studenten fest. Obwohl seit langem bekannt war, daß die Leistungsfähigkeit des in den fünfziger Jahren eingeführten ML-Studienprogramms gering war und der Unterricht im Marxismus-Leninismus zu den unbeliebtesten Bestandteilen des Studiums gehörte, wurde der grundsätzliche Stellenwert dieses Studienbestandteils offiziell ebensowenig in Zweifel gezogen, wie die Grundtheoreme der geltenden Sozialismuskonzeption. Nur wenige Monate nach dem XI. Parteitag der SED, im September 1986, lag für das allgemein verbindliche marxistisch-leninistische Grundlagenstudium bereits ein neu überarbeitetes Lehrprogramm für die Grundkurse „Dialektischer und historischer Materialismus", „Politische Ökonomie des Kapitalismus und des Sozialismus" und „Wissenschaftlicher Sozialismus/Grundlehren der Geschichte der Arbeiterbewegung" sowie für einige Spezialkurse vor[88]. Die Partei- und Staatsführung verkoppelte die Modernisierung mit dem Versuch einer Erneuerung politisch-ideologischer Erziehung.

Die Bedeutung der politischen Sozialisation im Hochschulbereich ergibt sich in erster Linie aus der besonderen Rolle, die die hier ausgebildeten Studenten in der Gesellschaft spielen sollten. Sie wurden besonders gründlich – vor allem auch nach politischen Kriterien – ausgewählt. Daraus erklärt sich, daß die Studenten als politisch konformste Gruppe der

---

88 Vgl. dazu ausführlicher Fritz Göhring/Michael Brie, Die Weiterentwicklung des marxistisch-leninistischen Grundlagenstudiums (MLG) an den Universitäten und Hochschulen der DDR nach dem XI. Parteitag der SED, in: *Deutsche Zeitschrift für Philosophie*, 35. Jg. 1987, H. 4, S. 289-293. Das Heft enthält weitere Beiträge zur Neukonzeption der einzelnen Bestandteile des Gundstudiums. Vgl. Reinhard Bellmann/Michael Brie/Horst Friedrich, Der Platz der Philosophie in der marxistisch-leninistischen Ausbildung der Studenten. Zum neuen Lehrprogramm für den Kurs Dialektischer und historischer Materialismus im MLG, ebd., S. 294-300; Fritz Göhring/Ingomar Klein, Zu einigen Grundproblemen der Weiterentwicklung des Kurses Politische Ökonomie des Kapitalismus und des Sozialismus im MLG, ebd., S. 301-307; Bärbel Möller/Helmut Zapf, Eine weitere Profilierung des Wissenschaftlichen Sozialismus im MLG, ebd., S. 308-314.

Gesellschaft im Sinne der offiziellen Ideologie erschienen. Die Gruppe derjenigen, die ein Studium aufnehmen konnten, blieb unter den Jugendlichen aufgrund der dirigistischen Berufslenkung eine Minderheit verglichen mit der Anzahl derjenigen, die unmittelbar nach Schulabschluß eine Lehre begannen, und lag unter der Zahl der Bundesrepublik und anderer Industriegesellschaften. Nur rund zehn Prozent eines Altersjahrgangs begannen Ende der achtziger Jahre in der DDR ein Hochschulstudium an einer der insgesamt 52 Einrichtungen mit Hochschulcharakter[89]. Unter politischen Gesichtspunkten besaß diese Gruppe jedoch einen herausragenden Stellenwert. Studierende im Hochschulwesen wurden als potentielle „Kader" in Wirtschaft, Verwaltung, Öffentlichkeit und Politik betrachtet. Sie wurden Forscher und Leiter in Industriebetrieben, Mitarbeiter in den staats- und parteikontrollierten Medien und im Kulturbereich sowie Lehrer zukünftiger Schülergenerationen. Bereits während der ideologischen Auseinandersetzungen in der Frühphase der DDR widmete die SED dem Hochschulbereich besondere Aufmerksamkeit. Im Rahmen der umfangreichen Bildungsreform im Zuge der Modernisierung der Wirtschaft in den sechziger Jahren stand der Hochschulbereich erneut im Mittelpunkt des Interesses von Politik und Bildungsplanung, wie beispielsweise bereits Ernst Richert in seiner 1967 publizierten Arbeit über die Universitäten in der DDR zeigen konnte[90]. Ebenso erfolgte mit dem Modernisierungsbestreben der achtziger Jahre eine umfassende Erneuerung in verschiedenen Bereichen der Hochschulbildung. Die Schlüsselstellung der Hochschulen für das staatssozialistische Herrschaftssystem und die besondere Bedeutung der Intelligenz ist besonders in der politischen Kulturforschung unterstrichen und problematisiert worden[91].

89 Vgl. Winkler (Hrsg.) *Sozialreport '90* (Anm. 18), S. 59ff. Vgl. *DDR-Handbuch*, Bd. 2 (Anm. 5), S. 1383.
90 Vgl. Ernst Richert, *„Sozialistische Universität". Die Hochschulpolitik der SED*, Berlin: Colloquium-Verlag 1967. Vgl. zur Situation der Studenten in der DDR auch Gabriele Husner, *Studenten und Studium in der DDR*, Köln: Verlag Wissenschaft und Politik 1985.
91 Vgl. z. B. Michael Shafir, Political Culture, Intellectual Dissent, and Intellectual Consent: The Case of Romania, in: *Orbis*, 27. Jg. 1983, H. 2, S. 393–420. – In der DDR gehörten die Studenten zu denjenigen, die erst relativ spät kritische Einstellungen zum Marxismus-Leninismus, zur SED und zur Sozialismuskonzeption äußerten. Als ein Indikator kann die Frage nach der „Identifikation mit der SED" gelten.

Tabelle: Identifikation mit der SED (Angaben in Prozent)

	stark	mit Einschränkung	kaum/nicht
Lehrlinge			
1970	24	53	23
1986	26	53	21
1989[1]	10	37	53

Anhand der Diskussion über das marxistisch-leninistische Grundlagenstudium läßt sich zeigen, wie in den achtziger Jahren die politisch-
ideologische Erziehung intensiviert werden sollte. Bereits in der Überarbeitungsphase des für alle Studenten verbindlichen Studienbestandteils,
des marxistisch-leninistischen Grundlagenstudiums, wurden kritische
Stimmen laut, die sich zur Leistungsfähigkeit der Unterweisung äußerten.
Es wurde eine Reihe von Problemen angeschnitten, vor die sich die Hochschullehrer und andere mit der politisch-ideologischen Erziehung der Studenten befaßten Personen gestellt sahen. Besonders aufschlußreich waren
die vorgeschlagenen Veränderungen, die über die programmatisch-poli-
tische Aussagen von Partei, Hochschulministerium und Hochschulen selber hinausgingen. Reflektiert wurde nicht nur die Leistungsfähigkeit dieses Studienprogramms, sondern auch die Relevanz im Kanon der Unterweisung.

Grundlage für die Diskussion über das marxistisch-leninistische
Grundlagenstudium bildete ein Beschluß des Politbüros des ZK der SED
vom 18. März 1980[92]. Er skizzierte die immer wichtiger werdende Rolle
von Bildung und Wissenschaft in der DDR-Gesellschaft und unterstrich
die Bedeutung, die einer den modernen Erfordernissen angepaßten Bildung zukommt. Als wichtigstes und alle Fächer übergreifendes Anliegen
wurde hervorgehoben, daß die fachliche Bildung mit einer entsprechenden Aneignung der „wissenschaftlichen Weltanschauung der Arbeiterklasse" verbunden werden müsse[93]. Obwohl diese Zielvorgabe keineswegs neu war, war es doch bezeichnend, daß sie als übergreifendes Prinzip herausgehoben und – wie die nachfolgenden Diskussionen zeigen –
mit Konsequenzen für die Lehrplangestaltung und die Unterrichtsmetho-
dik verbunden wurde. Hervorgehoben wurde besonders die Verantwortung der Lehrkräfte des marxistisch-leninistischen Grundlagenstudiums,

Fortsetzung der Fußnote

	stark	mit Einschränkung	kaum/nicht
Junge Arbeiter			
1970	23	52	25
1986	26	52	22
1989[1]	21	35	44
Studenten			
1970	32	48	20
1986	45	48	7
1989[1]	24	40	36

1 Die Befragung wurde im April/Mai 1989 durchgeführt.
Quelle: Walter Friedrich: Mentalitätswandlungen in der Jugend in der DDR in: *Aus
Politik und Zeitgeschichte*, B 16-17/1990, S. 29.
92 „Aufgaben der Universitäten und Hochschulen in der entwickelten sozialistischen Gesellschaft" Beschluß des Politbüros des ZK der SED vom 18. März 1980,
in: *Das Hochschulwesen*, 28. Jg. 1980, H. 5, S. 125-133.
93 Ebd., S. 126.

denen die Anleitung zum Studium der Klassiker Marx, Engels und Lenin, die Erläuterung der Politik der SED und die Erziehung zum marxistisch-leninistischen Geschichtsbewußtsein oblag. Unterstrichen wurde auch die Bedeutung der FDJ an den Hochschulen sowie die Vorbildfunktion aller Lehrenden für die Studenten. Entsprechend diesem Beschluß wurden in der Folgezeit Lehrpläne, Lehrbücher und Unterrichtsmaterialien für die Unterweisung in den drei Bestandteilen des Studiums „Marxismus-Leninismus" überarbeitet. Zwei wissenschaftliche Konferenzen zum marxistisch-leninistischen Grundlagenstudium, die 1981 und 1986 durchgeführt wurden, dienten dazu, die Arbeit an den Lehrplänen und Unterrichtsmaterialien voranzutreiben, die dann im Herbst 1986 vorlagen. In dieser Überarbeitungsphase äußerten besonders diejenigen, die den Marxismus-Leninismus-Unterricht durchführten, ihre Kritik.

Obwohl schon fast beschwörend betont wurde, daß es gelungen sei, den Marxismus-Leninismus als „herrschende Ideologie" in den Universitäten und Hochschulen zu etablieren, stellen besonders reform-sozialistisch orientierte Autoren Mängel heraus[94]. Nach dem VIII. Parteitag der SED seien zwar Verbesserungen zu verzeichnen – beispielsweise aufgrund besser ausgearbeiteter Lehrprogramme und dadurch, daß neuere Forschungen, etwa aus der Marx-Engels-Forschung (MEGA), einbezogen wurden[95]. Kritisiert wurde aber, daß das Niveau der Vorlesungen „nicht immer gleich hoch" sei und die Darbietung des Stoffes nicht „überzeugend" und „streitbar" erfolge[96]. Inhaltliche Defizite bzw. ideologische Unklarheiten könnten durch vorhandene Lehrbücher nicht beseitigt werden. Beklagt wurden darüber hinaus Diskrepanzen zwischen Zielvorgaben und Erreichtem, etwa bei der Gewinnung von Nachwuchs und bei der Weiterqualifizierung der Lehrenden. Immer deutlicher wurden Klagen über die mangelnde Mitarbeit und das mangelnde Interesse der Studenten vorgetragen. So heißt es bei einem Autor, daß es einer „großen Zahl" von Studenten „noch" schwerfalle, die „Dialektik des Klassenkampfes, das Ringen um den gesellschaftlichen Fortschritt, die innere Dialektik des

---

94 Vgl. z.B. Rudolf Schiller, Für ein wissenschaftlich anspruchsvolles und überzeugendes marxistisch-leninistisches Grundlagenstudium, in: *Das Hochschulwesen*, 29. Jg. 1981, H. 8, S. 218-225. – Einige der Autoren, die sich zum Grundstudium äußerten, unterstützten, wie beispielsweise Michael Brie, nach dem Umbruch Reformkonzepte. Vgl. Hubertus Knabe (Hrsg.) *Aufbruch in eine andere DDR*, Reinbek: Rowohlt 1989.
95 Nach DDR-Angaben waren 50 % der im „marxistisch-leninistischen Grundlagenstudium" tätigen Professoren und 80 % der Fachschuldozenten Absolventen bzw. Promovenden des „Franz-Mehring-Instituts". Von 1961 bis 1984 durchliefen 5670 Hochschullehrer und wissenschaftliche Mitarbeiter die Lehrgänge. Vgl. Hans-Uwe Feige, Zur Rolle des Franz-Mehring-Instituts bei der Aus- und Weiterbildung von Lehrkräften des marxistisch-leninistischen Grundlagenstudiums, in: *Das Hochschulwesen*, 34. Jg. 1986, H. 5, S. 113-116.
96 Schiller, Für ein anspruchsvolles Grundlagenstudium (Anm. 94), S. 220.

sozialistischen Aufbaus zu verstehen."[97] Trotz gründlicher Selektion der Studenten und den Bemühungen derjeniger, die das Grundstudium unterrichteten, blieb die Entwicklung des „sozialistischen" politischen Bewußtseins und Verhaltens hinter den Erwartungen zurück. Besonders in der zweiten Hälfte der achtziger Jahre, seitdem Gorbatschow in der Sowjetunion zu „neuem Denken" in der Sozialismus-Diskussion anregte, erwies sich die rigide Unterweisung im Marxismus-Leninismus – häufig zudem beobachtet von Informanten des Staatssicherheitsdienstes – als unfähig, auf die veränderten außen- und innenpolitischen Verhältnisse zu reagieren und wurde daher von den Studenten zunehmend als formalistisch, fremdbestimmt und zumeist auch wertlos empfunden.

Nur bruchstückhaft lassen sich die Einstellungen von Studenten rekonstruieren. In seiner Abteilung „Studentenforschung" untersuchte das Zentralinstitut für Jugendforschung in Leipzig (ZIJ) regelmäßig die politischen Einstellungen der Studenten. Da alle Studien des ZIJ Auftragsarbeiten waren, unterlagen Anlage und Durchführung der Untersuchungen strengen Kontrollen. Für die Veröffentlichung der empirischen Forschungsergebnisse galten die Vorschriften über den „Geheimnisschutz", d.h. sie wurden nur unvollständig oder überhaupt nicht publiziert; dies ist vor allem für die achtziger Jahre der Fall, in denen das Institut zunehmend einer schärferen Kontrolle unterlag. Grundsätzlich wurden die politisch-ideologischen Einstellungen und die Verhaltensweisen der Studenten nur in allgemeine Aussagen gefaßt, wie z. B. „immer mehr", „ein immer größerer Teil" u.a. Über den Bereich der weltanschaulich-ideologischen Einstellungen wurden zudem weniger Materialien veröffentlicht als beispielsweise zu Fragen der Partnerbeziehungen, Familienorientiertheit oder Freizeitbetätigung der Studenten. Die Studien des Zentralinstituts geben aus diesen Gründen nur ein unvollständiges Bild wieder.

Die erste großangelegte Untersuchung des ZIJ unter Studenten war „Student 69", eine Untersuchung, die sich mit den Lebensbedingungen und den Lebenseinstellungen von Studenten in Leipzig befaßte. Ein Jahr später, im Mai 1970, wurde die Untersuchung „Jugend im Studium" durchgeführt, an der 1025 Studenten des dritten Studienjahrs verschiedener Hoch- und Fachschulen beteiligt waren. Wenig später begann die Vorbereitung zu einer großangelegten Studenten-Intervallstudie (SIS), die rund 2500 Studenten in fünf Intervalluntersuchungen über das gesamte Studium hinweg begleitete. Über diese wohl bekannteste Studentenstudie, die u.a. auch Aussagen über weltanschauliches und politisches Bewußtsein enthält, berichtet Kurt Starke vom ZIJ in der Publikation „Jugend im Studium" (1979)[98]. Aufgrund der Ergebnisse der Studenten-Intervallstudie (SIS) kommt Starke zu dem Schluß, daß sich allgemein eine „Ten-

97 Ebd., S. 220f.
98 Vgl. Starke, *Jugend im Studium* (Anm. 21), S. 9f. Einige der Materialien konnten nach dem Umbruch 1989 eingesehen werden. Eine kritische Neuinterpretation der Untersuchungsergebnisse steht jedoch noch aus.

denz zur Homogenisierung der Einstellungstruktur der Studenten"[99] feststellen lasse, wobei die weltanschaulich-ideologische Haltung „syntheti-
sierend" auf die gesamte Einstellungsstruktur wirke. Widersprüche, die
bei Studienbeginn zwischen einzelnen Einstellungen bestünden, verrin-
gerten sich, indem das Urteil über verschiedene ideologische Einstellungs-
objekte dem über das „ideologieintensivste" angenähert werde. So werde
beispielweise die „Einstellung zur DDR" im Verlauf des Studiums gewissermaßen ideologisch angereichert und den Studenten stärker bewußt.
Behauptet wird auch eine positive Korrelation zwischen ideologischen
Einstellungen und den Faktoren Studienmotivation, Berufsverbundenheit
und Studienleistung. Starke unterscheidet drei Gruppen von Studenten[100]. Den „Kern" bildeten Studenten, die ideologisch am fortgeschrit-
tensten seien, die sozialistische Werte und Ziele verinnerlicht hätten und
diese grundsätzlich ohne Einschränkung bejahten. Der Größenanteil dieser Gruppe sei an den einzelnen Sektionen verschieden, an mathematisch-naturwissenschaftlichen und technischen Einrichtungen meist geringer als an gesellschaftswissenschaftlichen – eine Beobachtung, die sich
auch mit anderen Untersuchungsergebnissen deckt. Dabei fänden sich
unter den ideologisch vorbehaltlos positiv Urteilenden auch einige Studenten, die „ohne großes Nachdenken einseitig, undialektisch urteilen."[101] Der größte Teil der Studenten gehöre der mittleren Gruppe an,
die sich dadurch auszeichne, daß die ihr zuzurechnenden Studenten eine
„kritisch-konstruktive" Haltung einnähmen oder sich anpaßten, ohne
wirklich engagiert zu sein. Manche dieser Studenten hätten eine Gleichgültigkeit in politischen Dingen erworben, andere seien zwar engagiert,
fänden aber – oft aus Abneigung gegen bürokratische Gängelung oder
administrative Hürden – nicht zu den erwünschten Einstellungen. Während des Studiums kommt es zu Schwankungen der ideologischen Positionen. „Nur ganz wenige" Studenten gehören der dritten Gruppe an,
die in der Studie bei allen Untersuchungen unverändert die am wenigsten
positiven Antwortpositionen wählten.

Aus der Studie von Starke ließen sich bereits einige aufschlußreiche
Hinweise auf das Versagen der politisch-ideologischen Erziehung gewinnen. Selbst nach diesen unvollständig veröffentlichten Ergebnissen blieb
die Gruppe der vorbildlich und vorzeigbar „sozialisierten" Studenten
klein. Eine größere Gruppe paßte sich an, ging also mit den herrschenden
Normen und Werten verbal konform, engagierte sich aber nicht. Hinzu
kam eine Gruppe politisch wenig Interessierter, die sich weder eindeutig
zu den Werten und Normen bekannte noch sich aktiv an den politischen
Veranstaltungen und Verpflichtungen beteiligte, sowie die Gruppe derjenigen, die den erwünschten und erwarteten Ansprüchen überhaupt nicht

99 Ebd., S. 85.
100 Vgl. ebd., S. 118ff.
101 Ebd., S. 119.

gerecht wurde. Angesichts der gezielten Selektion bei der Zulassung zum Studium ist dies ein erstaunliches Ergebnis. Bedenkt man außerdem, daß in der Studenten-Intervallstudie in erster Linie lediglich Werte und Einstellungen ermittelt wurden, also nur potentielle Handlungsmuster, nicht aber konkretes Verhalten und Handeln selbst, das, wie verschiedene Untersuchungen belegen, nicht mit geäußerten Einstellungen identisch ist, ja teilweise eine erhebliche Kluft aufweist, dann läßt dies den Schluß zu, daß die politische Sozialisation im Hochschulbereich bei weitem nicht die erwünschte konditionierende Wirkung zeigte. Aufgrund der Ausführungen im vorangegangenen Kapitel muß vermutet werden, daß die politisch-ideologische Erziehung im Vorfeld der Universitäten und Hochschulen, also bereits in den Schulen und in der Berufsausbildung, erhebliche Defizite aufwies, die die Hochschulen nicht auffangen konnten, sondern möglicherweise noch verstärkten. Erwartungen, die Studenten an das Studium stellten, wurden oft nicht erfüllt. Konfrontiert mit dem Studienalltag schlugen diese Erwartungen in Resignation um. Überfrachtetes Studium, Politisierung durch sachfremde Elemente, ständiger Leistungsdruck, mangelnde Betreuung durch die Hochschullehrer charakterisierten diesen Alltag – durchschnittlich 54,5 Wochenstunden, den Zeitaufwand für Wege eingeschlossen[102]. So haben die konkreten Studienbedingungen mit dazu beigetragen, daß die mit großem Aufwand betriebene politisch-ideologische Erziehung die Studenten nicht wirklich sozialisierte, sondern sie entpolitisierte. Die Überlegungen, das marxistisch-leninistische Grundlagenstudium zu verbessern, befaßten sich indes weniger mit den konkreten Studienbedingungen. Infrage gestellt wurde auch nicht, inwiefern dieser Studienbestandteil überhaupt sinnvoll und nützlich ist. Vielmehr wurde eine Reihe inhaltlicher Veränderungen angestrebt, die diesen Teil des Studiums „effektiver" und ideologisch geschlossener gestalten sollten.

Nur andeutungsweise wurde öffentlich ausgesprochen, was die Bildungsoffensive gerade auch im ideologischen Bereich vorantrieb – das besondere Verhältnis zur Bundesrepublik. Vorgesehen war für das 1981 verbindlich eingeführte Lehrprogramm zum Beispiel, die „sozialistische Arbeitserziehung" neu in das Programm aufzunehmen[103]. Dies erfolgte mit Hinweis darauf, daß auch in anderen Bereichen der Gesellschaft Kampagnen zur Erhöhung der Arbeitsmoral und zur Steigerung der Arbeitsproduktivität in die Wege geleitet wurden. Sie sollten die mangelnde Innovationsfähigkeit und Produktivität anheben. Immer deutlicher trat der Produktivitätsrückstand – besonders im Vergleich zu Bundesrepublik und angesichts des Aufschwungs in den „Schwellenländern" – hervor. Besonders dringend erschien darüber hinaus, das marxistisch-leninistische Grundlagenstudium deshalb zu verändern, weil sich für die DDR eine „neue historische Situation" ergeben habe. Sie sei dadurch charak-

---

102 Vgl. ebd., S. 119.
103 Schiller, Für ein anspruchsvolles Grundlagenstudium (Anm. 94), S. 221.

terisiert, daß die DDR „weltoffener" und damit auch offener für Beeinflussungen von außen geworden sei[104]. Zu den Überlegungen, die ideologische Erziehung zu intensivieren, spielte die vorsichtige „Öffnung" der DDR nach dem Grundlagenvertrag mit der Bundesrepublik und besonders seit Beginn der achtziger Jahre eine ausschlaggebende Rolle.

Untersuchungen aus dem ZIJ in Leipzig zeigen, daß sich zwischen 1979 und 1989 eine Verschiebung der Einstellung zur Bundesrepublik ergeben hatte. Obwohl sich Studenten mehrheitlich recht reserviert gegenüber der Bundesrepublik zeigten – im Unterschied zu Lehrlingen und Arbeitern – fühlten sich Anfang 1989 immerhin zehn Prozent stark mit der Bundesrepublik verbunden, während dies 1979 nur vier Prozent äußerten.

Tabelle 6: Verbundenheit von DDR-Studenten mit der Bundesrepublik Deutschland

	sehr stark				Überhaupt nicht	
	1	2	3	4	5	6
1979	0	4	14	18	28	36
1989	1	9	23	23	25	19

Quelle: Walter Friedrich: Mentalitätswandlungen der Jugend in der DDR, in: *Aus Politik und Zeitgeschichte*, B 16-17/1990, S. 33.

Diese Verschiebung mußte für die Partei- und Staatsführung zu einem Dilemma führen; Beziehungen zur Bundesrepublik, Auslandskontakte oder Auslandsreisen, die in dem Maße wichtig wurden, in dem sich die DDR in den achtziger Jahren bemühte, internationalen Standards in Forschung und Entwicklung zu entsprechen, stellten zugleich geschlossene Deutungsmuster in Frage; sie erzeugten darüber hinaus permanente Befürchtungen hinsichtlich der Abwanderung besonders qualifizierter Wissenschaftler. Über eine noch intensivere politisch-ideologische Erziehung erhoffte man sich daher ideologisch „gefestigte" Persönlichkeiten; diese Politik war gekoppelt mit einer strikten Kontrolle über die „Reisefähigkeit", die als Privileg nur wenigen Wissenschaftlern vorbehalten blieb. Für die Nachwuchsgeneration wurde die politisch-ideologische Unterweisung ausgebaut. Die Hoffnung, über eine verstärkte ideologische Erziehung Veränderungen im Bewußtsein zu verhindern, mußte sich jedoch als Illusion erweisen.

Kernpunkt der inhaltlichen Neukonzeption der ideologischen Unterweisung war die Absicherung des „sozialistischen" Weges der DDR. So wurde beispielsweise hervorgehoben, daß die Bedeutung von Geschichte

104 Ebd., S. 222.

und die Vermittlung des Geschichtsbildes „immer bedeutungsvoller" werde[105]. Es wurde vorgeschlagen, den Kurs „Wissenschaftlicher Kommunismus und Geschichte der Arbeiterbewegung" in zwei selbständige Kurse aufzuteilen und diese zunächst schrittweise in ausgewählten Fachrichtungen durchzuführen; im Studienjahr 1983/84 wurden an neun Universitäten und Hochschulen zwei getrennte Kurse eingeführt, die „Geschichte der SED" mit 60 Stunden und der „Wissenschaftliche Kommunismus" mit 90 Stunden (in den anderen Hochuleinrichtungen – und damit für die Mehrzahl der Studenten – blieb die alte Kursform allerdings zunächst bestehen)[106]. Die Kurse strebten an, wie schon aus ihrem Titel hervorgeht, besonders die Leistungen der SED herauszustellen. Mit den neuen Lehrprogrammen 1986 wurde der Titel „Wissenschaftlicher Kommunismus" in „Wissenschaftlicher Sozialismus" geändert. Darin fand die politisch-theoretische Einschätzung ihren Ausdruck, daß sich die DDR erst am Anfang der – nunmehr als langfristig eingeschätzten – „entwickelten sozialistischen Gesellschaft" befinde. Auch sollte zum Beispiel auf Probleme der Individualität und der Beziehung zwischen Individuum und Gesellschaft eingegangen werden, ein aussagekräftiger Indikator für die Modifikation des klassischen Kanons.

Darüber hinaus sollte bei der Überarbeitung des marxistisch-leninistischen Grundlagenstudiums die parteiliche Auseinandersetzung mit der „Politik und Ideologie des Imperialismus"[107] stärker gefördert werden. Neue Themen waren aufzugreifen und Argumentationsmuster in Übereinstimung mit der marxistisch-leninistischen Ideologie zu verbessern; zugleich deutete sich hier ein Umdenkungsprozeß an. In der Beschäftigung mit der Bundesrepublik ist bemerkenswert, daß zwar die Rhetorik der ideologischen Auseinandersetzung mit dem „Klassengegner" weiter benutzt wurde, zugleich aber signifikante Modifikationen vorgeschlagen wurden. So sollte die Auseinandersetzung differenzierter geführt und besondere Aufmerksamkeit auf „Konzeptionen solcher Kräfte ...", die bei der Unversöhnlichkeit in zentralen weltanschaulichen Grundpositionen an der Zusammenarbeit in bezug auf Existenzfragen der Menschheit interessiert sind", gerichtet werden, wobei nach „Anknüpfungspunkten realer Zusammenarbeit" zu suchen war[108]. Unterhalb der Ebene traditioneller Rhetorik zeichnete sich also bereits eine nicht unerhebliche Verschiebung der Akzentsetzung von der Konfrontation zur punktuellen Kooperation ab, die nachhaltig beeinflußt war von dem von Gorbatschow propagierten „neuen Denken".

---

105 Ebd.
106 Vgl. Hans-Joachim Böhme, Die wissenschafts- und bildungspolitischen Aufgaben unserer Universitäten und Hochschulen im Studienjahr 1983/84, in: *Das Hochschulwesen*, 31. Jg. 1983, H. 9, S. 260.
107 Schiller, Für ein anspruchsvolles Grundlagenstudium (Anm. 94), S. 223.
108 Göhring/Brie, Die Weiterentwicklung des marxistisch-leninistischen Grundlagenstudiums (Anm. 88), S. 293.

Während der Kanon der ideologischen Unterweisung überarbeitet wurde, kam es gleichzeitig zu eklatanten Engpässen an Lehrern für das Grundlagenstudium. Zum Studienjahr 1983/84 hob der damalige Minister für das Hoch- und Fachschulwesen, Hans-Joachim Böhme, noch einmal hervor, welchen zentralen Platz die Verbesserung des marxistisch-leninistischen Grundlagenstudiums in der gesamten Neukonzeption der Bildung einnehme. Er sprach von „sprunghaft gestiegenen Anforderungen"[109] an das Grundlagenstudium und mahnte eine noch raschere Umsetzung der konzeptionellen Veränderungen an. Dabei stellte er auch eines der Grundprobleme im marxistisch-leninistischen Grundlagenstudium deutlich heraus, nämlich Nachwuchs für dieses Fach zu gewinnen. Bereits seit längerem war bekannt, daß die Studentenzahlen in Fachrichtungen wie marxistisch-leninistische Philosophie nicht den Planvorgaben entsprachen. Nur wenige Studenten der einschlägigen Fachrichtungen entschieden sich nach dem Studium, im unbeliebten marxistisch-leninistischen Grundlagenstudium tätig zu werden. Die Lehrenden im Grundlagenstudium kamen oft nicht aus dem akademischen Bereich, sondern aus verschiedenen „Praxisbereichen" der Partei, der FDJ oder aus anderen gesellschaftlichen Organisationen. Böhmes Feststellung, daß er „überhaupt nicht" zufrieden damit sei, daß in den letzten Jahren nur relativ wenige Berufungen in das marxistisch-leninistische Grundlagenstudium erfolgt seien, verweist auf die Aushöhlung des Eckpfeilers der Herrschaftsideologie. Drastische Maßnahmen wurden für den Fall angekündigt, daß die Hochschulen selber keine entsprechenden Schritte unternähmen. „Gelingt es uns nicht, diese Situation rasch zu verändern, so bin ich entschlossen, in Disziplinen wie Philosophie, Politische Ökonomie, Geschichte, Wissenschaftlicher Kommunismus u.a. zeitweilig nur Dozenten für das marxistisch-leninistische Grundlagenstudium zu berufen."[110] Als vorbildlich galt lediglich die Karl-Marx-Universität in Leipzig; hier sei es 1983 zum ersten Mal seit Jahren gelungen, die geplanten Zulassungen im Studiengang „Diplomlehrer für Marxismus-Leninismus" „annähernd" zu erfüllen. Um den Bestand an Lehrenden in diesem Fach überhaupt zu sichern, wurden die Hochschulen und Universitäten aufgefordert, gezielt Studenten für diesen Studiengang zu werben und auch Studenten aus anderen Fächern umzuleiten und zu einem Fach- und

---

109 Böhme, Die wissenschafts- und bildungspolitischen Aufgaben (Anm. 106), S. 260. Die „gestiegenen Anforderungen" unterstreicht Böhme nochmals im Hinblick auf das Studienjahr 1988/89. So stellt er fest, daß es im abgelaufenen Studienjahr eine „außerordentliche Belebung des politischen Interesses" gegeben habe, die bisweilen von einer „Zunahme von Schärfe und Unzufriedenheit" begleitet gewesen sei; dies erfordere eine „größere Differenzierung und Umsicht, theoretische Tiefe und Standhaftigkeit in der politisch-ideologischen Arbeit". Hans-Joachim Böhme, Aufgaben der Universitäten und Hochschulen im Studienjahr 1988/89, in: *Das Hochschulwesen*, 36. Jg. 1988, H.9, S. 246f.
110 Ebd., S. 162.

Hochschulwechsel zu bewegen. „Wir werden diese einige Zeit in die politische Praxis schicken, was sich für diese Fachrichtung bewährt, und sie dann in Leipzig weiterstudieren lassen."[111] Das Problem der Nachwuchssicherung betont der Hochschulminister auch anläßlich der II. Konferenz über das marxistisch-leninistische Grundlagenstudium im Oktober 1986. Zwar sei es gelungen, den „Kaderbestand" der Sektionen Marxismus-Leninismus in den vorangegangenen fünf Jahren zu stärken; dadurch sei aber nur ein Teil der Probleme gelöst worden, denn in den kommenden zehn Jahren müsse der gesamte Bestand an Dozenten neu besetzt werden.[112] Daher wurde mit drastischen Maßnahmen versucht, für Nachwuchs zu sorgen.

In der Ausbildung im marxistisch-leninistischen Grundlagenstudium bestanden zugleich mehr oder weniger große Unterschiede zwischen den Universitäten und Hochschulen. Insbesondere die Kunsthochschulen galten als „Sorgenkinder" der Partei und des Ministeriums. Wie wenig sie den Vorstellungen des Herrschaftsapparats entsprachen, wird daran deutlich, daß dort angeblich „besonders schwierige Bedingungen" herrschten[113]. Worin diese bestanden, wurde allerdings nur angedeutet. An den künstlerischen Hochschulen sei „politisches Einfühlungsvermögen" gefordert – ein Hinweis darauf, daß sich hier bereits frühzeitig ein kritisches Potential angesammelt hatte.

Die Zuspitzung von sozialen, ökonomischen und politischen Problemen, die in Diskussionen über den gesellschaftlichen Fortschritt, über Umweltprobleme und Fragen künstlerischer Ausdrucksfreiheit zum Ausdruck gebracht wurden, zeigte, daß sich in der jüngeren Generation der Studierenden ein kritisches Bewußtsein entwickelte. Auch über die politisch-ideologische Erziehung der naturwissenschaftlich-technischen Intelligenz wurden – allerdings aus anderen Gründen – immer wieder Klagen geführt. Sie gebe insgesamt ein geringes politisches Engagement zu erkennen; Untersuchungen aus dem Zentralinstitut für Jugendforschung wiesen darauf hin, daß gerade die unter wirtschaftspolitischen Gesichtspunkten besonders geförderte naturwissenschaftlich-technische Intelligenz oft nur ungenügend „gesellschaftlich aktiv" und „bewußt" war. Untersuchungen über das Verantwortungsbewußtsein zukünftiger Ingenieure ergaben beispielsweise, daß immerhin über ein Viertel der 2000 befragten Technikstudenten der Meinung waren, daß sie nicht für die sozialen Wirkungen der von ihnen entwickelten Technik verantwortlich seien[114]. Das Interesse der Studenten in diesen Studienfächern, sich über

---

111 Ebd., S. 262.
112 Vgl. Hans-Joachim Böhme, Aufgaben des marxistisch-leninistischen Grundlagenstudiums, in: *Das Hochschulwesen*, 35. Jg. 1987, H. 1, S. 5.
113 Böhme, Die wissenschafts- und bildungspolitischen Aufgaben (Anm. 106), S. 261.
114 Vgl. Gisela Müller, Leistungsstimulierende Einflußfaktoren bei der Erziehung der Studenten – untersucht am Beispiel der Vorlesung, in: *Jugendsoziologische*

die Bearbeitung fachlicher Probleme hinaus für gesellschaftspolitische Themen zu interessieren, blieb gering; nur wenige Studenten in technisch-naturwissenschaftlichen Fächern betrachteten ihre Ausbildung auch als Entwicklung zur „allseitig gebildeten Persönlichkeit". Jugendforscher führten dies darauf zurück, daß sich die „Synthese von Wissenschaft, Bildung und beruflicher Qualifikation" noch nicht durchgesetzt habe[115]. Hier sollte die politisch-ideologische Erziehung wirksamer ansetzen, denn gerade die für den wirtschaftlichen Fortschritt besonders benötigten zukünftigen wissenschaftlich-technischen und naturwissenschaftlichen Spitzenkräfte sollten von dem Nutzen ihrer Tätigkeit für den Sozialismus überzeugt sein, um die ehrgeizigen Zielvorgaben ökonomischer und sozialer Planung erfüllen zu können. Aus diesem Grund standen in der Studentenforschung des Leipziger Jugendforschungs-Instituts in den letzten Jahren vor allem Fragen des Leistungsverhaltens im Mittelpunkt, so zum Beispiel in der Komplex-Studie „Student und Studium" (SUS) 1977, in „Student 79" und in der neueren Studentenintervall-Studie Leistung (SIL), die 1982 mit mehr als 4000 Studenten an 16 Hochschulen und Universitäten begonnen wurde[116]. Behauptet wurde in allen Studien eine positive Korrelation zwischen der Studienleistung und der politisch-ideologischen Orientierung der Studenten. Aufgrund fehlender bzw. lückenhafter Daten konnte diese Feststellung bislang nie überprüft werden. Bereits vor der Veröffentlichung von Daten aus dem ZIJ mußte aber bezweifelt werden, daß die Förderung von Spitzenleistungen über den Weg einer verstärkten ideologischen Erziehung erreicht werden konnte.

In den achtziger Jahren veränderten sich nicht nur die gesellschaftlichen und politischen Rahmenbedingungen der Sozialisation im Hochschulbereich; auch in struktureller Hinsicht vollzogen sich Veränderungen. Der größte Teil der Studenten kam im vergangenen Jahrzehnt über den Bildungsweg von der Erweiterten Oberschule bzw. hatte eine Berufsausbildung mit Abitur abgelegt; ein kleinerer Teil (ca. zehn Prozent der Direktstudenten) hatte die Hochschulreife durch Abiturlehrgänge der

Fortsetzung der Fußnote

Forschungen zum 4. Soziologiekongreß 1985, hrsg. v. Uta Schlegel, Zentralinstitut für Jugendforschung, Manuskriptdruck, o. J., S. 56.

115 Leo Kasek/Günther Lange, Wissenschaftlich-technischer Fortschritt und junge Intelligenz, in: *Informationen zur soziologischen Forschung in der DDR*, hrsg. von der Akademie für Gesellschaftswissenschaften beim ZK der SED, 20. Jg. 1984, H. 3, S. 21.

116 Vgl. zur SIL Kurt Starke, Die Studentenintervallstudie Leistung (SIL), in: *Informationen zur soziologischen Forschung in der DDR*, hrsg. von der Akademie für Gesellschaftswissenschaften beim ZK der SED, 22. Jg. 1985, H. 6, S. 53-62. Die SIL wurde 1983 und 1985 fortgesetzt; einbezogen waren die Hochschulen in Berlin, Leipzig, Dresden, Rostock, Potsdam, Halle, Karl-Marx-Stadt, Jena und Zwickau. Vgl. Kurt Starke/Manfred Rochlitz, Faktoren hoher Studienleistung, in: *Jugendsoziologische Forschungen zum 4. Soziologiekongreß 1985* (Anm. 114), S. 31f.

Volkshochschulen, durch Vorkurse, betriebsinterne Abiturlehrgänge oder den Besuch der Arbeiter- und Bauern-Fakultät der Bergakademie Freiberg erworben. Im Vergleich zu den sechziger und siebziger Jahren kam jedoch nur ein gutes Viertel (28 Prozent) der Studenten unmittelbar nach dem Erwerb der Hochschulreife an die Hochschule. Fast die Hälfte der Studienanfänger hatte bereits ein Vorpraktikum absolviert; die männlichen Studierenden hatten in der Regel ihren Wehrdienst in der NVA abgeleistet. Ende der sechziger Jahre waren es dagegen drei Viertel der Studenten, die direkt nach dem Erwerb der Hochschulreife das Studium aufnahmen[117]. Die größte Gruppe stellten die Direktstudenten während die Anzahl der Studierenden im Fern- und Abendstudium – beides Einrichtungen, denen im Rahmen der Weiterqualifikation von Berufstätigen früher besonderes Gewicht beigemessen wurden – dagegen seit Beginn der siebziger Jahre rückläufig war. Das bedeutete, daß durch die Berufslenkung nicht nur die Anzahl der Studenten niedrig gehalten wurde, sondern daß sich zugleich auch die Chancen für Berufstätige, einen höheren Bildungsabschluß zu erlangen, verschlechterten. Allerdings nahm die Anzahl der Frauen unter den Studierenden kontinuierlich zu und macht rund die Hälfte aller Studierenden aus[118]. Nach wie vor verschwindend gering bleibt allerdings der Anteil der Frauen an den Lehrenden, der mit rund fünf Prozent in krassem Gegensatz zum erreichten Bildungsstand der Frauen steht und gemessen am Selbstanspruch auffallend schwach ausfällt[119].

117 Vgl. A. A. Koslow/Kurt Starke (Hrsg.), *Lebensweise und Persönlichkeitsentwicklung von Studenten,* Karl-Marx-Universität Leipzig: Grafik Druck Leipzig, o. J., S. 24ff.
118 Vgl. ausführlicher Winkler (Hrsg.), *Sozialreport '90* (Anm. 18), S. 58ff.
119 Vgl. ebd., S. 302. – 43 Prozent des wissenschaftlichen Fachpersonals an den Universitäten und Hochschulen, aber nur fünf Prozent der Professoren und gar 2,6 Prozent der Rektoren/Prorektoren/Sektionsdirektoren sind Frauen. Vgl. H. Radtke, Frauen in Leitungsfunktionen der Wissenschaft, in: *Einheit,* 10/1988, S. 930f. vgl. auch Böhme, Aufgaben der Universitäten (Anm. 109), S. 260f. Der Hochschulminister gab 1988 an, daß zwar 27 Prozent der Wissenschaftler an den Universitäten und Hochschulen Frauen sind, daß sich diese jedoch vor allem auf der unteren und mittleren Ebene des Wissenschaftsbetriebs befinden. In den sieben Jahren von 1981 bis 1987 betrug der Anteil weiblicher Wissenschaftler an Professorenberufungen lediglich 7 Prozent (61 von 873). Lediglich die Humboldt-Universität in Berlin und die Hochschule für Ökonomie lägen mit 11 Prozent bzw. 7,5 Prozent über dem Durchschnitt. An der Wilhelm-Pieck-Universität Rostock betrug der Frauenanteil 3,8 Prozent, an der Friedrich-Schiller-Universität Jena 3,4 Prozent, an der Ernst-Moritz-Arndt-Universität Greifswald 2,9 Prozent, an der Technische Universität Dresden 1,3 Prozent und der Technischen Universität Karl-Marx-Stadt 1,0 Prozent. Keine Professorinnen sind u. a. an der Bergakademie Freiberg, den Technischen Hochschulen Wismar und Zittau und den Ingenieurhochschulen Köthen und Zwickau tätig.

Die jüngere Studentengeneration brachte meistens bereits eigene Erfahrungen aus Berufspraxis und -alltag mit, da sie im Durchschnitt älter als die Studierenden voriger Jahrgänge waren. Sozialisation im Hochschulbereich war damit nur ein Kettenglied, das an eine Reihe vorangegangener Sozialisationsprozesse anknüpfte. Eingeschliffene Verhaltensmuster und Einstellungen wurden im Studium oft kaum verändert. Die angestrebte Leistungssteigerung stellte zur geforderten politischen Überzeugtheit einen Widerspruch dar, insbesondere da unklar blieb, in welchem Verhältnis zukünftige fachliche Leistungen zu der geforderten politischen Überzeugheit der Studenten stehen sollten. Faktisch ließ sich dieser Widerspruch im Rahmen des vorgegebenen Systems nicht lösen, da sich wissenschaftliche mit fachfremden Argumentationen vermengten. Seiner Aufgabe, eine Art „Nacherziehung" einer auf Leistung plus Anpassung orientierten Studentengeneration zu garantieren, konnte das marxistisch-leninistische Grundlagenstudium nicht nachkommen; die Selektion fand bereits vor dem Studium nach politischen Gesichtspunkten statt. Angesichts des systembedingten Widerspruchs und verschärft durch die fehlende Attraktivität des Marxismus-Leninismus Angebots an den Hochschulen war die Auffassung, „politische Erziehung" könne unter den konkreten Bedingungen der DDR-Gesellschaft ein tendenziell einheitliches, systemkonformes politisches Bewußtsein generieren, zum Scheitern verurteilt.

Tatsächlich vertiefte sich die Spaltung zwischen der von Partei und Staat vorgestellten Ideologievermittlung und der Bewußtseinsentwicklung in dem Maße weiter, indem das System Möglichkeiten zur politischen Reform nicht nur verpaßte, sondern entstehende Ansätze abblockte; Bemühungen einzelner Wissenschaftler konnten dieses System auch nicht durchbrechen. Politische Sozialisation im Hochschulbereich bedeutete für die Mehrzahl der Studierenden mit dieser Spaltung in offizielle und in der Lebenswirklichkeit dominante politische Kultur leben zu müssen, ohne sie überwinden zu können. Zu einer Sprengung des ideologischen Panzers, der nicht nur zur Abschaffung des marxistisch-leninistischen Grundlagenstudiums führte, sondern auch die Macht von Partei, Staat und Jugendverband zurückdrängte, kam es jedoch erst mit dem politischen Umbruch. Angesichts der jahrzehntelangen, massiven Beeinflussungsversuche politisch-ideologischer Erziehung in den Hochschulen muß eine durchgreifende Erneuerung gerade in diesem Bereich als vordringlich betrachtet werden.

3.2.3. Der Jugendverband FDJ

Die Verflechtung von gesellschaftlicher und politischer Erziehung im Bildungssystem der DDR brachte es mit sich, daß dem einzigen offiziell zugelassenen Jugendverband „Freie Deutsche Jugend" (FDJ), ergänzend zu Lernplan und Lernumfeld, weitgehende Rechte in der Bildung und Erziehung übertragen worden waren. Mit rund 2,3 Mill Mitgliedern zählte die 1946 gegründete FDJ mit dem ihr angeschlossenen Kinderverband, der Pionierorganisation „Ernst Thälmann", vor dem politischen Umbruch zu den wichtigsten Massenorganisationen im politischen System der DDR. Von den rund drei Millionen Jugendlichen im Alter von 14 bis 25 Jahren waren 1989 etwa drei Viertel in der FDJ organisiert; in den Bildungseinrichtungen erfaßte die FDJ sogar 90 Prozent der Schüler und Studenten. Zusätzlich waren rund 1,5 Millionen Schüler der Klassen 1 bis 7 Mitglied der Pionierorganisation.

Westliche Studien haben zeigen können, welchen zentralen Stellenwert der Jugendverband für die systemkonforme Mobilisierung der Jugendlichen, die Steuerung von Karrierewegen im politischen System und die Kaderrekrutierung besessen hat[120]. Weitaus schwieriger zu beurteilen blieb jedoch die tatsächliche Sozialisationsleistung und die Bedeutung der FDJ für die dominante politische Kultur der DDR. Die Sozialisationsleistung der FDJ ließ sich empirisch nicht überprüfen; auch die Jugendforschung gibt nur unzureichende Antworten auf diese Frage. Ergebnisse empirischer Untersuchungen liefern nur fragmentarische Auskünfte. Vor der Öffnung bestimmten pauschale Aussagen mit Tendenzangaben, wie z. B. „immer mehr" Jugendliche eignen sich „immer umfassender" die marxistisch-leninistische Weltanschauung an, das Bild, so daß die tatsächliche Situation eher verhüllt wurde. Das Zentralinstitut für Jugendforschung in Leipzig, das die wichtigsten Untersuchungen durchführte, beschränkte sich schon in der Auswahl und der Formulierung von Fragen, da die Studien im Auftrag der FDJ selbst durchgeführt wurden und kritisches Material nicht erwünscht war. Daher stellt sich die Materiallage in Bezug auf den Jugendverband als besonders ungünstig dar. Aussagen über die tatsächliche Sozialisationsleistung des Jugendverbandes sind also notwendigerweise von fragmentarischem und oft hypothetischem Charakter.

---

120 Vgl. Arnold Freiburg/Christa Mahrad, *FDJ – Der sozialistische Jugendverband der DDR*, Opladen: Westdeutscher Verlag 1982. Der Band enthält einen Dokumententeil. Zur Stellung der FDJ im politischen System vgl. auch Hartmut Zimmermann, Power Distribution and Opportunities for Participation: Aspects of the Socio-Political System of the GDR, in: Klaus von Beyme/Hartmut Zimmermann (Hrsg.), *Policymaking in the German Democratic Republic*, New York: St. Martins Press 1984, S. 1-108. Nach dem Herbst 1989 verlor die FDJ erosionsartig an Bedeutung; neue Jugendgruppen entstanden, und die „Thälmann-Pioniere" wurden nach den Wahlen in der DDR 1990 aufgelöst.

Das seit Beginn der achtziger Jahre zu beobachtende Engagement Jugendlicher in unabhängigen Friedens- und Ökologiegruppen, die zunehmende Attraktivität der Kirchen zumindest bei Teilen der Jugendlichen und das Entstehen einer eigenen Jugendkultur stellten die Erfolge der politisch-ideologischen Erziehung durch die FDJ zunehmend in Frage. Der Lebensalltag der Jugendlichen präsentierte sich weitaus differenzierter als offizielle Jugendpolitik und Jugendforschung vorgaben. Das Auseinanderklaffen von offizieller politischer Kultur und dominanter bzw. alternativer oder oppositioneller politischer Kultur unter den Jugendlichen nahm besonders in den achtziger Jahren deutlichere Konturen an und wies auf Defizite in der politisch-ideologischen Erziehung hin. Diejenigen, die sich nicht in der informellen politischen zweiten Gesellschaft engagierten, waren – und dies trifft für die Mehrzahl der Jugendlichen zu – politisch nicht aktiv und verhielten sich dem Jugendverband gegenüber gleichgültig. Trotz vermehrter Anstrengungen gelang es immer weniger, „Integration" in das politisch-soziale und ideologische System der Gesellschaft entsprechend den Zielen der FDJ zu garantieren. Walter Friedrich vom ZIJ gibt an, daß sich die Identifikation mit der FDJ in den achtziger Jahren permanent verringert hätte. Der FDJ sei von der großen Mehrheit junger Leute wenig Bedeutung beigemessen worden, und sie sei „in den letzten Jahren politisch nahezu ohne Einfluß" gewesen[121].

Die Krise des staatssozialistischen Systems hat das Scheitern einer diesen Zielen auch nur annähernd entsprechenden Sozialisation bloßgelegt. Aufgrund der unauflöslichen, systembedingten Verkoppelung des Jugendverbandes mit dem Machtgefüge von SED und Staat unterlag die FDJ denselben Fehleinschätzungen der gesellschaftlichen Entwicklung; sie war daher nicht in der Lage, die Ausdifferenzierung der Jugendkultur und des Bewußtseins Jugendlicher aufzunehmen und politisch produktiv umzusetzen. Dadurch wurde sie selbst zu einem Generator der – schließlich aufgebrochenen – politischen Doppelkultur.

Das Versagen der FDJ als Sozialisationsagentur ergibt sich aus der Struktur und den Zielen der Jugendpolitik. Ihr Ziel bestand darin, die Jugendlichen konformistisch in das paternalistisch-autoritäre System der DDR zu integrieren. Jugendpolitik bildete daher einen zentralen Bestandteil der Gesellschaftspolitik der SED. Dem Jugendverband wurden laut Statut des Verbandes und aufgrund anderer Beschlüsse, gesetzlicher Regelungen usw. eine Reihe von Aufgaben im Rahmen der Politik der SED und des Staates gestellt. Es wurden zwei grundlegende Ziele verfolgt, zum einen Nachwuchs für die SED heranzubilden, d. h. „Kaderreserve" für die Partei zu sein, und zum anderen „massenwirksame" Politik zu betreiben, d.h. den Jugendlichen die gesellschaftspolitischen Ziele der SED zu vermitteln. Der Jugendverband erfüllte danach vor allem politisch-erzieherische Aufgaben im Sinne der Partei- und Staatsführung, nicht je-

121 Vgl. Friedrich, Mentalitätswandlungen (Anm. 52), S. 30.

doch Interessenvertretungsfunktionen der Jugendlichen. Zu seinen Aufgaben gehörten die Verbreitung der „marxistisch-leninistischen Grundkenntnisse", die „Erziehung zum staatsbürgerlichen Bewußtsein" und die
„Förderung der Bereitschaft zu beruflichem und ökonomischem Einsatz".
Immer mehr ging die FDJ auch dazu über, attraktive Freizeitmöglichkeiten anzubieten und auf die Freizeitgestaltung einzuwirken. Diese Aufga-
benstellungen beruhten auf dem Jugendgesetz der DDR aus dem Jahr
1974, das der FDJ einen festen Platz im Rahmen der staatlichen Jugendpolitik zuwies[122].

Die Jugendpolitik wurde zentralistisch organisiert; die Verantwortung
für ihre Durchführung lag beim Ministerrat der DDR und dessen Amt
für Jugendfragen. In der Durchsetzung der Jugendpolitik herrschte eine
„top-down"-Politik vor, d.h. politische Vorgaben wurden entsprechend
dem demokratischen Zentralismus von oben nach unten weitergegeben.
Obwohl die FDJ als „Interessenvertetung" der Jugendlichen gegenüber
Staat, Wirtschaft und in Erziehungseinrichtungen fungieren sollte, standen Zentralismus und Interessenvertretung in einem Spannungsverhältnis zueinander; Befugnisse blieben stark eingeschränkt und Selbständigkeit gab es kaum. FDJ-Vertreter erfüllten ihre Interessenvertretungsfunk-
tion daher in der Regel im Sinne einer konform-konsensuellen Interes-
senwahrnehmung und begriffen sie nicht konfliktorisch.

Durch die Verfügung über eigene Finanzmittel konnte der Verband
selbst sich eine Macht- und Monopolstellung in jugendpolitischen Aktivitäten sichern; er verwaltete eigene Klub- und Kulturhäuser, bestritt Kul-
turveranstaltungen, richtete Diskotheken ein, leitete das Reisebüro Ju-
gendtourist und einen Verlag, in dem Kinder-und Jugendzeitschriften erschienen. Dadurch waren weitreichende Einwirkungsmöglichkeiten des
Verbandes auch außerhalb von Schule, Berufsausbildung und Betrieb auf
die Jugendlichen gegeben.

Seinen eigentlichen Einflußbereich besaß der Jugendverband jedoch in
den Bildungseinrichtungen[123]. Hier fand eine sehr enge Verflechtung von
schulischer Erziehung und politischer Beeinflussung statt, wobei der FDJ
auch Mittel zu Sanktionen in die Hand gegeben wurden, um Konformität
zu sichern. Bereits mit Schulbeginn wurden die Schüler der ersten Klasse
in die Pionierorganisation aufgenommen, die sie bis zur achten Klasse
organisierte; mit der Jugendweihe erfolgte die Aufnahme der Schüler in
die FDJ. Die Tätigkeit der Pionierorganisation und des Jugendverbandes
sollte von den Lehrern in die Erziehungsarbeit in der Schule einbezogen
werden. Zahlreiche Aktivitäten des Verbandes – Solidaritätsbasare, Teil-

122 Jugendgesetz der DDR, *Gesetzblatt der Deutschen Demokratischen Republik*, Teil
    1, Nr. 5, v. 28.1.1974, S. 44ff.
123 Vgl. *DDR-Handbuch*, hrsg. vom Bundesministerium für innerdeutsche Bezie-
    hungen, Bd. 1, Köln: Wissenschaft und Politik 1985, Stichwort „Freie Deutsche
    Jugend", S. 453f. In den Schulen und Hochschulen betrug der Organisations-
    grad rund 90 Prozent, in der Landwirtschaft lag er deutlich niedriger.

nahme an der „Messe der Meister von Morgen", Sammlung von Altmaterial u.a. – waren Bestandteile des Schulalltags. Verbindungen zwischen Schule und Jugendverband waren auch dadurch gegeben, daß die Pionierleiter und FDJ-Sekretäre Mitglieder des Kollegiums an den Schulen waren.

Die Grundsätze der FDJ-Arbeit wurden von den politischen Vorgaben der SED bestimmt, die sie ideologisch aus den traditionellen Leitgedanken kommunistischer Jugendpolitik ableitete. Ziel der politisch-erzieherischen Arbeit der FDJ war die „sozialistische Persönlichkeitsbildung". Sie sollte durch die Verknüpfung politisch-ideologischer Positionen und moralischer Haltungen erreicht werden. „Sozialistische" Einstellungen und Werte und der „Klassenstandpunkt" der Jugendlichen waren ebenso in dieser Erziehung eingeschlossen wie das Bekenntnis zum Staat DDR oder die Verbundenheit mit der Sowjetunion, die mit moralischen Werten ausgeschmückt wurden. Da diese Werte dem Erfahrungsschatz der Jugendlichen im Alltag häufig widersprachen, wurde versucht, die politisch-ideologische Erziehung mit neueren pädagogischen und sozialpsychologischen Erkenntnissen zu untermauern. Praktikern in der Jugendpolitik wurde immer wieder erläutert, wie diese Grundsätze in die Verbandsarbeit umgesetzt werden sollten. Sozialistische Einstellungen bildeten sich erst dann, „wenn sich auch subjektiv eine *Übereinstimmung von Erkenntnissen und gefühlsmäßigen Wertbeziehungen* entwickelt hat, wenn wissenschaftliche Kenntnisse und parteiliches Bekenntnis beim Jugendlichen eine Einheit bilden"[124]. Die Jugendlichen sollten sich selbst gesellschaftlich beteiligen, daß heißt in der Verbandsarbeit, in Schule, Universität, den Jugendkollektiven im Betrieb oder in den Volksvertretungen tätig seien. Auch wurde auf die „persönlichen Erfahrungen" Wert gelegt. „Sie sind der *unumgängliche Ausgangspunkt für die Entwicklung des sozialistischen Bewußtseins*"[125].

Angesichts der außenpolitischen Veränderungen und der gesellschaftlichen Problemlagen erschien es immer wichtiger, den Marxismus-Leninismus „lebensnah" aufzubereiten, d.h. ihn auf den politischen Alltag zu beziehen und ihn nicht als „reinen Bildungsstoff" zu vermitteln. Der Zusammenhang zwischen persönlichen Erfahrungen bzw. realen Lebensbedingungen und den weltanschaulichen Grundsätzen der SED sollte in jedem Fall aufgezeigt werden – ein Anspruch, der jedoch nicht eingelöst werden konnte. Angesichts der zunehmenden Kritik Jugendlicher an der Militarisierung der DDR-Gesellschaft beispielsweise sah sich die FDJ besonders herausgefordert. „Argumentationshilfen" sollten herausstellen, daß Jugendliche die „sowjetische Friedenspolitik" besser unterstützen würden, wenn ihnen noch einmal ganz bewußt vor Augen geführt würde, „daß diese Friedenspolitik auch ihrer unmittelbaren Existenzsicherung

---

124 Peter Förster (Hrsg.), *Jugend – Weltanschauung – Aktivität*, Berlin/DDR: Verlag Neues Leben 1980, S. 59.
125 Ebd., S. 75.

und der Gestaltung der entwickelten sozialistischen Gesellschaft in der
DDR dient, und wenn ihnen dies der Propagandist anhand ihrer konkreten sicheren Lebensbedingungen in der längsten Friedensperiode in Europa verdeutlicht"[126]. Die Bemühungen dieser „Massenerziehung" hink-
ten jedoch – gerade bezüglich des gewählten Beispiels der Friedensthematik – den Verhältnissen hinterher. Wie die zu Beginn der achtziger
Jahre entstandene inoffizielle Friedensbewegung, die zum erheblichen Teil
von jungen Leuten getragen wurde, zeigte, gingen gerade an der Friedensfrage die Auffassungen weit auseinander. Die Befürworter der offiziellen „Friedenspolitik" der DDR, so auch die FDJ, sahen sich daher
immer stärker unter Zugzwang gesetzt, Argumentationen zur ideologischen Abgrenzung zu entwickeln, um den Erosionen im Bewußtsein der
jungen Generation angesichts der Entspannung des Ost-West-Verhältnisses entgegenzuwirken. Besonders nach dem Machtwechsel in der Sowjetunion fiel es der FDJ zunehmend schwerer, ihre Position zu halten.

Betrachtet man die Sozialisationsleistung des Jugendverbandes herrschaftskritisch zum einen unter strukturellen Gesichtspunkten, d.h. in
Bezug auf die Karrierewege im politische System, zum anderen aber unter
politisch-ideologischen Gesichtspunkten, dann lag die größte Wirkung
des Verbands in der Steuerung politischer Lebenswege. Mitgliedschaft in
der FDJ wurde für berufliche und politische Karrieren unerläßlich. Als
Kaderrekrutierungsorganisation stattete die FDJ ihre Mitglieder nicht nur
mit den erforderlichen Basisqualifikationen für mittlere und leitende
Funktionen in Partei und Staat aus, die in zusätzlichen Schulungen erweitert wurden, der Verband diente auch gezielt als Kaderrekrutierungs-
feld für die SED. Gerd Meyer stellt hierzu richtig fest: „Nahezu alle, die
eine Hoch- oder Fachschulausbildung oder eine militärische Laufbahn
anstreben bzw. durchlaufen, die politisch-administrative Leitungspositionen besonders in Partei, Staat und Wirtschaft einnehmen wollen, sind
bzw. waren Mitglieder der FDJ."[127] Schwieriger zu beurteilen bleibt die
Frage, welchen Einfluß der Jugendverband auf Einstellungen und Urteils-
bildungen der Jugendlichen faktisch ausübte. Zwar wurde er Teil ihres
normalen Alltags – Schule, Studium, Beruf, ja selbst die Freizeit der Jugendlichen wurden von ihm dominiert. Dennoch kann aus dieser Präsenz
im Alltag und der Verzahnung von gesellschaftlicher und politischer Sozialisation nicht auf seinen tatsächlichen Einfluß geschlossen werden.

Tatsächlich empfanden viele Jugendliche die Verbandsarbeit als ausgesprochen formal und fühlten sich von der FDJ kaum angesprochen.
Dies gilt besonders für den politischen Teil der Arbeit, die Schulungszir-

---

126 Ebd., S. 90.
127 Gerd Meyer, Zur Soziologie der DDR-Machtelite. Qualifikationsstruktur, Kar-
    rierewege und 'politische Generationen', in: *Deutschland Archiv*, 18. Jg. 1985,
    H. 5, S. 511. Vgl. auch Christa Mahrad, Der Jugendverband FDJ und die
    gesellschaftliche Erziehung in der DDR, in: *Aus Politik und Zeitgeschichte.*
    Beilage zur Wochenzeitung Das Parlament, B 27/86, 5.7.1986, S. 21-34.

kel, die „gesellschaftliche Aktivität", Funktionärstätigkeiten usw. Die Diskussionen über die Verbesserung der FDJ-Arbeit und die Vorgabe von Richtlinien zur praktischen FDJ-Arbeit, die besonderes Gewicht auf persönliche Erfahrungen und Alltagsrealität der Jugendlichen legten, wiesen vielmehr bereits auf ein erhebliches Defizit der Sozialisationsleistung des Verbandes hin. Dieser Mangel ließ sich weder didaktisch noch organisatorisch, d. h. im Rahmen der Ziele der FDJ, lösen, da es sich ja nicht um ein reines Vermittlungsproblem handelte. Er machte vielmehr die Grenzen eines zentralistisch-autoritären, politisch-ideologisch überfrachteten und uniform ausgerichteten Verbandslebens deutlich. Es gelang der FDJ zwar punktuell, Jugendliche über Freizeitaktivitäten einzubeziehen; ihre selbstgesteckten Ziele in der politisch-ideologischen Erziehung vermochte sie aber nicht einzulösen.

Die Abwesenheit jeglichen Pluralismus, mangelnde Flexibilität, Formalismus und Überorganisiertheit schränkten die Sozialisationsleistung stark ein und ließen die FDJ-Arbeit bereits vor dem Umbruch fragwürdig erscheinen. Kritische Hinweise auf die Defizite gaben DDR-Publikationen selber, wenngleich die Grundsätze der Verbands-Arbeit niemals in Frage gestellt wurden[128].

Aussagekräftiger und realitätsnaher erweisen sich Selbstdarstellungen in der dokumentarischen Literatur aus der DDR. Die von Gabriele Eckart gesammelten Protokolle Jugendlicher aus dem Havelländischen Obstanbaugebiet gaben bereits Hinweise auf die Sozialisationsdefizite der FDJ. Ein 17jähriger Lehrling sagt beispielsweise: „Manchmal denke ich, die FDJ ist keine lebendige Organisation mehr. Frißt sich selber im Papierkrieg auf. Und unser FDJ-Stab hier, weeßte ... Zum Beispiel im Schulungslager in Frauenwald ... Was soll ich von Leuten sagen, die tagtäglich, nicht nur abends, besoffen sind?"[129] Eine 20jährige Gärtnerin berichtet: „In unserer Brigade sind alle in der FDJ, die meisten, weil sie's mußten. Sie sagen: FDJ, ist doch bloß Trott. Es ist schon ein Problem, Beitrag zu kassieren, darum nehmen wir ihn jetzt gleich fürs ganze Jahr."[130] Die 20jährige ist selbst seit einem Vierteljahr FDJ-Sekretärin. Wie es dazu kam, schilderte sie folgendermaßen: „Die Wahl war auf dem Acker, in zehn Minuten. Sie haben jeden gefragt: Willst du's nicht machen? Oder du? Bis ich dann gesagt habe: Na gut. Einer muß es ja machen."[131] Schwie-

---

128 Vgl. z.B. die Aussage, daß ein Teil der Jugendlichen die FDJ-Arbeit als „ziemlich formal" empfindet, Hoffmann, Soziale Erfahrungen der Schuljugend (Anm. 58), S. 65.

129 Gabriele Eckart, *So sehe ick die Sache. Protokolle aus der DDR*, Köln: Kiepenheuer und Witsch 1984, S. 66. Das Buch konnte aus politischen Gründen zunächst nicht in der DDR erscheinen, nachdem einige Passagen in der DDR-Literaturzeitschrift *Sinn und Form* abgedruckt worden waren und erhebliche Kritik ausgelöst hatten.

130 Ebd., S. 153.

131 Ebd.

rigkeiten gab es bei ihrer Sekretärsarbeit offenbar genügend. Sie sagt:
„Wir sind Jugendbrigade, und im vorigen Jahr hatten wir keine FDJ-Versammlung, keine Veranstaltung, gar nischt."[132] In den von Eckart dokumentierten freimütigen Äußerungen kam das geringe Interesse an der
FDJ und dessen schwache Position besonders kraß zum Ausdruck. Aber
auch die kritische Lektüre der Verbandzeitschrift „Junge Generation" ließ
zwischen den Zeilen von Erfolgsberichten Defizite der politischen Sozialisation in anderen Bereichen aufscheinen. Unter den Arbeiterjugendlichen, die von der Theorie der führenden Rolle der Arbeiterklasse her
eigentlich den „Kern" der FDJ ausmachen sollten, fand sie nie den Rückhalt, den sie anstrebte. FDJ-Mitgliedschaft wurde von den jungen Arbeitern häufig mit dem Verweis auf die bereits bestehende Mitgliedschaft
im Gewerkschaftsbund, dem nahezu alle jungen Arbeiter angehörten, abgelehnt[133]. Vor allem entfiel bei den Arbeitern das „opportunistische"
Motiv für eine FDJ-Mitgliedschaft, da sie nicht wie bei Schülern und
Studenten über die berufliche Karriere entschied.

Die Probleme politischer Sozialisation durch die FDJ zeigten sich unter
anderem auch darin, daß die geäußerten Einstellungen der Jugendlichen
nicht in politisches Verhalten umgesetzt wurden. Wenn beispielsweise die
Leipziger Jugendforscher äußern: „Untersuchungen der Jugendforschung
bestätigen die hohe politisch-erzieherische Funktion des sozialistischen
Jugendverbandes bei der Herausbildung und Formung junger sozialistischer Persönlichkeiten"[134], so galt dies allenfalls bezogen auf „politische
Überzeugungen", „Erkenntnisse" und „Bereitschaft", nicht aber auf politisches Verhalten. Abgesehen von der ungenauen Quantifizierung dieser
These, die nur mit Tendenzaussagen belegt wird – z.B. die Gründe und
Motive für die Mitgliedschaft in der FDJ werden „immer deutlicher" in
Einheit mit ihrer Klassenposition gesehen, „immer mehr" Jugendliche
begreifen den Jugendverband als wahre Interessenvertetung usw. –, blieb
die tatsächliche Tiefe und Breite des Sozialisationseffekts höchst zweifelhaft. Von einer bewußten Übernahme und Umsetzung sozialistischer
Wert- und Moralvorstellungen konnte nur in einem sehr beschränkten
Maße gesprochen werden; zudem zeigten sich in den achtziger Jahren
immer krassere Brüche. Zeitbudgetuntersuchungen des Zentralinstituts
für Jugendforschung ermittelten beispielsweise, daß Jugendliche im
Durchschnitt lediglich ein bis zwei Stunden wöchentlich, d. h. vier bis
fünf Prozent ihrer Freizeit, auf die sogenannte gesellschaftliche Aktivität
verwendeten[135]. Der großen ideologischen Bedeutung, die der „gesell-

132 Ebd.
133 Leipziger Jugendforscher geben an, daß rund 97 % der Lehrlinge unmittelbar
 nach Beginn der Berufsausbildung in die Gewerkschaft eintreten. Vgl. Werner
 Gerth u.a., *Jugend im Großbetrieb*, Berlin (DDR): Deutscher Verlag der Wissenschaften 1979, S. 25.
134 Ebd., S. 37.
135 Vgl. *Die Freizeit der Jugend*, Berlin (DDR): Dietz-Verlag 1981, S. 100.

schaftlichen Aktivität" beigemessen wurde, entsprach eine vergleichsweise geringe Bewertung dieser Aktivitäten durch die Jugendlichen. Darauf
weisen auch die Befragungen des ZIJ zur „Lebensorientierung" von Lehrlingen hin; sie zeigen darüberhinaus zwischen 1975 und 1989 eine abnehmende Bereitschaft, „gesellschaftlich aktiv" zu sein.

Auch die so oft angeführte Beteiligung Jugendlicher an der „politischen Machtausübung", d.h. ihre Repräsentanz in den Volksvertretungen,
in der Gewerkschaft usw. und der Hinweis, daß viele Jugendliche mindestens drei gesellschaftlichen Organisationen angehörten, sind kein Beleg
für Erfolge der FDJ, da es sich hier in der Regel um „erlobte" oder „stille",
eher aus Verpflichtung herrührende Mitgliedschaften und Aktivitäten
handelte.

Tabelle 7: Vergleich der Lebensorientierung von 18/19jährigen Lehrlingen
1975 – 1990 (Angaben in Prozent)

Merkmal:	Gesellschaftliche Aktivität: gesellschaftliche Pflichten ernst nehmen, auch Funktionen übernehmen		Ein solches Lebensziel entspricht meinen Absichten	
	Jahr	voll	mit Ein- schränkung	kaum/ nicht
	1975	23	51	26
	1985	13	53	34
	1989	13	59	28
	1990	12	54	34

1975: N = 717; 1985: N = 495; 1989: N = 743; 1990(Feb.): N = 400

Quelle: Walter Friedrich: Mentalitätswandlungen der Jugend in der DRR, in: *Aus Politik und Zeitgeschichte*, B. 16-17/1990, S. 35.

Am deutlichsten scheint die Sozialisationsleistung bei Schülern der Erweiterten Oberschule und bei Studenten ausgeprägt gewesen sein; aber
auch hier vermischten sich echte Überzeugungen mit Karrieremotiven.
Untersuchungen weisen darauf hin, daß sich bereits im frühen und mittleren Schulalter ein zahlenmäßig kleiner „Aktivitätstyp" unter den Jugendlichen herausbildete, der kontinuierlich in der FDJ und gegebenenfalls in anderen Organisationen politisch aktiv war, während sich der
größere Teil eher gleichgültig oder gar ablehnend verhielt[136]. Bei dem

136 Am deutlichsten kommt dies in der Intervallstudie vom ZIJ zum Ausdruck.
Vgl. Friedrich/Müller (Hrsg.), *Zur Psychologie der 12- bis 22-jährigen* (Anm. 20).
Vgl. auch die kritischen Ausführungen über das „dichotomische Gesellschaftsbild" bei Irma Hanke, *Alltag und Politik*, Opladen: Westdeutscher Verlag
1987, S. 128ff.

„Aktivitätstyp" spielte die Unterstützung durch die Eltern offenbar eine große Rolle. Es war selten die FDJ allein, die die Jugendlichen zur aktiven Mitarbeit bewegen konnte; ausschlaggebend waren andere „Verstärker", die das systemkonforme Verhalten unterstützten. Aktive Mitglieder kamen daher häufig aus Elternhäusern, in denen mindestens ein Elternteil selbst in der FDJ aktiv war bzw. eine politische Funktion ausübte.

Im Gegensatz zur kämpferischen Rhetorik der FDJ waren es nicht Schlüsselerlebnisse, die die Jugendlichen an bestimmten Punkten ihrer Biographie zu politischen Verhaltensweisen veranlaßten, sondern die Übernahme angebotener Sozialisationsmuster und -inhalte. Oft sahen Jugendforscher der DDR hierin bereits den Erfolg der politisch-ideologischen Erziehung bestätigt. Übersehen wurde dabei aber nicht nur, daß diese „Erfolge" nur für eine relativ kleine Gruppe galten, sondern auch, daß Adaption zunächst nur Anpassung heißt. Sie führte nicht notwendig zur gewünschten „Aktivität", d.h. zu tatsächlichem politischem Verhalten. Mehr noch: Durch diesen Zwang zur Anpassung, der Jugendliche in vorgeformte Bahnen preßte, produzierte der Jugendverband selbst die Entfremdung und Ablehnung, die die Krise des System beschleunigte. Für große Teile der Jugendlichen blieb die FDJ-Arbeit eine Pflichtübung, und es überrascht vor diesem Hintergrund nicht, daß sich bei ihnen zunehmend distanzierte Einstellungen und Kritik breitmachten[137].

Bereits seit Ende der siebziger Jahre zeichneten sich die Bruchlinien in der mit großem Aufwand betriebenen politisch-ideologischen Erziehung ab. Die Suche der Jugendlichen nach neuen Vorbildern und Wertvorstellungen nahm immer deutlichere Konturen an. Ein Bruch zwischen den Generationen schien unvermeidlich. Dabei ließen sich drei Strömungen unterscheiden. Zunächst ist eine starke Tendenz festzustellen, das durchorganisierte, in politische Vorgaben eingezwängte Verbandsleben abzulehen, das eher als Pflicht denn als tatsächliche „Interessenvertretung" empfunden wurde. Das ritualisierte politische Leben, die formelhafte, oft altmodisch erscheinende und wenig jugendgemäße Sprache („Kampfauftrag", „Kampfreserve der Partei" usw.) sowie die zusätzliche zeitliche Belastung, die die Verbands-Arbeit mit sich brachte, führten dazu, daß der Jugendverband Jugendlichen oft fremd und äußerlich blieb, ohne daß diese Entfremdung indes in eine politische Kritik umgesetzt wurde. Diese Entfremdung hatte eine massenhafte Entpolitisierung zur Folge.

---

137 Neben der recht offen formulierten Kritik der von Gabriele Eckart interviewten Jugendlichen gab die gesellschaftswissenschaftliche Literatur der DDR auch Hinweise auf Formen von Zurückhaltung und „passiver" Kritik, z.B. bei den rituellen Plan- und Wettbewerbsdiskussionen. Vgl. z. B. Günter Weghenkel, Zum Leistungsverhalten junger Industriearbeiter in der DDR. Ergebnisse und Probleme, in: *Informationen zur soziologischen Forschung in der DDR*, H. 2 (1983), S. 31-49. – Deutlich wurden die krassen Defizite jedoch erst nach dem Umbruch ausgesprochen.

Daneben bildete sich eine Strömung heraus, die Alternativen suchte und sich in einer Vielzahl von informellen Gruppen niederschlug, z. B. in der Musik- und Künstlerszene oder in sonstigen Formen einer eigenen, jugendlichen Kultur[138]. Oft schloß dies formelle FDJ-Mitgliedschaft nicht aus. Die Suche Jugendlicher nach eigenen Freizeit- und Lebensformen fand häufig jedoch in Abgrenzung vom offiziellen Jugendverband statt.

Eine dritte, sich kritisch von der FDJ-Arbeit distanzierende Strömung formierte sich explizit um politische Themen. Am deutlichsten war dies in den Ökologie- und Friedensgruppen zu beobachten[139]. Bereits zu Beginn der achtziger Ende Jahre zeichnete sich ab, daß Jugendliche die zunehmende Militarisierung der DDR-Gesellschaft, die Fortschrittsgläubigkeit, die Umweltzerstörung usw. ablehnten und dabei der FDJ die Fähigkeit absprachen, die sie bewegenden Themen aufzunehmen und zu diskutieren. Unabhängige Gruppen bildeten sich, besonders in Ost-Berlin, Leipzig, Jena und Dresden, häufig unterstützt von der Kirche, in denen die Jugendlichen ihre Kritik und ihre Visionen von einer besseren Gesellschaft diskutierten; dies verstärkte die staatliche bzw. staatssicherheitliche Kontrolle und führte nicht selten zur Repression. Diese Gruppen wurden für die politische Sozialisation der hier engagierten Jugendlichen jedoch bedeutungsvoller, als es der Jugendverband je gewesen war. Die FDJ verlor immer mehr an Bedeutung. Zwar versuchte sie mit Kampagnen und neuen Argumentationsketten ihre ideologische und machtpolitische Position zu stützen, um die sich auch politisch manifestierenden Umschichtungen des politischen Bewußtseins aufzufangen und die Jugendlichen für die offiziell vertretene Politik zurückzugewinnen. Tatsächlich hatte die FDJ ihr Monopol, politisches Bewußtsein und Verhalten von Jugendlichen zu formen, längst verloren; der Generationenbruch wurde unvermeidbar. Andere politische Sozialisationszusammenhänge wurden von Jugendlichen als relevanter, authentischer und lebensnäher erlebt. Mit der Ausdifferenzierung der Gesellschaft, der Veränderung des politischen Umfeldes, den insgesamt gestiegenen, differenzierteren Bedürfnissen der Jugendlichen, denen ein starrer, überholter Dogmatismus gegenüberstand, spitzte sich der Konflikt zusehends zu. Die Kluft zwischen dem offiziell vertretenen Anspruch der FDJ und der faktischen politischen Sozialisation mußte sich zwangsläufig noch vertiefen.

3.2.4. Vormilitärische Erziehung

Zur Stützung eines staats- und herrschaftskonformen Bewußtseins setzte die Partei- und Staatsführung seit dem Ende der siebziger Jahre verstärkt

---

138 Beispiele hierfür geben Norbert Haase/Lothar Reese/Peter Wensierski, *VEB Nachwuchs. Jugend in der DDR*, Reinbek: Rowohlt 1983.

139 Vgl. auch Christiane Lemke, New Issues in the Politics of the German Democratic Republic, in: *The Journal of Communist Studies*, 2. Jg. 1986, H. 4, S. 341-358.

auch die vormilitärische Erziehung ein. Die Wehrerziehung in den Schulen, Berufsschulen und Hochschulen wurde ausgebaut, der Wehrdienst und militärische Traditionen wurden aufgewertet. Besonders mit der Verabschiedung des neuen Wehrdienstgesetzes im Jahr 1982 schien eine neue Stufe der Militarisierung der DDR-Gesellschaft erreicht worden zu sein[140]. Nahezu zeitgleich erfolgte die Aufwertung preußischer Traditionen in der DDR, eine Entwicklung, die Assoziationen zum preußischen Militarismus wachrief. Diese Tendenzen der Militarisierung und der Intensivierung der militärischen Erziehung standen jedoch in krassem Widerspruch zu der von Erich Honecker – insbesondere gegenüber der Bundesrepublik – propagierte Entspannungspolitik. Die Wirksamkeit der Militarisierung mußte daher fragwürdig erscheinen.

Kritik am Widerspruch zwischen der offiziell vertretenen Friedens- und Entspannungspolitik und der faktischen Militarisierung der DDR-Gesellschaft wurde nicht nur von westlichen Beobachtern geäußert. Die zu Beginn der achtziger Jahre entstandene inoffizielle Friedensbewegung belegt, daß sich auch in der DDR Zweifel und Kritik breitzumachen begannen[141]. Mitglieder der Friedensbewegung versuchten der offiziell vertretenen Politik alternative Denk- und Handlungsmuster entgegenzusetzen, was, wie die nahezu lückenlose Erfassung durch die Staatssicherheit und die wiederholt erfolgenden Zwangsmaßnahmen belegen, zu harschen Reaktionen des Staates führte. Zwei gegenläufige Tendenzen prallten aufeinander – die zunehmende Militarisierung und kritische Gegenbewegungen in Form von anti-militaristischen, pazifistischen und anti-nuklearen Strömungen. Die Frage, welche Aufgaben und Funktionen die in das Bildungswesen schrittweise eingeführte vormilitärische Erziehung für die politischen Sozialisation erfüllen sollte, ist vor diesem Hintergrund von besonderem Interesse.

Vormilitärische Erziehung („sozialistische Wehrerziehung"), Zivilverteidigung und die Armee wurden zu den Instrumenten von Partei und

140 Ich verwende den Begriff Militarisierung, um die zunehmende Präsenz militärischer Gedanken, Symbole und Handlungen in zivilen Bereichen der Gesellschaft, z.B. im Bildungssystem, zu charakterisieren. Davon zu unterscheiden ist der Begriff Militarismus, der eine Dominanz des Militärischen über das Politische bezeichnet. Da das Militär generell der politischen Führung untergeordnet blieb, wie dies durch die bindenden Vorgaben der SED, ihre Kontrolle über das Militär und die Kaderpolitik gegeben war, ist es zutreffender, in diesem Zusammenhang von „Militarisierung" zu sprechen. Vgl. zum Militär in der DDR: Studiengruppe Militärpolitik (Ulrich Albrecht u.a.), *Die Nationale Volksarmee*, Reinbek: Rowohlt 1976; Gero Neugebauer, 25 Jahre Nationale Volksarmee, in: *Deutschland Archiv*, 14. Jg. 1981, H. 3, S. 268-276.
141 Vgl. zur Friedensbewegung z.B. Wolfgang Büscher/Peter Wensierski u. a., *Friedensbewegung in der DDR. Texte 1978-1982*, Hattingen: Scandia 1982. Zur Problematik der Wehrdienstverweigerung in der DDR vgl. Bernd Eisenfeld, *Kriegsdienstverweigerung in der DDR – ein Friedensdienst?*, Frankfurt a.M.: Haag und Herchen 1978.

Staat gerechnet, die das bestehende politische System zu stützen und zu stabilisieren hatten[142]. Die hier stattfindende militärische bzw. vormilitärische Sozialisation erfolgte in enger Abstimmung mit den politischen Zielen der Partei- und Staatsführung; sie war Teil der gesellschaftspolitischen Strategie der herrschenden politischen Macht. So gehörten Verteidigungsbereitschaft und -fähigkeit zum sozialistischen Persönlichkeitsbild. Am deutlichsten kommt dies im Jugendgesetz der DDR von 1974 zum Ausdruck. Dort heißt es in § 24:„ Die Verteidigung des sozialistischen Vaterlandes und der sozialistischen Staatengemeinschaft ist Recht und Ehrenpflicht aller Jugendlichen. Aufgabe der Jugend ist es, wehrpolitische Bildung, vormilitärische Kenntnisse und Fertigkeiten zu erwerben sowie in der Nationalen Volksarmee und den anderen Organen der Landesverteidigung zu dienen. Dieser Ehrendienst wird durch die sozialistische Gesellschaft hoch geachtet."[143] Lehrer und Erzieher wurden nach dem Gesetz verpflichtet, die wehrpolitische Bildungs- und Erziehungsarbeit zu unterstützen und zu fördern und bei der vormilitärischen Ausbildung, dem Wehrsport und der Zivilverteidigungsausbildung mitzuwirken. Die Formulierung im Jugendgesetz markierte das Ergebnis einer Entwicklung, die bereits in den fünfziger Jahren einsetzte und schrittweise Eingang in die Bildungs- und Erziehungsarbeit in den gesellschaftlichen Institutionen fand[144].

Mit der Gründung der „Gesellschaft für Sport und Technik" (GST) im Jahre 1952 (im Anschluß an die Proklamierung „Nationaler Streitkräfte" und vier Jahre vor der Gründung der Nationalen Volksarmee (NVA)) wurde eine Massenorganisation geschaffen, die die wehrsportliche Ertüchtigung der Bevölkerung, besonders der Jugendlichen, und die Organisation der vormilitärischen Ausbildung in Zusammenarbeit mit der FDJ vorantreiben sollte. Bestand die Aufgabe der GST zunächst vor allem darin, ein militärisch, politisch-ideologisch und physisch geeignetes Potential an jungen Männer für die „Kasernierte Volkspolizei" (KVP), die Kampfgruppen und später die NVA zu schaffen, so verlagerte sich der Schwerpunkt der Aufgaben nach der Einführung der allgemeinen Wehrpflicht 1962 auf die vormilitärische Ausbildung der 14- bis 25jährigen, den Wehrsport und auf die Vorbereitung auf den Dienst in Spezialeinheiten der NVA. Die GST arbeitete eng mit der FDJ zusammen, so bei

142 Vgl. Jerzy Wiatr, Sozio-politische Besonderheiten und Funktionen von Streitkräften in sozialistischen Ländern, in: *Beiträge zur Militärsoziologie, Kölner Zeitschrift für Soziologie und Sozialpolitik*, hrsg. v. René König, Sonderheft 12/1968, S. 99.

143 *Jugendgesetz der DDR*, (Anm. 122), S. 53.

144 Eine gute Übersicht über die Wehrerziehung bis Mitte der siebziger Jahre gibt Heidrun Rodejohann-Recke, 'Sozialistische Wehrerziehung' in der DDR, in: Studiengruppe Militärpolitik, *Die Nationale Volksarmee*, (Anm. 140), S. 100-133. Vgl. auch Jürgen Hartwig/Albert Wimmel, *Wehrerziehung und vormilitärische Ausbildung der Kinder und Jugendlichen in der DDR*, Stuttgart: Seewald 1979.

der Vorbereitung und Durchführung der „Hans-Beimler-Wettkämpfe" der FDJ, die aufgrund einer Vereinbarung zwischen dem Zentralrat der FDJ, dem Ministerium für Volksbildung und dem Zentralvorstand der GST von 1967 in den Klassen 8 bis 10 der allgemeinbildenden Schulen als wehrsportliche Übung der Schüler durchgeführt wurden. Ende der sechziger Jahren ließ sich dann eine Tendenz beobachten, die Wehrerziehung als integralen Bestandteil des einheitlichen Bildungssystems zu etablieren. Wehrbereitschaft, Wehrmotivation und Wehrfähigkeit sollten zu Grundbausteinen der politischen-ideologischen Erziehung werden. Diese Integration erfolgte nach Erklärungen auf dem VII. Parteitag der SED 1967, die staatliche und gesellschaftliche Organisationen und Einrichtungen zur sozialistischen Wehrerziehung in das „System der Landesverteidigung" einzuordnen[145]. Dementsprechend sollte an die Stelle vereinzelter vormilitärischer Übungen und des Grundwehrdienstes eine „komplexe Wehrerziehung" treten, die sich als kontinuierlicher Prozeß von der Schulzeit über die Berufsausbildung bis zum Wehrdienst erstreckte. Dieses System sollte in noch stärkerem Maße die Einheit von militärischer Ausbildung und politischer Erziehung gewährleisten.

Eine Reihe von Gesetzen und Verordnungen für die allgemeinbildenden Schulen, die Betriebe und Hochschulen und die Lehrerausbildung – darunter auch das Gesetz über die Zivilverteidigung von 1970[146] – konkretisierte in der Folgezeit diese Zielvorgabe, die dann im Jugendgesetz von 1974 allgemeinverbindlich als Bestandteil der sozialistischen Persönlichkeitsbildung kodifiziert wurde. In einem zur gleichen Zeit veröffentlichten neuen Standardwerk zur Wehrerziehung heißt es dazu einleitend: „Die vorgelegte Handreichung informiert über die sozialistische Wehrerziehung als Bestandteil der klassenmäßigen sozialistischen Erziehung. Dabei wird davon ausgegangen, daß die sozialistische Wehrerziehung Bestandteil allseitig entwickelter sozialistischer Persönlichkeiten ist und im Prozeß ihrer Durchführung folglich immer die Gesamtentwicklung der Persönlichkeit zu berücksichtigen ist."[147] Die Schrift erläutert weiter, daß die Wehrerziehung Jugendlicher Bestandteil der „klassenmäßigen sozialistischen Erziehung" sei, zu der die „Verteidigungswürdigkeit des Sozialismus" in der DDR gehört.[148] Mit konkreten Beispielen aus den Unterrichtsfächern – von Staatsbürgerkunde über den Sportunterricht bis zu den mathematisch-naturwissenschaftlichen Fächern – wird deutlich gemacht, wie diese politisch-ideologische Erziehung verwirklicht werden

145 Vgl. Heinz Hoffmann, *Sozialistische Landesverteidigung*, Teil II, Berlin (DDR): Deutscher Militärverlag 1971, S. 649ff.
146 Vgl. ausführlicher zur Zivilverteidigung Christiane Lemke/Gero Neugebauer, Frauen und Militär in der DDR, in: *Deutschland Archiv*, 18. Jg. 1985, H. 4 (mit Quellenangaben).
147 Karl Ilter/Albrecht Herrmann/Helmut Stolz (Hrsg.), *Handreichungen zur sozialistischen Wehrerziehung*, Berlin (DDR): Volk und Wissen 1974, S. 8.
148 Ebd., S. 26ff.

sollte. Die Wehrerziehung sollte sich auch auf Tätigkeiten der Schüler außerhalb des Unterrichts – im Rahmen der FDJ, der Pionierorganisation oder der GST – erstrecken.

Obwohl die Tendenzen, die vormilitärische Erziehung in das Bildungssystem zu integrieren, bereits seit Ende der sechziger Jahre sichtbar waren, stellte die Einführung des obligatorischen Wehrkundeunterrichts an den allgemeinbildenden Schulen im Schuljahr 1978/79 eine Weiterentwicklung der vormilitärischen Erziehung dar. Nach einer Direktive des Ministeriums für Volksbildung vom 1. Februar 1978 sollten die Schüler der Klasse 9 in vier Doppelstunden pro Jahr über die „sozialistische Landesverteidigung" unterrichtet werden; in den letzten Wochen des Schuljahres wurde dann ein zweiwöchiger Lehrgang im Lager zur Wehrausbildung für Jungen bzw. zur Zivilverteidigung für Mädchen und diejenigen Jungen durchgeführt, die nicht an der Wehrausbildung teilnahmen. In Klasse 10 umfaßte der Wehrkundeunterricht ebenfalls vier Doppelstunden zu Fragen der „sozialistischen Landesverteidigung" sowie drei Tage „Wehrbereitschaft" für alle Schüler[149]. Zweck dieses Unterrichts war zum einen, gezielt Berufssoldaten anzuwerben, da die NVA zunehmend Nachwuchsprobleme bei Offizieren und Unteroffizieren hatte. Zum anderen diente der Wehrkundeunterricht dazu, *alle* Jugendlichen politisch-ideologisch zur Wehrbereitschaft und Wehrfähigkeit zu erziehen.

Trotz massiver Proteste von Eltern und aus Kirchenkreisen, die in der Einführung des obligatorischen Wehrkundeunterrichts einen weiteren Schritt zur Militarisierung der Erziehung sahen, wurde die vormilitärische Ausbildung und Erziehung in den folgenden Jahren weiter ausgebaut. Neue Regelungen für Studium, Erweiterte Oberschule und Berufsausbildung wurden getroffen. So verlangte der Politbürobeschluß zur Hochschulbildung von 1980, die Wehrerziehung in den gesamten Studienprozeß einzuordnen. Alle Studenten waren gezwungen, im zweiten Studienjahr an einer fünfwöchigen Schulung in einem Militärlager der NVA oder in der Zivilverteidigung teilzunehmen; letzteres betraf vor allem die Studentinnen sowie diejenigen Studenten, die keinen Wehrdienst in der NVA abgeleistet hatten. 1981 erfogte dann eine Anweisung des Volksbildungsministeriums, den Wehrkundeunterricht für die 11. Klasse der Erweiterten Oberschule einzuführen. Auch die Lehrlinge wurden im Rahmen der Berufsausbildung an den Berufsschulen in die vormilitärische Ausbildung einbezogen; die Teilnahme an der von der GST organisierten Ausbildung war Pflichtbestandteil der Lehrlingsausbildung.

Das neue Wehrdienstgesetz der DDR von 1982 definierte vormilitärische Erziehung als Teil des Bildungsauftrags. So heißt es in § 5 Absatz 2: „Die Vorbereitung auf den Wehrdienst ist Bestandteil der Bildung und

---

149 Kritisch zur Militarisierung äußern sich auch Karl Wilhelm Fricke, Forcierte Militarisierung im Erziehungswesen der DDR, in: *Deutschland Archiv*, 15. Jg. 1982, H. 10, S. 1057-1062; H. G. Schirrmeister, *Erziehung zum Haß*, Landsberg: Verlag Bonn aktuell 1987.

Erziehung an den allgemeinbildenden Schulen, Einrichtungen der Berufsausbildung, Fachschulen, Hochschulen und Universitäten."[150] Vormilitärische Erziehung blieb damit keine punktuell erfolgende Beeinflussung
der Heranwachsenden, sondern war ein auf allen Stufen der gesamten
politisch-ideologischen Erziehung anzutreffender Bestandteil. Dementsprechend grundsätzlich gefaßt sind auch die Ziele der vormilitärischen
und militärischen Erziehung, die zu der Bereitschaft führen sollte, den
militärischen Schutz der DDR im Verbund mit der Sowjetunion zu gewährleisten[151]. Diese Bereitschaft zur Verteidigung der DDR kristallisiert
sich im „sozialistischen Wehrmotiv", das die politisch-moralischen Beweggründe beinhaltet, die für die Landesverteidigung als grundlegend
angesehen wurden[152]. Bei der Herausbildung dieses Wehrmotivs spielte
die vormilitärische Erziehung eine große Rolle, denn bereits hier sollten
„Wehrbereitschaft" und „Wehrfähigkeit" erzeugt werden[153]. Die „Wehrbereitschaft" zielte auf die Herausbildung eines „klassenmäßig" geprägten Bildes von Freund und Feind und von Traditionsbewußtsein. Die
„Wehrfähigkeit" sollte durch die Aneignung von vormilitärischem Wissen, physischen und psychischen Fähigkeiten und die Beherrschung der
Grundformen militärischer Ordnung und Disziplin erfolgten[154]. Ausgebaut wurde auch das Wehrdienstgesetz. Während der Mobilmachung und
im Verteidigungsfall konnten danach Frauen zwischen 18 und 50 Jahren
in die allgemeine Wehrpflicht einbezogen werden[155]; dies wurde kritisch
als ein weiteres Anzeichen einer verstärkten Militarisierung gedeutet.

Im Kern sollte die politisch-ideologischen Erziehung in der vormilitärischen Erziehung und in der Armee das „sozialistische Wehrmotiv" festigen[156]. Zur Rhetorik der politischen Schulungen gehörte die Feindbild-
Erziehung. Absolute Loyalität zum sozialistischen Staat, Treue zum Bünd-
nispartner Sowjetunion und „Haß" auf den imperialistischen Gegner, d.h.
auf die Bundesrepublik, die USA und die NATO, bildeten Hauptinhalte
der politisch-ideologischen Unterweisung. In der Schulung spiegelte sich
das extreme Legitimations- und Sicherheitsbedürfnis der DDR wider.
„Wehrmotiv" und „Verteidigungswürdigkeit" sollten auf den Schutz des
Staates und des „Sozialismus" abzielen; sie waren daher stark ideologie-

150 *Gesetz über den Wehrdienst in der Deutschen Demokratischen Republik (Wehrdienst-*
    gesetz) vom 25. März 1982, GBl. I, Nr. 12, S. 221. Zur Einschätzung vgl. auch
    Karl Wilhelm Fricke, Volkskammer beschloß neues Wehrdienstgesetz, in:
    Deutschland Archiv, 15. Jg. 1982, H. 5, S. 458-460.
151 Vgl. *Kleines Politisches Wörterbuch*, 3. überarb. Aufl., Dietz-Verlag: Berlin (DDR)
    1978, S. 843.
152 Vgl. ebd., S. 839, Stichwort „sozialistisches Wehrmotiv".
153 Vgl. Ilter/Herrmann/Stolz, *Handreichung* (Anm. 147), S. 25ff.
154 Zur NVA vgl. Studiengruppe Militärpolitik, *Die Nationale Volksarmee* (Anm.
    140); Joachim Nawrocki, *Bewaffnete Organe in der DDR*, Berlin: Holzapfel 1979.
155 Vgl. ausführlich dazu Lemke/Neugebauer, Frauen und Militär (Anm. 146), S.
    411-426.
156 Vgl. *Kleines Politisches Wörterbuch* (Anm. 151), S. 839.

zentriert, d.h. sie sollten die Identifikation mit politisch-ideologischen Zielen der Partei fördern.

Die Wirksamkeit solcher ideologiezentrierten militärischen Sozialisation wurde allerdings schon seit längerer Zeit angezweifelt[157]. Nachwuchs als Berufssoldaten zu gewinnen bereitete erhebliche Probleme; mit Mitteln wie einen Studienplatz bereitzustellen oder attraktive Berufsausbildungen zu ermöglichen wurde für die Laufbahn des Berufsoffiziers oder den verlängerten Wehrdienst geworben. Probleme der NVA indizierten, daß die intensive militärerzieherische und -propagandistische Arbeit ihr Ziel offenbar nicht erreichten. „Es wird darüber geklagt, daß der Jugend das Verständnis für die Aggressivität des Imperialismus fehle, daß sie kein ausgeprägtes Feindbild entwickle oder auch nicht ausreichend politisch motiviert sei."[158] Nach Angaben aus Kirchenkreisen und aus der inoffiziellen Friedensbewegung nahm auch die Anzahl derjenigen, die den Wehrdienst verweigerten und statt dessen Dienst als „Bausoldaten" leisteten, erheblich zu. Schließlich verweigerten jährlich etwa 2000 junge Männer den Wehrdienst mit der Waffe. „Auch die Tatsache, daß der Wehrdienst mit der Waffe weiterhin verweigert wird, ohne daß staatliche oder gesellschaftliche Institutionen für diese Möglichkeit Propaganda machen, spricht gegen eine totale Mobilisierung der Jugend für die militärpolitischen Ziele der SED und für eine Aufwertung der NVA."[159] Die Wirksamkeit der „politischen Indoktrination" wurde auch von anderen Experten angezweifelt, die sich u. a. auf Verhöre von Flüchtlingen aus der DDR stützten[160].

Besondere Schwierigkeiten in der Feindbild-Erziehung bereitete der DDR die Frage ihrer Identität gegenüber der Bundesrepublik. Auch die intensivste ideologische Beeinflussung konnte nicht darüber hinwegtäuschen, daß der „Gegner" Bundesrepublik, der den Soldaten der NVA, den Schülern, Studenten und Lehrlingen, die in die vormilitärische Erziehung einbezogen waren, im Alltag in Form von Verwandtschaft, Besuchern, Reisenden entgegentrat, im wesentlichen ein abstraktes ideologisches Konstrukt blieb. Die komplizierte Frage der nationalen Identität, die sich aus der Teilung Deutschlands ergab, erschwerte es, ein Feindbild aufzubauen und stellte eines der Hauptprobleme hinsichtlich der Wirksamkeit militärpolitisch-ideologischer Erziehung dar.

157 Die Wirksamkeit ideologiezentrierter Schulung blieb unter Militärexperten ohnehin umstritten. Vgl. z. B. Charles C. Moskos Jr., Eigeninteresse, Primärgruppen und Ideologie. Eine Untersuchung der Kampfmotivation amerikanischer Truppen in Vietnamm, in: *Beiträge zur Militärsoziologie* (Anm. 142), S. 199-220. Zur Wehrideologie in der DDR vgl. z. B. Peter Jungermann, *Die Wehrideologie der SED und das Leitbild der Nationalen Volksarmee vom sozialistischen deutschen Soldaten*, Stuttgart: Seewald 1973.
158 Neugebauer, 25 Jahre NVA (Anm. 140), S. 276.
159 Ebd., S. 276.
160 Vgl. Ulrich Albrecht, Zum Militär in der DDR. Anstelle einer Einleitung, in: Studiengruppe Militärpolitik, *Die Nationale Volksarmee* (Anm. 140), S. 8f.

Um so mehr sollte die Wehrerziehung innenpolitisch, d. h. in Hinblick auf das politische System, eine besondere Funktion erfüllen. Verfolgt man die schrittweise Integration der vormilitärischen Erziehung in das Bildungswesen, dann ergibt sich eine eigentümliche Paradoxie: Während die DDR nach außen hin seit Beginn der achtziger Jahre gegenüber der Bundesrepublik und dem Westen eine Politik der Abrüstung und Entspannung vertrat, baute sie nach innen die Wehrerziehung systematisch aus. Die DDR-Führung begründete dies zunächst mit der erhöhten Kriegsgefahr in Mitteleuropa durch die Stationierung von atomaren Mittelstreckenwaffen und mit der Verschlechterung des Ost-West-Verhältnisses durch eine als „aggressiver" empfundene Außenpolitik der USA, die sie vor allem durch die Politik der NATO belegt sah.

Tatsächlich diente die verstärkte vormilitärische Erziehung aber vor allem der Festigung einer Identifizierung mit der DDR als eigenem Staat. Während sie sich nach außen hin um die Festigung ihrer Staatssouveränität bemühte, wollte sie nach innen das DDR-Staatsbewußtsein fördern. Das Gewicht der wehrpolitischen Erziehung wurde vor allem daran deutlich, daß sie nach Auffassung der SED neben dem Bereich der Sozialpolitik eine „nicht unerhebliche Bedeutung besitzt für die politische und soziale Stabilität der Gesellschaftsordnung der DDR"[161]. In dem Maße, in dem sich die DDR vorsichtig nach Westen zu öffnen begann[162], wurde absolute Staatstreue und Loyalität gegenüber dem staatssozialistischen Regime das Non-plus-ultra der Innenpolitik, zumal sich die in der Bevölkerung ohnehin vorhandene „Westorientierung" dadurch noch verstärkte. Die Bedeutung der vormilitärischen und militärischen politischen Sozialisation, in die schrittweise alle DDR-Bürger einbezogen wurden, bestand daher vor allem in dem Versuch, die eigene DDR-Identität zu befestigen. In dieses Bild paßte auch die Pflege nationaler Traditionen im Rahmen der vormilitärischen Erziehung und der NVA, wie sie z.B. in den „Handreichungen zur sozialistischen Wehrerziehung" plastisch aus-

---

161 Neugebauer, 25 Jahre NVA (Anm. 140), S. 276.
162 Der amerikanische Sowjetunion- und DDR-Experte James McAdams stellte die These auf, daß die DDR trotz anfänglicher Widerstände die Herausforderung der Entspannung angenommen und sie dann systematisch zur Stärkung ihres eigenen Regimes eingesetzt habe; trotz der Meinungsverschiedenheiten in der politischen Führung habe sie von der Normalisierung zwischen den beiden deutschen Staaten profitiert. Vgl. James McAdams, *East Germany and Detente. Building Authority after the Wall*, Cambridge usw.: Cambridge University Press 1985. Tatsächlich begann sich, insbesondere nach dem Abschluß des INF-Abkommens, der Unterzeichnung des SPD-SED-Papiers und im Zusammenhang mit dem von Gorbatschow propagierten und von der DDR unterstützten „neuen Denken" eine Veränderung der Einschätzung von der „Aggressivität" des „Imperialismus" abzuzeichnen. Vgl. z.B. Jürgen Kuczynski, Können Monopole an Aggressivität verlieren?, in: *Horizont*, 10/1988, S. 24; Manfred Müller/Herrmann Scheer, Ist atomare Abschreckung zeitgemäß?, in: ebd., S. 10f; „Aggressivität und Friedensfähigkeit des heutigen Imperialismus". *IPW-Gespräch*, in: IPW-Berichte, 9/1988, S. 11-19.

geführt sind[163]. „Deutsche" Traditionen von bewaffneten Kämpfen der unterdrückten Klassen (Bauernkriege) oder der nationalen Befreiungskämpfe (gegen Napoleon) sollten nunmehr ausführlich behandelt werden. Friedrich Engels, der Namensgeber für die DDR-Militärakademie, wurde als bedeutender sozialistischer „Militärtheoretiker" herausgestellt. Die im preußischen Stechschritt ausgeführte Wachablösung in Ost-Berlin „Unter den Linden", häufig als antiquiertes, befremdliches Relikt vergangener Zeit im ansonsten sich modern und sozialistisch verstehenden DDR-Staat empfunden, repräsentierte als Symbolhandlung ein Stück DDR-deutscher Identität, die den Rückgriff auf gesamtnationale Traditionen deutscher Geschichte unterstrich.

Spätestens nach der Unterzeichnung des INF-Abkommens und mit der neuen Phase des Dialogs zwischen den USA und der Sowjetunion unter Gorbatschow in der zweiten Hälfte der achtziger Jahre verringerte sich das Gefühl einer unmittelbaren Bedrohung. Gorbatschows Konzept des „neuen Denkens" in der Außenpolitik sowie die schrittweise Öffnung zur Bundesrepublik höhlten die These von der Konfrontation zweier feindlicher Weltsysteme aus; die Redeweise von der Aggressivität des „Imperialismus" verkam immer mehr zu einer ideologischen Hülse. Trotz der sich Mitte der achtziger Jahre abzeichnenden Phase des Beginns globaler und regionaler Entspannung sowie anti-militaristischer oder pazifistischer Gegenbewegungen hielt die Partei- und Staatsführung an der Militarisierung der Gesellschaft fest. Die inoffizielle Friedensbewegung und kirchliche Aktivitäten verkörperten eine Gegenbewegung, die das Dilemma dieser Art von politisch-ideologischer Erziehung verdeutlichte. Weder war die Partei- und Staatsführung gewillt, kritische Positionen in Bezug auf die Militarisierung zu akzeptieren, noch war sie in der Lage, sich den veränderten innen- und außenpolitischen Bedingungen anzupassen. Die vormilitärische politisch-ideologische Erziehung stand in einem immer größeren Widerspruch zu Ansichten und Erfahrungen der Jugendlichen und mußte so als Teil der politischen Sozialisation versagen.

3.2.5. Zusammenfassung

Die politisch-ideologische Erziehung stellte das Kernstück der organisierten politischen Sozialisation dar; ihr Ziel „sozialistische Persönlichkeiten" zu formen, muß heute als gescheitert angesehen werden. Bereits die teils bruchstückhafte, teils vage Form der Veröffentlichung von Forschungsergebnissen indizierte, daß dieses Ziel der Übernahme und Unterstützung der offiziellen politischen Kultur auch in der Generation, die in der DDR aufgewachsen war, nicht erreicht werden konnte; die Akzeptanz des politischen Systems blieb damit defizitär, eine zentrale Bedingung politischer Stabilität, die Vermittlung der politischen Ziele und Inhalte an die nächste

---

163 Vgl. insbesondere Ilter/Herrmann/Stolz, *Handreichungen* (Anm. 147), S. 45ff.

Generation, war damit nicht gegeben. Zwar läßt sich für die siebziger Jahre eine gewisse Loyalität und sogar partielle Identifikation mit der DDR feststellen; eine Summe von Indizien zeigt jedoch den limitierten und keineswegs dominanten Einfluß politischer Erziehung für die konkrete Verfaßtheit des politischen Bewußtseins und Verhaltens. Besonders in der zweiten Hälfte der achtziger Jahre zeigten sich dann deutliche Konturen eines Generationenbruchs.

Aus der Analyse lassen sich zusammenfassend drei Erkenntnisse gewinnen. *Erstens:* Die jetzt publizierten Untersuchungsergebnisse lassen erstaunliche Defizite ideologischer Beeinflussung erkennen, wie anhand der Jugendforschung aufgezeigt werden konnte; sie belegen die nur begrenzte Wirksamkeit der politisch-ideologischen Erziehung. Dies läßt sich besonders für die achtziger Jahre und – akzeleriert – für 1988/89 feststellen.

Zweitens: In der ersten Hälfte der achtziger Jahre setzte eine umfassende ideologische Erneuerung in allen Bereichen der organisierten politischen Erziehung ein, die mit der „positiven Korrelation" zwischen „weltanschaulicher Fundierung" und fachlicher Leistung begründet wurde. Zum Teil erklärt sich der erstaunliche Grad ideologischer Aufrüstung mit der berechtigten Furcht, daß eine aus unmittelbaren ökonomischen Zwängen resultierende, tendenziell leistungsorientierte Bildungspolitik in ihrer Selektions- und Steuerungsfunktion andere als die offiziell erwünschten Resultate erzielen würde; Modernisierung und Re-Ideologisierung standen in einem offensichtlichen Spannungsverhältnis zueinander. Diese ideologische Erneuerung signalisiert jedoch die grundlegenden Mängel der bisherigen Anstrengungen, die sie mit verstärkter Anwendung der gleichen – gescheiterten – Konzepte zu überwinden suchte.

Drittens: Das engmaschige, abgestufte Beeinflussungsgefüge der organisierten politischen Sozialisation vermochte durch die Mittel und Medien der praktizierten politisch-ideologischen Erziehung nur einen begrenzten – von erwünschten Größenordnungen weit entfernten – Einfluß auf die politische Sozialisation der Jugendlichen auszuüben. Die Träger und Institutionen der organisierten politischen Sozialisation haben vielmehr selber zur Entpolitisierung beigetragen. Unfähig, sich an die veränderten Interessen und Bedürfnisse der Bevölkerung und an die Erfordernisse einer sich ausdifferenzierenden Gesellschaft anzupassen, produzierte und perpetuierte diese Form der politisch-ideologischen Erziehung eine politische Doppelkultur, in der die offizielle Zielkultur und die das Bewußtsein und Verhalten tatsächlich dominierende, weitaus vielschichtigere politische Kultur auseinanderstrebten. Folgerichtig konzentrierte sich die Kritik während des politischen Umbruchs im Herbst/Winter 1989/90 gerade auf die Elemente des Bildungssystems, die für die Aufrechterhaltung der Doppelkultur primär verantwortlich waren: auf die Staatsbürgerkunde, das marxistisch-leninistische Grundlagenstudium, die Wehrerziehung und die Monopolstellung der FDJ.

3.3. Nichtstaatliche Sozialisationsagenturen

Neben der Primärsozialisation in der Familie und im organisierten Rahmen wurde die politische Sozialisation auch durch Zusammenhänge geprägt, die keinem direkten staatlichen Zugriff unterlagen und die hier unter dem Begriff nichtstaatliche Sozialisationsagenturen zusammengefaßt werden. Zu diesen sozialen Zusammenhängen mit Sozialisationsleistung gehören zunächst die *informellen Gruppen*. In der klassischen Form bilden sie sich als „peer groups" spontan unter Gleichaltrigen und spielen besonders im Jugendalter eine große Rolle. Veröffentlichungen der DDR-Jugendforschung, Forschungsberichte und protokollartige Schilderungen aus dem DDR-Alltag gaben seit einiger Zeit Hinweise auf ein alterstypisches, kulturell und sozial differenziertes Bild dieser Gruppierungen, die das Fundament einer immer deutlicher an Profil gewinnenden eigenen Jugendkultur konstituierten. Informelle Gruppen haben darüber hinaus in bestimmten sozialen Schichten zunehmend an Bedeutung gewonnen. Dies gilt besonders für Künstler, Schriftsteller und andere Intellektuellenkreise. Diese Gruppen wurden häufig Kristallisationspunkte für kritische Strömungen im Rahmen der inoffiziellen, alternativen politischen Kultur, so in der Friedensbewegung, als Ökologie-, Frauen- und Menschenrechtsgruppen. Parallel zur „zweiten Ökonomie" läßt sich hier von einer „zweiten Gesellschaft" (*second society*) sprechen.

Eine besondere Position nimmt in diesem Zusammenhang die *Kirche* ein. Anders als die spontan entstehenden informellen Gruppen Gleichaltriger oder die informellen Gruppen der „zweiten Gesellschaft" bildet die Kirche eine formell organisierte, hierarchisch gegliederte und gut durchstrukturierte Organisation; sie hat aber mit den informellen Gruppierungen gemein, daß sie vom Staat und der SED unabhängig geblieben ist und insofern, zumindest für einen kleineren Kreis von Jugendlichen und Erwachsenen, eine eigenständige Sozialisationsagentur darstellte. Ihre Bedeutung für die politische Sozialisation und die politische Kultur der DDR ist darin zu sehen, daß sie ein vom offiziellen Selbstverständnis klar unterschiedenes Menschen- und Persönlichkeitsbild bewahrt und verkörpert hat. Tatsächlich blieb die Kirche – trotz des staatlichen Drucks, der auf sie ausgeübt wurde – die einzige autonome Organisation in der DDR, die aufgrund der bewußten Ausgrenzung aus dem Sozialisationskartell von Partei und Staat eine Sonderstellung einnahm. Zwar fanden ständig wechselseitige Beeinflussungen und ideologische Auseinandersetzungen statt; die Kirche selbst veränderte sich im Verlauf der letzten vier Jahrzehnte in einem komplizierten Wechselspiel von kirchlicher und staatlicher Politik, das in der Vergangenheit wiederholt Gegenstand kritischer westlicher Forschungen gewesen ist. In den entscheidenden Fragen ihrer inneren Organisation, im weltanschaulichen und moralisch-ethischen Bereich sowie in der Gemeindearbeit repräsentierte sie jedoch eine soziale Organisation, die vom Staat unabhängig blieb. Aus diesem Grund wurde

die Kirche von den Jugendlichen aufgesucht und um Unterstützung ge-
beten, die sich z. B. in der Friedens-, Menschenrechts- und Umweltbe-
wegung engagiert hatten und „Freiräume" in der Gesellschaft suchten,
ferner von Frauengruppen, Homosexuellen und anderen, die in einem
herrschaftsfreien Raum über den Sinn des Lebens und die Gestaltung der
Zukunft nachdenken wollten. Die Verschränkung von christlichem, oppositionellem und alternativem Milieu wurde daher typisch für die DDR.

Im folgenden werden die Rolle der informellen Gruppen und die Sonderstellung der Kirche unter der Fragestellung untersucht, welche Funktion und welche Bedeutung ihnen im Untersuchungszeitraum für die
politische Sozialisation zukommen. Eine – zumindest partiell – revidierte
Einschätzung der informellen Gruppen durch die offizielle Jugendforschung und Pädagogik führte dazu, daß sich in den achtziger Jahren
Hinweise auf diese Gruppen in dieser Forschung finden lassen; dies gilt
auch für die Alltags- und Lebensweiseforschung. Sie reichten jedoch nicht
aus; die ideologie- und herrschaftskritische Aufarbeitung der DDR-offi-
ziellen Forschung mußte durch Zugriffe auf weitere vorhandene Materialien ergänzt werden. Daher wurden zwei weitere Zugänge für die Untersuchung fruchtbar gemacht: Zum einen wurden Selbstdarstellungen
von Jugendlichen und Erwachsenen aus der dokumentarischen Literatur
ausgewählt. So kommen Betroffene in Protokollen und Selbstaussagen zu
Wort. Auch Schilderungen von Schriftstellern und Künstlern über die
informellen Gruppen werden als Selbstzeugnisse berücksichtigt. Dadurch
gewinnen vor allem die Gruppen, über die die offizielle Forschung nichts
aussagt, die aber für die Sozialisation relevant sind, ein authentisches
Profil. Zum anderen wurden zu den nicht-staatlichen Sozialisationsagenturen Veröffentlichungen der Kirchen in die Untersuchung mit einbezogen. Angesichts einer gewissen Liberalisierung gegenüber Fragen wie Kirche und Religion beschäftigten sich zwar auch die offiziellen DDR-Zeit-
schriften gelegentlich mit diesen Themen; besonders aufschlußreich waren aber die Beiträge, die die Kirchen selbst publizierten und die sowohl
durch protokollartige Schilderungen als auch theoretisch die Bedeutung
der Kirchen für die Wert- und Urteilsbildung von Heranwachsenden reflektieren.

Die offizielle Jugendforschung gab über den Einfluß der Kirchen im
Bildungs- und Erziehungsprozeß – zumindest in publizierter Form – keine
Auskunft; Materialien wurden erst nach dem Umbruch zugänglich. Das
Material aus Kirchenkreisen und theologischen Fakultäten stellte daher
ein wichtiges kritisches Korrektiv zur offiziellen DDR-Jugendforschung
dar; es läßt über die Beurteilung der nichtstaatlichen Sozialisation hinaus
Schlüsse auf die Effektivität politisch-ideologischer Erziehung bis 1989
zu.

3.3.1. Informelle Gruppen

Die in westlichen Forschungen zur politischen Sozialisation ermittelte Bedeutung, die informelle Gruppen auf politische Sozialisationsprozesse ausüben können, wurde in der Analyse staatssozialistischer Systeme erst verspätet rezipiert und überprüft. Da das „Sozialisationskartell" von Staat und Partei so dicht gewoben war, schienen Freiräume für diese Gruppen kaum vorhanden zu sein. Tatsächlich haben sich aber in nahezu allen Gesellschaften staatssozialistischen Typs informelle Gruppierungen, teilweise auch ganze „Netzwerke" auf der Basis informeller Gruppierungen herausgebildet, die die zweite, dominante Ebene der politischen Kultur dieser Gesellschaften prägen; ihr politischer Charakter ergibt sich aus der Ansiedlung im nichtoffiziellen Bereich.

Besonders gut belegt ist die Bedeutung informeller Gruppen in der polnischen Soziologie[164]. Wie in diesem Kapitel zu zeigen sein wird, bildeten sich auch in der DDR informelle Gruppen im Alltag heraus; besondere Bedeutung erlangten sie in der Jugendsozialisation. Als eine der wenigen westlichen Arbeiten nimmt die bereits erwähnte Studie von Volgyes und anderen die Frage nach der Bedeutung informeller Freundesgruppen für die politische Sozialisation in staatssozialistischen Ländern auf[165]. Beeinflußt sind die Autoren von der „peer-group"-Forschung in den USA. Nach Auffassung von Volgyes existieren informelle Gruppen im wesentlichen auf allen Ebenen dieser Gesellschaften; in der Sozialisa-

---

164 Vgl. z. B. Steven Sampson, The Informal Sector in Eastern Europe, in: *Telos*, H. 66 (1985/86), S. 44-66. Die Rolle und Funktion kleiner informeller Gruppen in staatssozialistischen Systemen ist in der polnischen Soziologie gründlicher untersucht worden. Wertvolle Hinweise auf die politische und soziale Bedeutung informeller Gruppen verdanke ich der polnischen Soziologin Jadwiga Koralewicz. Sie faßt die Ergebnisse ihrer umfangreichen empirischen Untersuchung, durchgeführt an der polnischen Akademie der Wissenschaften, wie folgt zusammen: „Generally speaking, we can distinguish three social mechanisms for coping with institutional reality. ... 1. 'Taming' the organized society through grass-roots pressure in the direction of democratizing institutions ... 2. Using mechanisms of adjustment to the existing world of institutions ... 3. Trying to reduce deprivation outside organized institutions (in the so-called 'second economy') ... We have attempted to show *the special role of small groups and informal ties as the basis for alternatives to state institutions in satisfying a number of various economic, cultural, and political needs.*" Jadwiga Koralewicz/Edmund Wnuk-Lipinski, „Visions of Society, Differentiations, and Inequalities in the Collective Consciousness", Vortrag für das Symposium „Politische Kultur der VR Polen", Universität Tübingen, 14. 12.-18. 12. 1986, mschr., S. 20 (Hervorhebungen, die Verf.).

165 Vgl. Volgyes (Hrsg.), *Political Socialization in Eastern Europe* (Anm. 1), S. 10ff. Vgl. auch die frühe Studie über *peer groups* in staatssozialistischen Ländern von Uri Bronfenbrenner, Response to Pressure from Peers vs. Adults Among Soviet and American School-Children, in: *International Journal of Psychology*, 2/1967, S. 199-207.

tion von Kindern werden sie immerhin als „powerful socializers" bezeichnet. Für die Erwachsenen stellen sie Intimität und Privatheit her, die in anderen Zusammenhängen kaum erreicht werden können. Volgyes findet die informellen Gruppen unter Erwachsenen besonders unter den Literaten verbreitet. Nach seiner Meinung belegen diese Gruppen deutlich die Grenzen staatssozialistischer Systeme, Sozialisationsprozesse umfassend zu kontrollieren und zu funktionalisieren. Im Rahmen seiner Studie über politische Sozialisation in der DDR stellte Arthur Hanhardt allerdings seinerzeit fest, daß zur Frage der „peer groups" keine sozialwissenschaftlich verwertbaren Informationen vorlägen. Er zog daraus den Schluß, daß es derartige Formen des sozialen Zusammenseins außerhalb von Kindergarten, Schule, Familie und der organisierten FDJ-Zirkel entweder nicht gebe – eine Schlußfolgerung, die nur hypothetischen Charakter hatte – oder daß sie so „informell" seien, daß sie praktisch unsichtbar blieben. Auch in früheren westdeutschen Arbeiten über DDR-Jugendliche, z.B. in der Studie von Jürgen Miksch „Jugend und Freizeit in der DDR" (1972) oder in Veröffentlichungen der Forschungsstelle für Jugendfragen in Hannover, fanden informelle Gruppierungen nahezu keine Beachtung[166].

Tatsächlich erfolgte die Publikation empirischer Untersuchungsergebnisse über die informellen Gruppen Gleichaltriger erst zögernd im Verlauf der achtziger Jahre. Hinweise auf ihre Existenz und Bedeutung hatte es allerdings schon in der Jugendforschung, der Sozialpsychologie und der Pädagogik gegeben, ohne daß empirische Ergebnisse veröffentlicht worden wären. Während sich führende Soziologen und Philosophen in den sechziger Jahren vehement von der „bürgerlichen" Gruppensoziologie abgrenzten, wiesen Jugendforscher punktuell bereits in dieser Zeit darauf hin, daß sich die Entwicklung individueller Persönlichkeiten nicht durch die „soziale Determination" durch Klassen- und Schichtverhältnisse erklären lasse. So argumentierte der Direktor des Zentralinstituts für Jugendforschung in Leipzig, Walter Friedrich, daß die „Verhaltensdetermination" nicht auf der Ebene makrosoziologischer Vorgänge, sondern nur im Rahmen kleinerer Mikrogruppen zu erfassen sei[167]. Insbesondere in der Kindheit und Jugend seien unmittelbare Bezugsgruppen für die Herausbildung von Einstellungen, Normen und Verhaltensweisen wichtig. Diese Gruppen seien nicht identisch mit den organisierten Kollektiven in Kindergarten und Schule oder mit den FDJ-Gruppen, sondern unterlägen gewissen Eigengesetzlichkeiten. Friedrichs Plädoyer für die Untersuchung von „Mikrogruppen" blieb nicht unumstritten, da die marxistisch-lenini-

---

166 Vgl. Hanhardt, East Germany: From Goals to Realities (Anm. 4), S. 71. Vgl. auch Walter Jaide/Barbara Hille, *Jugend im doppelten Deutschland*, Opladen: Westdeutscher Verlag 1977.
167 Vgl. Walter Friedrich, *Jugend heute*, Berlin (DDR): Deutscher Verlag der Wissenschaften 1966, S. 79ff.

stische Soziologie nach wie vor den Klassen- und Schichtbeziehungen Priorität zuschrieb.

Friedrichs Position wurde indes vereinzelt von anderen Wissenschaftlern gestützt. Die Sozialpsychologen Hans Hiebsch und Manfred Vorwerg, die in den sechziger Jahren das erste einführende Werk in die Sozialpsychologie in der DDR verfaßten, unterstreichen ebenfalls die Bedeutung sozialer Gruppen für die Persönlichkeitsentwicklung. Die primäre soziale Gruppe ist nach Hiebsch und Vorwerg die Familie, die dem Kind erste Orientierungen für seine Tätigkeit und sein Erleben vermittelt. Diese kleine soziale Gruppe strukturiert sich zwar formal und inhaltlich nach dem Modell der Gesellschaft – eine Annahme, die sich auf das marxistisch-leninistische Theorem der „Determination" abgeleiteter sozialer Zusammenhänge durch die ökonomischen Basisverhältnisse stützt – aber: „Selbstverständlich kann es auch Abweichungen geben, besonders in komplexen Gesellschaften und in historischen Übergangs- oder Wandlungsphasen."[168] Unter dem Hinweis auf empirische Untersuchungen erläutern sie, daß „Abweichungen" insbesondere dann aufträten, wenn Diskrepanzen zwischen dem offiziellen Normensystem und den Werten und Normen verschiedener Sozialisationsträger vorhanden seien, beispielsweise „wenn Wertbeziehungen, Normen und Strukturmerkmale einer Familie oder einer anderen sozialen Gruppe, die bereits unter sozialistischen Verhältnissen lebt, noch der bürgerlichen Gesellschaft entstammen oder wenn sich eine Schulklasse zu Verstößen gegen sozialistische Normen seitens eines Schülers tolerant verhält, geleitet von einem falschen Kameradschaftsbegriff"[169]. Weiter heißt es dazu, „daß sich die in unserer Gesellschaft als Norm angesehene Führungsstruktur (Führungskollektiv mit jeweils beauftragten Führern) in pädagogisch gelenkten Kindergruppen relativ spontan entwickelt, wohingegen in freien Spielgruppen das Ein-Mann-Prinzip der Führung noch dominiert"[170].

Obwohl Hiebsch und Vorwerg sich nachdrücklich von der Auffassung abgrenzen, daß die Gesellschaft ein „Aggregat von sozialen Gruppen"[171] sei, läßt ihre Arbeit doch erkennen, daß sie informellen Gruppenzusammenhängen – hier verstanden von der Familie bis zur „freien Spielgruppe" – einen höheren Stellenwert einräumen als die primär theoretisch orientierten Arbeiten der marxistisch-leninistischen Philosophie und Soziologie. Interessant ist insbesondere ihr Hinweis auf „Diskrepanzen" von Werten und Normen zwischen naturwüchsigen oder informellen Gruppen und den offiziell geförderten Normensystemen. Dieser auf empirischen Beobachtungen beruhende Hinweis hat dazu geführt, daß informelle Gruppen lange Zeit mit einem gewissen Argwohn betrachtet und

168 Hans Hiebsch, Manfred Vorwerg, *Einführung in die marxistische Sozialpsychologie*, 5. Aufl., Berlin (DDR): Deutscher Verlag der Wissenschaften 1971, S. 58.
169 Ebd., S. 58.
170 Ebd.
171 Ebd., S. 151.

158 *Die Sozialisationsagenturen*

nicht selten als Keimzellen „anti-sozialistischen" oder gar kriminellen Verhaltens eingestuft wurden.

Der Bildungssoziologe Artur Meier führt Anfang der siebziger Jahre dazu aus, daß nichtorganisierte Freundschaftsgruppen mit den Erziehungszielen von Schule, Betrieb, Jugendorganisation und Familie übereinstimmen können, es aber nicht müssen. Die nicht organisierten Freundesgruppen können „auch dysfunktional zur sozialistischen Erziehung verlaufen ... bekanntlich sind solche Gruppen häufig schon der Boden für die Delinquenz von Schuljugendlichen gewesen."[172] Meiers Position enthüllt eine charakteristische Ambivalenz informellen Jugendgruppen gegenüber. Einerseits stellt er fest, daß die Freundesgruppen einen nicht unerheblichen Einfluß auf Lernmotivation, Wertorientierungen, Lebens- und Berufspläne, Interessenstruktur und Freizeitbetätigung Jugendlicher ausüben. „In Untersuchungen des Zentralinstituts für Jugendforschung und neueren bildungssoziologischen Untersuchungen konnte nachgewiesen werden, daß diese Freundschaftsgruppen den Berufswunsch, zentrale ideologische Einstellungen, die Wertorientierungen und Lebensvorstellungen (auch hinsichtlich der Familie und der Beziehungen zum anderen Geschlecht) sowie naturgemäß auch das Freizeitverhalten (hier durch die Anregung von Interessen und Wünschen) nachhaltig beeinflussen."[173] Andererseits aber ist Meier darüber beunruhigt, daß sich mit den nicht-organisierten Gruppen Gleichaltriger Bedingungen von Bildung und Erziehung ergeben, „die sich im allgemeinen dem Zugriff der Schule entziehen"[174]. Dieses Dilemma, so meint Meier, sei dadurch zu lösen, daß die Erziehungsträger, insbesondere Schulen und Jugendverband, noch enger zusammmenarbeiten müßten, um die sozialistische Erziehung wirksamer durchzusetzen.

Die offizielle Jugendpolitik der DDR, die sich in den siebziger und achtziger Jahren verstärkt auch den Freizeit- und Alltagsbedürfnissen der Jugendlichen zuwandte, konnte allerdings nicht verhindern, daß sich eine eigenständige, von informellen, nicht staatlich organisierten Gruppen getragene Jugendkultur etablierte und ausdehnte. Die von Hiebsch und Vorwerg getroffene Feststellung, daß es in „komplexen Gesellschaften" zu einer Ausdifferenzierung sozialer und kultureller Verhaltensweisen und zu Diskrepanzen im Normen- und Wertesystem kommen könne, erfährt damit durch jüngere Entwicklungen ihre Bestätigung. Es ist anzunehmen, daß es die informellen Gruppen, insbesondere die Gruppen Gleichaltriger, immer gegeben hat. Dafür sprechen nicht zuletzt die von Meier vorgetragenen Überlegungen. Ihre soziale und politische Bedeutung hat aber in dem Maße zugenommen, in dem nicht nur eine eigene Jugendkultur stärkeres Profil gewonnen hat, sondern in dem sich eine

172 Meier, *Soziologie des Bildungswesens* (Anm. 71), S. 321.
173 Ebd., S. 323.
174 Ebd.

Reihe informeller Gruppen explizit um soziale und politische Themen herum zentriert hat.

In einer Studie über Freizeitinteressen und -aktivitäten von Jugendlichen, die Ergebnisse der in den siebziger Jahren vom Zentralinstitut für Jugendforschung in Leipzig durchgeführten Intervalluntersuchungen präsentiert, wurde erstmals ausführlicher auf die informellen Gruppierungen Gleichaltriger („nichtorganisierte Freizeitgruppen") eingegangen und empirisches Material präsentiert. Dabei wurden von 20 Forschungsprojekten des Instituts, darunter vier Intervallstudien, Indikatoren zur Erfassung der informellen Freizeitgruppen eingesetzt. Insgesamt wurden mehr als 30.000 Jugendliche hinsichtlich ihrer Freizeitgruppen, der Tätigkeit und Zusammensetzung der Gruppen, Häufigkeit der Treffs und anderer Merkmale untersucht[175].

Die Autoren der Freizeitstudie unterschieden die organisierten Freizeitgruppen (FDJ-Zirkel, Arbeits- und Interessengemeinschaften, Sportgruppen) von den nichtorganisierten Freizeitgruppen. Letztere sind dann gegeben, „wenn sich ein und dieselben Jugendlichen wiederholt zu gemeinsamen Unternehmungen zusammenfinden, ohne daß diese Zusammenkünfte durch die Schule, den Betrieb, die FDJ oder andere gesellschaftliche Organisationen angeregt und kontrolliert werden. Nichtorganisierte Freizeitgruppen sind spontan entstehende Gruppen, die nicht in übergreifende gesellschaftliche Organisationen und Institutionen integriert sind, keine feste Struktur, keine fest definierten Aufgaben und Ziele haben und sich im allgemeinen jeder unmittelbar pädagogischen Beeinflussung entziehen."[176] Die Autoren bezeichnen diese Gruppen als „völlig normale Erscheinung"[177] und grenzen sich von Auffassungen ab, die sie in die Grauzone der Gesellschaft von Asozialität oder gar Kriminalität rücken wollen. Untersuchungen hätten vielmehr ergeben, daß sich eine „Konzentration verhaltensauffälliger Jugendliche in solchen Freizeitgruppen nicht nachweisen (läßt)"[178]. Nach Auffassung der Autoren der Freizeitstudie gilt vielmehr allgemein, daß die Wertorientierungen und Verhaltensweisen dieser Gruppen den Normen der Gesellschaft nicht widersprächen. So hatte beispielsweise auch Starke für Studenten, von denen etwa die Hälfte angab, festen, nichtorganisierten Gruppen anzugehören, festgestellt: „Ein tendenziell negativer Einfluß einer Zugehörigkeit zu einem Freundeskreis kann in unserer Studie nicht nachgewiesen wer-

---

175 Vgl. *Die Freizeit der Jugend* (Anm. 135), Kap. 10 („Soziale Verhaltensweisen Jugendlicher in der Freizeit"). Zur Methodik und zu einzelnen Ergebnissen vgl. auch Peter Voß, Die Entwicklung des Sozialverhaltens am Beispiel der Zugehörigkeit Jugendlicher zu informellen Freizeitgruppen, in: *Methodische und theoretische Fragen der Jugendforschung*, Leipzig: ZIJ-Druck 1983, S. 72-77.
176 *Die Freizeit der Jugend* (Anm. 135), S. 240/241.
177 Ebd., S. 243.
178 Ebd., S. 245.

den."[179] Interessanterweise wird diese These auch von kriminalsoziologischen Studien, die in der DDR durchgeführt wurden, gestützt[180]. Danach gehören straffällig gewordene Jugendliche nicht signifikant häufiger einer informellen Jugendgruppe an. Solche Jugendgruppen gehören vielmehr zum Lebensalltag Jugendlicher aus den unterschiedlichsten sozialen Milieus.

Die Autoren der Freizeitstudie geben an, daß nach ihren empirischen Untersuchungen fast die Hälfte aller Jugendlichen informellen Gruppen angehört. Dabei handelt es sich in erster Linie um Freundschafts- und Interessengruppen. 22 Prozent der Schüler, 19 Prozent der Lehrlinge und 12 Prozent der jungen Arbeiter gehören sogar mehreren nichtorganisierten Freizeitgruppen an[181]. Hinsichtlich der Zugehörigkeit zu den Gruppen haben die Untersuchungen nach Aussagen der Jugendforscher folgendes ergeben:

- Jungen sind häufiger Mitglied von nichtorganisierten Freizeitgruppen als Mädchen (der Unterschied beträgt im Durchschnitt zehn Prozent).
- Die Gruppenzugehörigkeit erreicht mit 16 bis 18 Jahren ihren Höhepunkt und geht danach stark zurück.
- Unter Schülern, Lehrlingen und Studenten ist die Zugehörigkeit zu nichtorganisierten Freizeitgruppen stärker verbreitet als unter jungen Arbeitern (der Unterschied beträgt im Durchschnitt 20 Prozent).
- Eine regionale Differenzierung läßt sich nicht nachweisen.
- Bei den Gruppenmitgliedern handelt es sich vorwiegend um Gleichaltrige.
- Die Zugehörigkeit zu nichtorgansierten Freizeitgruppen schließt die Zugehörigkeit zu organisierten Freizeitgruppen nicht aus.

Die Autoren der Freizeitstudie gehen davon aus, daß die Gruppen eine *„notwendige Ergänzung und Erweiterung der Persönlichkeitsentwicklung"* darstellen und die Funktion einer *„sekundären(n) Sozialisation"* übernähmen[182]. Dies ist eine bemerkenswerte Feststellung, wenn man bedenkt, daß die marxistisch-leninistische Jugendforschung die Existenz solcher

179 Starke, *Jugend im Studium* (Anm. 21), S. 141.
180 Vgl. Elfi Kosewähr, Untersuchungen zum Freizeitverhalten straffälliger Jugendlicher, in: Hans Szewcyk (Hrsg.), *Der fehlentwickelte Jugendliche und seine Kriminalität*, Jena: Gustav Fischer-Verlag 1982, S. 295-307.
181 Vgl. ebd., S. 248. Die Freizeitstudie von Voß u. a. gibt an, daß fast alle Jugendlichen in ihrer Freizeit in politisch organisierte Freizeitkollektive einbezogen waren. Darüber hinaus war beinahe jeder zweite Jugendliche Mitglied weiterer organisierter Freizeitgruppen. Vgl. *Die Freizeit der Jugend* (Anm. 135), S. 239f.
182 Ebd., S. 245. Vgl. auch Voß, Die Entwicklung des Sozialverhaltens (Anm. 175), S. 74. Voß erwähnt zusätzlich, daß die Zugehörigkeit zu informellen Freizeitgruppen in den letzten 10 bis 15 Jahren zurückgegangen sei, gibt aber keine Begründung für diesen „historischen Trend", wie er es nennt. In der Monographie *Die Freizeit der Jugend* (Anm. 135) findet sich die Aussage nicht.

Gruppen bis zum Ende der siebziger Jahre weitgehend ignoriert hat. Die Aussage der Autoren belegt aber, daß die informellen Jugendgruppen nun als relevant betrachtet wurden. Ihre Bedeutung für den Sozialisationsprozeß, vor allem für die Herausbildung einer eigenständigen Jugendkultur, die sich immer prägnanter abzuzeichnen begann, wird deutlich, wenn man die Aktivitäten in Betracht zieht, die in den Gruppen dominieren. Sie konzentrieren sich in erster Linie auf jugendspezifisch geprägte Freizeitinteressen. Neben sportlicher Betätigung fällt die Rolle von Musik, Tanzen und Disco-Besuch besonders auf. Die folgende Tabelle gibt eine Übersicht über die Freizeitgestaltung in informellen Gruppen, wie sie die Leipziger Jugendforscher ermittelt haben.

Tabelle 8: Inhalte der Gruppentätigkeit von nichtorganisierten Freizeitgruppen; Anteil Jugendlicher, die angeben, daß sie diese Tätigkeit in ihren Freizeitgruppen häufig ausüben (in Prozent)

Art der Tätigkeit	Schüler	Lehrlinge	junge Arbeiter
Schallplatten oder Tonbänder hören, sammeln, tauschen	70	62	53
Sport treiben	49	49	42
Diskobesuch	47	51	41
Kinobesuch	44	40	25
Besuch anderer Tanzveranstaltungen (außer Disko)	32	51	56
nur „rumklönen" oder „rumflachsen"	25	14	14
Feten feiern	24	37	42
Diskussion über politische Probleme	18	18	24

Quelle: *Die Freizeit der Jugend*, hrsg. von einem Autorenkollektiv unter der Leitung von Peter Voß, Berlin (DDR): Dietz Verlag 1981, S. 246.

Jugendliche gehen insbesondere solchen Interessen in informellen Gruppen nach, die stark jugendspezifische Züge tragen. Dazu gehört vor allem die Musik. Die in der DDR beispielsweise so populär gewordene Rockmusik, die erst mit einer Zeitverzögerung aufgrund der kulturpolitischen Liberalisierung zu Beginn der siebziger Jahre offiziell toleriert wurde und nach deren „Zulassung" neue Rockbands gegründet wurden, bildete den signifikantesten Ausdruck einer eigenständigen Jugendkultur; sie spielte in informell entstandenen Gruppen eine große Rolle[183]. Da das Angebot der offiziellen Jugendgruppen stark von der Erwachsenenzentriertheit der FDJ bestimmt wurde, erfüllten die informellen Gruppen eine wichtige

183 Zur Entwicklung und Bedeutung der Rockmusik in der DDR vgl. insbes. Olaf Leitner, *Rockszene DDR*, Reinbek: Rowohlt 1983.

Funktion für die Jugendlichen, die sich ihren eigenen Freizeitraum schafften. Verstärkt wurde dieser Trend mit der Verbreitung von Tonbandge-
räten, Kassettenrekordern u.a., die es den Jugendlichen ermöglichten, ihren spezifischen Interessen nachzugehen. Wie die Jugendforscher betonen,
ist auch die räumliche Nähe zu den Freunden und die damit gegebene
Möglichkeit, täglich unmittelbaren Kontakt zu pflegen, für die Bildung
informeller Gruppen entscheidend. Politische Themen spielten in den
Gruppen eine untergeordnete Rolle; im Vordergrund stehe das Bedürfnis
nach Unterhaltung und Entspannung. Zwar geben 18 Prozent der Schüler,
18 Prozent der Lehrlinge und 24 Prozent der jungen Arbeiter an, daß sie
häufig in ihrer Freundesgruppe über politische Probleme diskutierten,
die Gruppen erfüllten jedoch in erster Linie Freizeitfunktionen.
   In einer Studie über Schüler, die Bildungssoziologen der Akademie
der Pädagogischen Wissenschaften in einer „typischen mittleren Indu-
striestadt" der DDR durchführten, wurde die große Bedeutung informeller Gruppen für den Sozialisationsprozeß bestätigt. In dieser Untersuchung standen die „sozialen Erfahrungen" der Schüler im Mittelpunkt,
die in einem komplexen, lebensweltlichen Zusammenhang untersucht
wurden. Theoretisch wurde von vier soziologischen Konzepten – dem
sozialstrukturellen, sozialisationstheoretischen, bewußtseinstheoretischen
und handlungstheoretischen – ausgegangen. Zentraler Ansatzpunkt der
Studie waren die „Alltagserfahrungen" der Schüler. Die Studie läßt sich
insofern der in allen gesellschaftswissenschaftlichen Disziplinen populär
gewordenen Alltagsforschung zuordnen, die – wenn auch nicht vollstän-
dige – Hinweise auf die Struktur des Mikromillieus gibt, in dem die
Jugendlichen leben. Die Autorin der Studie berichtet, daß „informelle
Freizeitgruppen" im Alltag der 14- und 15jährigen Jugendlichen eine
„eminent wichtige" Rolle spielen[184]. In dieser Phase bildeten sich wesentliche Einstellungen und Werte der Jugendlichen heraus wie Rollenmuster bei der Partnerwahl, Ablösungsmuster von den Eltern, Berufsaus-
bildungsentscheidung u.a. Sie prägten daher kulturelle, soziale und politische Lebensansichten und Werte von Heranwachsenden und beeinflußten Entscheidungen und Handlungsmuster in ihrem Alltag.
   Die Studie bestätigt die große Bedeutung der Musik für die Jugendlichen in den informellen Gruppen. Sie stellt aber auch heraus, daß andere
wesentliche Bereiche des Sozialverhaltens in den informellen Gruppen
geformt werden: geschlechtliche Identität und Rollenmuster, Berufswahl,
Zusammenleben mit Eltern und Geschwistern, Generationsprobleme. Die
Autorin hebt hervor, daß die informellen Gruppen Gleichaltriger ein
wichtiges soziales Umfeld mit sozialisationsrelevanten Interaktions- und
Rollenmustern konstituierten, in denen sich soziale und kulturelle Normen, Einstellungen und Verhaltensweisen entwickelten. Sie bestätigt die
Existenz einer eigenen Jugendkultur mit einer jugendspezifischen Sym-

---

184 Vgl. Hoffmann, Soziale Erfahrungen der Schuljugend (Anm. 58).

bolik. Das Profil dieser Kultur wird hier deutlicher gezeichnet als beispielsweise in den Veröffentlichungen des Zentralinstituts für Jugendforschung: das ist vermutlich auf den Untersuchungsansatz zurückzuführen,
der sich auf die Alltagserfahrung von Jugendlichen konzentriert. „Vornehmlich über solche Ausdrucksmittel wie Kleidung, Accessoires
(Schmuck, Tücher, Plaketten, Sticker usw.), allgemeine Umgangsformen,
Sprache, Musik und ähnliches signalisieren sie ihrer Umwelt, womit und
mit wem sie sich identifizieren. Aufgeschlossenheit und Toleranz gegenüber Neuem sowie eine gewisse Lässigkeit, die Orginalität, Einfallsreich-
tum und Extras mit einschließt, sind für viele kennzeichnend."[185] Informelle Gruppen förderten die Jugendkultur; sie verdeutlichen, daß sich –
entgegen verbreiteten offiziellen Verlautbarungen – eine eigene, jugendspezifische „peer group culture" in der DDR herausbildete.

Nur fragmentarische Angaben enthält dieselbe Quelle jedoch über die
Einstellung Jugendlicher zu politischen Themen. Dies ist angesichts der
Geheimhaltungs- und Zensurpraxis solcher Forschungsergebnisse auch
nicht erstaunlich. Es wird berichtet, daß 80 Prozent der befragten 14- bis
15jährigen Schüler angeben, daß sie in ihren Freizeitgruppen „lebhaft"
politische Themen diskutierten, allerdings wird diese Angabe nicht näher
aufgeschlüsselt[186]. Vermutet werden muß, daß diese recht hoch anmu-
tende Prozentangabe nicht zuletzt auf die Definition dessen, was als politische Themen gefaßt wurde, zurückzuführen ist. Ermittelt wurde u.a.
die Rolle des FDJ. Zum Stichwort politische Erfahrungen wird auf den
wechselseitigen Zusammenhang von Verbandsarbeit und Alltagserfahrungen verwiesen; während ein „großer Teil" der Jugendlichen angab, daß
die FDJ seine „Interessenvertretung" sei und ihr Einfluß auf die politische
Meinungsbildung bescheinigte, blieb die FDJ-Arbeit für andere „ziemlich
formal". Welche Erfahrungen die Jugendlichen im Alltag erwarben und
warum Diskrepanzen zwischen politischer Ideologie und Alltagserfahrungen auftraten, bleibt offen. In dem Forschungsbericht findet sich dazu
nur der Hinweis, daß die Diskrepanzen zwischen politisch-ideologischen
Aussagen und faktischen Alltagserfahrungen durch eine „lebensnahe",
„realistische Unterrichtsgestaltung" beseitigt werden müßten. Wie tief die
Kluft jedoch war, scheint allerdings selbst den spezialisierten Forschern
verborgen geblieben zu sein.

Worin liegt nun die Bedeutung dieser informellen Gruppierungen für
die politische Sozialisation und die politische Kultur? Zunächst einmal
ist festzuhalten, daß schon die Existenz einer starken, spezifischen Ju-

---

185 Ebd., S. 66. Beispiele für einen begrenzten Auschnitt der Jugendkultur geben
Haase/Reese/Wensierski, *VEB Nachwuchs.* (Anm. 138). DDR-Wissenschaftler
wiesen zunächst die Behauptung einer eigenen Jugendszene am „Prenzlauer
Berg" zurück. Siehe Artur Meier, Soziale Sicherheit und Zukunftsbewußtsein
der lernenden Jugend in der DDR, in: *Informationen zur soziologischen Forschung
in der DDR*, 20. Jg. (1984), H. 4, S. 15-18.
186 Vgl. Hoffmann, Soziale Erfahrungen der Schuljugend (Anm. 58), S. 65f.

gendszene, wie sie die angeführten Studien eindeutig belegen, zugleich die Existenz eines Freiraums der Persönlichkeitsentwicklung anzeigt, so daß die Autoren der ersten Studie informellen Gruppen – d.h. *ex definitione* nicht-organisierten oder -kontrollierten Gruppen – sogar die Funktion einer „sekundären Sozialisation" zugestehen. Die Debatte um die mögliche Förderung devianten Verhaltens durch diese Gruppen und die begründete Zurückweisung solcher Vermutungen verdecken m.E. den politischen Kern der Kontroverse, der sich auf den weitgehend von pädagogischer Beeinflussung im allgemeinen und politischer Erziehung im besonderen freien Raum von Kommunikation bezieht: In dieser Hinsicht nämlich werden Artur Meiers Befürchtungen auf doppelte Weise bestätigt. Zum einen spielt Politik eine quantitativ recht kleine Rolle in der Skala von Betätigungen. Dies mag ein Zeichen beruhigender „Normalität" sein, aber es ist sicherlich kein Zeichen der Entfaltung distinkter „sozialistischer Persönlichkeiten". Zum anderen sagt die bloße Quantität politischer Diskussionen nichts über die Inhalte oder die Bedeutung der ausgetauschten Informationen und Auffassungen für die Bildung politischen Bewußtseins. Die immer wieder auftauchenden Hinweise, daß größere Lebensnähe auch in der politischen Erziehung vonnöten sei, lassen darauf schließen, daß Gesellschaftswissenschaftler und Pädagogen die Diversifikation und Nonkonformität des faktischen politischen Bewußtseins wahrzunehmen begannen.

Der vorwiegend „unpolitische" Charakter der Freizeitgestaltung bedeutet nichts anderes als sich den Ansprüchen der politischen Erziehung zu verweigern. Er entspricht eher passivem Widerstand gegen ein irreales politisch-ideologisches Konzept, das ohne die Mobilisierung der jüngeren Generation keine Chance besaß. Bei im Durchschnitt ca. ein bis zwei Stunden „gesellschaftlicher Aktivität" pro Woche, wie sie die Zeitbugetforschung ausweist, kann kaum von einer massenhaften Mobilisierung gesprochen werden.

Die Konturen einer zweiten, dominanten politischen Kultur wurden in den vergangenen Jahren jedoch immer deutlicher, ohne von der – publizierten – Forschung reflektiert und problematisiert zu werden. Die informellen Gruppen wurden zum Ausdruck der Diversifikation kultureller, sozialer und politischer Ausdrucksformen, deren Bedeutung sich über freizeit- und jugendkulturelle Dimensionen hinaus auf explizit politische Zusammenhänge zu erstrecken begann. Das Spektrum dieser jugendkulturellen Spezifik wurde zunehmend breiter; es reichte von der „Punk-Szene" und urban geprägten Formen der Jugendkultur – zum Beispiel die immer wieder genannte „Szene" am „Prenzlauer Berg" in Ost-Berlin[187] –, über Formen kleinstädtischer und ländlich-traditioneller Ju-

187 Vgl. z. B. Haase/Reese/Wensierski, *VEB Nachwuchs* (Anm. 138), S. 197-212 (Sid, 20 Jahre, „Die Szene vom Prenzlauer Berg"). Auf die „Literaturbewegung am Berliner Prenzlauer Berg" ging bereits die amerikanische Germanistin Christine Cosentino in einem Aufsatz über Lutz Rathenow ein. Vgl. Christine

gendzirkel bis hin zu eindeutig politisch geprägten Gruppen. Sie existierten sozusagen in den Poren der Gesellschaft, aber ihr Dasein in den stilleren Zonen der Gesellschaft konnte nicht über ihre faktische Bedeutung für die Jugendlichen hinwegtäuschen. Folglich wurde kollektive Identität von Jugendlichen immer weniger von der FDJ, sondern von informellen Gruppen repräsentiert.

Die entstandene Jugendkultur wurde nicht nur Ausdruck eines sich zuspitzenden Generationenbruchs, sondern auch einer der Nährböden „unkonventionellen" politischen Verhaltens, das zur Entstehung der alternativen bzw. inoffiziellen politischen Kultur beitrug. Anstelle von Apathie oder Rückzug ins Private stand bei diesen Gruppen die Suche nach Authentizität, Identität und Selbstverwirklichung im Mittttelpunkt. Im Rahmen der inoffiziellen Friedensbewegung, der Ökologie-Diskussion, für die Artikulation frauenspezifischer Probleme oder als Zentren junger kritischer und experimentierfreudiger Künstler bildeten informelle Gruppen eine Art „Gegenöffentlichkeit" mit neuen kommunikativen Netzwerken.

Diese Art der informellen Gruppen wurde empirisch kaum erfaßt; für sie interessierte sich primär die Staatssicherheit. Ihre Selbstdarstellung in der Öffentlichkeit blieb häufig auf bestimmte kollektive Symbole beschränkt; am bekanntesten wurde das Symbol der inoffiziellen Friedensbewegung „Schwerter zu Pflugscharen", das Gruppen von Jugendlichen Anfang der achtziger Jahre als Ausdruck ihrer Sympathie für die kirchlich unterstützte, inoffizielle Friedensbewegung galt. Nur wenige Gruppen traten publizistisch in Erscheinung; staatliche Überwachung und Repression schränkten die Möglichkeiten zur Öffentlichkeitsarbeit stark ein. Durch Verhaftungen und Verhöre ihrer Herausgeber Ende 1987 wurden beispielsweise die Samizdat-ähnlichen Veröffentlichungen „Grenzfall" und „Umweltblätter" auch im Westen bekannt[188]. Private Wohnungen,

Fortsetzung der Fußnote
Cosentino, Lutz Rathenows Lyrikband *Zangengeburt:* Eine Stimme vom Prenzlauer Berg, in: *Studies in GDR Culture and Society 5,* hrgs. v. Margy Gerber u. a., Lanham/London: University Press of America 1985, S. 141-151.

188 Frithjof Heller gibt an, daß die Praxis von inoffiziellen Publikationen in der DDR 15 Jahre zurück reichte. „Grenzfall" wurde zuerst 1986 veröffentlicht und die bislang letzte Nummer erschien im Januar 1988; die Auflage habe 900 Exemplare betragen. „Umweltblätter" mit 1000 Exemplaren pro Auflage ist eine Veröffentlichung des „Friedens- und Umweltkreises" der Zionskirch-Gemeinde. Vgl. Frithjof Heller, Unbotmäßiges von 'Grenzfall' bis 'Wendezeit' in der DDR, in: *Deutschland Archiv,* 21. Jg. 1988, H. 11, S. 1188-1196. – Umweltprobleme bildeten besonders in der zweiten Hälfte der achtziger Jahre eine Hauptquelle von Unzufriedenheit. Eine Studie aus dem ZIJ aus dem Jahr 1984 ergab, daß sich mehr als zwei Drittel der befragten Jugendlichen negativ zum Umweltzustand in der DDR äußerten. 1990 waren einer anderen Studie zufolge 84 Prozent der Befragten unzufrieden bzw. sehr unzufrieden mit der Umweltsituation. Vgl. Winkler (Hrsg.) *Sozialreport '90* (Anm. 18), S. 73f.

Räume der Kirche und Gaststätten wurden zu Treffpunkten dieser sich mehr oder weniger regelmäßig treffenden, nicht-öffentlichen Gruppen. Ihre Themen, Aktivitäten, gegebenenfalls auch Aktionen, bestimmten die Gruppen selbst; vereint gegen den übermächtigen Staat, auf der Suche nach Freiraum und Vielfalt, übten sie auf die Mitglieder einen nachhaltigen Einfluß aus, der weit über das Zusammensein der Gruppe hinausging.

Besonders populär waren die Gruppen auch bei Schriftstellern, Künstlern und Intellektuellen. Sie nahmen die Zwänge der systembedingten Doppelkultur am deutlichsten wahr und artikulierten wiederholt Kritik – nicht nur an der Zwangsausbürgerung Wolf Biermanns 1976; sie beanstandeten auf dem Schriftstellerkongreß 1988 auch öffentlich die Zensur.

Schon frühzeitig hatte beispielsweise die Schriftstellerin Christa Wolf über informelle Gruppen in der DDR berichtet. Befragt über die Entstehungsgeschichte ihres Romans „Kassandra" (1984) und die darin aufgegriffene brisante Frage nach Krieg und Frieden, deren Behandlung aufgrund ihrer frauenspezifischen Perspektive in der DDR heftige Kontroversen auslöste, antwortete sie: „Auch in der DDR in letzter Zeit habe ich erlebt, daß solche, die so etwas sagen oder hören möchten, sich auch irgendwie finden. *Die Gesellschaft fängt an, sich anders zu strukturieren.* Vor allem jüngere Leute – darunter auch viele Frauen – haben sich gefunden die nicht so leben wollen, die einfach lebendig bleiben wollen. So entsteht eine Art von Zentrum – eine Gruppe von Leuten –, von der aus man mit dem Finger zum nächsten Zentrum eine Bahn ziehen kann. *Ein Gewebe, eine Infrastruktur,* die sich unter, über, neben, in den anderen deutlich sichtbaren Strukturen der Institutionen entwickelt."[189]

Aus anderen persönlichen Schilderungen ist bekannt, daß sich in den achtziger Jahren ähnlich interessierte, kritische, meist jüngere Schriftsteller und Intellektuelle regelmäßig in privaten Wohnungen trafen, um über Literatur, Kultur, Ästhetik und Politik zu diskutieren[190]. Ein „Freiraum"

189 Christa Wolf, Das starke Gefühl, gebraucht zu werden, in: *Wochenpost*, 6/1984, 2.2.1984, S. 14/15. Wilhelm Girnus, der bis kurz vor seinem Tode Chefredakteur der Zeitschrift *Sinn und Form* war – der Zeitschrift, die Auszüge aus den Frankfurter Poetik-Vorlesungen Christa Wolfs zu ihrem Roman *Kassandra* abdruckte –, kritisierte Christa Wolf scharf wegen ihres „weiblichen Sehrasters" (Wolf), das nach seiner Meinung nicht mit der materialistischen Geschichtsbetrachtung zu vereinbaren sei. Vgl. Wilhelm Girnus, Wer baute das siebentorige Theben?, in: *Sinn und Form*, 35. Jg. 1983, H. 2, S. 439-447.

190 Vgl. Sascha Anderson/Elke Erb, (Hrsg.), *Berührung ist nur eine Randerscheinung. Neue Literatur aus der DDR,* Köln: Kiepenheuer und Witsch 1985. Elke Erb berichtet im Vorwort (ebd., S. 11) zu der Sammlung, daß die Texte von jungen Künstlern in „Jugendklubs, kirchlichen Räumen und Privatwohnungen" vorgetragen und gesammelt wurden. – Der Repressionsapparat sorgte jedoch dafür, daß der offenen Konfrontation mit dem Machtapparat enge Grenzen gesetzt blieben; Zwangsausbürgerung u.ä. Sanktionen waren mächtige Waffen gegen kritische Künstler.

entstand, ohne staatliche Unterstützung, unabhängig vom kulturpolitischen Getriebe, aber dennoch bedeutungvoll.

Sowohl die kritische Distanz einiger Schriftsteller, Künstler und Intellektuellen als auch die Profilierung politischer Oppositions- und Alternativgruppen müssen als Anzeichen des bevorstehenden Kulturumbruchs interpretiert werden. Die politisierten inoffiziellen Gruppen führten schließlich zur Profilierung der Bürgerbewegung durch Gruppen wie dem „Neuen Forum", der „Initiative für Frieden und Menschenrechte", „Demokratie Jetzt" und des „Unabhängigen Frauenverbands". Sie traten schließlich an die Öffentlichkeit, um mit der Scheidung der politischen Kultur, die als Beschneidung des Selbstbestimmungsrechts und erzwungene Spaltung des Bewußtseins wahrgenommen wurde, das Herrschaftssystem selbst in Frage zu stellen.

3.3.2. Die Rolle der Kirchen

Die Rolle der Kirchen hat sich mit der politischen Umstrukturierung in den vergangenen Jahrzehnten nach dem Ende des Zweiten Weltkriegs grundlegend gewandelt. Aufgrund der strikten Trennung von Staat und Kirche und der gezielten Ausgrenzung durch Partei und Staat aus allen wichtigen sozialen Bereichen der Gesellschaft haben die Kirchen ihre frühere Prägekraft verloren. Zwar berücksichtigte die SED in ihrer Kirchenpolitik bestimmte deutsche Traditionen, indem sie beispielsweise die Theologischen Fakultäten bzw. Sektionen an den Universitäten bestehen ließ. Anders als andere Länder im sowjetischen Machtbereich war die DDR nach der Teilung Deutschlands das einzige Land mit einer dominanten protestantischen Tradition. Gesellschaftlich und politisch an den Rand gedrängt, sanken die Kirchen jedoch sukzessive zur Bedeutungslosigkeit herab, so daß sich die vor vierzig Jahren begonnene Entflechtung von Kirche und Staat weitgehend durchsetzten konnte[191]. Lediglich in der Kranken-, Alten- und Behindertenversorgung wurde ihre Rolle für die Gesellschaft anerkannt. Ein Platz in der offiziellen politischen Kultur sowie ein Beitrag zur Herausbildung sozialer oder gar politischer Identität wurde ihnen aber nachdrücklich abgesprochen. Erst unter dem Eindruck einer sich zu Friedensthemen auch politisch äußernden Evangelischen Kirche zeichnete sich ein Dialog zu Christen und Marxisten „gemeinsam interessierende(n) Themen" ab[192].

191 Vgl. Detlef Pollack, Religion und Kirche in der DDR, in: *Wissenschaftliche Zeitschrift der Karl-Marx-Universität Leipzig. Gesell.wiss. Reihe, 37. Jg. 1988, H. 1,* S. 92.
192 Vgl. z. B. Hans Lutter/Olaf Klohr, Aktuelle Probleme der Zusammenarbeit von Kommunisten und Gläubigen, in: *Deutsche Zeitschrift für Philosophie, 33. Jg. 1985, H. 10,* S. 875–883; Wolfgang Kleinig/Gottfried Stiehler, Materialismus – Religion – Engagement für Frieden und Fortschritt, in: *Deutsche Zeitschrift*

Der Marginalisierung der Kirchen entsprach eine progressiv abnehmende Religionszugehörigkeit; sie lag Ende der achtziger Jahre nach
Schätzungen aus Fachkreisen bei insgesamt 36,5 Prozent.

Tabelle 9: Religionszugehörigkeit der Wohnbevölkerung in der DDR
(in Prozent)

	1950	1989
evangelisch	80,6	30
katholisch	11	6,1
andere Religionen	0,7	0,4
ohne Religion	7,6	63,5

Quelle: Gunnar Winkler (Hrsg.): *Sozialreport '90. Daten und Fakten zur sozialen Lage
in der DDR,* Berlin (DDR); Verlag Die Wirtschaft 1990, S. 308.

Rund 5,1 Millionen Menschen gehörten 1989 den im Kirchenbund zu-
sammengeschlossenen acht evangelischen Landeskirchen an; 1,2 Millionen Menschen waren Mitglieder der römisch-katholischen Kirche, etwa
115 000 Menschen gehörten den evangelischen Freikirchen und rund 600
Menschen den jüdischen Gemeinden an; hinzu kommen einige tausend
Mitglieder von Sekten und verschiedenen nicht-christlichen Religionen[193].
Der mit der restriktiven, autoritären Politik der SED in der Nachkriegszeit
einsetzende Mitgliederschwund, von dem insbesondere die Evangelischen Kirchen betroffen waren, konnte auch durch die Aufwertung der
Kirchen in den letzten zehn Jahren nicht aufgefangen werden. Das größte
Problem stellt für die Kirchen die stark abnehmende Anzahl praktizie-
render Gemeindemitglieder dar. Religionssoziologen schätzen, daß allenfalls zwanzig Prozent der Mitglieder in einer, oft nur lockeren, kirchlichen
Beziehung stehen und sich von christlichen Werten beeinflussen lassen;
der Einfluß ist stark schwankend, abhängig vom Gemeindetyp[194]. Nach

Fortsetzung der Fußnote

für Philosophie, 36. Jg. 1988, H. 9, S. 807-818. Zu den Spannungen im Dialog
zwischen Kirche und Staat vgl. z. B. Theo Mechtenberg, Kirche im Sozialismus.
Eine kritische Analyse des Staat-Kirche-Verhältnisses in der DDR, in: *Deutschland Archiv,* 21. Jg. 1988, H. 4, S. 380-389.

193 Winkler (Hrsg.), *Sozialreport '90* (Anm. 18), S. 308f. Vgl. auch Reinhard Henkys,
Staat und Kirchen in der DDR, in: *Aus Politik und Zeitgeschichte. Beilage zur
Wochenzeitung Das Parlament,* B 2/85, 12.1.1985, S. 25.

194 Vgl. Gottfried Kretzschmar, Die Unterschiedlichkeit der Gemeindesituation in
den Kirchen der DDR, in: *Wissenschaftliche Zeitschrift der Karl-Marx-Universität
Leipzig. Gesell.wiss. Reihe,* 37. Jg. 1988, H. 1, S. 91. Kretzschmar macht darauf
aufmerksam, daß die Gemeindesituation erhebliche Unterschiede aufweist. Er
skizziert sechs modellhafte Typen: die volkskirchlich geprägte Dorfkirche im
Erzgebirge, der immerhin rund 90% der Ortsbewohner einer Kirche oder

anderen Schätzungen sind 30 Prozent der Katholiken, aber nur fünf Prozent der Mitglieder der evangelischen Kirchen praktizierende Christen[195]. Welchen Anteil an dieser Entwicklung die auch in der Bundesrepublik und anderen Industrieländern zu beobachtende allgemeine Tendenz zur Säkularisierung hat und welcher Anteil der Politik von Staat und SED zuzuschreiben ist, ist schwer zu bestimmen. Faktisch gingen die Trennung von Staat und Kirche und die Verdrängung der Kirchen aus Erziehung und Bildung sowie der Versuch, Religion und religiöse Werte durch ein anderes Wertesystem zu ersetzen, weit über das hinaus, was in westlichen Ländern vorzufinden ist.

Trotz ihres Bedeutungsverlusts sind die Kirchen für die Analyse der politischen Sozialisation und der politischen Kultur der DDR von großem Interesse. Besonders sticht die Verschränkung christlichen Milieus und politischer Opposition hervor, die für den Umbruch so bedeutsam wurde. Obwohl sie ihren traditionellen, herrschaftstragenden Charakter verloren haben, stellten die Kirchen in der Gesellschaft die einzigen großen autonomen Organisationen dar, die sich nicht in das Macht- und Herrschaftsgefüge von Partei und Staat einreihen mußten. Ihr Eintreten gegen die zunehmende Militarisierung der Gesellschaft seit Ende der siebziger Jahre, ihr Engagement für eine Friedenserziehung, ihre Kritik an atomarer Rüstung und zunehmender Zerstörung der Umwelt haben, vor allem bei der jüngeren Generation, das Ansehen der Kirche in den achtziger Jahren gestärkt und ihre Rolle als kritisches Korrektiv in der staatssozialistischen Gesellschaft aufgewertet. Diese Entwicklung war verbunden mit einer Kritik an gesellschaftlicher Entmündigung, die in der Undurchschaubarkeit und Unkontrollierbarkeit gesellschaftlicher Vorgänge und der beschränkten Partizipation gesehen wurde.

Die Übernahme von „Weltverantwortung"[196] mit Themen wie Frieden, Umwelt, Atomenergie, Wehrerziehung und Vergangensheitsbewältigung wurde von Religionssoziologen und Kirchenvertretern als Chance für eine Erneuerung der Kirchen in der DDR angesehen. Tatsächlich war seit einiger Zeit eine zunehmende Anziehungskraft kirchlicher Veranstaltungen und ein neues Interesse an Religion zu verzeichnen – eine Entwicklung, die sich am deutlichsten in der größten Religionsgemeinschaft, der Evan-

Fortsetzung der Fußnote

Glaubensgemeinschaft angehören; Kirchen in großen Neubaugebieten in Großstadtnähe, in denen sowohl die evangelische als auch die katholische Kirche erhebliche Schwierigkeit hat, Fuß zu fassen; evangelische Diasporagemeinden im katholischen Eichsfeld/Bezirk Erfurt; Kirchen mit „Campingexistenz" in Saison und Bädergemeinden im Norden; durchschnittliche ländliche Gemeinden, die fast völlig brachliegen; die „Angebotskirche" in großstädtischen Gemeinden. Besonders letztere erfuhr einen Zulauf von jüngeren, engagierten Leuten.

195 Vgl. Pollack, Religion und Kirche in der DDR (Anm. 191), S. 98.
196 Ebd., S. 97.

170 Die Sozialisationsagenturen

gelischen Kirche, zeigte[197]. Wie Reinhard Henkys dazu bemerkte, zeigte sich seit „den siebziger Jahren ... zunehmend unter nicht getauften und nicht religiös aufgewachsenen Jugendlichen und jungen Erwachsenen ein neues Interesse an der Kirche bzw. an kirchlich getragener Aktivität (Jugendarbeit, Friedens- und Umweltgruppen) und Gemeinschaft. Im kirchlichen Unterricht (Christenlehre, Konfirmandenunterricht) und in den Jungen Gemeinden nimmt die Zahl der teilnehmenden Nichtchristen zu. Zuweilen sind sie in der Mehrzahl."[198]

Selbst der offiziellen Jugendforschung war nicht verborgen geblieben, daß in ihren Untersuchungen ausgewählter Gruppen von Lehrlingen und jungen Arbeitern in der zweiten Hälfte der achtziger Jahre die Anzahl derer zunahm, die angab, religiös zu sein. Nur unter den Studenten bildete die Gruppe der religiös eingestellten eine gleichbleibend kleine Minderheit. Der offiziell geforderten atheistischen Anschauung ordnete sich nur rund ein Drittel der Lehrlinge und jungen Arbeiter zu.

Tabelle 10: Haltung zu Religion und Atheismus (Angaben in Prozent)

	atheistisch	religiös	unentschieden
Lehrlinge			
1970	67	6	27
1975	69	11	20
1979	62	12	26
1984	63	10	27
1986	65	11	24
1988	64	16	20
1989	65	15	20
Junge Arbeiter			
1970	64	4	32
1975	70	9	21
1979	62	9	29
1984	65	7	28
1986	60	13	27
1988	64	16	20
Studenten			
1970	76	9	15
1975	77	9	14
1979	79	9	12
1983	79	10	11
1986	81	7	12
1988	81	9	10
1989	85	6	9

Quelle: Walter Friedrich: Mentalitätswandlungen der Jugend in der DDR, in: *Aus Politik und Zeitgeschichte*, B 16-17/1990, S. 27.

197 Pollack (ebd., S. 98) spricht in diesem Zusammenhang von einer „Verlebendigung" der Kirchen.
198 Henkys, Staat und Kirchen in der DDR (Anm. 193), S. 32.

Beobachtungen aus DDR-Kirchenkreisen unterstützten die Einschätzung, daß mehr Jugendliche den Kontakt zur Kirche suchten. In einer Synodenvorlage der Kommission „Kirchliche Jugendarbeit 1985" des Bundes Evangelischer Kirchen zum Thema „Ziele und Inhalte kirchlicher Jugendarbeit" wurde festgestellt, daß die Jugend „seit Beginn der achtziger Jahre verstärkt den Kontakt zur Kirche gesucht hat (Friedensengagement, Kirchentage etc.)"[199]. Auffällig sei, daß das Spektrum der Jugendlichen, die die Nähe der Kirche suchen, breiter wurde. „So nimmt besonders auffällig der Anteil der Jugendlichen zu, die in ihrer Biographie vorher keinerlei kirchliche Berührung hatten."[200] Auslöser für das Interesse und Engagement der Jugendlichen waren häufig politische Themen wie Frieden, Abrüstung, Umwelt, Minderheiten usw. So zeichnete sich seit Anfang der achtziger Jahre eine immer stärkere Anziehungskraft der Kirchen und damit eine Neubestimmung ihrer Rolle in der Gesellschaft ab. Umstritten blieb jedoch die Frage, ob das neue Interesse an Kirche und Religion so zu interpretieren sei, daß kirchliche Gruppen zu Vorreitern einer neuen Opposition wurden, die sich vom traditionellen Dissidenten als „oppositionellem Held" unterscheiden würde[201]. Offen blieb auch, inwiefern die Kirche alternative politische Sozialisationsmuster anzubieten vermochte, die zu einer „neuen Jugendbewegung" führten.

Die Brisanz dieser Fragen ergab sich vor dem Hintergrund, daß die Kirchen ein anderes Menschenbild und folgerichtig auch ein anderes Erziehungs- und Sozialisationskonzept als die offizielle Erziehungstheorie vertraten. Trotz einiger Berührungspunkte blieben Marxismus und Christentum zwei sich theoriegeschichtlich, philosophisch und politisch unterscheidende Weltanschauungen. Dementsprechend gingen Staat und Kirche von zwei grundsätzlich verschiedenen Persönlichkeitskonzeptionen aus. Während sich die staatliche Erziehung an dem aus dem Marxismus-Leninismus abgeleiteten Ziel der „sozialistischen Persönlichkeitsbildung" orientierte, waren die Kirchen dem auf der christlichen Lehre basierenden Menschen- und Weltbild verpflichtet. Somit wurden Konflikte zwischen Staat und Kirche vor allem im Bereich Erziehungsfragen ausgetragen. Hinzu kam, daß die Kirchen ein Stück „traditioneller" politischer Kultur repräsentierten, das auch aus der staatssozialistischen Gesellschaft nicht vollends verschwand. Organisationsprinzipien, z.B. freie

199 „Ziele und Inhalte kirchlicher Jugendarbeit", Kommission Kirchliche Jugendarbeit 1985, Synodenvorlage, Dresden, 20.-24.9. 1985, in: *epd Dokumentation*, Nr. 43/85, Frankfurt a.M., S. 25.
200 Ebd., S. 28.
201 Wolfgang Büscher, *Studien zur neuen Jugendbewegung in der DDR. Forschungsbericht 1984-86*, unveröff. Manuskript, S. 8. Die Studie ist Teil einer zusammen mit Peter Wensierski verfaßten Arbeit (Teil 1: „Ökologische Probleme und Kritik an der Industriegesellschaft in der DDR heute"). Ich danke dem Verfasser für die freundliche Überlassung des Manuskripts.

Wahlen, blieben ebenso erhalten wie bestimmte Werte und Verhaltensweisen, die aus Pietismus oder Protestantismus stammten.

Inwiefern die Kirchen tatsächlich von Staat und Partei unabhängige
Sozialisationsmuster befördern konnten, hing allerdings nicht zuletzt von
der Rolle ab, die die Kirchen in der dominanten politischen Kultur für
die jüngere Generation zu spielen vermochten. Die Situation in den achtziger Jahren war das Ergebnis einer längeren, konfliktreichen Auseinandersetzung zwischen Kirche und Staat, und das Verhältnis war zu keiner
Zeit spannungsfrei, da Partei und Staat ihre Herrschaft auszubauen und
zu erhalten bestrebt waren[202]. In der Frühphase der DDR tritt das Motiv
der Herrschaftssicherung besonders klar hervor; scharfe Auseinandersetz-
zungen zwischen Partei bzw. dem neugegründeten Staat und den Kirchen, die damals noch das Gesamtdeutsche stark betonten, bestimmten
das Bild. Der Einfluß der Kirchen im gesellschaftlichen und politischen
Leben sollte – z.T. auch mit Verweis auf ihre „Kollaboration" im Nationalsozialismus – massiv zurückgedrängt werden. Ergebnisse dieses „Kir-
chenkampfes", der nach innen der Bekämpfung der die Kirchen tragen-
den bürgerlichen und kleinbürgerlichen Schichten galt, nach außen hin
der Abwehr „reaktionärer" kapitalistisch-westlicher Einflüsse diente, waren zum Beispiel die Privatisierung der Kirchensteuer, die Entfernung der
in kirchlicher Verantwortung liegenden Christenlehre aus der Schule und
die Einführung der Jugendweihe, die der evangelischen Konfirmation
entgegengestellt und politisch durchgesetzt wurde. In dieser Auseinandersetzung konnten sich Partei und Staat letztlich behaupten; die „Ent-
christlichung" der politischen und kulturellen Führungsschicht wie der
öffentlichen Erziehung war die Folge. Die Kirchen mußten einen drastischen Rückgang ihrer Mitgliederzahlen hinnehmen, der durch Übersied-
lungen in den Westen beschleunigt wurde. Sie interpretierte ihre Lage
als eine Art „Diaspora". Zwar konnte die Kirche partielle Erfolge verzeichnen – so gelang es ihr, 1964 eine Wehrdienstverweigerung nach der
Einführung der allgemeinen Wehrpflicht durchzusetzen. Ihre Lage blieb
jedoch, besonders nach dem Bau der Mauer 1961, prekär und das Festhalten an der gesamtdeutschen Orientierung komplizierte ihre Rolle. Einen Schritt zur Neu-Orientierung unternahmen die Kirchen, nachdem die
„Konsolidierungsphase" der DDR abgeschlossen war und sich im internationalen Rahmen die Möglichkeit der Entspannungspolitik abzuzeichnen begann. Organisatorisch leiteten sie 1969 mit der Neugründung des
Bundes der Evangelischen Kirchen in der DDR eine wichtige Phase ein,
die nach außen hin sichtbar das Ende der gesamtdeutschen Evangelischen
Kirche Deutschlands (EKD) markierte.

---

202 Zur Rolle der Kirchen in der DDR vgl. ausführlicher Horst Dähn, *Konfrontation
  oder Kooperation?*, Opladen: Westdeutscher Verlag 1982; Reinhard Henkys
  (Hrsg.), *Die evangelischen Kirchen in der DDR*, München: Kaiser 1982; ders.,
  Staat und Kirchen in der DDR (Anm. 193), S. 25.

Eine „Normalisierung" der Beziehung zwischen Kirche und Staat wurde in den offiziellen Beziehungen zwischen der DDR-Regierung und der Leitung des Kirchenbundes Anfang der siebziger Jahre eingeleitet. Der Staat verzichtete darauf, die Kirche als „Klassenfeind" zu behandeln und akzeptierte die Identität der Kirchen und ihrer Leitungen; die Kirche ihrerseits erklärte ausdrücklich, nicht die Rolle einer politischen Opposition einnehmen zu wollen, vertrat aber gleichzeitig den Anspruch, über die Wahrnehmung der religiösen Interessen hinaus zu Grundfragen des Zusammenlebens der Menschen in Staat und Gesellschaft Stellung zu nehmen und aktiv zu werden. Dieses Selbstverständnis fand in der Formulierung der „Kirche im Sozialismus" ihren Ausdruck, die erstmals in einem kirchlichen Konferenzbericht 1971 beschrieben wird. Damit erkannte die Kirche an, daß das Ziel der politischen Führung der DDR der „Sozialismus" sei, behielt sich aber eine Kritik der Mittel und Wege dorthin vor. Der konfliktreiche Normalisierungsprozeß zwischen Kirche und Staat fand schließlich in einem Gespräch zwischen SED-Generalsekretär Erich Honecker und dem Vorstand des Evangelischen Kirchenbundes unter Leitung von Bischof Albrecht Schönherr im März 1978 einen sichtbaren Ausdruck, in dem eine Reihe bisher strittiger Sachfragen geregelt wurden. Die folgende Entwicklung der Beziehungen zwischen Kirche und Staat ist nach einem Wort von Henkys durch „ideologische Entfrachtung"[203] charakterisiert. Die eigenständige gesellschaftliche Rolle der Kirche wurde vom Staat anerkannt in den Bereichen der Ökumenischen Friedensarbeit und der Unterstützung der staatlichen Friedenspolitik sowie der humanitären Hilfe für notleidende und um ihre Befreiung kämpfende Völker. Anerkannt wurde auch die Leistung der von den Kirchen getragenen Diakonie, die ein weitverzweigtes Netz von Einrichtungen für Alte, Behinderte und Kranke unterhält. Gegensätze zwischen Staat und Kirche sind dagegen immer wieder in Erziehungs- und Bildungsfragen aufgebrochen. Die Kirche hatte faktisch ein Äußerungsverbot in Fragen der Menschenrechte, der Bildungspolitik, der Ausreisepolitik, der Wehrerziehung und in Umweltangelegenheiten.

Die Spannung zwischen dem Bildungsziel „sozialistische Persönlichkeit" und der Glaubens- und Gewissensfreiheit blieb bis zum Umbruch charakteristisch. Die Toleranz gegenüber Christen fand im Schul- und Ausbildungsbereich dort ihre Grenzen, wo Eltern und Kinder die geforderte sozialistische Anpassung nicht mitvollzogen. Sichtbar war der Konflikt zwischen Kirche und Staat, zwischen verschiedenen Erziehungs- und Persönlichkeitskonzeptionen, in den letzten Jahren vor allem in der Frage der Friedensverantwortung. Die Einführung der verbindlichen schulischen Wehrerziehung im Jahr 1978 rief den Protest der Kirchen, insbesondere der Evangelischen Kirchen, hervor, der allerdings die Entscheidung nicht rückgängig zu machen vermochte. Christlich-pazifistische

203 Ebd., S. 32.

Haltungen und Werte, die insbesondere angesichts der Gefahr eines Atomkrieges in Europa zugenommen hatten, wurden von der SED bekämpft und gehörten nicht zu ihrem Konzept der „Friedenserziehung". Auch die von den Kirchen geforderte Möglichkeit, den waffenlosen Wehrdienst als Bausoldat in einen „sozialen Friedensdienst" umzuwandeln, lehnten Partei und Staat ab. In entscheidenden Fragen der Persönlichkeitsrechte gingen die Vorstellungen von Kirche und Staat also weit auseinander.

Besonders gut nachvollziehbar ist das Aufeinanderprallen der Herrschaftsinteressen des dirigistisch-sozialistischen Staates mit den von unterschiedlichen Welt- und Persönlichkeitsauffassungen der kirchlichen und religiösen Tradition geprägten Anschauungen in den theologischen Fakultäten bzw. Sektionen an den staatlichen Universitäten und Hochschulen der DDR. Während der gesamtgesellschaftliche Einfluß der Kirchen ständig schrumpfte, blieben theologischen Fakultäten wichtige Institutionen der Ausbildung des Nachwuchses. Sukzessive gestaltete die Hochschulpolitik auch die theologischen Fakultäten um; ein kritisches Potential an Studierenden und Lehrenden erschwerte es indes, sozialistische Bildung und Erziehung durchzusetzen. So ist beispielsweise der Weg, die theologische Fakultät Berlins in das „sozialistische Bildungssystem" einzugliedern, von schwerwiegenden Differenzen zwischen Staat und Fakultät bzw. Lehrenden gekennzeichnet. Direkte staatliche Eingriffe in die Universität sind besonders in den späten vierziger bis Anfang der sechziger Jahre festzustellen, vor allem dann, wenn sich die Mitarbeiter der theologischen Fakultät aktiv an gesamtdeutschen Veranstaltungen, wie den Theologentagungen, beteiligten[204].

Der Bau der Mauer stellte einen tiefen Einschnitt für die theologische Fakultät dar. Abgeschnitten von einem Teil des im Westteil der Stadt lebenden Lehrkörpers und vom Kommunikationsprozeß im Westen, überwand sie erst langsam den durch die Zäsur hervorgerufenen „toten Punkt"[205]. Immer wieder kam es zu scharfen Auseinandersetzungen, so über die Remilitarisierung der DDR und die Einführung der allgemeinen Wehrpflicht zu Beginn der sechziger Jahre. Pazifistische Einstellungen waren während dieser Zeit unter Studierenden stark ausgeprägt. Auch die für alle Fakultäten verbindliche Einführung des gesellschaftlichen Grundstudiums Mitte der fünfziger Jahre stieß hier auf besonderen Widerstand. Noch in den sechziger Jahren stand die Mehrzahl der Studenten

---

204 Vgl. Christian Stappenbeck, Die Theologische Fakultät Berlins in der Zeit der antifaschistisch-demokratischen Umwälzung (1945-1948), in: *Wissenschaftliche Zeitschrift der Humboldt Universität zu Berlin. Gesell.wiss. Reihe*, 34. Jg. 1985, H. 7, S. 595-600. Käte Gaede, Die Theologische Fakultät Berlins von der Gründung der DDR bis 1961, in: ebd., S. 601-603. Die Beiträge erschienen anläßlich des 175jährigen Bestehens der theologischen Fakultät in Berlin.
205 Hans-Jürgen Gabriel, Die Theologische Fakultät in den Jahren 1961-1971, in: ebd., S. 604.

dem marxistisch-leninistischen Grundlagenstudium ablehnend gegenüber. „Progressive Kräfte" des Lehrkörpers, d. h. solche mit systemkonformer Ausrichtung, hatten es insgesamt schwer, Teilnehmer für ihre
Lehrveranstaltungen zu finden[206]. Die Fakultät stand immer wieder im
Spannungsfeld zwischen Theologie und Politik; wiederholt wurde sie gezwungen, in politischen Konflikten Stellung zu beziehen. Unterschiedliche politische Auffassungen wurden dabei häufig von theologischen Meinungsverschiedenheiten überlagert; die bestehenden Spannungen im
Lehrkörper blieben bis zum Umbruch 1989 erhalten[207].

Für die Freie Deutsche Jugend war es in den theologischen Fakultäten
besonders schwierig, Fuß zu fassen. In den sechziger Jahren, nach der
Schließung der Grenze der DDR durch den Mauerbau und die Einführung
der allgemeinen Wehrpflicht lag die FDJ-Arbeit völlig darnieder; erst 1968
konnte sie in den theologischen Fakultäten wiederbelebt werden. Die
Mehrheit der Studenten lehnte die Jugendorganisation ab; Austritte bei
der Immatrikulation waren weit verbreitet. Einige Studenten forderten
sogar, einen „christlichen Widerstand gegen den Staat der DDR" zu begründen[208]. Auch nachdem die FDJ im Zuge der Umstrukturierung der
Fakultät – seit 1970/71 Sektion – wieder aktiv wurde, blieb unter den
Studenten in den theologischen Fakultäten eine distanzierte Haltung ge-
genüber dem Staat und der „sozialistischen Gesellschaft" bestehen. Die
Entspannungspolitik zwischen Ost und West und die Schlußakte von
Helsinki weckten Hoffnungen auf politische Veränderungen. Konflikte
wie die Ausbürgerung der Sängers Wolf Biermann, die Einführung des
Wehrkundeunterrichts in den Schulen 1978 und die Ereignisse in Polen
1980/81 lösten kritische Fragen an den Staat der DDR aus. Einen neuen
Einbruch erlebte die FDJ zu Beginn der achtziger Jahre, als die inoffizielle
Friedensbewegung entstand. Dazu ein Mitglied der theologischen Fakul-
tät: „Leider war seit Beginn der 80er Jahre ein Nachlassen ihrer [der FDJ]
Wirksamkeit zu verspüren. Der Rückgang der politischen Aktivität der
Grundorganisation manifestierte sich z. B. im Absetzen des vorher regel-
mäßig durchgeführten FDJ-Studienjahres."[209]

Die hier zum Ausdruck kommende Entwicklung war das Resultat
einer Kette von Ereignissen, die bei der neuen Generation von Studierenden zu einer sensiblen, kritisch-distanzierenden Haltung gegenüber
Staat, FDJ und Partei geführt hat. Was sich anhand der Auseinandersetzungen in der theologischen Fakultät als ein Scheitern des staatlichen
Zugriffs auf diesen Bereich der Hochschulen charakterisieren läßt, drückt

206 Ebd., S. 605.
207 Vgl. ebd., S. 606. Vgl. für die siebziger und achtziger Jahre auch Hans-Jürgen
    Gabriel, Die Sektion Theologie von ihrer Gründung bis zur Gegenwart (1971-
    1984), in: *Wissenschaftliche Zeitschrift der Humboldt Universität zu Berlin. Ge-
    sell.wiss. Reihe*, 34. Jg. (1985), H. 7, S. 611-615.
208 Ebd., S. 604.
209 Ebd., S. 611.

sich gesamtgesellschaftlich in der Aufwertung von Kirche und Religion selbst bei denjenigen aus, die nicht im christlichen Glauben erzogen worden waren. Die Ursachen für die Wiederentdeckung dieser Restbestandteile traditioneller politischer Kultur und des autonomen Freiraums haben allerdings weniger mit den Kirchen selbst zu tun, als vielmehr mit dem Versagen des umfassenden Erziehungsanspruchs der marxistisch-leninistischen Ideologie. Bezeichnenderweise verläuft sie parallel zur Ausbreitung der unabhängigen Friedensbewegung und der informellen politischen Gruppen.

Gerade kontroverse Fragen der Persönlichkeitsbildung, der persönlichen Authentizität, Glaubwürdigkeit und Glaubhaftigkeit ließen vor allem Jugendliche, aber auch Erwachsene, den Weg in die Vielzahl kirchlicher Gruppen finden. Der Vorbereitungsausschuß „Jugend" der Berlin-Brandenburgischen Synode (Ost) bemerkt dazu in dem 1986 veröffentlichten Bericht „Zur Situation Jugendlicher": „Die Welt wird für immer mehr Jugendliche undurchschaubar. Die Fragen nach sinnvollem Engagement und nach lohnenden Lebenszielen bekommen größere Schärfe und mehr Gewicht. Hoffnung auf Frieden fordert zum Eintreten für Abrüstung und Gerechtigkeit heraus. Die Bedrohung des Lebens durch Kriegsgefahr, Umweltbelastung, Unterdrückung, weltweiten Hunger lösen Angst aus. Alltagsprobleme machen unzufrieden. ... Jugendliche empfinden sich als unmündig und autoritätsabhängig. Es gibt einen starken Druck zur Anpassung an die jeweilige Autorität, bestehende Normen und gefordertes Verhalten (in Schule und Betrieb). Das alles steht in starker Konkurrenz zu anderen Autoritäten im Freizeitbereich und im persönlichen Umfeld. Das kann zu Zerrissenheit, zu Orientierungsschwierigkeiten, zu Ich-Schwäche, Konfliktscheu führen. Hinzu kommt die Unfähigkeit, die eigenen Probleme sprachlich zu bewältigen."[210] Die Evangelische Kirche versuchte Jugendliche vor allem in der „Jungen Gemeinde" anzusprechen; in den Universitäten erfüllten die Evangelischen Studentengemeinden (ESG) eine wichtige Funktion. Gesprächsthemen der Zirkel waren Fragen der Auseinandersetzung mit Eltern und Vorgesetzten, Probleme von Partnerschaft und Sexualität, Identitäts- und Sinnfragen, berufliche Perspektiven, eine eigene Lebenskultur, Frieden und Gerechtigkeit[211]. Die Anzahl der in den Kirchengruppen regelmäßig mitarbeitenden Jugendlichen blieb trotz steigender Tendenz jedoch gering; Schätzungen sprechen von lediglich vier Prozent aller Jugendlichen[212].

Besonderes Interesse fanden offenere Formen der Jugendarbeit und Großveranstaltungen. Diese bildeten sich vorwiegend in Großstädten. Die

210 Bericht „Zur Situation Jugendlicher", Vorbereitungsausschuß „Jugend" der Berlin-Brandenburgischen Synode (Ost), Berlin (Ost), 4.4. – 8.4. 1986, in: *epd Dokumentation*, 18/86, S. 49.
211 Vgl. ebd., S. 50.
212 Nach Angaben von Reinhard Henkys in einem persönlichen Gespräch mit der Verfasserin im November 1986.

Gruppen konstituierten sich als Teil der sozial-diakonischen Jugendarbeit, als Initiativ- und Aktionsgruppen oder als Treffen der Offenen Arbeit; sie sprachen auch Erwachsene oder junge Erwachsene an[213]. Ihre Arbeit an der „Basis", ihre oft politisch brisanten Themen und ihre besondere, offene Form hat nicht selten zu Konflikten mit der übrigen Gemeinde bzw. in manchen Fällen mit dem Staat geführt; sie wurde aber von aktiven Mitarbeitern der Kirchen als unverzichtbar und zum Gesamtbild der Gemeinde gehörig betrachtet. Viele Jugendliche kamen mit der Kirche zum ersten Mal bei Großveranstaltungen in Kontakt, z.B. im Rahmen der Kirchentage sowie bei den „Blues-Messen", Friedenswerkstätten oder Jugendtagen. Beliebtheit erfreuten sich die Ende der siebziger Jahre erstmals veranstalteten „Blues-Messen"; Besucherzahlen von mehreren Tausend pro Jahr waren die Regel. Von der Kirche als Veranstaltungen mit „Schaufenstercharakter" bezeichnet, bot die Anonymität dieser Veranstaltungen auch nicht-kirchlichen Jugendlichen die Möglichkeit zur Teilnahme[214].

Obwohl viele der angeführten Gruppen brisante gesellschaftliche, soziale und politische Themen zum Gesprächsinhalt hatten, darf nicht übersehen werden, daß die Motive der Jugendlichen und jungen Erwachsenen, die sich an die Gruppen wandten, vielfältig waren und nicht zwangsläufig auf eine alternative oder systemkritische „Politisierung" hindeuten. Aufschluß über ihre Beweggründe und damit auch über den „Trend" zur Kirche geben die protokollarisch von Kirchenmitarbeitern, Journalisten oder Schriftstellern festgehaltenen Selbstzeugnisse Jugendlicher. In der vielbeachteten Sammlung von Protokollen aus dem Havelland von Gabriele Eckart berichtet eine Jugendliche, die 17jährige Imke, warum sie sich von der Kirche angezogen fühlt. Sie sagt: „Ist doch jetzt 'ne Modefrage. Die FDJ ist selber dran schuld, bietet uns nichts außer bißchen Tanz. Die Kirche ist der einzige Ort, wo man seinen Geist bißchen anstrengen kann. ... ich war in der Bibelstunde. Darf keiner wissen, bin ja FDJ-Sekretär. ... Aber ich will mich weiterbilden, weeßte? Wer das nicht versteht, tut mir leid. Die denken dort einfach so vollkommen anders. Na ja, ist eigentlich verrückt, Glaube! Da darfste nicht fragen: Wieso? und Warum? Aber es ist was anderes und nicht mit soviel Zwang verbunden, soviel Organisiertheit und Unpersönlichkeit. Und *freundlich* ist's da ... ist das einzige Wort, was mir dafür einfällt."[215] Versäumnisse und Defizite der FDJ und der Wunsch Jugendlicher nach Eigeninitiative und einem eigenen, jugendgemäßen Ausdrucks- und Gestaltungsspielraum sind die häufig genannten Motive Jugendlicher.

213 Vgl. Bericht „Zur Situation Jugendlicher" (Anm. 210), S. 50. Wolfgang Büscher gibt in seinen *Studien zur neuen Jugendbewegung* (Anm. 201) Beispiele dieser „offenen Jugendarbeit", so „Das Phänomen Punk" (S. 73-120)), den „Weimarer Montagskreis" (S. 121-205) und Halle-Neustadt (S. 206ff.).

214 Vgl. die Darstellung der Blues-Messen in Ost-Berlin bei Büscher, *Studien zur neuen Jugendbewegung* (Anm. 201), S. 9-72.

215 Eckart, *So sehe ick die Sache* (Anm. 129), S. 58.

Norbert Haase, Lothar Reese und Peter Wensierski lassen in ihrem Buch *VEB Nachwuchs* ebenfalls Jugendliche zum Thema „Warum es so viele Jugendliche zur Kirche zieht" zu Wort kommen[216]. Die Gründe, die die Jugendlichen für ihre Mitarbeit in der „Jungen Gemeinde" anführen, sind sehr vielschichtig, lassen aber gewisse Gemeinsamkeiten erkennen. So spielen das Verständnis und die Offenheit gegenüber privaten, sozialen oder politischen Problemen eine Rolle, die Suche nach „menschlicheren" Kommunikationsformen, die Möglichkeit, andere Informationen zu erhalten als die offiziellen Medien sie bieten, inbesondere bei strittigen Fragen (z. b. Wehrkundeunterricht), oder einfach attraktive kulturelle Angebote wie Musikveranstaltungen und Schriftstellerlesungen. Im eigentlichen Sinn religiöse Gründe, die Suche nach Gott, das Interesse an der Bibel usw. spielen nach Haase, Reese und Wensierski seltener eine Rolle. Nicht „Weltflucht", sondern „Weltgewinn", wie es einer der Jugendlichen fomuliert, steht im Mittelpunkt. Anders als die von Eckart interviewte Imke berichten die – hauptsächlich in städtischen Gemeinden aktiven – Jugendlichen von einer weitgehenden Toleranz, ja, von einem gewissen Interesse anderer Jugendlicher an ihren Aktivitäten in der „Jungen Gemeinde". Aber es wird auch auf Spannungen und Diskriminierungen von Gemeindemitgliedern hingewiesen. Beispiele von Christen, die nicht zur Erweiterten Oberschule zugelassen wurden oder Entscheidungszwänge, in die Junge Gemeindemitglieder gerieten („Junge Gemeindezeichen" oder „FDJ-Abzeichen"), werden genannt; das Bewußtsein, daß ein Engagement in kirchlichen Gruppen keineswegs selbstverständlich ist und von politischen Instanzen sanktioniert werden kann, zieht sich durch alle Beiträge.

Auch die Porträts, die der von der „Kommission Kirchliche Jugendarbeit 1985" veröffentlichten Synodenvorlage beigefügt sind, belegen die Vielschichtigkeit der Motive Jugendlicher, in der kirchlichen Jugendarbeit tätig zu werden[217]. Eine Jugendliche sagt beispielsweise: „Ich fühle mich hier wohl und werde von den anderen anerkannt und kann mit vielen Leuten reden. Ich finde es gut, daß es hier keinen Zwang gibt. Kirche ist für mich noch eine Alternative, obwohl ich erkenne, daß auch hier nicht alles o.k. ist." Ein anderer Jugendlicher, der aus nicht-religiösem Elternhaus kommt, ist beeindruckt von der „Offenheit" der Kirchengruppe. Andere wiederum schätzen die Tatsache, daß in den Kirchengruppen über „interessante" Themen gesprochen wird, die in der Öffentlichkeit sonst kaum thematisiert werden, „z.B. wenn wir über den Tod und den Selbstmord reden oder über Abtreibung". Aber auch religiöse Motive werden von den Jugendlichen – vor allem von solchen, die in einem christ-

216 Haase/Reese/Wensierski, *VEB Nachwuchs* (Anm. 138), S. 85-88.
217 „Ziele und Inhalte kirchlicher Jugendarbeit" (Anm. 199), S. 26f. Die Zitate im folgenden sind diesem Text entnommen. – Berücksichtigt werden muß auch, daß alle Aktivitäten der kirchlichen Gruppen von der Staatssicherheit überwacht wurden.

lichen Elternhaus aufgewachsen sind – geäußert, so die Überzeugung, daß die „Bibel für den Glauben wichtig (ist)" und der Wunsch, daß „wir darüber sprechen, weil ich sie [die Bibel] dann hoffentlich besser verstehe", oder die Vorstellung, „den Menschen (zu) bezeugen, daß Jesus sie lieb hat". Daß manche Jugendliche weder aus persönlichem oder politisch-sozialem noch aus religiösem Interesse in die Jugendarbeit kommen, dokumentiert die Äußerung eines als aggressiv beschriebenen, mit seiner Clique auftretenden 19jährigen Jugendlichen, der sagt: „In den Keller (Ort der offenen Arbeit) gehe ich besonders, wenn's draußen kalt ist. Man kann dort die Kumpels treffen, wenn andere mich anmachen, knack ich sie auf. Mit den Kumpels ist es gut, besonders Autofahren, Feten und Saufen. Kirche kümmert mich 'nen Dreck." In dem Kommisionsbericht wird zusammenfassend über die Jugendarbeit festgestellt, daß trotz der unterschiedlichen Erwartungshaltung von älteren und jungen Gemeindemitgliedern, die „Kirche für viele Jugendlichen eine Alternative (bleibt), weil Freiräume da sind, Vielfalt erlebt werden kann und das Angebot letztendlich immer freiwillig bleibt. Die Authentizität der Personen, die für sie Kirche repräsentieren, spielt bei der Bereitschaft, sich auf sie einzulassen, eine große Rolle. Von der Kirche als gesellschaftlicher Größe erwarten sie, daß ihre Klagen und Wünsche, ihre Probleme, Nöte und Vorstellungen gehört werden und daß die Kirche ihnen in der Gesellschaft eine Stimme verleiht und für sie eintritt. Sie wünschen sich Freiheit, Verantwortung zu übernehmen, aber auch die Freiheit, dabei scheitern zu können, ohne gleich abqualifiziert zu werden. Sie sehnen sich nach Beteiligung und nach Selbstverwirklichung, wollen sich einbringen, aber nicht vereinnahmt werden."[218]

Das Interesse an kirchlichen Gruppen besonders unter Jugendlichen, von denen ein großer Teil vorher im Verlauf ihres Sozialisationsprozesses nicht mit der Kirche oder einer Religion in Berührung gekommen war, ließ den bevorstehenden Umbruch erahnen. Es stellte die Kirchen zugleich vor eine große Herausforderung, die sie zögernd und gegen innere Widerstände in einer Art Selbstverständigungsprozeß reflektierten. Zugleich nahm der Druck des Staates – und besonders der Staatssicherheit – zu, der die politische Kontrolle über die neuen Gruppen nicht verlieren wollte.

Innerhalb der Kirche wurde vor allem diskutiert, wie die kirchlichen Mitarbeiter auf die vielfältigen Wünsche, Interessen und Erwartungen eingehen könnten und sollten, die von einer neuen Generation – teilweise mit Vehemenz – vorgetragen wurden, die nicht religiös sozialisiert worden war und über deren zukünftige Beziehung zur Kirche man wenig aussagen konnte.

Vor diesem Hintergrund erlangte die Frage des sozialisierenden Effekts kirchlicher Gruppen in Kirchenkreisen selbst eine neue Bedeutung. Ehr-

218 Ebd., S. 29.

hart Neubert, Mitarbeiter der Theologischen Studienabteilung beim Bund der Evangelischen Kirchen in der DDR, war einer der ersten, die über die Frage der Sozialisationsleistung kirchlicher Gruppen offen reflektierte und einen in Kirchenkreisen breit diskutierten Beitrag vorlegte, in dem er, gestützt auf seine Erfahrungen, sozialwissenschaftliche Interpretationen und Erkenntnisse der Sozialisationsforschung dieser Frage nachgeht[219]. Dieser Beitrag, der den Selbstverständigungsprozeß unter kirchlichen Mitarbeitern dokumentiert, ist nicht nur deshalb interessant, weil er auf einige der oben angesprochenen Entwicklungen der kirchlichen Basisgruppen mit sozialkritischer bzw. politischer Themenzentrierung eingeht; er stellt auch einige grundsätzliche Reflektionen zur Bedeutung kirchlicher Sozialisation in der DDR an.

Neubert setzt bei der Beobachtung an, daß „parallel zum Schrumpfungsprozeß der Volkskirche zunehmend neues Interesse an Religion in der DDR-Gesellschaft sichtbar wurde"[220]. Seiner Auffassung nach ist dieses so zu erklären, „daß hinter dem Interesse an Religion ein Vorgang abläuft, der als 'Reproduktion von Religion' definiert werden kann"[221]. Diese „Reproduktion von Religion", die nach Neubert auch in anderen staatssozialistischen Ländern (z.B. in Ungarn) zu beobachten sei, ergebe sich daraus, daß die Sozialisationskonzepte und -agenturen in der DDR in wichtigen Fragen defizitär seien. Die Entwicklung der Gesellschaft produziere daher selber das neue Interesse an Religion.

Diese These wirkte in zweierlei Hinsicht provokant. Für die Kirchen war sie deshalb anstößig und hat dementsprechend Kritik hervorgerufen, weil der Eindruck entstehen könnte, der Glaube werde durch gesellschaftliche Defizite und nicht durch die überzeugende Kraft der Religion ausgelöst. Für die marxistisch-leninistische Gesellschaftswissenschaft war diese Aussage provokant, weil sie die sozialistische Gesellschaft für grundsätzlich areligiös hält. Religion hat nach ihrem Verständnis nur Platz in der durch antagonistische Widersprüche geprägten Klassengesellschaft; sollte auch die sozialistische Gesellschaft Religion „produzieren", so müßte daraus geschlossen werden, daß sie nicht in der Lage sei, die gesellschaftlichen Widersprüche konstruktiv zu lösen.

Um seine These von der Reproduktion der Religion zu begründen, leitet Neubert seinen Beitrag mit einer kultur- und gesellschaftskritischen Bestandsaufnahme ein. Ausgehend von einem weit gefaßten Kulturbegriff, in dem Sozialisation als Prozeß, der zur aktiven Teilhabe an der Kultur der Gesellschaft führt, einen wichtigen Platz einnimmt, charakterisiert Neubert die soziokulturelle Situation der DDR im Hinblick auf die

---

219 Neubert, Reproduktion von Religion (Anm. 193). Einige Ergebnisse wurden bereits in vorläufiger Fassung in der kirchlichen Publikation „außer der reihe" 1985 veröffentlicht und stießen auf Kritik der etablierten Kirchenleitung. Vgl. das Vorwort von Rudolf Schulze zu Neuberts Studie, ebd., S. II/III.
220 Ebd., S. 1.
221 Ebd., S. 1/2.

Rolle von Religion folgendermaßen: Als Wirkung der sozialistischen Herrschaft in der DDR sei eine „kulturelle Reduktion" festzustellen, nach der alle Erscheinungen der Kultur auf die von der Partei angeleiteten „gesellschaftlichen Bedürfnisse" bezogen würden. Die technisch-wissenschaftliche Revolution als Kernstück der staatssozialistischen Politik habe entgegen den ursprünglichen Erwartungen zu einer alle Lebensbereiche durchdringenden Rationalisierung und Entfremdung geführt. Als Ergebnis des forcierten Säkularisierungspozesses blieben der Kirche nur noch gewisse Segmente von „Restfunktionen" privater und individueller Lebensgestaltung. Die Kirche selbst habe sich schwer getan, im atheistischen Umfeld Lebendigkeit zu bewahren. Daß Religiosität im weitesten Wortsinn dennoch vorhanden ist, zeige sich zum Beispiel daran, daß der Marxismus das „religiöse Erbe der Säkularisation" angetreten habe und versuche, sinnstiftend zu wirken. Auch in dem Konglomerat von „Alltagsreligion", in dem DDR-Bürger Riten und Alltagsgewohnheiten pflegten, oder in der symbolträchtigen jugendlichen Subkultur drücke sich das religiöse Erbe aus. Wie Neubert feststellt, strebe die „Gesamtmasse an Religiosität" jedoch nach Institutionalisierung, d. h. auf die Kirche zu, was sich in dem zu beobachtenden Trend zu kirchlichen Veranstaltungen bzw. Gruppen niederschlüge.

Vom Blickwinkel der Sozialisation her betrachtet, hat nach Neubert weder die kommunistische Erziehung noch die kirchliche Sozialisation ihre Ziele erreicht. Der Hauptfehler der Erziehung zur sozialistischen Persönlichkeit liege in dem zu hoch gesteckten Ziel, das den einzelnen Menschen sich als „Fremdling" in der Gesellschaft erleben lasse: „Der hohe Grad der Organisiertheit mancher DDR-Bürger kann auch als hochgradiger Verantwortungsschwund diagnostiziert werden. Statt Engagement hat man einige Mitgliedsbücher von Massenorganisationen in der Tasche. ... Durch kulturelle Reduktion wurden Sozialisationsfaktoren ignoriert und abgewertet, die aber nach wie vor wirksam sind."[222] Damit war bereits frühzeitig eine zentrale Schwachstelle der DDR-Gesellschaft öffentlich benannt.

Auf der anderen Seite habe aber auch die kirchliche Sozialisation versagt. Während sie unter den Bedingungen der Volkskirche noch als Brücke zwischen Individuum und Gesellschaft, zwischen individuellen und kulturellen Sinndeutungen und Handlungsmustern, verstanden werden

222 Ebd., S. 2. Das Gefühl von Vereinzelung und Entfremdung wird auch in anderen Lebensbereichen der DDR empfunden. Die Schriftstellerin Monika Maron drückte dies in einem ihrer Romane so aus: „Deine Rentabilität ist veranschlagt und wird erwartet ... Deinen Kopf bauen sie einer Maschine ein, deine Arme machen sie zu Kränen, deinen Brustkorb zum Karteikasten, deinen Bauch zur Müllhalde. Aber in jedem Menschen gibt es etwas, das sie nicht gebrauchen können, das Besondere, das Unberechenbare, Seele, Poesie, Musik, ich weiß keinen passenden Namen dafür, eben das, was niemand wissen konnte, ehe der Mensch geboren war." Monika Maron, *Die Überläuferin*, Frankfurt a.M.: Fischer 1986.

konnte, habe sich die Kirche mit der konsequenten Trennung von Kirche und Staat in der DDR immer mehr zur reinen Mitgliedschaftssicherung entwickelt, die als Lebenswelt nur noch die Kirche als Institution im Blick habe. Die Katechetik bliebe ausschließlich im Horizont und in den Grenzen der Gemeinde; deren Krise in der Gesellschaft habe sich auch auf ihre Sozialisationskraft und -möglichkeit ausgewirkt. Die wesentliche Ursache dieses Bedeutungsschwundes ist, so Neubert, in der „mangelnden Relevanz" kirchlicher Sozialisation zu sehen, die „kaum unmittelbar gesellschaftliche Bedürfnisse erreicht"[223]. So kommt Neubert zu der kritischen Feststellung, daß die traditionelle kirchliche Sozialisation weder „ihre Aufgabe der Mitgliedschaftssicherung noch den Anspruch christlicher Existenz in der Gesellschaft transparent und wirksam zu machen, erfüllt" habe[224].

Der Bedeutungszuwachs der Kirche ist nach Neubert daher nicht auf die Attraktivität traditioneller kirchlicher Veranstaltungen, sondern vielmehr auf die „sozialisierenden Gruppen" zurückzuführen, die sich an der Basis unter dem Dach der Kirche neu gebildet haben. Was sie kennzeichnet, beschreibt Neubert folgendermaßen: „Diese Gruppen leiten ihre Sozialisationsaufgabe nicht aus den offiziellen und erwünschten Sozialisationszielen ab. Die Gruppenmitglieder sind nicht auf Anpassung und Konformität aus. Sie scheuen nicht das Risiko der sozialen Alternative zu den vorgegebenen gesellschaftlichen Strukturen. Sie suchen bewußt nach einer gesellschaftlichen Position und wollen ihre soziale Rolle selbst gestalten. In der Erfahrung eigener ungenügender Sozialisation verbinden sie individuelle und gesellschaftliche Problemlagen. Sie ziehen sich aus der Gesellschaft nicht in irgendwelche 'Nischen' eines sozialen Eigenlebens zurück, sondern 'steigen' in die gesellschaftlichen Probleme 'ein'. Sie streben schließlich im Rahmen ihrer Sozialisation nach selbstverantwortbarer gesellschaftlicher Wirklichkeitskonstitution und -konstruktion."[225]

Dabei seien für die Gruppen mehrere Elemente konstitutiv. Zunächst einmal kennzeichnet viele dieser Gruppen ihr Standort am „Rand" der Gesellschaft; markantes Beispiel sind die Gruppen von Homosexuellen, die in der DDR-Kultur, im gesellschaftlichen wie im kirchlichen Bereich, rechtlich, moralisch und sozial tief verunsichert sind. Charakteristisch sei ferner, daß sich die sozialisierenden Gruppen als kritische – ideologie-, kultur- und gesellschaftskritische – Gruppen bildeten. „Sie protestieren gegen Lebensweise und Verhalten des domestizierten Staatsbürgers. ... Sie testen gleichsam die Gesellschaft auf Kritikfähigkeit und Kritikwürdigkeit."[226] Offenbar Bezug nehmend auf westliche Theorien (Habermas), zielt der Sozialisationsprozeß nach Neubert in erster Linie auf den Erwerb

---

223 Neubert, Reproduktion von Religion (Anm. 193), S. 26.
224 Ebd., S. 26.
225 Ebd., S. 33.
226 Ebd., S. 39/40.

einer „kommunikativen Kompetenz"[227] ab; sie sei gekennzeichnet durch „Personalität" und soziale Handlungsfähigkeit. In diesem Prozeß wird Sprache neu dekodiert und kodiert. Fundamentalnormen wie Gleichheit, Freiheit, Gerechtigkeit, Liebe, Vertrauen spielten im Kommunikationsprozeß eine große Rolle. Das Dach der Kirche biete den notwendigen „Freiraum", diese „herrschaftsfreie Kommunikation" zu praktizieren.

Trotz des herrschaftskritischen Ansatzes überschätzt Neubert aber die Bedeutung der kirchlichen „sozialisierenden Gruppen". Der Autor, der sich explizit positiv auf die neuen Gruppen bezieht und eine theoretische Begründung für deren Bedeutung im innerkirchlichen Leben entwickeln will, widerspricht seiner eigenen, eingangs formulierten Problemsicht der kirchlichen Sozialisationsleistung. Angesichts der marginalisierten Rolle der Kirche in der politischen Kultur konnte kaum angenommen werden, daß die Erneuerung der Kommunikationsfähigkeit aus der Kirche heraus erfolgen konnte, da die Ursachen ihrer Beschneidung im Herrschaftssystem selbst zu suchen sind. Die Charakterisierung des Sozialisationsprozesses in den „sozialisierenden Gruppen" als Prozeß des Erwerbs einer „kommunikativen Kompetenz" mußte solange als fernes Ziel erscheinen, wie die Kommunikation nicht öffentlich werden konnte. Nach der politischen Öffnung muß fraglich bleiben, ob die Entwicklung solcher Fähigkeiten originär mit Beziehungen zum religiösen Denken und Fühlen oder mit der Bindung an die Institution Kirche verknüpft werden kann.

Trotzdem haben die Gruppen eine wichtige Rolle in der Veränderung der politischen Kultur gespielt. Nach einer Auflistung des Ausschusses „Kirche und Gesellschaft" hatte sich in den achtziger Jahren ein beachtliches Spektrum von Gruppen gebildet, das sich in der einen oder anderen Weise der „Kirche" zuordnete oder eine „christliche Identität" erkennen ließ: Friedenskreise als Teil der „Jungen Gemeinde" oder eines Gemeindekreises, selbständige Friedenskreise, die sich zunächst außerhalb der Gemeinde gebildet hatten und in der Kirche ein organisatorisches Dach suchten, Öko-Gruppen, zusammengesetzt aus Leuten, die an ökologischen Fragen, oft verbunden mit Friedensfragen, interessiert waren und oft keine Gemeindebindung hatten, Kreise der Offenen Jugendarbeit, die dort, wo ihnen Raum in einer Gemeinde gegeben wurde, oft ein Eigenleben führten[228]. Diese Gruppen besaßen oft keine feste Struktur, sie veränderten sich, neue Gruppierungen entstanden oder es wurden andere Thematiken aufgegriffen; die personelle Fluktuation war groß. Neben Gruppen, die sich auf die Friedensthematik konzentrierten, bildeten sich neue Frauenkreise mit emanzipatorischem Ansatz, Zusammenschlüsse homosexueller Männer, Umwelt- und Menschenrechtsgruppen. Im diakonischen Bereich entstanden kirchliche „Hauskreise" sowie verschiedene

227 Ebd., S. 46ff.
228 Vgl. *Die Kirchen und die Friedensgruppen – Wie gehören sie zusammen?* Text für den Ausschuß Kirche und Gesellschaft, Mai 1984, zit. nach Neubert, Reproduktion von Religion (Anm. 193), S. 79/80.

verbandsähnliche Gruppierungen, z. B. Akademien, Aktion Sühnezeichen, Christliche Friedenskonferenz u. a., unter deren Dach sich sozialisierende Gruppen ansiedelten[229]. Während zunächst die Friedensfrage für viele im Vordergrund stand, beschäftigten sich verschiedene Gruppen mit Umwelt- oder Menschenrechtsfragen und engagierten sich später in der Opposition.

Die Schlußfolgerungen, die Kirchenleitungen und aktive Kirchenmitglieder aus der Bildung „sozialisierender Gruppen" zogen, fielen unterschiedlich aus. Die Kirchenleitungen zeigten sich besorgt, daß ihr mühselig errungener Arbeitszusammenhang mit dem Staat gefährdet werden könnte, wenn sie zuviel Autonomie und Authentizität zuliessen. Andere basisorientierte Kirchenmitglieder stellten die sozialisierenden Effekte heraus und leiteten – wie Neubert – aus der Bedeutung der Gruppen die These ab, daß sie Religion „reproduzierten", d.h. eine Art Erneuerungsbewegung für die Kirchen darstellten. Neuberts Plädoyer geht dahin, die Entwicklung dieser Gruppen als paradigmatisch für eine sozial engagierte christliche Ethik anzusehen und ihnen als eine der „Sozialgestalten" einen festen Platz in der Kirchengemeinde einzuräumen. Die etablierte Kirche tat sich allerdings schwer, mit der Dynamik, die durch den Zustrom Jugendlicher in kirchliche Gruppen entstand, fertig zu werden. Wie Büscher in seinen Fallstudien zur „neuen Jugendbewegung" gezeigt hat, führte die Bildung von kirchlichen Gruppen – vor allem in der offenen Jugendarbeit, aber auch in traditionellen „Jungen Gemeinden" – wiederholt zu Konflikten zwischen der Kirchenleitung, der etablierten Gemeinde oder einzelnen kirchlichen Mitarbeitern mit den Jugendlichen[230]. So sammelten viele, die hofften in der Kirche ein organisatorisches Dach zu finden, negative Erfahrungen mit dem „real existierenden Christentum". Zweifel sind sicherlich auch an Neuberts These angebracht, daß die „sozialisierenden Gruppen" eine Art Erneuerungsbewegung für die Kirche auf breiterer Basis darstellen könnten.

Ob sich das soziale Engagement und das Bedürfnis Jugendlicher nach Eigenständigkeit und Authentizität auch nach dem Umbruch an eine Affinität zum Christentum koppeln läßt, die gleichsam naturwüchsig zu einer „Reproduktion von Religion" führen wird, muß zu diesem Zeitpunkt offen bleiben. Zwar steht ein Teil der Jugendlichen einer christlichen Ethik tatsächlich nahe bzw. konnte über bestimmte Themen wie Frieden und Gerechtigkeit eine Brücke zur Religion herstellen. Da vielen jedoch die Erfahrung christlicher Sozialisation im Jugendalter und damit die Sozialbindung an die Kirche fehlt, ist fraglich, ob diejenigen, die sich in den achtziger Jahren in den „sozialisierenden Gruppen" engagiert ha-

---

229 Vgl. ebd., S. 80ff.
230 Büscher, *Studien zur neuen Jugendbewegung* (Anm. 201), S. 121 ff. Der „Weimarer Montagskreis" sei z.B. durch den Konflikt zwischen einem oppositionellen Jugendmilieu und einer „konservativen Ortskirche" charakterisiert gewesen. Auch in Halle-Neustadt seien Konflikte zwischen der etablierten Gemeinde und der offenen Jugendarbeit an der Tagesordnung (vgl. ebd., S. 231 ff.).

ben, angesichts der Öffnung bzw. Flexibilisierung der Gesellschaft nach 1989 dauerhaft an die Kirche gebunden bleiben werden.

Für die engagiert in den kirchlichen Gruppen an der Basis eingebundenen Jugendlichen und Erwachsenen wurde die Erfahrung allerdings zu einem gewichtigen Element in ihrer Sozialisation. Auch wenn es sich bei diesem Kreis nur um eine Minderheit handelt, fällt doch der relativ große Anteil derjenigen in der politischen Umbruchphase auf, der aus dem Umkreis kirchlicher Basisgruppen kommt; die Verknüpfung von Opposition und christlichem Milieu wurde geradezu typisch für die DDR. Die früher dominierende „negative" Erfahrung kirchlicher Sozialisation, d.h. die Erfahrung, daß die kirchliche Sozialisation gesellschaftliche Marginalisierung und Diskriminierung nach sich zog, machte schrittweise einem „positiven" Modell Platz, in dem kirchliche Gruppen einen stärkeren, gesellschaftlich und politisch relevanten Einfluß ausübten. Neuberts These, daß im kirchlichen Zusammenhang ein alternatives Sozialisationsmuster entstehen kann, das über persönliches Erleben auf zentrale Bereiche gesellschaftspolitisch und kulturell relevanter Interaktions- und Handlungsmuster ausstrahlt, würde damit – zumindest für einen Teil der Opposition – eindrucksvoll belegt. Die alternativen Muster beziehen sich nicht nur auf Themen wie die Friedensfrage, Umweltpolitik oder die Rolle von Minderheiten. Vielmehr haben die sozialisierenden Gruppen mit ihrer Suche nach neuen Lebensformen, nach dem Sinn des Lebens und der Gestalt der Zukunft grundsätzliche Fragen an das staatssozialistische Herrschaftssystem gerichtet, die im offiziellen politischen Diskurs nicht diskutiert wurden. Als Elemente der „civil society" haben sie daher ein über die christliche Weltanschauung weit hinausgehendes politisches Gewicht bekommen.

3.3.3. Zusammenfassung

Zusammenfassend ist festzuhalten, daß sich in den achtziger Jahren deutliche Konturen eines Bewußtseinswandels abzeichneten. Die Ausweitung einer spezifischen Jugendszene in nichtstaatlichen Sozialisationszusammenhängen zeigte einen Freiraum der Persönlichkeitsentwicklung an, der weitgehend der pädagogischen Beeinflussung im allgemeinen und der politischen Erziehung im besonderen entzogen blieb. Dieser neue Raum von Kommunikation war in einem für die Bewußtseinsentwicklung prägenden Lebensabschnitt angesiedelt. Diesen informellen, d.h. nicht organisierten oder kontrollierten Gruppen wurde von Wissenschaftlern in der DDR schließlich die Funktion einer „sekundären Sozialisation" zugeschrieben.

Die Individualitätsentwicklung in sozialen Kleingruppen läßt kaum Zeichen der Entfaltung distinkter „sozialistischer Persönlichkeiten" erkennen, im Gegenteil: Politik spielt eine quantitativ geringe Rolle in der

Skala der Betätigungen. Betrachtet man ergänzend den marginalen Umfang durchschnittlicher „gesellschaftlicher Aktivität" von Jugendlichen, so bedeutet der vorwiegend „unpolitische" Charakter der Jugendgruppen in der Freizeit nichts anderes, als sich den Ansprüchen der politischen Erziehung zu verweigern; teilweise läßt er sich auch als passiver Widerstand gegen Einbindungen interpretieren, der sich nicht gegen die soziale Ordnung als solche, sondern gegen spezifische Ansprüche an die Individuen richtete, die zwangsläufig aus der politischen Verfaßtheit der DDR-Gesellschaft erwuchsen.

Kollektive Identität von Jugendlichen, die nicht von der FDJ, sondern von informellen Gruppen repräsentiert wurde, stellte eine neue Qualität von Gruppen Gleichaltriger dar, die in der klassischen politischen Sozialisationsforschung lediglich als „peer groups" verstanden wurden. In der Analyse staatssozialistischer Systeme besitzen sie jedoch besondere politische Bedeutung. Mit der Jugendkultur als einem der wichtigsten Nährböden „unkonventionellen" politischen Verhaltens entwickelte sich der Ansatz einer aktiven, bewußt sachorientierten Opposition, deren zentrale Themen Frieden, Ökologie, soziale Gerechtigkeit bzw. Gleichheit waren. Anstelle von Apathie oder Rückzug ins Private stand hier die Suche nach Authentizität, Wahrhaftigkeit und Selbstverwirklichung im Zentrum. Die Existenz der informellen Gruppen ist ein eindeutiger Beweis für die Unmöglichkeit des staatssozialistischen Herrschaftssystems, Sozialisationsprozesse umfassend zu dirigieren und zu kontrollieren. Die erfolgten Korrekturen der Sichtweise in Jugendforschung und Pädagogik zeigten, daß sich die DDR-Wissenschaft dieses Dilemmas bewußt war. Deutlich zeichneten sich Konturen eines Kulturumbruchs ab; der politische Aufbruch wurde schließlich von den neuen informellen Gruppen initiiert und mitgetragen.

Auch die Rolle der Kirchen veränderte sich. Waren sie im Zuge der gezielten Ausgrenzungspolitik von Partei und Staat und einer fortscheitenden Säkularisierung des gesellschaftlichen Daseins schrittweise zur Bedeutungslosigkeit für den Sozialisationsprozeß herabgesunken, so läßt sich für die achtziger Jahre ein Aufleben religiöser Werte und kirchlicher Aktivitäten feststellen. Zunehmend fließen kirchliches Milieu und politische Opposition zusammen. Es sind zum einen die räumlich-sachlichen und intellektuellen Resourcen der einzigen vom Staatsapparat relativ unabhängigen Organisation, ihre Kommunikations- und Informationsmöglichkeiten, zum anderen ihr moralisches „Standing", die mit zur Entstehung der alternativen bzw. inoffiziellen politischen Kultur beigetragen haben. Das überzeugte Eintreten gegen die Militarisierung und für eine Friedenserziehung Ende der siebziger Jahre, die Kritik an atomarer Rüstung, zunehmender Zerstörung der Umwelt und das Eintreten für Minderheiten haben, vor allem bei der jüngeren Generation, das Ansehen der Kirche gestärkt und ihre Rolle als kritisches Korrektiv in der Gesellschaft aufgewertet.

Besonders in den achtziger Jahren kam es so zur Bildung einer Reihe von Basisgruppen mit sozialisierender Wirkung. Das aufgezeigte Scheitern einer bruchlosen Eingliederung von Studierenden und einem Teil der Lehrenden in den wichtigsten Ausbildungsstätten von Theologen, den theologischen Fakultäten, in das sozialistische Bildungs- und Erziehungskonzept trug in diesem Zusammenhang zum Fortleben christlich-religiöser Werte bei. Daraus ergab sich zwangsläufig, daß die Kirche die ihr eigenen religiösen Anliegen zur Geltung brachte. Zugleich verknüpften sich mit dem Interesse an der Kirche durchaus säkulare Aspekte wie die Suche nach Autonomie, Selbstverwirklichung oder anderen Kommunikations- und Umgangsformen. Alternative Sozialisation nach kirchlichem Muster galt nur für eine kleine Minderheit. Trotz des Wiederauflebens des Interesses an Kirche und Religion in den achtziger Jahren ist daher nicht von einer genuinen Revitalisierung der Kirche als religiöser Institution auszugehen. Die Bedeutung der Kirche ergibt sich vielmehr primär aus ihrem herrschaftsunabhängigen Raum in der von Staat und Partei beherrschten Gesellschaft. Als Teil der „civil society" bildeten kirchliche Basisgruppen einen Eckpfeiler der dominanten politischen Kultur.

3.4. Die Massenmedien

Die Bedeutung der Massenmedien – Fernsehen, Radio und Presseerzeugnisse – für die politische Meinungsbildung und Informiertheit der Bevölkerung hat in allen entwickelten Industrieländern erheblich zugenommen. In der politischen Sozialisationsforschung werden diese Medien daher als zentrale Sozialisationsagenturen betrachtet[231]. Mehr als 90 Prozent der Haushalte im Gebiet der DDR besitzen einen Fernsehapparat, nahezu alle Haushalte sind mit einem oder mehreren Radiogeräten ausgestattet[232]. Untersuchungen aus den achtziger Jahren haben beispielsweise ergeben, daß im Durchschnitt täglich zwei Stunden lang ferngesehen und einseinhalb Stunden lang Radio gehört wird[233].

231 Zur Bedeutung der Massenmedien für die politische Sozialisation in westlichen Demokratien liegt inzwischen, vor allem in den USA, eine umfangreiche Literatur vor. Vgl. z.B. Steven H. Chaffee/Albert R. Tims, The Development of News Media Use in Adolescence: Implications for Political Cognitions, in: Michael Burgoon (Hrsg.), *Communication Yearbook 6*, Beverly Hills: Sage 1982.
232 Vgl. *DDR-Handbuch*, hrsg. v. Bundesministerium für innerdeutsche Beziehungen unter der wiss. Leitung von Hartmut Zimmermann, Bd. 1, Köln: Wissenschaft und Politik 1985, S. 385.
233 Vgl. Helmut Hanke, Freizeit in der DDR, in: *Weimarer Beiträge*, 33. Jg. 1987, H. 7, S. 1069. Zur Debatte über Medien und Kulturpolitik vgl. z.B. Helmut Hanke/Thomas Koch, Zum Problem der kulturellen Identität, in: *Weimarer Beiträge*, 31. Jg. (1985), H. 8, S. 1255, und die kritische Erwiderung von Michael Hofmann/Dieter Rink, Differenzierungen in der kulturellen Massen- und Medienarbeit. Ein Problemaufriß, in: *Weimarer Beiträge*, 33. Jg. 1987, H. 7, S. 1079-1088.

In bezug auf die Sozialisationswirkung muß davon ausgegangen werden, daß die Medien nun eine wichtigere Rolle spielten als noch in den siebziger Jahren[234]. Zugleich war die Medienlandschaft in der DDR vor dem Umbruch durch einige Besonderheiten charakterisiert. Bis zum Herbst 1989 gehörten die Massenmedien zu den von der Partei am stärksten kontrollierten politischen Instrumenten der Herrschaftssicherung und -legitimierung; sie sollten die politisch-ideologische Arbeit und die Erziehung zur „sozialistischen Persönlichkeit" propagandistisch unterstützen und stärken[235]. Zu den Medien, die dieser Zielstellung folgen sollten, gehörten nicht nur die im engeren Sinne journalistischen Massenmedien wie Presse, Rundfunk und Fernsehen, sondern auch Filme, Bücher, nicht-periodische Druckerzeugnisse sowie Schallplatten, Tonbänder und alle anderen audio-visuelle Medien. Während die Aufgabe der journalistischen Massenmedien vor allem darin gesehen wurde, auf der Grundlage von Parteilichkeit Informationen zu verbreiten und Argumentationen aufzubauen, die der Festigung des staatssozialistischen Herrschaftssystems dienen sollten, sollten die anderen Massenmedien darüber hinaus die im Rahmen der Kulturpolitik entwickelten künstlerisch-ästhetischen Richtlinien und Vorstellungen umsetzen. Begrenzter Raum für Kritik und Diskussion wurde – vor allem in der Literatur und in Spielfilmen – zwar geboten und widersprach nicht dem Bewußtseinsbildungsprozeß, der über die Medien erreicht werden sollte[236]. Kein Spielraum wurde jedoch den für die politische Information und damit für die sozialistische Bewußtseinsbildung zentralen Medien bzw. Sendungen von Fernsehen und Rundfunk zugestanden.

Die hervorstechende Besonderheit im Unterschied zu anderen ehemals staatssozialistischen Ländern bestand jedoch in der „offenen" Mediengrenze. Dadurch, daß die Bevölkerung Zugang zu westlichen Medien hatte, vor allem über das Fernsehen und das Radio, war das Informations- und Nachrichtenmonopol von Partei und Staat faktisch durchbrochen. Mit Ausnahme des Raums Dresdens und der Region um Greifswald konnte die Bevölkerung die in der Bundesrepublik ausgestrahlten Fernsehsendungen empfangen; westliche Radiosender waren nahezu überall gut zu

234 Vgl. Lothar Bisky, Mass Media and the Socialization of Young People in the GDR, in: Margy Gerber et al., *Studies in GDR Culture and Society 7*, Lanham und London: University Press of America 1987, S. 7f.

235 Vgl. zu den Massenmedien in der DDR auch Gunter Holzweißig, *Massenmedien in der DDR*, Berlin: Holzapfel 1983; *Die Massenmedien in der DDR*, hrsg. v. d. Friedrich-Ebert-Stiftung, Bonn: Neue Gesellschaft 1979. Eine frühe informative Studie über die herrschaftspolitische Entwicklung der Medien in der Frühphase der SBZ/DDR ist die von Ernst Richert, *Agitation und Propaganda*, in Zusammenarbeit mit Carola Stern und Peter Dietrich, mit einem Vorwort von Otto Stammer, Berlin/Frankfurt a. M.: Verlag Franz Vahlen 1958.

236 Vgl. dazu u.a. Anita Mallinckrodt, *Das kleine Massenmedium*, Köln: Wissenschaft und Politik 1984.

empfangen. Da die Abschirmung der DDR nie völlig funktionierte, gab die SED-Führung zu Beginn der siebziger Jahre ihre Abgrenzung schließlich auf und akzeptierte die Nutzung der westlichen Sender nunmehr auch offiziell. Damit ergab sich eine „doppelte" Medienlandschaft mit Medieneinflüssen gleicher Sprache, aber unterschiedlichen politisch-sozialen Kontextes. Dies führte dazu, daß die Bevölkerung in der Regel nicht nur ausgezeichnet über die Verhältnisse in der Bundesrepublik informiert war, sondern auch die Konkurrenz zweier verschiedener politischer Kulturen erlebte. Zugleich stellte die offene Mediengrenze eine ständige Herausforderung an die politische Führung durch die SED dar.

Die Tatsache, daß die Bevölkerung über die Massenmedien wie Rundfunk und Fernsehen Zugang zu Informationen aus der Bundesrepublik und anderen westlichen Ländern hatte, ist ein besonderes Spezifikum der DDR, das ihre politische Kultur von anderen Ländern im sowjetischen Macht- und Einflußbereich wesentlich unterschied. Der Bevölkerung stand damit eine zusätzliche Informationsquelle zur Verfügung, die, wie Untersuchungen zeigen, die Bedeutung der DDR-eigenen Medien besonders in Bezug auf Nachrichten und Sendungen mit politischen Themen weit übertraf. Aus der Befragung von Zuwanderern aus der DDR hat der Bamberger Kommunikationswissenschaftler Kurt Hesse schon vor dem Umbruch Aufschluß über die Nutzung der bundesdeutschen Medien erhalten[237]. Wie Hesse einschränkend richtig bemerkt, handelt es sich bei den insgesamt 205 im August 1985 befragten Zuwanderern im Aufnahmelager Gießen um keine für die gesamte DDR-Bevölkerung repräsentative Gruppe; 30 Prozent der Befragten gaben aber an, daß „die meisten" in der DDR so dächten wie sie und weitere 64 Prozent meinten, „viele" dächten wie sie[238]. Nimmt man hinzu, daß bundesdeutsche Korrespondenten über starke Resonanz aus der DDR auf ihre Fernsehsendungen berichten[239] und daß selbst DDR-Wissenschaftler Mitte der achtziger Jahre äußerten, die DDR werde von westlichen Sendungen „bombardiert"[240],

237 Kurt Hesse, *Westmedien in der DDR*, Köln: Wissenschaft und Politik 1988. Hesse hat die Zuwanderer bis 1988 unmittelbar nach ihrem Eintreffen in der Bundesrepublik interviewt.
238 Vgl. ebd., S. 16.
239 Vgl. ebd., S. 25ff. Vgl. auch Fritz Pleitgen, Die Sicherheit war mit Sicherheit dabei. Die Erfahrungen eines Korrespondenten in der DDR in: *Die Zeit*, Nr. 34 v. 20.8.1982; Wolfgang Klein, Stets umsorgt und wohlbehütet – Korrespondent in der DDR, in: Werner Filmer/Heribert Schwann (Hrsg.), *Alltag im anderen Deutschland*, Düsseldorf/Wien: Econ 1985, S. 179-184.
240 Bisky, Mass Media (Anm. 234), S. 12. Bisky äußerte sich in diesem für eine amerikanische Fachtagung verfaßten Beitrag wesentlich offener zum Thema Westfernsehen als in seinen anderen Publikationen. Heuer, Quilitzsch und Segert sahen in dem massiven Einfluß westlicher Medien eine „Spezifik politischer Kultur" der DDR. Vgl. Uwe-Jens Heuer/Gerd Quilitzsch/Dieter Segert, Sozialistische Politik als Gegenstand vergleichender Wissenschaft, in: *Deutsche Zeitschrift für Philosohpie*, 43. Jg. 1988, H. 10, S. 904.

dann sind zwar die von Hesse ermittelten Prozentzahlen nicht einfach für die Gesamtbevölkerung hochzurechnen, wohl aber die von ihm aufgezeigte Gesamtstruktur und die Tendenzen. Von der Interviewten gaben 82 Prozent an, daß sie fast jeden Tag das Westfernsehen eingeschaltet haben[241]. Bemerkenswert ist, daß Informationssendungen wie Nachrichten und politische Magazine höhere Reichweiten erzielten als Unterhaltungssendungen wie „Dallas" oder „Tatort". 65 Prozent der Befragten sahen regelmäßig die „Tagesschau" um 20 Uhr, 46 Prozent die Nachrichten „Heute" um 19 Uhr. Bemerkenswert ist der hohe Anteil derjenigen, die regelmäßig die politischen Magazine „Monitor" (32 Prozent), „Report" (48 Prozent) und „Panorama" (32 Prozent) sahen. Als beliebteste Sendung wurde „Kennzeichen D" mit 67 Prozent regelmäßigen Zuschauern ermittelt[242].

Das DDR-Fernsehen wurde dort, wo ARD und ZDF zu empfangen sind, nur selten und dann selektiv genutzt; nur zehn Prozent der Befragten, die aus Gebieten mit Westempfang kamen, gaben an, das DDR-Fernsehen häufig eingeschaltet zu haben, 72 Prozent dagegen selten oder nie. In Gebieten, in denen kein Westfernsehen empfangen werden konnte, trat das Radio an die Stelle des Informationsmediums aus dem Westen[243]. Die weitverbreitete Skepsis und die Ablehnung der DDR-Medien-Berichterstattung war zumindest der Jugendforschung gut bekannt, ohne daß ihre Befunde jedoch veröffentlicht wurden. Nach jetzt zugänglichen Informationen seien bereits in den siebziger Jahren nur zehn Prozent der Studenten mit der Informationspolitik zufrieden gewesen[244].

241 Vgl. Hesse, *Westmedien in der DDR* (Anm. 237), S. 41.
242 Vgl. ebd., S. 43.
243 Vgl. ebd., S. 68 und S. 72f.
244 Friedrich, Mentalitätswandlungen, (Anm. 52), S. 31. Wie die folgende Tabelle des Zentralinstituts für Jugendforschung zeigt, war bekannt, daß West-Fernsehen und -Radio sehr häufig und sogar in zunehmendem Umfang benutzt wurden.

Tabelle: Mediennutzung im Vergleich 1985 und 1988 (Angaben in Prozent)

Stationen	Jahr	Lehrlinge		Junge Arbeiter	
		1	2	1	2
DDR-Fernsehen	1985	37	80	47	89
	1988	35	69	41	72
BRD-Fernsehen	1985	38	67	41	77
	1988	57	79	55	77
DDR-Rundfunk	1985	23	59	35	76
	1988	23	43	34	54
BRD-Rundfunk	1985	47	82	44	81
	1988	66	87	62	85

1= tägliche Nutzung; 2= Nutzung mehrmals in der Woche
Quelle: Walter Friedrich: Mentalitätswandlungen der Jugend in der DDR, in: *Aus Politik und Zeitgeschichte*, B 16-17/1990, S. 31.

Generell wurde die Glaubwürdigkeit der West-Medien wesentlich höher eingeschätzt, als die der eigenen Sender (z.B. „Aktuelle Kamera"). Daß mangelnde Glaubwürdigkeit das Hauptproblem der Berichterstattung war, war selbst DDR-Wissenschaftlern nicht verborgen geblieben. Das belegen die kritischen Äußerungen von Robert Weimann von der Akademie der Künste. Nach Weimann führte die Ausblendung von Problemen dazu, daß diese Felder „der anderen Seite" überlassen würden; seine Forderung nach einem „realistischerem Herangehen" der eigenen Berichterstattung blieb aufgrund der rigiden Parteikontrollen wirkungslos[245]. Kritisiert wurde auch die Art der Präsentation, die, wie der Schriftsteller Stefan Heym in einem Interview äußerte, einer „Hofberichterstattung" gleiche[246].

Die in den politischen Sendungen vorherrschende „öffentliche Sprache" produzierte eine beständige Distanz zum politischen System der DDR und machte die Sendungen nicht nur schwerfällig und uninteressant, sondern konkurrenzlos schlecht im Vergleich zum Westfernsehen und -radio. Mangelnde Glaubwürdigkeit und Kritik an Präsentation und Sprache waren die Hauptursachen, die eigenen Medien abzulehnen[247]. Das offizielle Mediensystem enfremdete sich daher in zweierlei Hinsicht von der Bevölkerung: zum einen dadurch, daß die Kluft zwischen der öffentlichen, über Medien vermittelte Sprach- und Kommunikationsstruktur im Unterschied zur alltäglichen Sprache kraß ausgeprägt war, zum anderen dadurch, daß die Bevölkerung mit zwei verschiedenen in den Medien reflektierten politischen Kulturen, Ost und West, konfrontiert wurde[248].

Die Tatsache, daß sich die Bevölkerung offensichtlich besonders bei politischen Informationen und kontroversen politischen und sozialen Themen auf westliche Fernseh- und Radiosendungen stützte, stellte die DDR-Medienforschung vor besondere Probleme. Die Jugendforschung beschäftigte sich schon relativ früh mit dem Einfluß der Massenmedien auf politische Kenntnisse und Wertvorstellungen der Heranwachsenden. Bereits 1971 legte der Direktor des Jugendforschungsinstituts in Leipzig, Walter Friedrich, gemeinsam mit Lothar Bisky eine Publikation zum Thema „Massenkommunikation und Jugend" vor, in der erstmals auf empirische Untersuchungsergebnisse Bezug genommen wurde. In den folgenden Stu-

245 Robert Weimann, Wechselbeziehung als Kommunikation und Verkaufsform der Künste, in: *Weimarer Beiträge*, 30. Jg. 1984, H. 7, S. 1121f.
246 Stefan Heym, Je voller der Mund, desto leerer die Sprüche. Leben mit der Aktuellen Kamera, in: *Stern*, 10.2.1977, S. 104-110.
247 Vgl. Odilo Gudorf, *Sprache als Politik*, Köln: Verlag Wissenschaft und Politik 1981.
248 Vgl. auch Hanke, *Alltag und Politik* (Anm. 53), S. 309; Antonia Grunenberg, Die gespaltene Identität. Gesellschaftliches Doppelleben in der DDR, in: Werner Weidenfeld (Hrsg.), *Die Identität der Deutschen*, Bonn: Bundeszentrale für politische Bildung 1983, S. 210-228.

dien des Instituts, vor allem in der zwischen 1968 und 1978 durchgeführten großen Intervallstudie mit 12- bis 22jährigen Jugendlichen, spielten die Mediennutzung und das Medienverhalten eine wichtige Rolle. Verschiedene Publikationen in der Jugendforschung, Freizeit- und Bildungssoziologie beschäftigten sich mit der Bedeutung der Medien für Jugendliche[249]. Im Vordergrund standen Mediennutzung und Medienverhalten; Untersuchungen über qualitative Zusammenhänge wurden jedoch ebensowenig vorgelegt, wie Veröffentlichungen über den Einfluß von Westmedien. Mitte der achtziger Jahre gab Bisky noch an, daß sich die Forschung in Zukunft mit qualitativen Fragestellungen näher befassen würde, ohne allerdings auf die Problematik der „doppelten" Medienlandschaft einzugehen[250].

Wie die Jugendforscher ermittelten, standen die Massenmedien an erster Stelle der politischen Wissensvermittlung. „In der kurzen und ausführlichen Information über politische Ereignisse sind die Massenmedien gegenwärtig die wichtigsten Quellen."[251] Nach DDR-Angaben entfielen immerhin 40 Prozent der frei verfügbaren Zeit Jugendlicher auf die Gesamtnutzung von Medien. Wie aus Zeitbudget-Untersuchungen hervorgeht, steht das Fernsehen mit Abstand an erster Stelle, gefolgt von Rundfunkhören und Lesen. Verschiedene Studien bestätigten den Zeitaufwand für unterschiedliche Medien, so die folgende Untersuchung von Schülern der 9. und 10. Klassen.

Tabelle 11: Zeitaufwand für die Mediennutzung bei Schülern der 9. und 10. Klassen 1977 in einer mittleren Stadt der DDR

	Minuten je Woche
Fernsehen	505
Radio-/Musikhören (als Primärtätigkeit)	218
Kinobesuch	24
Lesen	210
Insgesamt	957

Quelle: Walter Friedrich/Harry Müller, *Zur Psychologie der 12- bis 22-jährigen,* Berlin (DDR): Verlag der Wissenschaften 1980, S. 149.

249 Friedrich/Müller (Hrsg.), *Psychologie* (Anm. 20), S. 146-173 („Entwicklung der Mediennutzung"); Walter Friedrich/Werner Gerth (Hrsg.) *Jugend konkret* Berlin (DDR): Verlag Neues Leben 1984, S. 183-214 (Lothar Bisky, „Nutzung der Massenmedien durch Jugendliche"); Lothar Bisky, Dieter Wiedemann, Der *Spielfilm – Rezeption und Wirkung,* Berlin (DDR): Henschel 1985.
250 Bisky, Mass Media (Anm. 234), S. 10.
251 Friedrich/Gerth (Hrsg.), *Jugend konkret* (Anm. 249), S. 211. Vgl. zur Nutzung der Medien auch Winkler (Hrsg.), *Sozialreport '90* (Anm. 18), S. 243.

Das Fernsehen dominierte als das wichtigste Massenmedium im Alltag. Für Jugendliche stand das Interesse an Unterhaltung, an Spielfilmen, Sport- und Unterhaltungssendungen im Vordergrund. Wie eine Studie des Leipziger Jugendforschungsinstituts ermittelte, betrug die durchschnittliche tägliche Fernsehzeit bei Schülern der 10. Klasse einer kleineren Stadt der DDR im Jahre 1967 56 Minuten, 1977 bei Schülern der 9. und 10. Klassen in einer mittleren Stadt täglich 76 Minuten. Die Intervallstudie bestätigt die Tendenz des stark zunehmenden Fernsehkonsums, stellt aber zugleich fest, daß diese Werte für Schüler ermittelt wurden; für junge Arbeiter liegt die Fernsehzeit unter der der Schüler[252]. Wie die Intervallstudie weiter feststellt, hörten 34 Prozent der 12jährigen, 59 Prozent der 16jährigen und 67 Prozent der 18jährigen nahezu täglich die Rundfunknachrichten[253]. Mit speziellen Jugendsendungen, beispielsweise der recht populären Sendung „Jugendradio Dt 64", knüpfte der DDR-Rundfunk bewußt an das Musikinteresse von Jugendlichen an und verband, ähnlich wie westliche Jugendsendungen im Radio, Musik mit politischen Beiträgen und aktueller Information. Die Selektion von Programmen in Fernsehen und Radio wurde in den Veröffentlichungen der Jugendforscher nicht aufgeschlüsselt. Mit Fernsehen und Rundfunk stehen aber Medien an erster und zweiter Stelle, die besonders häufig als Zugang zu politischen Informationen und Meinungen aus der Bundesrepublik genutzt wurden. Auffallend wenig Zeit wurde für das Lesen von Druckerzeugnissen aufgebracht; Lesen machte insgesamt nur ein Fünftel der Zeit für Mediennutzung von Schülern aus. Die Lektüre der Tageszeitungen gehörte allerdings nach den Erkenntnissen der Jugendforscher bereits bei mehr als jedem zweiten Jugendlichen ab der 6. Klasse zum Tagesablauf[254].

Der wachsende Einfluß von Massenmedien im Alltag, insbesondere von Fernsehen und Radio, und das politische Umfeld, in der die Medien genutzt wurden, bereitete den Medienspezialisten in der DDR zunehmend Probleme. Die Tatsache, daß vor allem westliche Sender gehört und gesehen wurden, höhlte die Akzeptanz des eigenen Mediensystems weiter aus. Dieser Tendenz wollte man gegensteuern, indem man versuchte, die Medienproblematik im Kontext der „sozialistischen Persönlichkeitsbildung" und einer „sozialistischen Medienerziehung" zu lösen. Kulturkritische und sozialpsychologische Aspekte der in den westlichen Ländern kontrovers geführten Diskussion über den wachsenden Medienkonsum von Fernsehen, Videofilmen, Video- und Computerspielen besonders unter Jugendlichen wurden kaum rezipiert; man ging von einer positiven Wertung der „erzieherischen" Potenzen der Medien aus[255]. Ver-

252 Vgl. ebd., S. 160.
253 Vgl. *Die Freizeit der Jugend* (Anm. 135), S. 137f. Vgl. auch Dieter Wiedemann, Jugend und Künste, in: *Weimarer Beiträge*, 28. Jg. 1982, H. 9, S. 100-115.
254 Vgl. Friedrich/Müller (Hrsg.), *Psychologie* (Anm. 20), S. 156.
255 Zur Kritik in westlichen Ländern vgl. z.B. Neil Postman, *Wir amüsieren uns zu*

einzelt mischten sich aber auch kritische Untertöne in die Diskussion. Bedenken, wie sie in westlichen Ländern gegen den zunehmenden Medienkonsum vorgetragen wurden, wurden teilweise auch in der DDR geäußert. Kritisch vermerkten Jugendforscher z.B. die „Oberflächenaneignung", die mit häufigem Fernsehkonsum Jugendlicher einhergehe und die zu „nachgewiesenen Rezeptionsschwierigkeiten" bei künstlerisch anspruchsvolleren Filmen und Kunstgenres führe[256]. Orientiert am humanistisch-sozialistischen Bildungsideal, wurden einseitige Interessen und Sehgewohnheiten kritisiert. Im Mittelpunkt stand für die Medienspezialisten jedoch eine „sozialistische Medienerziehung", in der die Massenmedien in die sozialistische Persönlichkeitsbildung einbezogen würden[257].

Dem zweischneidigen Segen der Informationsgesellschaft hoffte man dadurch entgegenzuwirken, daß Medien ein „hohes kulturelles Niveau" anböten und Jugendlichen anspruchsvolle Bedürfnisse anerzogen würden. Medien sollten wirkungsvoll in die politische Massenarbeit integriert werden. Problemdiskussionen, z. B. über Fernseh- und Spielfilme, könnten Jugendliche zur aktiven Formulierung eigener Standpunkte veranlassen und über kognitive Erkenntnisse hinaus auch Engagement entstehen lassen. Wichtig sei es darüber hinaus, die Jugendlichen zu einer aktiven, unabhängigen Rezeption und kritischen Auseinandersetzung mit den westlichen Medien zu erziehen[258]. Zugleich wurde in der Alltagsforschung und in der Freizeitsoziologie der Beitrag der Massenmedien zur Stiftung einer „kulturellen Identität" reflektiert[259]. Diese Diskussion verknüpfte die kulturelle Identität ebenfalls mit dem Ziel der sozialistischen Persönlichkeitsbildung, kam aber zu unterschiedlichen Einschätzungen, wieweit Medien und Alltagskultur politisch funktionalisiert werden könnten. Kritisch gegen eine „sozialistische Unterhaltungskunst" gewandt, meinte beispielsweise Helmut Hanke, daß eine „gut gemachte" Unterhaltungskunst mehr bewirken könne als eine politischen Absichten folgende Unterweisung oder Diskussion. Zugespitzt meinte Hanke: „So ist ein mas-

Fortsetzung der Fußnote

Tode. Urteilsbildung im Zeitalter der Unterhaltungsindustrie, Frankfurt a.M.: Fischer 1985. In der DDR hat sich vor allem Lothar Bisky mit dem Einfluß des wachsenden Medienkonsums im Westen befaßt. Vgl. auch die Kritik von Lothar Bisky, Zum Einfluß imperialistischer Massenmedien auf das Alltagsbewußtsein Jugendlicher in kapitalistischen Staaten, in: *Wissenschaftliche Zeitschrift der Humboldt Universität zu Berlin. Gesellschafts- und sprachwiss.* Reihe, 35. Jg. 1986, H. 5, S. 69–373. Bisky vertritt hier die grobschlächtige Aufassung, daß der „imperialistische" Charakter der Massenmedien für Kulturverfall, Zukunftsangst und Pessimismus verantwortlich sei; diese Gefahren bestünden in der DDR wegen des „sozialistischen" Charakters der Medien nicht.

256 *Die Freizeit der Jugend* (Anm. 135), S. 137f.
257 Vgl. Friedrich/Gerth (Hrsg.), *Jugend konkret* (Anm. 249), S. 211ff.
258 Vgl. Bisky, Mass Media (Anm. 234), S. 12f.
259 Vgl. ausführlicher dazu Hanke/Koch, Kulturelle Identität (Anm. 233).

senwirksamer DEFA-Film mehr wert als hundert Lektionen, und ein Schlager, der durch das Volk geht, kann mehr Identität stiften, als das beste Kolloquium!"[260]

Dagegen stand die Auffassung, daß der „sozialistische Charakter" des Medienangebots, auch unter Nutzung neuer Medien, stärker gefördert werden sollte. Zwei Leipziger Kulturforscher setzten beispielsweise große Hoffnungen in die technischen Möglichkeiten neuer Medien. Um die „kulturelle Identität" zu fördern, sollten die Medien, die wichtigsten Produzenten der Unterhaltungkunst, in Zukunft stärker an bestimmte Traditionen, an lokales und regionales Brauchtum, anknüpfen. „Für sozialistisches Fernsehen müssen daher Handlungsmodelle, Spielformen und Identifikationsfiguren gefunden werden, die unsere Verhältnisse auf vermittelte Weise in Grundmustern modellieren. Über die Rezeption dieser Angebote stellt sich kulturelle Identifikation mit unseren sozialistischen Verhältnissen her."[261] Dies sei am besten durch eine Differenzierung der Medienlandschaft, durch „medial vermittlelte(n) Traditionsbezug vor Ort"[262], zu erreichen, nicht aber durch die „Verdünnung" zentral gelenkter Programme für immer mehr Kanäle oder das Ausschmücken des nationalen Unterhaltungsangebots mit regionalem Brauchtum.

Die Vorstellungen von einem „sozialistischen Fernsehen" und Konzepte für eine „sozialistische Medienerziehung" erwiesen sich als undurchführbar; ob sie überhaupt die gewünschte Wirkung auf die Bewußtseinsbildung hätten haben können, muß bezweifelt werden. Tatsächlich muß davon ausgegangen werden, daß die Medien die Distanz zur offiziellen Zielkultur noch vertieften.

Inkonsequent blieben auch kommunikationstheoretische Ansätze. Ein Leipziger Forschungsprojekt zur Kommunikation ging von einem vielschichtigen Kommunikationsbegriff aus, der die „offizielle" und „inoffizielle" öffentliche Meinung unterschied; Massenkommunikation erfolgte danach auf verschiedene Weise und auf verschiedenen Ebenen[263]. Die gezielte ideologische Arbeit der Partei wurde so von der Alltagskommunikation geschieden. Die Diskrepanz zwischen intendierter erzieherischer Wirkung und tatsächlicher Bedeutung im Alltag wurde so zwar thematisiert, das politische Dilemma des Parteimonopols jedoch nicht problematisiert. Vermieden wurden eine politische Kritik und eine offene Aus-

---

260 Helmut Hanke, Massenkultur – populäre Künste – Unterhaltung, in: *Informationen der Generaldirektion beim Komitee für Unterhaltungskunst*. Beilage zur Zeitschrift „Unterhaltungskunst", 3/1986, S. 2.
261 Hofmann/Rink, Differenzierungen (Anm. 233), S. 1085.
262 Ebd., S. 1087.
263 Wolfgang Lorenz/Wolfgang Luutz, Gesellschaftliche Reproduktion und soziale Kommunikation, in: *Deutsche Zeitschrift für Philosophie*, 38. Jg. 1988, H. 11, S. 979ff. Vgl. zum theoretischen Ansatz auch Wolfgang Luutz, Alltag und Alltagsbewußtsein, in: ebd., 33. Jg. 1985, S. 348-351.

einandersetzung um die Einbettung der kulturellen Identität im politischen Machtgefüge[264].

Das Hauptproblem der Medienpolitik ergab sich aus dem doppelten Dilemma, in dem sich die Medien befanden. Da sie in das „Sozialisationskartell" der offiziellen politischen Kultur eingebettet waren, sollten sie nicht nur unterhalten, sondern auch erziehen; dies machte sie – die politischen Kontrollen gegeben – einförmig, schwerfällig und politisch uniform. Offenheit, Flexibilität und Pluralismus widersprachen dem Erziehungsauftrag. Dennoch ließen sich die Massenmedien immer weniger in ein geschlossenes Konzept der politisch-ideologischen und ästhetischen Erziehung oder Kulturarbeit pressen, vor allem deshalb, weil sie sich beständig durch die westlichen Massenmedien herausgefordert sahen. Die offene Mediengrenze ließ sich auch durch eine perfektionierte „sozialistische Medienerziehung" nicht schließen.

Ende der achtziger Jahre wurde die Kritik an der offiziellen Medienpolitik – offenbar bestärkt durch die politische Öffnung in der Sowjetunion – lauter und schärfer. So nahmen die Intellektuellen in der DDR von den Reformvorschlägen Gorbatschows gerade die Forderung nach einer größeren Offenheit der Medien besonders positiv auf. Sie wurde beispielsweise auf dem Schriftstellerkongreß 1987 zum Anlaß genommen, Diskussionen über eine größere Offenheit von Literatur, Kunst und Medien zu fordern[265]. Diese Forderungen trafen sich mit einer bereits früher punktuell geäußerten Kritik an den DDR-Medien von Schriftstellern wie Stefan Heym und Volker Braun. Explizit anknüpfend an das „neue Denken" von Gorbatschow, meinte dann Christa Wolf während eines „Internationalen Schriftstellergesprächs", daß von dort ausgehend allmählich Äußerungen „des gesunden Menschenverstandes" den Weg in die Presse finden könnten, ohne aus den Manuskripten gestrichen zu werden[266]. Immer stärker setzte sich politisches Denken in der DDR damit auseinander, was bis zum Umbruch 1989, der zur Öffnung der Medien führte, nicht in den offiziellen Medien zu finden war.

Zusammenfassend läßt sich festhalten, daß Fernsehen und Radio besonders in den letzten zwei Jahrzehnten zu den entscheidenden Medien für die politische Meinungsbildung und Informiertheit der DDR-Bevölkerung wurden. Aufgrund des beachtlichen Anteils, den die von der Bun-

---

264 Peter Wicke, Populäre Musik. Begriff und Konzept, in: *Informationen der Generaldirektion beim Komitee für Unterhaltungskunst*, Beilage zur Zeitschrift „Unterhaltungskunst", 1/1987, S. 10.

265 Zur Kritik der Schriftsteller vgl. insbes. Christoph Hein, „Die Zensur ist überlebt, nutzlos, paradox, menschen- und volksfeindlich, ungesetzlich und strafbar. Rede von Christoph Hein auf dem X. Schriftstellerkongreß der DDR", in: *Die Zeit*, Dez. 1987, S. 57-59. Ausführlich dazu auch Margy Gerber, 'Glasnost ohne Glasnost'. Cultural Policy and Practice in the GDR. Vortrag auf der German Studies Assoc. Tagung, Philadelphia 1988, Ms.

266 Christa Wolf, Politik, Moral, Literatur, in: *Sonntag*, Nr. 22 v. 31.5.1987, S. 4.

desrepublik ausgestrahlten Sender an der gesamten Mediennutzung hatten, klaffte die Schere zwischen der den Medien zugedachten Rolle im Sozialisationskartell und dem faktischen Einfluß, den die DDR-Medien ausüben konnten, weit auseinander. Die Diskussion über die „sozialistische Medienerziehung" und den Einfluß der Massenmedien auf die Herausbildung einer DDR-spezifischen „kulturellen Identität" wurde deshalb verstärkt geführt, weil sich Partei- und Staatsführung ebenso wie Medienforscher und Kultursoziologen nicht nur über die zunehmende Bedeutung der Medien, sondern auch über das Auseinanderklaffen dieser Schere im klaren waren. Dabei beeinflußten nicht nur in den Medien vermittelte Informationen und Meinungen das politische Bewußtsein der Bevölkerung, die Struktur der Medien wurde selbst zu einer Erfahrung der politischen Sozialisation: Die Doppelkultur wurde nicht nur durch die Differenz zwischen DDR-Medien und Alltagssprache vertieft, sondern auch durch die Präsentation zweier politischer Kulturen in Ost und West, durch die beständig ein kultureller Transfer stattfand.

4. Politische Sozialisation im Kontext sozialer Differenzierungen

Der Unterschied zwischen der offiziellen politischen Kultur und einer sich im Untersuchungszeitraum ausdifferenzierenden dominanten politischen Kultur strukturierte und bestimmte die politische Sozialisation. Konnte in den vorangegangenen Kapiteln gezeigt werden, wie diese doppelte Realität zweier Kulturen die Sozialisation der Jugendlichen in den Sozialisationsagenturen prägte, so soll im folgenden die Untersuchung dadurch erweitert werden, daß soziale Differenzierungen der DDR-Gesellschaft analysiert werden, die den Prozeß der politischen Sozialisation direkt oder indirekt beeinflusst haben. Mit dieser Richtung der Untersuchung, die horizontale und vertikale Dimensionen der Gesellschaft in den Blickpunkt nimmt, soll nicht nur der Analyserahmen ausgedehnt und ein präziseres Bild des sozialisierenden Milieus im Alltag gewonnen werden. Sie folgt vielmehr auch der in der politischen Kulturforschung von Brown, Jancar und anderen diskutierten Frage, wie effektiv politische Erziehung im Hinblick auf die politische Kultur erfolgt ist, wenn sie bezogen auf unterschiedlich bestimmte Bevölkerungssegmente betrachtet wird[1].

Die folgenden Abschnitte stellen daher den Versuch dar, Aspekte sozialer Differenzierung der Gesellschaft auf ihre Bedeutung für die politische Sozialisation hin zu untersuchen. Der Schwerpunkt liegt auf der Entwicklung der DDR in den achtziger Jahren. Der Zugriff auf das Material erfolgt in doppelter Weise. Zunächst ergibt die kritische Interpretation von forschungsleitenden Konzepten und Problemstellungen, in denen die DDR-Gesellschaftswissenschaft die sich verändernde Gesellschaft im Rahmen politischer Vorgaben reflektierte, wichtige Hinweise auf Problemlagen in der Gesellschaft. Diese Ebene soll dann durch – teilweise erst jetzt bekannt gewordene – Fakten ergänzt und kritisch korrigiert werden. Erörtert wird dabei vor allem, durch welches soziale und politische Umfeld politische Sozialisation – außerhalb und bis zum gewissen Grad unabhängig – von Sozialisationsagenturen geprägt wurde.

In den späten siebziger und besonders in den achtziger Jahren konzentrierte sich die gesellschaftswissenschaftliche Forschung, bedingt durch die Gesellschaftspolitik der SED, vor allem auf die mit der Mo-

---

1 Vgl. Brown, Introduction, in: Archie Brown/Jack Gray (Hrsg.), *Political Culture and Political Change in Communist States*, London: The MacMillan Press 1984, S. 18; Barbara Jancar, Political Culture and Political Change, in: *Studies in Comparative Communism*, 27. Jg. (1982), H. 1, S. 77.

dernisierung einhergehenden Veränderungen in Gesellschaft und Sozialstruktur. Der Zwang zur Steigerung von Produktivität, Innovations- und
Leistungsfähigkeit und die Umsetzung der ehrgeizigen Wirtschafts- und
Sozialpolitik erforderten eine Neubestimmung der produktiven Kräfte
und Potentiale; besondere Aufmerksamkeit wurde in diesem Zusammenhang auf die Beziehung von „Arbeiterklasse" und „Intelligenz" und auf
die besondere Rolle der Intelligenz gerichtet[2]. Im folgenden Abschnitt
werden zunächst einige Ergebnisse der *Sozialstrukturdiskussion* kritisch reflektiert und auf ihre Relevanz für die politische Sozialisation befragt.

Daran anschließend wird die Ausdifferenzierung der DDR-Gesellschaft
anhand zweier Bereiche exemplarisch untersucht, die jeweils *andere*
Schnittebenen und Schnittmengen – teils quer zur sozialstrukturellen Analyse – repräsentieren. Bewußt sind Bereiche gewählt worden, in denen
die SED distinkt „sozialistische" Erfolge und Errungenschaften ihrer Politik reklamierte. Anhand dieser Beispiele soll eines der Kernmuster politisch-ideologischer Legitimation der SED in den siebziger und achtziger
Jahren – die Annäherung von Lebensbedingungen durch eine umfangreiche Sozialpolitik – kritisch hinterfragt werden. Ansatzpunkt ist nicht
die Sozialpolitik selbst, sondern der Alltag und das „sozialisierende Milieu" des sozial differenzierten Alltags. Das erste Themenfeld betrifft das
Wohnen und das *Wohnumfeld*. Bereits seit längerem war bekannt, daß die
Privatsphäre im eigenen Wohnraum von der Bevölkerung besonders hoch
geschätzt wurde; hier knüpfte die Wohnungsbaupolitik der SED unter
Honecker gezielt an. Zugleich war die Partei bestrebt, die Mobilisierung
und Politisierung im Wohngebiet zu einem wichtigen herrschaftsstabili-
sierenden Faktor zu funktionalisieren. Daher trafen im Wohnumfeld unterschiedliche Interessen aufeinander, die das Kräftefeld von offizieller
und dominanter politischer Kultur beeinflußten.

Das zweite Themenfeld sind die *Geschlechterbeziehungen*. Auch hier bezog die Partei- und Staatsführung gern und häufig ihre Legitimation aus

---

2   Zu den politischen Implikationen der „Intelligenzproblematik" vgl. z.B. Max
     Gustav Lange/Ernst Richert/Otto Stammer, Das Problem der „Neuen Intelli-
     genz" in der SBZ, in: *Veritas, Justitia, Libertas. Festschrift zur 200-Jahrfeier der
     Columbia-Universität New York*, Berlin 1953, S. 191ff.; Otto Stammer, Sozialstruk-
     tur und System der Werterhaltungen der Sowjetischen Besatzungszone
     Deutschlands, in: *Schmollers Jahrbuch für Gesetzgebung, Verwaltung und Volks-
     wirtschaft*, 76. Jg. (1956), H. 1, S. 55-105; Peter Chr. Ludz, *Parteielite im Wandel*,
     Köln/Opladen: Westdeutscher Verlag 1986; Gert-Joachim Glaeßner, Wissen-
     schaftlich-technische Revolution – Intelligenz – Politik in der DDR. Soziale und
     ideologische Differenzierungsprozesse und ihre Folgen für das politisch-gesell-
     schaftliche System, in: *Tradition und Fortschritt in der DDR. 19. Tagung zum Stand
     der DDR-Forschung in der Bundesrepublik Deutschland*, 20.-23. Mai 1987, *Edition
     Deutschland Archiv*, Köln: Verlag Wissenschaft und Politik 1986, S. 11-28; Rudolf
     Bahro, *Die Alternative. Zur Kritik des real existierenden Sozialismus*, Köln/Frank-
     furt a.M.: Europäische Verlagsanstalt 1977; György Konrad/Ivan Szeleny, *Die
     Intelligenz auf dem Weg zur Klassenmacht*, Frankfurt a.M. 1978.

den behaupteten Erfolgen der Gleichberechtigung der Geschlechter. Die problemorientierte Literatur zeigt jedoch nicht nur Unterschiede zwischen der offiziellen politischen Kultur und den tatsächlichen Lebensverhältnissen von Frauen auf, sondern auch Unterschiede in männlichen und weiblichen Lebens- und Sozialisationszusammenhängen. Die Untersuchung dieser Bereiche soll die Scheidung zwischen offizieller und dominanter politischer Kultur und damit das Umfeld politischer Sozialisation schärfer herausarbeiten; sie stellt außerdem ein entscheidendes Bindeglied zur Erläuterung der Auffassung dar, warum wir es in der DDR nicht mit einer vereinheitlichten politischen Kultur – „unified political culture", nach Archie Brown – zu tun haben, sondern mit einer Mischform, in der die offizielle politische Kultur einer dominanten Alltagskultur gegenübersteht, die mit verschiedenen subkulturellen Strömungen verbunden ist.

Mit ihrer Gesellschafts- und Sozialpolitik hatten Partei und Staat in der DDR in den vergangenen Jahrzehnten versucht, die Machtbalance zu ihren Gunsten zu verschieben und zu stabilisieren. Das Herrschaftsarrangement wurde jedoch durch soziologisch anzugebende Veränderungen zunehmend gefährdet. Nur wenn diese Veränderungen, die die Parameter politischer Sozialisation verschoben haben, und das Spannungsverhältnis zur offiziell propagierten Zielkultur angegeben werden können, wird der Kulturumbruch verständlich, der sich dann im Herbst 1989 in der DDR vollzog.

4.1. Veränderungen des Persönlichkeitsbildes in der Sozialstruktur-diskussion

Noch bis in die achtziger Jahre hinein ging die marxistisch-leninistische Gesellschaftstheorie davon aus, daß sich alle Klassen und Schichten der Gesellschaft im Verlauf der Entwicklung an die Arbeiterklasse annähern und sich auch das Arbeiterbewußtsein und das Bewußtsein der Intelligenz schrittweise einander angleichen würden[3]. Durch die Herstellung von gesellschaftlicher Gleichheit und die Aufhebung von „Klassengrenzen" sollten sich auch grundlegende Veränderungen des politischen und des Sozialbewußtseins ergeben; spezifische Sozialcharaktere sollten mehr und mehr einem „einheitlichen Typus" weichen.

Diese theoretisch fragwürdige und empirisch irreführende Auffassung erwies sich jedoch als unhaltbar und wurde in der Sozialstrukturdiskussion schließlich gründlich modifiziert. In westlichen Studien war die Behauptung von der „Annäherung von Arbeiterklasse und Intelligenz" bereits früher kritisiert worden[4]. Kritiker gaben zu bedenken, daß sie sich

---

3   Vgl. z.B. Rudi Weidig, Soziologische Forschung in der DDR – eine Bilanz, in: *Deutsche Zeitschrift für Philosophie*, 34. Jg. (1986), H. 4, S. 339-348.

4   Auf die Frage, inwiefern der Klassenbegriff für staatssozialistische Systeme

allenfalls für Teilbereiche nachweisen lasse; Arbeitsteilung und Arbeits-
organisation führten dazu, daß die soziale Abstufung zwischen den Angehörigen der wissenschaftlich-technischen Intelligenz und den Produktionsarbeitern „prinzipiell unüberwindbar" sei[5]. Da Zulassungen für das
Fern- und Abendstudium gedrosselt und Absolventen der Erweiterten
Oberschulen und anderer zum Hochschulstudium berechtigender Einrichtungen umgelenkt wurden, griffen die Mechanismen für den sozialen
Aufstieg größerer Teile der Arbeiterklasse ohnehin nicht mehr, und die
vertikale Mobilität, d.h die im Unterschied zur heroischen Stilisierung
der „Arbeiterpersönlichkeit" greifbare, distinkt planwirtschaftliche Auf-
stiegsförderung wurde weitestgehend gebremst. Im Zuge der forcierten
Modernisierung von Wirtschaft und Gesellschaft ergaben sich zugleich
völlig neue Anforderungen an die höher qualifizierten Teile des Arbeits-
körpers, die Intelligenz. So wurde in dem soziologischen Standardwerk
der achtziger Jahre, dem „Lexikon der Sozialpolitik" (1987), die Notwendigkeit unterstrichen, die besondere Position der Intelligenz nicht nur
beizubehalten, sondern sogar zu stärken. Der soziale Schichtcharakter der
Intelligenz dürfe „nicht vorschnell abgebaut werden"; um die Leistungsfähigkeit der Volkswirtschaft zu erhöhen, müsse die Intelligenz vielmehr
noch stärker gestützt werden, z.B. durch entsprechende Entlohnung oder
die Unterstützung „traditioneller Haltungen und Verhaltensmuster"[6].
Diese Position deutete auf eine Neuorientierung in der Gesellschafts- und
Bildungspolitik hin[7].
   Die Auffassung über die Annäherung von Arbeiterklasse und Intelligenz erfuhr in den achtziger Jahren erhebliche Modifikationen, um den
veränderten gesellschaftspolitischen und sozialen Entwicklungen gerecht
zu werden, die bis hin zur völligen Ablehnung ihrer ursprünglichen Fassung reichten. Die wohl gründlichste Kritik trug der DDR-Soziologe Manfred Lötsch vor[8]. Bereits im Frühjahr 1984, zur Vorbereitung des 4. So-

Fortsetzung der Fußnote
   angemessen ist, kann hier nicht näher eingegangen werden. Vgl. dazu z.B.
   Günter Erbe, *Arbeiterklasse und Intelligenz in der DDR*, Opladen: Westdeutscher
   Verlag 1982. Vgl. zur westlichen sozialwissenschaftlichen Diskussion über die
   Veränderung des Arbeiterbewußtsein z.B. Rolf Ebbighausen/Friedrich Tiemann (Hrsg.), *Das Ende der Arbeiterbewegung in Deutschland? Ein Diskussionsband für Theo Pirker*, Opladen: Westdeutscher Verlag 1984.
5 Vgl. Erbe, *Arbeiterklasse und Intelligenz* (Anm. 4), S. 207/208.
6 *Lexikon der Sozialpolitik*, Berlin (DDR): Akademie-Verlag 1987, S. 213; vgl. auch
   ebd., S. 357f. (Stichwort: „Sozialstruktur"). – Eine erste problemorientierte und
   kritische Auseinandersetzung mit der DDR-Soziologie fand nach dem Umbruch statt. Vgl. Gunnar Winkler (Hrsg.), *Sozialreport '90. Daten und Fakten zur
   sozialen Lage in der DDR*, Berlin (DDR): Verlag Die Wirtschaft 1990.
7 Vgl. die problemorientierte Studie von Gert-Joachim Glaeßner, *Die andere deutsche Republik*, Opladen: Westdeutscher Verlag 1989.
8 Manfred Lötsch hat sich rückblickend ausgesprochen negativ zur Lage der
   Soziologen vor 1989 geäußert. Vgl. Manfred Lötsch, Abschied von der Legiti-

ziologenkongresses der DDR, vertrat Lötsch die Auffassung, daß die in den siebziger Jahren vertretene These von der Annäherung der Intelligenz an die Arbeiterklasse „normativ" gewesen sei und eine „Simplifizierung" und „Schematisierung" eingeschlossen habe[9].

Lötsch behauptete, daß es angesichts des Übergangs von „extensiven" zu „intensiven" Entwicklungsmodellen notwendig sei, vorhandene Potentiale zu nutzen, was in einigen Bereichen eine Fortschreibung niedriger Qualifikationen, in anderen eine Umstellung auf die forcierte Förderung von Qualifikations- und Bildungsspitzen bedeute. Seine Kernthese, die, wie Lötsch selbst schreibt, nicht unumstritten war, lautete, daß soziale Unterschiede „eines bestimmten Typs" unter gewissen gesellschaftlichen Umständen „Triebkraftfunktion" haben könnten. Um die Ziele der wissenschaftlich-technischen Revolution zu realisieren, sei es nötig, konsequent das Leistungsprinzip anzuwenden, d.h. die Besten und Begabtesten gezielt zu fördern und auch in Kauf zu nehmen, daß sich das Arbeitskräftepotential auf den unteren Qualifikationsstufen „reproduziert", d. h. dort festgeschrieben werde. Dabei räumte Lötsch ein, daß sich für letztere Gruppen „ungünstige" Arbeits-und Lebensbedingungen durchaus „bündeln" könnten, ihre gesamte soziale Situation sich also schlechter darstellen könnte als die anderer Gruppen[10].

Die relativ offen vorgetragene Problemsicht mußte zunächst auf Ablehnung stoßen, da sie hergebrachten, orthodoxen Theoremen widersprach. Die DDR-Gesellschaftswissenschaft tat sich schwer, als kritisches Korrektiv offiziell propagierter Politik aufzutreten. Oft trugen Soziologen selbst dazu bei, problematische Entwicklungen eher zu verdecken. Generalisierende oder verschlüsselte, formelhafte Aussagen erschwerten es, über Forschungskonzepte hinaus Aufschlüsse über die tatsächliche em-

Fortsetzung der Fußnote

mationswissenschaft, in: Hubertus Knabe (Hrsg.), *Aufbruch in eine andere DDR*, Reinbek: Rowohlt 1989, S. 192-199. – Zu einer ausgesprochen kritischen Einschätzung der bisherigen Sozialstrukturforschung kommt Ingrid Lötsch im *Sozialreport '90*. So wurden Daten der Bevölkerungszählung von 1981 nicht veröffentlicht. Die Untergliederung der Berufstätigen sei zu global gewesen und habe vieles verschleiert. Vgl. Winkler (Hrsg.), *Sozialreport '90* (Anm. 6), S. 71.

9   Manfred Lötsch, Sozialstruktur und Triebkräfte, in: *Informationen zur soziologischen Forschung in der DDR*, hrsg. v. d. Akademie für Gesellschaftswissenschaften beim ZK der SED, 20. Jg. 1984, H. 3, S. 14/15. Vgl. dazu auch den kritischen Kommentar von Katharina Belwe, Annäherung von Arbeiterklasse und Intelligenz, in: *Deutschland Archiv*, 16. Jg. 1982, H. 2, S. 161-166.

10 Lötsch, Sozialstruktur und Triebkräfte (Anm. 9), S. 9f. Vgl. auch ders., Arbeiterklasse und Intelligenz in der Dialektik von wissenschaftlich-technischem, ökonomischem und sozialem Fortschritt, in: *Deutsche Zeitschrift für Philosophie*, 33. Jg. 1985, H. 1, S. 31-41.

pirische Situation der Beschäftigten und über mögliche Problemlagen zu erhalten[11].

Im Rückblick ist es zudem unklar, wo und unter welchen Umständen korrektiv-kritische Positionen politikrelevant wurden. Mitte der achtziger Jahre kamen jedoch mehr und mehr Soziologen zu dem Schluß, daß die expansive Phase vorbei war und sich die DDR nun auf andere Mechanismen der Leistungsabschöpfung stützen müßte; das Ausmaß der tatsächlichen Problemlage wurde aber nur oberflächlich angerissen. So ging der Soziologe Rudi Weidig davon aus, daß die Arbeiter eine „optimistische Grundhaltung" zum wissenschaftlich-technischen Fortschritt entwickelt hätten und zur Kooperation und „Gemeinschaftsarbeit mit anderen Klassen und Schichten" bereit seien[12].

Einsichten in die tatsächlichen Schwierigkeiten mit Arbeitsmoral und -produktivität waren so allerdings nicht zu gewinnen. Weidig erwartete jedoch, daß sich in der Zukunft im Zuge des wissenschaftlich-technischen Fortschritts „ein tiefgreifender Wandel" vollziehen würde, der verschiedene neue Problemlagen mit sich brächte. Dazu gehörte beispielsweise die Berufstätigkeit von Frauen; mehr Aufmerksamkeit sollte den sozialen Problemen der berufstätigen Frauen, insbesondere den berufstätigen Müttern, gewidmet werden, um „die Festigung ihrer Leistungskraft noch effektiver zu machen"[13]. Denn wie problemorientierte soziologische Studien zeigten, wirkte sich die forcierte Einführung neuer Technologien gerade auf die weiblichen Beschäftigten negativ aus, weil es in der Folge häufig zu vermehrter Schichtarbeit, zu Umsetzungen aufgrund von Rationalisierungen und zu nichtqualifikationsgerechtem Einsatz von Frauen kam[14]. Besonders gefördert werden sollten aber höher qualifizierte Beschäftigte, von denen angenommen wurde, daß sie in der Lage wären, Mikroelektronik selbständig einzusetzen und daß sie technologischen Neuerungen aufgeschlossen gegenüberständen. Dabei sei „die Herausbildung und Förderung politischer Motivation eine erstrangige Aufgabe politisch-ideologischer Arbeit"[15]. Politische Bewußtheit wurde für das „schöpferische Klima" und für die „Entfaltung von Innovationsfähigkeit und Initiative" als ausschlaggebend angesehen; daß sich die beiden angestrebten Ziele, Verstärkung von politisch-ideologischer Erziehung und

---

11 Erst nach dem politischen Umbruch in der DDR wurden Daten zur Soziallage der DDR offengelegt. Vgl. Winkler (Hrsg.), *Sozialreport '90*, (Anm. 6).

12 Rudi Weidig, Zur sozialstrukturellen Entwicklung der Arbeiterklasse in der DDR, in: *Deutsche Zeitschrift für Philosophie*, 34. Jg. 1986, H. 4, S. 342ff.

13 Ebd., S. 344.

14 Vgl. dazu mit weiterer Literatur Christiane Lemke, Frauen, Technik, Fortschritt. Zur Bedeutung neuer Technologien für die Berufssituation von Frauen in der DDR, in: Gert-Joachim Glaeßner (Hrsg.), *Die DDR in der Ära Honecker*, Opladen: Westdeutscher Verlag 1988, S. 481-498. – Zur Frauen-Misere vgl. auch Gunnar Winkler (Hrsg.), *Frauenreport '90*, Berlin (DDR): Die Wirtschaft 1990.

15 Weidig, Zur sozialstrukturellen Entwicklung (Anm. 12), S. 345.

von Innovationsfähigkeit, widersprechen könnten, thematisierte Weidig allerdings nicht.

Andere Studien wiesen aus, daß teilweise erhebliche Unterschiede zwischen verschiedenen sozialen Gruppen bezüglich ihrer Werte und Normen bestanden. Gestützt auf empirische Untersuchungen, entdeckte ein Mitarbeiter an der Akademie für Gesellschaftswissenschaften beim ZK der SED beispielsweise Unterschiede der Bewertung der Rolle des Arbeitskollektivs, der Arbeitsmotivation und des „gesellschaftlichen Verantwortungsbewußtseins"[16]. Bei der persönlichen Arbeitsmotivation spielten für die Arbeiter in der Produktion und für die Genossenschaftsbauern materielle Motive sowie der Aspekt des Aufstiegs und der Verbesserung der Lebensbedingungen eine größere Rolle als für die Angehörigen der Intelligenz. Letztere erschien als eine begünstigte Gruppe, da sie „fortgeschrittenste Voraussetzungen für die individuelle Entfaltung" besäße[17]. So sei das Einkommen der Intelligenz höher als das der Arbeiter und Bauern und ihre Arbeitsbedingungen böten mehr Möglichkeiten zur persönlichen Identifikation und zur Selbständigkeit; sie fühlten sich auch über ihre eigene Arbeit hinaus für den Betrieb verantwortlich und stünden der „Spitze der Hierarchie sozialer Gruppen"[18]. Das Ausmaß, in dem „sozialistische" Werte und Einstellungen übernommen würden, lasse sich nach Kretzschmar nicht einfach aus der sozialen Schicht- und Klassenzugehörigkeit ableiten. Ausschlaggebend seien nicht zuletzt die in der Gesellschaft gemachten sozialen Erfahrungen, zu deren wichtigsten für alle Beschäftigtengruppen Verbesserungen in den Arbeits- und Lebensbedingungen, vor allem Lohnerhöhungen, zählten[19]. Hier zeigten sich deutliche Unterschiede: In der empirischen Untersuchung, auf die sich Kretzschmar stützt, gaben immerhin 76 Prozent der Produktionsarbeiter an, daß sich ihr Einkommen in den letzten Jahren erhöht habe, aber nur 66 Prozent der Intelligenz und 53 Prozent der Genossenschaftsbauern; bei 13 Prozent der Bauern dagegen hatte sich das Einkommen verschlechtert[20]. Die Arbeiter und Angestellten, denen Lohnerhöhungen zugute gekommen waren, zeigten also – nicht überraschend – die größte Zustimmung; diese Gruppen sind es zugleich, für die Kretzschmar eine „politische Bewußtheit" behauptet[21].

16 Albrecht Kretzschmar, *Soziale Unterschiede – unterschiedliche Persönlichkeiten?*, Berlin(DDR): Dietz Verlag 1985, S. 5.
17 Ebd., S. 71.
18 Ebd.
19 Vgl. ebd., S. 99.
20 Ebd., S. 98/99.
21 Aus dem *Sozialreport '90* (Anm. 6) geht hervor, daß es in der DDR vor dem Umbruch 1989 zu einer wachsenden Unzufriedenheit mit dem Einkommen, der „nicht leistungsgerechten" Entlohnung und fehlendem Konsumangebot gekommen war. So war beispielsweise die Lohndiskriminierung von Frauen durchaus verbreitet; besonders bei den Altersrenten ergab sich ein Nachholbe-

Die Politik der „materiellen Anreize" konnte jedoch wegen der angespannten wirtschaftlichen Lage seit Mitte der achtziger Jahre immer weniger durchgehalten werden[22]. Obwohl die Produktionsarbeiter am häufigsten angaben, daß sich ihre materiellen Verhältnisse verbessert hätten, waren sie nicht die „politisch aktivste" Gruppe. Am politisch aktivsten im Sinne der herrschenden offiziellen politischen Kultur waren nach Kretzschmar vielmehr die Angehörigen der Intelligenz, gefolgt von den Produktionsarbeitern und schließlich, mit deutlichem Abstand, den Bauern; Indikatoren waren beispielsweise „Teilnahme an der politischen Qualifizierung" und „Ausübung ehrenamtlicher Tätigkeiten"[23]. Die in Genossenschaften zusammengefaßten Bauern erschienen insgesamt als die homogenste Gruppe. Unter den Arbeitern wurden Produktionsarbeiter in der Industrie als politisch „am aktivsten" eingestuft, während die im Bauwesen bzw. die im Handel und Dienstleistungsbereich Beschäftigten als „weniger aktiv" galten. Besonders Bauarbeiter, die, relativ jung, mit guter Qualifikation und höheren Ansprüchen arbeiteten, jedoch den geringsten Anteil derer stellten, die in der Untersuchung angaben, daß sich ihr Einkommen verbessert hätte, waren unzufrieden. Im Handel und im Dienstleistungsbereich, in denen besonders viele Frauen beschäftigt sind, waren nach Kretzschmar erhebliche Unterschiede zwischen den Geschlechtern festzustellen. Die „niedrige politische Aktivität" sei hier vor allem darauf zurückzuführen, daß die Doppelverantwortung in Familie und Beruf die Frauen voll auslaste und keine zusätzlichen „Aktivitäten" zulasse.

Am heterogensten stellte sich die als Intelligenz zusammengefaßte Gruppe dar. Hierzu gehörten nach der DDR-Sozialstatistik im Untersuchungszeitraum rund 1,5 Mill Berufstätige mit Hoch- und Fachschulabschluß, das sind rund 20 Prozent der Beschäftigten; mehr als ein Viertel arbeitete im naturwissenschaftlich-technischen Bereich. Diejenigen, die in der materiellen Produktion – meist mit Leitungsaufgaben – tätig waren, bildeten eine besonders wichtige Gruppe. Die an sie gestellten Erwartungen, an den verschiedenen Formen gesellschaftlicher und politischer Aktivitäten teilzunehmen, z. B. im Rahmen der Gewerkschaften, der Wett-

Fortsetzung der Fußnote

darf. In einer 1989 abgeschlossenen Studie gaben nahezu jede fünfte der befragten Rentnerinnen und jeder zehnte Rentner an, daß sie ihre finanzielle Situation als „bedrückend" empfänden. Vgl. Winkler (Hrsg.), *Sozialreport 1990* (Anm. 6), S. 113f. und S. 337.

22 Bereits in den achtziger Jahren war die wirtschaftliche Lage der DDR als problematisch eingeschätzt worden. Zu den wirtschaftlichen Problemen der DDR vgl. insbes. *Materialien zum Bericht zur Lage der Nation*, hrsg. v. Bundesministerium für innerdeutsche Beziehungen 1987. Zum Problem der Innovationsschwäche vgl. mit weiterführender Literatur Fred Klinger, Die Krise des Fortschritts in der DDR, in: *Aus Politik und Zeitgeschichte. Beilage zur Wochenzeitung „Das Parlament"*, B 3/87, 17.1.1987, S. 3-19.

23 Kretzschmar, *Soziale Unterschiede* (Anm. 16), S. 102ff.

bewerbe und Kampagnen, waren besonders hoch; ob die Angaben über ihre Aktivität tatsächlich ihre „politische Überzeugtheit" reflektierten, muß jedoch bezweifelt werden[24]. Deutlich geringere Aktivität ließ sich für hochqualifizierte Forscher und für Ärzte ermitteln; sie „erreichen ... in der gesellschaftspolitischen Aktivität längst nicht die Werte der ersteren Gruppen"[25]. Letztere monierten, sie hätten die geringsten Verbesserungen in ihren Arbeitsbedingungen erfahren; in dieser Gruppe war die Unzufriedenheit am größten[26].

Tatsächlich bildete sich in den achtziger Jahren kein „einheitlicher Persönlichkeitstypus" heraus, sondern es kam zu einer signifikanten Ausdifferenzierung von Lebenslagen, Erwartungen und Einstellungen zum politischen System, die von der Zielkultur eines „einheitlichen" Typus weit entfernt war. Um diese Ausdifferenzierungen besser reflektieren zu können, entfernte sich die Soziologie von den pauschalen Klassen- und Schichtmodellen. In der Diskussion über Forschungskonzepte erhielten jetzt „Sozialmilieu" und „Bildung" einen zunehmenden Stellenwert[27]. Während, wie bereits erwähnt, ursprünglich behauptet wurde, daß sich das politische Bewußtsein und das Verhalten von Gruppen und Individuen immer stärker an den „Idealtypus" der Arbeiterpersönlichkeit annäherten, deutete sich seit Mitte der achtziger Jahre ein differenzierteres Konzept der Betrachtung von „Persönlichkeitstypen" an. Das „Lexikon der Sozialpolitik" (1987) stellte beispielsweise ein komplexeres Modell zum Stichwort „Persönlichkeit" vor, das der modifizierten Auffassung von Sozialstruktur entsprach[28]. Eine „Vereinheitlichung" von Persönlichkeitsmerkmalen gelte danach nur in einem sehr allgemeinen Sinne. Ent-

---

24 Daß die Verbindung von fachlicher Leistung und politisch-ideologischer Einstellung nicht gelang, problematisieren auch andere Studien. So heißt es in einer Untersuchung zur „Forschungsintelligenz", daß sich weniger als die Hälfte der Befragten gesellschaftswissenschaftlich qualifiziert habe. „Die Notwendigkeit, sich ökonomische Kenntnisse und Fähigkeiten sowie zusätzliches politisches Grundwissen anzueignen, wird durch die Forscher mit Abstand am niedrigsten bewertet." Heinz Höschel, Soziale Probleme des Qualifizierungsverhaltens von Angehörigen der wissenschaftlich-technischen Intelligenz, in: *Informationen zur soziologischen Forschung in der DDR*, 18. Jg. 1982, H. 6, S. 40f.

25 Kretzschmar, *Soziale Unterschiede* (Anm. 16), S. 119.

26 Nicht näher eingegangen wird auf die „künstlerische Intelligenz". Aufschlüsse über die Sozialisationsmuster einer Teilgruppe der künstlerischen Intelligenz, die Schriftsteller, gibt Günter Erbes umfangreiche Datensammlung. Vgl. ders., *Schriftsteller in der SBZ/DDR*, mschr., Berlin 1986.

27 Vgl. auch Lötsch, der behauptete, daß Ausbildung und berufliche Qualifikation für die DDR die ausschlaggebenden sozialen Unterschiede ausmachten. Vgl. Manfred Lötsch, „Social Structure of GRD Society. Some Aspects of Structural Change under the Conditions of the Scientific and Technological Revolution", Vortrag auf dem 13. New Hampshire Symposium on the GDR, Juni 1987, mschr., S. 2.

28 *Lexikon der Sozialpolitik* (Anm. 6), Stichwort „Persönlichkeit", S. 292f.

scheidender sei, daß sich Differenzierungen sowohl zwischen den Klassen und Schichten ebenso wie innerhalb der Klassen, Schichten und Gruppen feststellen ließen. Für die Feinstruktur gelte daher das Merkmal der Differenzierung, die nach Aussagen der Autoren eher zunehmen werde. Parallel zur Neueinschätzung der Sozialstrukturentwicklung ergab sich damit eine stärkere Berücksichtigung subjektiver Faktoren und konkreter „Sozialisationsprozesse".

In der Erforschung der sozialen und individuellen Folgen der „intensiv erweiterten Reproduktion" kam die DDR-Gesellschaftswissenschaft allerdings nicht weit. Programmatisch formulierte beispielsweise der Soziologe Helmut Steiner, daß es zukünftig darauf ankomme, „soziale Prozesse" wie die Entwicklung von Sozialstruktur und Mobilität, Bildung und Erziehung und die territoriale Gemeinschaft intensiver zu erforschen[29]. Die „intensiv erweiterte Reproduktion" mache es nötig, die sozialen und individuellen Folgewirkungen genauer abzuschätzen. Dabei kämen auch dem „individuellen Sozialisierungsprozeß" sowohl als Betrachtung der Generationsfolge als auch über die Institutionen von Bildung und Erziehung vermittelt ein besonderer Stellenwert zu[30]. Angesichts einer komplexer werdenden Realität sah sich die marxistisch-leninistische Soziologie gezwungen, neue Forschungs- und Erklärungsansätze zu entwickeln. Steiner gehörte zu denjenigen, die explizit auch auf nicht-marxistische Arbeiten wie die von Pierre Bourdieu oder Anthony Giddens zurückgreifen wollte[31]. Dagegen bewegte sich ein marxistischer Erfahrungsansatz, der „Erfahrungen" und „subjektive Wertorientierungen" im Zusammenhang mit der Wirksamkeit der staatlichen Wirtschafts- und Sozialpolitik in den Bereichen Arbeitsbedingungen, Wohnen, Sozialpolitik überprüfen wollte, völlig in den traditionellen Bahnen[32].

Eher programmatisch blieb auch die Forschungsskizze einer Leipziger Gruppe, die die Wertorientierung der Persönlichkeit vor allem anhand „subjektiver Sozialindikatoren" ermitteln und mögliche dynamische Veränderungen von Wertstrukturen erfassen wollte. Angeregt durch die „Wertewandel"-Diskussion in westlichen Ländern stellte Herbert F. Wolf fest, daß speziell „im Zusammenhang mit dem wissenschaftlich-technischen Fortschritt eine *wachsende Dynamik in den Wertstrukturen festzustellen* ist. In der bürgerlichen Soziologie wird sie als Wertwandel registriert und untersucht."[33] Ein Wandel von „materialistischen" zu „postmaterialisti-

29 Helmut Steiner, Einige Probleme der Erforschung sozialer Reproduktionsprozesse bei der Gestaltung der entwickelten sozialistischen Gesellschaft, in: *Informationen zur soziologischen Forschung in der DDR*, hrsg. v. d. Akademie für Gesellschaftswissenschaften beim ZK der SED, 21. Jg. (1985), H. 1, S. 26.
30 Ebd., S. 26.
31 Vgl. ebd., S. 25.
32 Vgl. Dietmar Wittich, *Über soziale Erfahrung*, Berlin (DDR): Dietz-Verlag 1983, S. 20.
33 Herbert F. Wolf, Zur Bedeutung von Sozialindikatoren, in: *Informationen zur soziologischen Forschung in der DDR*, 19. Jg. 1983, S. 37.

schen Werten" (Inglehart) wurde zwar für die DDR zurückgewiesen; Technik, Wissenschaft und Fortschritt hätten jedoch auch hier veränderte subjektive Werte und ein neues Persönlichkeitsprofil hervorgebracht. In seinem Ansatz zur Untersuchung subjektiver Sozialindikatoren unterscheidet Wolf subjektive Erfahrungen, Wertorientierungen (Normen, Leitbilder, Erwartungen, Vorurteile), Bewertungen in Gestalt von Meinungen und Urteilen, von Zufriedenheit oder Unzufriedenheit und Motive als Synonym für Triebkräfte des Handelns[34]. Empirische Ergebnisse des skizzierten Forschungsansatzes wurden jedoch nicht vorgelegt.

In der Sozialstrukturdiskussion der achtziger Jahre läßt sich also eine Verschiebung von forschungsleitenden Fragestellungen feststellen. Die Annahme daß sich ein einheitlicher, „sozialistischer Arbeitertypus" herausgebildet habe, an den sich alle anderen Klassen und Schichten durch vereinheitlichtes politisches Bewußtsein und Verhalten annähern sollten, wurde revidiert. Das Aufbrechen der traditionellen Auffassung von der Annäherung von Arbeiterklasse und Intelligenz, wie sie beispielsweise von Lötsch gefordert wurde, sowie des stereotypen Messens an der „sozialistischen Arbeiterpersönlichkeit" veränderte das idealtypische Bild von der „sozialistischen Persönlichkeit". Die Verschiebung des Problemrasters bewirkte, daß Klassen- und Schichtzugehörigkeit nicht als die primär ausschlaggebenden Faktoren anzusehen waren. Behauptet wurde, daß sich eine Reihe neuer Unterschiede entwickelt hätte, die sich – bedingt durch Bildung, Qualifikation und Einkommen – in einem Komplex von Arbeits- und Lebensbedingungen fortsetzten. Werte und Einstellungen zu politischen Zusammenhängen, zur Sozialpolitik und zur Akzeptanz des politischen Systems wurden zurückgeführt auf die konkreten Lebens- und Arbeitsbedingungen, die Bildungs- und Berufschancen, das Einkommen, auf Freizeit- und Kulturmöglichkeiten.

Eine theoretisch und empirisch befriedigende Antwort auf die Frage nach den tatsächlichen Einstellungen und Wertungen und ihrer Herausbildung in der Sozialisation läßt sich aus der durch forschungsfremde politische Umstände restringierten DDR-Soziologie und -Gesellschaftswissenschaft allerdings nicht gewinnen; Forschungskonzepte und Problemstellungen blieben stark fixiert auf die für die offizielle politische Kultur relevant erscheinenden Fragen.

Aus der kritischen Lesung vorliegender Studien läßt sich jedoch schließen, daß die Sozialisierung hinter den selbstgesteckten Zielen zurückblieb. Selbst systemkonformen Forschern war nicht verborgen geblieben, daß das Ideal der „sozialistischen Persönlichkeit" unter den Beschäftigten nicht realisiert worden war. Wie z.B. die Untersuchung von Kretzschmar aufzeigte, verursachte der Einsatz „materieller Anreize" durch eine gezielte Sozialpolitik eine stärkere Sozialbindung vor allem derjenigen Gruppen, die von den Verbesserungen der Lebens- und Einkommenssi-

---

34 Vgl. ebd., S. 39.

tuation am meisten profitiert hatten; „politische Aktivität" ließ sich daher bei den Produktionsarbeitern und Angestellten sowie bei den Gruppen der Intelligenz feststellen, die durch Aufstieg und Einkommen am stärksten die Segnungen des Systems verspürten. Die in der Landwirtschaft Tätigen und hochqualifizierte Forscher sowie Frauen in Dienstleistung und Handel waren dagegen Gruppen, die – aus unterschiedlichen Gründen – dem offiziellen Idealbild politisch aktiver, „sozialistischer Persönlichkeiten" am wenigsten entsprachen. Hinzu kamen jedoch auch immer mehr enttäuschte Arbeiter und Fachkräfte, die die Ineffizienz des Planungssystems am deutlichsten wahrnahmen.

Aufstiegsmöglichkeiten und materielle Stimuli hatten zunächst zwar den in der Produktion tätigen Teil der wissenschaftlich-technischen Intelligenz stärker in das System integriert, der „positivere" (im Sinne von Kretzschmar) ideologische Werte erreichte und am ehesten dem Idealbild der „sozialistischen Persönlichkeit" entprach. In den achtziger Jahren griff aber auch dieser Mechanismus immer weniger. Bei hochqualifizierten Forschern und Ärzten wurden dagegen schon früher „geringere" Werte auf der Skala „politischer Aktivität" festgestellt. Die traditionelle Distanz dieser Gruppen zur Gesellschaftspolitik der SED war damit bis in die achtziger Jahre erhalten geblieben und wies auf eine – vom Selbstverständnis des politischen Systems – nicht gelungene politische Sozialisation hin.

Auch Künstler, Schriftsteller und Intellektuelle zeigten zunehmend Distanz zur offiziellen Zielkultur. Während ein Teil der „künstlerischen Intelligenz" den durch die Kulturpolitik gesetzten Rahmen künstlerischen Schaffens „verinnerlichte" und umsetzte, war nicht zu übersehen, daß sich gerade jüngere Künstler immer häufiger kritisch mit gesellschaftspolitischen Entwicklungen oder Tabuthemen befaßten und in den Nischen der Gesellschaft eine Art „zweite Kultur" einrichteten. Für sie galt das Anpassungsmodell politischer Sozialisation mit nach offiziellen Standards meßbarer „politischer Aktivität" kaum. Kritische und reflektierte Distanz zur offiziellen politischen Kultur war dagegen weit verbreitet; dies schloß auch utopisch-sozialistische Positionen ein.

Insgesamt war es weder gelungen, verschiedene soziale Gruppen über die politisch-ideologische Erziehung für systemkonformes und systemstabilisierendes Verhalten zu gewinnen noch durch die Sozialpolitik die Akzeptanz des Sytems durchgängig und nachhaltig abzusichern. Mit enttäuschten Aufstiegserwartungen wurde der Sozialvertrag zudem immer brüchiger.

4.2. Wohnen und Wohnumfeld

Der Wohnbereich der Bevölkerung stand in besonderem Maße im Spannungsfeld zwischen offizieller politischer Kultur und der tatsächlich dominierenden politischen Kultur. Auf der einen Seite standen traditionelle regionale Bindungen und die hohe Wertschätzung der Wohnung als Sphäre der Privatheit, an der zugleich ein gewisser Lebensstandard gemessen wurde; seit längerem war bekannt, daß der Privatraum Wohnung für die Bevölkerung ausgesprochen wichtig war. So hatten Zeitbudget-Untersuchungen ergeben, daß die Bevölkerung zwei Drittel ihres Alltags im Wohngebiet verbrachte, den größten Teil davon in ihrer Wohnung; 70 Prozent der Freizeit wurden in der Wohnung verbracht[35]. Regionalbindung und Privatheit der Wohnung gehörten zur politischen Kultur. Auf der anderen Seite stand das Bemühen von Partei und Staat, auch im Wohnbereich eine „sozialistische Lebensweise" durchzusetzen; die Förderung des Wohnungsbaus und eine gezielte Wohnungspolitik sollte bestehende Mißstände in der Versorgung beseitigen und so die Legitimität des Systems erhöhen. Bereits in den siebziger Jahren wurde die Wohnungspolitik zum „Kernstück der Sozialpolitik" erklärt[36]. Damit verbanden Partei und Staat die Hoffnung auf eine stärkere politische Einbindung der Bevölkerung in das Herrschafts- und Gesellschaftssystem. Wohnbedingungen und Wohnungssituation wurden tatsächlich zu ausschlaggebenden Kriterien für die Zufriedenheit oder Unzufriedenheit der Bevölkerung mit den Leistungen des politischen Systems; in dieser Frage wurde es an seinem Selbstanspruch gemessen. Was sich in der Wohnumwelt ereignete, wurde „als Indikator für die Güte und Zuverlässigkeit der gesamten Gesellschaft angesehen"[37]. Zugleich waren Partei und Staat bestrebt, diesen für die Bevölkerung so zentralen Lebensbereich politisch zu kontrollieren und zu beeinflussen.

Beschlüsse des ZK der SED zur politisch-ideologischen Arbeit im Wohngebiet aus den Jahren 1963, 1965 und zuletzt 1979 dokumentieren das Bemühen, auch im Wohngebiet eine der Parteipolitik entsprechende

35 Vgl. Alice Kahl/Steffen Wilsdorf/Herbert F. Wolf, *Kollektivbeziehungen und Lebensweise*, Berlin (DDR): Dietz-Verlag 1984, S. 136.
36 Auf die städtebaulichen, wirtschaftlichen um umweltpolitischen Probleme der Wohnungspolitik kann hier nicht näher eingegangen werden. Im Zusammenhang mit der Wohnungspolitik enstand eine Stadt- und Regionalplanung, die in der DDR als Territorialplanung bezeichnet wird. Einen Überblick über die in der DDR erschienenen Arbeiten gibt Michael Langhof, *Veröffentlichungen aus der SBZ/DDR zu Fragen der Territorialplanung*, bearb. v. Michael Langhof unter Mitarbeit v. Helma Csipak-Winguth, Berlin: Freie Universität Berlin, Zentralinstitut für sozialwissenschaftliche Forschung 1983.
37 Kahl/Wilsdorf/Wolf, *Kollektivbeziehungen* (Anm. 35), S. 148. Diese Einstellungsmuster wurden in der Umbruchphase insofern bestätigt, als sich die Unzufriedenheit mit Wohnungsstandard und -umwelt als ein zentrales Problem darstellte.

Beeinflussung der Bevölkerung durchzusetzen[38]. Nach dem Muster des „mobilizing regime" vertrat die Parteiführung die Auffassung, daß die Bürger in ihrem Wohngebiet aktiv sein müßten bzw. sich im Rahmen der verschiedenen politischen und sozialen Organisationen auf Wohnbereichsebene beteiligen sollten; dies wurde als Stärkung der „sozialistischen Demokratie" betrachtet. Dabei spielte die Partei eine initiierende und koordinierende Rolle, vor allem im Rahmen der „Nationalen Front". Für die Bevölkerung stellte sich das Wohnumfeld daher auch als ein Bereich dar, in dem seitens der Partei der Versuch „politischer Erziehung" im Alltag unternommen wurde. Dies zeigte sich am hohen Grad formaler Politisierung des Alltags auf kommunaler Ebene. Hausgemeinschaften, Schiedskommissionen, Volksvertretungen, Ausschüsse der Nationalen Front, Grundorganisationen der SED, FDJ, DFD-Gruppen im Wohngebiet bildeten ein Netz politischer Organisationen, die auf die Bürger im Wohngebiet politischen Einfluß nehmen sollten.

Wie im folgenden zu zeigen sein wird, prallten politisch-ideologische Legitimation durch Ausbau der „sozialistischen Demokratie" als Systemstütze und Alltagsrealität allerdings gerade im Wohngebiet besonders kraß aufeinander. Während Mobilisierung und Politisierung im Wohngebiet Bestandteile der offiziellen politischen Kultur waren, zeichnete sich die im Alltag dominierende politische Kultur durch formale Partizipation, Privatisierung, Ablehnung der Politisierung und Perpetuierung traditioneller regionaler Bindungen aus. Eine politische Sozialisation in der von der Partei intendierten Weise mußte an dieser Struktur scheitern; tatsächlich bildeten sich durch die stark zentralistische Politik und durch die Erfassung im Wohnungebiet Distanz und kritische Einstellungen heraus. Verstärkt wurden sie durch die Unzufriedenheit mit den Wohnbedingungen, besonders in den Klein- und Mittelstädten.

Um das Ausmaß der tatsächlichen Verankerung „sozialistischer" Werte und Verhaltensweisen im Alltagsleben zu ermitteln und Strategien zur Vertiefung der „sozialistischen Lebensweise" zu entwickeln, entstand in den achtziger Jahren eine neue Forschungsrichtung, die „Lebensweiseforschung". Darin erlangte die Privatsphäre im Wohnbereich eine große Bedeutung[39]. Familie, Freizeit und Wohnen wurden Schwerpunktthemen.

38 Zur Parteiarbeit in den städtischen Wohnbezirken. Beschluß des Sekretariats des ZK der SED vom 7. 7. 1965; Zur weiteren Erhöhung des Niveaus der politischen Massenarbeit in den städtischen Wohngebieten. Beschluß des ZK der SED vom 17.10.1979. Vgl. *DDR-Handbuch*, Bd. 2, Stichwort: „Wohnbezirk", S. 1529, vgl. auch *Lexikon der Sozialpolitik* (Anm. 6), (Stichwort „Wohnungsbauprogramm"), S. 437f.

39 Aus der Forschung sind hier insbesondere zu nennen: Loni Niederländer, *Arbeiten und Wohnen in der Stadt*, Berlin (DDR): Dietz-Verlag 1984; *Zwischen Alex und Marzahn*, Autorenkollektiv unter d. Ltg. v. Georg Aßmann und Gunnar Winkler, Berlin (DDR): Dietz-Verlag 1987; Kahl/Wilsdorf/Wolf, *Kollektivbeziehungen* (Anm. 35); *Wie lebt man auf dem Dorf*, hrsg. v. einem Autorenkollektiv

Mehrere Institutionen und Forschungsprojekte beschäftigten sich mit den Problemen des Wohnens und der Lebensweise in den Städten und Landgemeinden der DDR. Soziologen der Universitäten in Rostock, Leipzig und Berlin untersuchten soziale und politische Fragen in den Neubaugebieten[40]. Mit der Situation auf den Dörfern bzw. mit der Landjugend befaßten sich Mitarbeiter am Zentralinstitut für Jugendforschung und am Institut für marxistisch-leninistische Soziologie der Akademie für Gesellschaftswissenschaften. Später wurden auch Fragen der Lebensweise in Kleinstädten sowie in traditionellen Altbaugebieten aufgegriffen. Zunächst standen für die Untersuchungen bestimmte gesellschaftliche Probleme wie die Landflucht und die sozialen Folgewirkungen der aus dem Boden gestampften Neubauviertel im Vordergrund; dann wurden Wohnen und Wohnbereich in die „sozialistische Lebensweise" eingebettet. Kategorien wie „Wohnwertorientierungen", „Wohnbedürfnisse", „Wohnverhaltensweisen" wurden in die Forschung aufgenommen. Der Ansatz der Lebensweiseforschung ist breiter und politisch-kulturell gefaßt, was schon in der Doppelbestimmung des Begriffs Wohnung deutlich wird; dagegen fällt auf, daß Probleme der Umwelt und Umweltbelastung – selbst bei Forschungen im stark belasteten Raum Leipzig – aus den publizierten Forschungsergebnissen völlig ausgeklammert bleiben.

Die Wohnung wurde immer mehr Ausdruck eines gewissen Lebensstandards und einer alltagskulturellen Lebensweise. Zugleich wurde sie als Bestandteil eines sozialen, kulturellen und politischen Netzes im gesamten Wohnumfeld verstanden. Die Leipziger Soziologen Alice Kahl, Steffen H. Wilsdorf und Herbert F. Wolf faßten beide Aspekte in dem Begriff „Wohnumwelt" zusammen, verstanden als „die Einheit von natürlicher, gebauter und sozialer Umwelt in fußläufiger Ausdehnung", die „der Bürger eines Wohngebiets alltäglich bewußt oder auch unbewußt wahrnimmt"[41]. Die Bedeutung der Wohnumwelt für die „sozialistische Lebensweise" siedelten die Leipziger Soziologen auf derselben Ebene an wie Arbeitskollektive und die sozialen Beziehungen in Familie und Freizeit, die – empirischen Erkenntnissen nach – als wichtige Sozialbeziehungen empfunden würden. Charakteristisch für ihre Studie der „sozialistischen Lebensweise" ist die Erfassung subjektiver Einstellungen wie Wertorientierungen, Verhaltensnormen, Überzeugungen, Leitbilder und Erwartungen sowie Gewohnheiten und Traditionen[42]. Sie ermittelten, daß

Fortsetzung der Fußnote

    unter der Ltg. von Kurt Krambach, Berlin (DDR): Dietz-Verlag 1985. Einblick in den Forschungs- und Problemstand gibt die Broschüre „Ergebnisse aus territorial- und stadtsoziologischen Forschungen", *Informationen zur soziologischen Forschung in der Deutschen Demokratischen Republik*, 22. Jg. 1986, H. 4.

40 Vgl. zur Stadt- und Regionalplanung in Rostock auch die soziologische Arbeit von Marilyn Rueschemeyer, New Towns in the GDR, in: dies./Christiane Lemke (Hrsg.), *The Quality of Life*, New York: M. E. Sharpe 1989, S. 117-143.

41 Kahl/Wilsdorf/Wolf, *Kollektivbeziehungen* (Anm. 35), S. 135.

42 Vgl. ebd., S. 34.

in der Rangfolge der für die individuelle Lebenszufriedenheit ausschlaggebenden Faktoren „familiäre Harmonie", „interessante Arbeit" und „gute Wohnbedingungen" die Spitzenstellung unter neun vorgegebenen Faktoren einnähmen. Auch bei der qualitativen Bewertung einzelner Faktoren auf einer Siebener-Skala dominierten „familiäre Harmonie", „interessante Arbeit" und „gute Wohnung"[43]. Die große Bedeutung, die die Bewohner dem Wohnen beimaßen, wurde von anderen Studien bestätigt; Untersuchungsergebnisse aus der Humboldt Universität Berlin gaben an, daß 67 Prozent der befragten Personen die „bedürfnisgerechte Wohnung" an die dritte Stelle unter den Faktoren setzten, die nach ihrer Meinung für ein „glückliches Leben" maßgebend seien. Vorgegeben waren acht Faktoren: eine gute Wohnung, die berufliche Arbeit, Familienharmonie, materieller Wohlstand/Einkommen, frei verfügbare Zeit, Anerkennung durch Kollegen, Verwandte usw., Kontakte zu Freunden, Kollegen, Nachbarn, Qualifizierungs- und Entwicklungsmöglichkeiten[44].

Da die Mehrzahl der Bevölkerung in Städten lebt, konzentrierte sich die Forschung stark auf das Wohnen und Wohnumfeld in der Stadt[45]. Wie wichtig der Wohnbereich aus der Sicht von Stadtbewohnern ist, belegt eine Studie über Ost-Berlin. Aus ihr geht hervor, daß zwei der drei Faktoren, die Lebenszufriedenheit anzeigen, eng miteinander verbunden sind: das „glückliche Familienleben" und die „gute Wohnung", beides im Privatbereich anzusiedelnde Faktoren. „Eine glückliche Familie zu besitzen, einen ausfüllenden Beruf und eine gute Wohnung zu haben, sind drei Faktoren, von denen die Mehrzahl der Berliner Bürger meint, daß sie unverzichtbar für ein glückliches Leben seien."[46] Der hohen Wertschätzung einer guten (!) Wohnung stand allerdings die Unzufriedenheit vieler Bürger mit ihrer eigenen Wohnung gegenüber. Dieselbe Studie gibt folgende Tabelle zur Wohnzufriedenheit in Ost-Berlin wieder, die Anfang der achtziger Jahre in verschiedenen Wohngebietstypen ermittelt wurde[47] und in der besonders der hohe Anteil der Unzufriedenen in Altbaugebieten auffällt, der durch den faktischen Verfall von Altstadtgebieten zu erklären ist.

43 Ebd., S. 93f.
44 Vgl. Niederländer, *Arbeiten und Wohnen* (Anm. 39), S. 137. Vgl. insbes. auch Winkler (Hrsg.), *Sozialreport '90* (Anm. 6), S. 167f.
45 Vgl. Alice Kahl, Soziologische Forschung zum Wohnen und Arbeiten in der Stadt, in: *Deutsche Zeitschrift für Philosophie*, 33. Jg. 1985, H. 1, S. 79.
46 *Zwischen Alex und Marzahn* (Anm. 39), S. 118.
47 Ebd., S. 130.

Tabelle 12: Wohnzufriedenheit mit der Wohnung (in Prozent)

Wohn-gebiets-typ	sehr zufrie-den	mehr zufrieden als unzu-frieden	weder zufrieden noch unzufrieden	mehr un-zufrieden als zufrieden	sehr unzu-frieden
Altbau Stadtkern	16	29	16	17	22
Neubau außerhalb Stadtkern	35	40	10	8	6
Altbau außerhalb Stadtkern	24	22	13	24	16
Stadtrand-gebiete	51	39	4	4	1
Großstädt. Wohngebiet Neubau	32	39	13	9	7
Stadtkern Neubau	42	43	10	3	2

Quelle: *Zwischen Alex und Marzahn. Studie zur Lebensweise in Berlin,* hrsg. v. einem Autorenkollektiv unter d. Ltg. v. Georg Aßmann und Gunnar Winkler, Berlin (DDR): Dietz Verlag 1987, S. 130.

Die eklatante Wohnungsknappheit wurde zunächst durch den Neubau ganzer Siedlungsgebiete zu beheben versucht. Später wurden Altbauge-biete in traditionellen Stadtkernen und außerhalb von Stadtkernen Ziel-gebiete der Wohnungspolitik; hier war der Anteil unzufriedener Bürger besonders hoch, obwohl gerade diese Wohngebiete besonders von jün-geren Leuten bevorzugt wurden, wenn sie gewissen Standards entspra-chen. Nach Ergebnissen einer Untersuchung in Leipzig wollten Jugend-liche zu 46 Prozent in einer modernisierten Altbauwohnung (mit Innen-toilette und Bad/Dusche) wohnen und zu 36 Prozent in einer Neubau-wohnung mit Zentralheizung; deutlich bevorzugt wurden Altbaugebiete außerhalb den Zentrums[48].

Die hohe subjektive Wertschätzung einer guten Wohnung und Wohn-umgebung deckte sich nicht mit den tatsächlich vorhandenen Wohn-, Umwelt- und Infrastrukturbedingungen; die Kluft zwischen beiden er-zeugte – besonders bei jüngeren Leuten – wachsende Unzufriedenheit. Durch verschiedene Formen der Mobilisierung für Mitbestimmung und

48 Peter Voß, Das Verhältnis Jugendlicher zur Großstadt, in: *Informationen zur soziologischen Forschung in der DDR,* hrsg. v. d. Akademie für Gesellschaftswis-senschaften beim ZK der SED, 20. Jg. 1984, H. 4, S. 48.

Beteiligung an Projekten im unmittelbaren Wohngebiet sollte für eine effektivere Stadt- und Regionalplanung gesorgt werden. Mitwirkung wurde als „Wahrnehmung staatsbürgerlicher Rechte und Pflichten" eingestuft[49]. Zugleich blieb die Vorbereitung auf diese „staatsbürgerlichen Aufgaben" äußerst unzureichend. Selbständigkeit und Mündigkeit wurden in der politischen Sozialisation mit der geforderten Verinnerlichung der sozialistischen Werte und Einstellungen gerade nicht gefördert. Das Ziel der Selbsttätigkeit bestand nur formell, nicht aber praktisch und politisch; der Bezug zur „Demokratie" erschien nur als rhetorisches Mittel zum Zweck, ohne daß die subjektiven und objektiv-institutionellen Bedingungen dafür vorhanden waren. Unangetastet blieben auch die – verstaatlichte – Eigentumsstruktur und andere wirtschaftspolitische Strukturen.

Die Mitwirkung auf kommunaler Ebene sollte vor allem die Integration in das politische und soziale System der DDR verstärken. Es sollten jedoch auch mögliche soziale Probleme und Konflikte abgemildert werden, die aufgrund von Mißverhältnissen zwischen Wohnbedürfnissen und Wohnungsbestand, Infrastruktur etc. entstanden waren. Soziologen drängten zugleich darauf, daß sich die Wohnungspolitik nach einer Phase ehrgeiziger Bau- und Modernisierungsvorhaben stärker an den Bedürfnissen der Bevölkerung orientieren solle. Entsprechende „gruppenspezifische Bedürfnisse", besonders von Jugendlichen, älteren Bürgern, Alleinlebenden und anderen Gruppen sollten bei der Stadt- und Regionalplanung stärker berücksichtigt werden[50].

Die Partizipation der Bürger und die „gesellschaftliche und politische Aktivität" im Wohngebiet blieben trotz der Mobilisierungsbemühungen jedoch begrenzt. Exakte, verläßliche Daten sind für den Untersuchungszeitraum nicht vorhanden; aus den wenigen, veröffentlichten Angaben geht jedoch hervor, daß sich die Aktivität häufiger auf solche mit dem unmittelbaren Eigeninteresse der Bewohner verknüpften Angelegenheiten oder auf soziale Belange konzentrierte, die nicht als spezifisch „sozialistisch" bezeichnet werden können; als besonders „aktiv" erschienen bezeichnenderweise vor allem diejenigen, die ohnehin eine politische oder Parteifunktion innehatten. Bei einer Anfang der achtziger Jahre unter Großstadtbewohnern durchgeführten Befragung gaben zwar 55 Prozent der Befragten an, „gesellschaftlich aktiv" zu sein[51]. Allerdings war „gesellschaftliche Aktivität" so weit gefaßt, daß sie sämtliche, auch nicht spezifisch „sozialistische" Beteiligungsformen erfaßte. Die Befragten gaben sowohl ehrenamtliche Funktionen in der Nationalen Front und in den Hausgemeinschaften an als auch Mitwirkung in Kindergärten und Schulen. Die Befragung ergab, daß Rentner den geringsten Anteil derer

49 *Zwischen Alex und Marzahn* (Anm. 39), S. 131.
50 Lebensweise in Berlin, Hauptstadt der DDR. Konferenzbericht, in: *Informationen zur soziologischen Forschung in der DDR*, hrsg. v. d. Akademie für Gesellschaftswissenschaften beim ZK der SED, 22. Jg. 1986, H. 4, S. 34.
51 Niederländer, *Arbeiten und Wohnen* (Anm. 39), S. 75f.

stellten, die „gesellschaftliche Arbeit" im Wohngebiet leisteten (rund 25
Prozent), während Parteimitglieder am stärksten vertreten waren (70 Prozent). Männer beteiligten sich etwas stärker als Frauen (62 bzw. 50 Prozent), deren Tätigkeit sich vor allem auf den DFD, die Volkssolidarität,
die Betreuung älterer Bürger, Tätigkeiten in Sozialkommissionen, Jugendarbeit und auf pädagogische Einrichtungen konzentrierte. Bewohner unter 25 Jahre waren deutlich weniger vertreten als diejenigen zwischen 25
und 45 Jahre, die insgesamt die am stärksten beteiligte Gruppe stellten.

Politische Tätigkeit in dem von Partei und Staat geforderten und pro-
pagierten Sinn wurde oft als lästig, formal und unfruchtbar empfunden.
Ansätze zur Eigeninitiative und Interessenwahrnehnumg scheiterten an
den zentral-administrativen Strukturen des staatssozialistischen Systems.
Die Studie über Ost-Berlin deutete bereits vor dem Umbruch an, wo die
Grenzen einer Beteiligung der Bürger am politischen und gesellschaftlichen Geschehen im Wohngebiet lagen. Es habe sich gezeigt, „daß die
Bürger voraussetzen und erwarten, daß die Möglichkeiten demokratischer
Mitwirkung im Wohngebiet gegeben sind, daß die demokratischen Insti-
tutionen funktionsfähig sind und mit ihnen die Interessen der Bürger
wirksam wahrgenommen werden"[52].

Tatsächlich waren die Institutionen zu wenig „funktionsfähig", um
unmittelbare Interessen aufzunehmen und umzusetzen, so daß es zu hohen Reibungsverlusten kam. Subventionspolitik und niedrige Mieten allein machten die Zufriedenheit nicht aus; verfallene oder überaltete Woh-
nungsbausubstanz, Mängel in Infrastruktur und Umweltfreundlichkeit
sowie Disproportionen bei der Wohnungsverteilung waren Anlaß zu Kritik, die geäußert, von den bestehenden Institutionen jedoch unbefriedigend umgesetzt wurde. Deshalb hieß es in der Studie auch, daß dauerhafte demokratische Aktivität nur dann entwickelt werden könne, „wenn
ihr gesellschaftlicher Nutzen erkennbar ist und wenn Aufwand und Ergebnis in vertretbarem Verhältnis zueinander stehen. Der engagierte
Hauptstädter ist nicht bereit, sich mit sinnloser Geschäftigkeit abzufinden;
solche Erscheinungen lassen die Bereitschaft erlahmen, sich für die gesellschaftlichen Belange einzusetzen."[53]

Die Erwartungen der Bevölkerung, daß die Institutionen auf kommunaler Ebene in ihrem Interesse funktionierten, wurden in der Praxis enttäuscht; als Folge stellten sich Verschleiß der Aktivität ein, Resignation
und Erlahmen der Bereitschaft, in den vorhandenen Institutionen mitzu-
arbeiten. Die Mobilisierung der Bürger nach dem Motto „Mitwirkung ist
Staatsbürgerrecht und -pflicht" zeigte nur begrenzte Wirkung; politisch
aktiv waren im Wohngebiet vor allem diejenigen, die ohnehin schon politische Funktionen innehatten. Zweifel an dem Nutzen der gesellschaftlichen Aktivität und zu geringe Einflußmöglichkeiten bzw. die Erfahrung

---

52 Ebd., S. 76.
53 *Zwischen Alex und Marzahn* (Anm. 39) S. 131.

der mangelnden Flexibilität vorhandener zentralistischer Strukturen, verbunden mit der zusätzlichen Belastung, ließen die Mitwirkungsappelle relativ wirkungslos bleiben. Bezeichnenderweise beteiligten sich die meisten Bürger an Instandhaltungs- und Reparaturarbeiten im Wohngebiet und an der Einrichtung und Pflege von Parks, Grünanlagen und Spielplätzen in der Wohnumgebung. Die Nützlichkeit der Wohnbezirksausschüsse (WBA) der Nationalen Front und der Hausgemeinschaftsleitungen (HGL) sahen die Bürger vor allem in der Gewährleistung von Ordnung und Sauberkeit und in den Werterhaltungs- und Verschönerungsmaßnahmen[54]. Vor allem dort, wo die offiziell propagierten politisch-kulturellen Vorstellungen mit denen der dominanten politischen Kultur übereinstimmten, beteiligte sich die Bevölkerung; andere Mobilisierungs- und Politisierungsansätze griffen kaum.

Besonders in *Neubaugebieten* scheiterte das Bestreben nach größtmöglicher systemkonformer Politisierung und Entwicklung einer „sozialistischen Lebensweise". Wurden Neubauwohnungen zunächst vor allem an den neu erschlossenen Industriestandorten und in kleineren Städten, z.B. Eisenhüttenstadt und Schwedt, oder als Lückenbebauung in Großstädten errichtet, so wurde in den sechziger Jahren der Neubau einer ganzen Stadt in einem industriellen Ballungszentrum (Halle-Neustadt) in Angriff genommen. Seit den siebziger Jahren begann man im Rahmen des umfangreichen Neubauprogramms mit dem Bau großer Wohngebiete an der Peripherie von Großstädten (Berlin-Marzahn, Leipzig-Grünau, Dresden-Prohlis, Jena-Lobeda, Karl-Marx-Stadt – Fritz-Heckert-Gebiet, die Neubaugebiete Rostocks). Den in diesen Neubauprogrammen entstandenen Hochhäusern und Wohnbauten wurde besondere Aufmerksamkeit in der Diskussion sozialer Probleme wie „Isolation, regressive Tendenzen in der Kommunikation und Anonymität"[55] zuteil. Zwar waren einige Stadtsoziologen der Meinung, daß Neubauwohnungen nicht zwangsläufig Anonymität nach sich zögen und daß es sich um einen Stereotyp handele, der „seinen Ursprung in Desintegrationserscheinungen von Neubaubewohnern kapitalistischer Städte" habe; aber auch sie gestanden zu, daß sich für die „soziale Integration der Neubürger" besondere Probleme ergäben[56]. Verschärft wurden sie durch die oft mangelhafte Qualität von Neubauten und Defizite „in der infrastrukturellen und kulturellen Aus-

54 Vgl. ebd., S. 135f.
55 Kahl, Soziologische Forschungen zum Wohnen (Anm. 45), S. 79.
56 Vgl. Kahl/Wilsdorf/Wolf, *Kollektivbeziehungen* (Anm. 35), S. 139. „Soziale Integration" ist ein Schlüsselbegriff der Studie. Zur Definition heißt es: „In Abgrenzung zur bürgerlichen Soziologie verwenden wir den Begriff '*soziale Integration*' zur Operationalisierung der philosophischen Dimension der Subjekt-Objekt-Dialektik. Die soziale Bestimmtheit der Persönlichkeit ist vor allem aus ihrer objektiven Integration in die Gesellschaft, aus ihrer Stellung im System der gesellschaftlichen Produktion abzuleiten." (Ebd., S. 134).

stattung" der Wohngebiete[57]. Zur politischen Aktivität in diesen Gebieten gaben stadtsoziologische Untersuchungen an, daß sie sich „diskontinuierlich" entwickele: „Sie ist unmittelbar nach dem Bezug der neuen Wohnung gering, entwickelt sich im ersten Wohnjahr auf ein sehr hohes Niveau – insbesondere als Bereitschaft und Initiative zur gemeinschaftlichen Gestaltung und Verschönerung der Wohnumwelt sowie zur Knüpfung sozialer Kontakte, sinkt jedoch dann wieder ab, wenn die Befriedigung dieses Bedürfnisses behindert wird."[58] Kritik am Funktionieren der „demokratischen Institutionen" wird also auch hier geübt. Die Formen der Mitarbeit und die dafür zuständigen Institutionen bauten eher Hindernisse auf und verursachten Reibungsverluste, als daß sie als Kanäle zur Beeinflussung der Wohnumwelt funktionierten. Familien, die in ein Neubaugebiet zogen und hier zunächst bereit waren, sich in der neuen Umgebung aktiv an Verbesserungen zu beteiligen, stellten diese bald ein. „Demokratie" erwies sich als Scheinwelt gerade durch die im Wohngebiet gesammelten Erfahrungen.

Oft verlagerte sich Aktivität dann aus dem Wohngebiet hinaus, z. B. in den Kleingarten oder die Wochenendsiedlung. Die Lebensweiseforschung führte diesen Trend zur Privatheit darauf zurück, daß die Wohnbedürfnisse nicht genügend bekannt und die „kommunalen Organe" auf die Bürgerinteressen nicht vorbereitet seien. Primär kritisierte sie jedoch nicht den fehlerhaften Kreislauf von Mobilisierung, undemokratisch-zentralistische Insitutionen, Desillusionierung und Privatheit, sondern den Verlust ökonomischer, sozialer und politischer Potenzen, die, wie beispielsweise Alice Kahl warnt, „nur unter großen Anstrengungen zurückzuerobern sind"[59]. Zutreffend wurde die Tendenz des sich „Zurückziehens in die Privatsphäre" – häufig als „kleinbürgerliches Verhalten" verteufelt – als eine „Schutzreaktion gegenüber übertriebenen Erwartungen und Forderungen nach kollektiven Aktivitäten" gewertet[60]. Wertschätzung der Privatsphäre im Wohngebiet einerseits, Mobilisierung und Politisierungsbestrebungen andererseits waren letztlich miteinander unvereinbar; die geforderte Mitwirkung wurde durch den schwerfälligen, überorganisierten Charakter stark eingeschränkt, er behinderte echte Demokratie und Mitbestimmung. Angesichts des politisch-theoretischen Selbstverständnisses und der zentralistisch-administrativen Struktur des politischen Systems konnte der Anspruch, demokratische Strukturen im Wohnbereich einzuführen, wegen der umfassenden staatlichen Leitung und Lenkung in der Wohnungs- und Sozialpolitik nicht gelingen, da die Möglichkeiten eines realen Spielraums für eine selbsttätige Politik oder autonome Interessenartikulation von vornherein begrenzt blieben. Über

57 Kahl, Soziologische Forschungen zum Wohnen (Anm. 45), S. 79.
58 Ebd., S. 79.
59 Ebd., S. 80.
60 Kahl/Wilsdorf/Wolf, Kollektivbeziehungen (Anm. 35), S. 139.

Mobilisierungsaufrufe und moralische Appelle oder politisch-ideologische Kampagnen konnte daher kaum etwas erreicht werden.

Ließ sich für städtische Regionen noch eine geschlossene Strategie der Politisierung, Mobilisierung und Legitimationsförderung durch die Sozial- bzw. Wohnungspolitik entwickeln, so sah sich die Partei- und Staatsführung in ländlichen Regionen, in denen sie traditionell ohnehin schwächer vertreten war, vor besonders große Probleme gestellt. Die „städtische Lebensweise" wurde als die überlegenere für die „einheitliche sozialistische Lebensweise" angesehen[61]. Über die Zukunft der „ländlichen Lebensweise" dagegen bestanden unterschiedliche Auffassungen[62]. Die landwirtschaftlichen Produktionsbedingungen erforderten es, daß „Unterschiede in den territorialen bäuerlich-räumlichen und natürlichen Lebensbedingungen der Menschen" bestehen bleiben müßten[63]. Besonders kraß blieben die Unterschiede zwischen Stadt und Land. Mängeln in materieller und kultureller Hinsicht versuchte die DDR-Führung durch eine ideologisch-politische Aufwertung der Dörfer und der Landwirtschaft entgegenzuwirken. Dies erschien auch deshalb notwendig, um der Landflucht auf der einen, der Ballung der Bevölkerung in den Städten zum anderen entgegenzutreten. Wie attraktiv bestimmte Wohnregionen gegenüber anderen waren, ließ sich u. a. aus der Bevölkerungsbewegung (Migration) ablesen[64]. Obwohl sich die Partei- und Staatsführung im Interesse einer möglichst genauen Wirtschafts- und Gesellschaftsplanung bemühte, die Migration einzudämmen bzw. in kontrolliertem Maße zuzulassen, erreichte sie teilweise erhebliche Ausmaße. Die zentralistisch-administrative Planung wurde dadurch erschwert, weil hinter diesen sozialen Prozessen Subjekte mit bestimmten Motivations- und Handlungsstrukturen standen[65]. Das Auseinanderklaffen von Wohnbedürfnissen bzw. Wohnen als Wert und den tatsächlichen Bedingungen wurde beim Problem Migration besonders deutlich. Dort, wo die Wohnverhältnisse, Umweltbedingungen und Infrastruktur nicht den Vorstellungen der Bevölkerung entsprachen, war die Abwanderung besonders hoch.

Ein großes Problem stellte die Abwanderung der jüngeren Generation aus Landgemeinden und kleineren Städten dar. Sie wurde vom Zentralinstitut für Jugendforschung in Leipzig in den letzten Jahren mehrfach thematisiert. Aus drei Untersuchungen ergab sich, daß das „Wohlfühlen am Wohnort wiederum ... stark von der Zufriedenheit mit den Wohnbedingungen, den Lebensbedingungen im Wohngebiet – bei jungen Leuten

61 Vgl. ebd., S. 118. Zur neueren Diskussion vgl. auch Lebensweise in Berlin (Anm. 50), S. 35.
62 Vgl. Kahl/Wilsdorf/Wolf, *Kollektivbeziehungen* (Anm. 35), S. 129.
63 Ebd., S. 131.
64 Vgl. ausführlicher dazu Winkler (Hrsg.), *Sozialreport '90* (Anm. 6), S. 41ff. Eine frühere Studie ist von Katharina Belwe, Migration in der DDR, in: *Deutschland Archiv*, 20. Jg. 1987, H. 5, S. 515-530.
65 Vgl. Niederländer, *Arbeiten und Wohnen* (Anm. 39), S. 100.

spielen hier die Freizeitmöglichkeiten eine hervorragende Rolle – und, in territorial unterschiedlichem Maß, der Zufriedenheit mit den Umweltbedingungen ab(hängt). Von den jungen Leuten, die sich am jetzigen Wohnort nicht wohlfühlen, äußern immerhin zwei Drittel die Absicht, den Wohnort zu verlassen."[66] Bei der Befragung Jugendlicher in zwei Gebieten, deren Daten von den Autoren allerdings als „nicht DDR-repräsentativ" bezeichnet wurden, lautete die Rangfolge der Motive für einen Wegzug: Umweltbedingungen, Wohnbedingungen, Naherholungsmöglichkeiten zur Freizeitgestaltung und wenig interessante Arbeitstätigkeit; 67 Prozent gaben immerhin ausschließlich das Wohnmotiv an[67]. Die in manchen Regionen, gerade im Raum Leipzig, vorhandene hohe Umweltbelastung durch Luft- und Wasserverschmutzung wurde – zumindest in den publizierten Ergebnissen – nicht thematisiert; sie enthält nur allgemeine Hinweise auf „Umweltbedingungen", obwohl gerade Umweltbelastungen zu einer wachsenden Unzufriedenheit führten.

Obwohl sich der Umfang der Migration in den siebziger Jahren bis heute, verglichen mit den fünfziger und sechziger Jahren, insgesamt verringert hat, sind doch charakteristische Wanderungsbewegungen zu verzeichnen. Ungebrochen blieb die große Anziehungskraft von Berlin (Ost) auf alle Regionen der DDR. Von 1980 bis 1984 mußte Berlin allein vier Zehntel des gesamten Migrationszustroms in Großstädte aufnehmen; etwa 20 Prozent kamen aus einer anderen Großstadt, 70 Prozent aus ländlichen Regionen. Die höchsten Zuzugsraten hatten die Bezirke Lichtenberg, Weißensee und Marzahn, höchste Wegzugsraten Prenzlauer Berg und Friedrichshain[68]. Groß war auch die Anziehungskraft der Bezirksstädte; am deutlichsten wird dies in den drei Nord-Bezirken Rostock, Schwerin, Neubrandenburg sowie in den Bezirken Magdeburg, Leipzig, Gera und Suhl[69]. Klein- und Mittelstädte verzeichneten dagegen Abwanderungsbewegungen. Besonders hoch war der Anteil Jugendlicher, die aus ihrem Heimatort wegzogen. Nach Ergebnissen stadtsoziologischer

66 Günter Roski/Peter Förster, Erfordernisse und Möglichkeiten einer bewußten Beeinflussung der Migrations- und Verbleibeabsichten junger Leute, in: *Jugendsoziologische Forschungen zum 4. Soziologenkongreß 1985*, Zentralinstitut für Jugendforschung Leipzig (Manuskriptdruck), S. 104.
67 Dies., Zur Herangehensweise bei der Analyse komplexer Persönlichkeitsmerkmale, dargestellt am Beispiel der Migrationsmotivation, in: *Informationen zur soziologischen Forschung in der DDR*, 22. Jg. 1986, H. 4, S. 46ff.
68 Vgl. Lebensweise in Berlin (Anm. 50), S. 38f. Die hohe Zuzugsrate stellt Berlin (Ost) vor erhebliche infrastrukturelle Probleme. So lagen z.B. die Wegezeiten deutlich über denen anderer Regionen in der DDR. 37 % der Männer und 36 % der Frauen gaben einer neueren Untersuchung zufolge an, daß ihre Wegezeiten pro Arbeitstag mehr als 2 Stunden betrügen im Vergleich zu 16 % der Männer und 15 % der Frauen aus anderen ausgewählten Regionen der DDR. Vgl. *Zwischen Alex und Marzahn* (Anm. 39), S. 145. Vgl. auch das Schaubild in: Winkler (Hrsg.), *Sozialreport '90* (Anm. 6), S. 43.
69 Vgl. Belwe, Migration in der DDR (Anm. 64), S. 517.

Forschungen in Leipzig beispielsweise hatten immerhin 20 Prozent der Jugendlichen die „mehr oder weniger stark ausgeprägte Absicht, irgendwann einmal von Leipzig wegzuziehen"[70]. Zielgebiete waren andere Großstädte der DDR (40 Prozent), Mittel- und Kleinstädte (40 Prozent) und Landgemeinden (20 Prozent). Von den Großstädten wurden als mögliche Wohnorte bevorzugt genannt: Berlin (Ost), Rostock, Dresden und Suhl.

Besonders auffällig war die anhaltende Abwanderung vom Lande. Trotz des Rückgangs der Gesamtbevölkerung der DDR in den Jahren 1971 bis 1980 um 314 000 Einwohner (– 1,8 Prozent), hat in demselben Zeitraum die Stadtbevölkerung um 164 000 Einwohner (+ 1,3 Prozent) zu- und die Landbevölkerung um 478 000 Einwohner (– 11 Prozent) abgenommen. Von 1980 bis 1983 verringerte sich die Landbevölkerung um weitere 58 400 Einwohner, während die Stadtbevölkerung um 20 400 Einwohner zunahm[71]. Am höchsten waren die Migrationsabsichten in den ländlichen Regionen im Süden und Westen, im Norden der DDR dagegen geringer[72]. Diese Landflucht, die beschönigend als „Land-Stadt-Wanderung" bezeichnet wurde, wertete die DDR-Fachliteratur „ungeschminkt als 'Ausdruck unzulänglicher Arbeits- und Lebensbedingungen'auf dem Lande"[73]. Zwar war die Attraktivität der ländlichen Regionen an der Peripherie der Großstädte gestiegen, besonders unter jungen Leuten sowie unter Intellektuellen und Künstlern, dennoch war der Trend vom Land in die Stadt nicht aufzuhalten, er wurde durch unzureichende Lebens- und Arbeitsbedingungen noch beschleunigt.

Obwohl die offizielle Ideologie davon ausging, daß sich Stadt und Land einander angenähert hätten, belegen die soziologischen Studien die deutliche Präferenz für städtische Regionen mit besseren Lebens- und Arbeitsbedingungen. So ging man zu Beginn der achtziger Jahre daran, das Dorf und das Leben auf dem Lande ideologisch aufzuwerten. War die „Gestaltung schöner sozialistischer Dörfer" bereits auf dem X. Parteitag der SED 1981 als gesellschaftliche Zielstellung propagiert und vom XII. Bauernkongreß der DDR 1982 nochmals bekräftigt worden, so wurden jetzt auch in der gesellschaftswissenschaftlichen Literatur soziale und politische Probleme des Lebens auf dem Lande stärker beachtet. Der Wunsch nach besserer Erschließung von Produktivitätsreserven in der Landwirtschaft und die destabilisierende Wirkung der Landflucht bestärkten die Aufwertung der Dörfer und der landwirtschaftlichen Produktion. Die „stabile Entwicklung" aller Dörfer wurde als „objektiv notwendig und historisch möglich" bezeichnet, um „Triebkräfte" freizuset-

70 Voß, Das Verhältnis Jugendlicher zur Großstadt (Anm. 48), S. 49.
71 Vgl. Belwe, Migration in der DDR (Anm. 64), S. 519.
72 Vgl. *Wie lebt man auf dem Dorf* (Anm. 39), S. 123.
73 Belwe, Migration in der DDR (Anm. 64), S. 520.

zen[74]. Sie war aber besonders durch die Abwanderung von Jugendlichen gefährdet[75].

Das Problem, Jugendliche zum Verbleib in ihrer Heimatgemeinde zu bewegen bzw. jugendliche Berufs-, Fach- und Hochschulabgänger für einen Zuzug und Verbleib in einer ländlichen Region zu gewinnen, erschien fast unlösbar. Zwar behaupteten Studien einen „hohen Grad an subjektiver Wohnortbindung" – je nach Region wollten 70 bis 90 Prozent der Bewohner in ihrem Dorf wohnen bleiben[76]. Infolge langjähriger Abwanderungen hatten viele Dörfer und kleinen Städte aber insbesondere jugendliche Arbeitskräfte in „erheblichem Ausmaß" verloren[77].

Die Entscheidung, das Dorf zu verlassen, war nicht nur auf die Unzufriedenheit mit den Arbeitsbedingungen zurückzuführen, sondern auch auf die schlechteren Verdienstmöglichkeiten und vor allem die ungenügenden Lebensbedingungen, besonders die Wohnungssituation, die Freizeit- und Kultureinrichtungen sowie die Dienstleistungen[78]. Vornehmlich höher qualifizierte Jugendliche zeigten sich unzufrieden mit den Lebensbedingungen auf dem Lande[79]. Auch die Angleichungen durch das staatlich geregelte Bildungs- und Gesundheitswesen, die Sozialversicherung, Arbeitseinkommen und Altersversorgung vermochten die Abwanderung nicht zu bremsen. Der Abbau noch bestehender Unterschiede wurde zudem in die Zukunft verschoben; eine „gewisse Ungleichheit der Lebensbedingungen" zwischen Stadt und Land müsse bestehenbleiben[80]. Die Jugendlichen sahen zwar die Verbesserungen, verglichen mit der Lebenssituation ihrer Eltern, empfanden aber zugleich das „Gefälle" zur städtischen Lebensweise.

74 *Wie lebt man auf dem Dorf* (Anm. 39), S. 5f.
75 Die Probleme des Landlebens wurden auch auf einer Reihe aktueller Fachtagungen diskutiert. Vgl. Peter Voigt, III. Internationales wissenschaftliches Symposium (IWS) zur Leitung und Planung sozialer Prozesse im Territorium, in: *Informationen zur soziologischen Forschung in der DDR*, hrsg. v. d. Akademie für Gesellschaftswissenschaften beim ZK der SED, 22. Jg. 1986, H. 2, S. 57-67; Sonja Müller/Elke Schneider, Jugend und Seßhaftigkeit im Dorf. Tagungsbericht, in: ebd., S. 67-78. Über die tatsächlichen Lebensbedingungen und Einstellungen der Bevölkerung auf dem Lande gibt der Protokollband von Gabriele Eckart Aufschluß. Vgl. Gabriele Eckart, *So sehe ick die Sache. Protokolle aus der DDR*, Köln: Kiepenheuer und Witsch 1984.
76 *Wie lebt man auf dem Dorf* (Anm. 39), S. 47.
77 Müller/Schneider, Jugend und Seßhaftigkeit (Anm. 75), S. 70; vgl. auch Belwe, Migration in der DDR (Anm. 64), S. 526.
78 Vgl. Heinz Süße, Landjugend, in: Walter Friedrich/Werner Gerth (Hrsg.), *Jugend konkret*, Berlin (DDR): Verlag Neues Leben 1984, S. 82.
79 Vgl. ebd., S. 85.
80 *Stadt und Land in der DDR. Entwicklung. Bilanz. Perspektiven*, hrsg. v. einem Autorenkollektiv unter der Ltg. v. Kurt Groschoff für die Akademie für Gesellschaftswissenschaften beim ZK der SED, Berlin (DDR): Dietz-Verlag 1984, S. 205.

Besonders problematisch blieben die Arbeits- und Lebensbedingungen von Frauen auf dem Lande. Hier bestanden nicht nur Vorbehalte gegen den Einsatz von Frauen in bestimmten Bereichen landwirtschaftlicher Produktion, auch die traditionelle Arbeitsteilung im Haushalt existierte trotz der außerhäuslichen Arbeit zu Lasten der Frauen fort. Frauen verrichteten den größeren Teil der einfachen Arbeiten mit geringer Qualifikation; vielfach gehörten körperlich schwere Arbeiten und Schichtarbeit zum Arbeitsalltag. Oft waren die Kinderbetreuungs- und Dienstleistungseinrichtungen unzureichend[81]. Hauptproblem war jedoch die Wohnung; verfallene oder überalterte Wohnsubstanz, Probleme der Warmwasserzubereitung, Trinkwasserversorgung und schadlose Abwasserbeseitigung belasteten die Wohnqualität. Auch in den Bereichen Verkehr, Handel und Dienstleistungen konnte der Rückstand zur Stadt nicht aufgeholt werden. Besonders junge Leute empfanden diese Bedingungen als unzulänglich und unzumutbar[82]. Zudem erschwerte die rigide Berufslenkung es, den ins Dorf neu zugezogenen Jugendlichen, sich einzugewöhnen; betroffen waren insbesondere die 20 – 30 Prozent des landwirtschaftlichen Berufsnachwuchses, die aus der Stadt aufs Land kamen; ein Drittel von ihnen trug sich mit Wegzugsabsichten[83].

„Materielle Anreize" sollten die Jugendlichen zum Verbleiben bewegen und eine „Dorfverbundenheit" festigen. Aber auch politisch-ideologische Mechanismen wurden eingesetzt, um die Stabilisierung der Dörfer zu befördern, etwa die Aufwertung alter Dorfeinheiten zu „politisch-sozialen Gemeinschaften"[84]. Jugendforscher schlugen vor, Jugendliche zur Eigeninitiative zu ermuntern und ihnen mehr Eigenständigkeit zuzugestehen; dies geschah jedoch nur programmatisch. So blieb die erwünschte „große gesellschaftliche Aktivität" aus, die durch das Einbeziehen von Jugendlichen z.B. in die „Territorialplanung" erreicht werden sollte[85]. Eine nachhaltige Veränderungen der „Kommunikationsprozesse" wurde nicht geleistet[86].

Angestrebt wurde auch, die Erziehung und Motivierung der Jugendlichen zu verbessern. Bereits in der Ausbildung sollte darauf hingearbeitet werden, junge Leute für eine Berufstätigkeit auf dem Lande zu gewinnen, auch wenn sie dort nicht mit guten bzw. ihren Erwartungen entsprechen-

---

81 Müller/Schneider, Jugend und Seßhaftigkeit (Anm. 75), S. 73. Zu den Problemen der Frauen in der Landwirtschaft nehmen ausführlich Stellung: Klaus Fleischer/Ingrid Müller/Otto Müller/Gerhard Winkler, Die Entwicklung der Frau in der sozialistischen Landwirtschaft, in: Herta Kuhrig/Wulfram Speigner (Hrsg.), *Zur gesellschaftlichen Stellung der Frau in der DDR*, Leipzig: Verlag für die Frau 1978, S. 145-182.
82 Vgl. *Stadt und Land in der DDR* (Anm. 80), S. 205f.
83 Vgl. Müller/Schneider, Jugend und Seßhaftigkeit (Anm. 75), S. 69.
84 Ausführlicher dazu: *Wie lebt man auf dem Dorf* (Anm. 39), S. 49f.
85 Süße, Landjugend (Anm. 78), S. 82f.
86 Müller/Schneider, Jugend und Seßhaftigkeit (Anm. 75), S. 71.

den Lebensbedingungen rechnen könnten. Schließlich, so wurde behauptet, gehöre zur Ausbildung an den Hoch- und Fachschulen nicht nur die Vermittlung von Fachwissen, sondern auch „die Anerziehung von Haltungen"[87]. Vor allem wollte man die Intelligenz für das Landleben interessieren und erläuterte ihr die „gesellschaftliche Notwendigkeit" ihrer Tätigkeit, speziell auch einer späteren aktiven gesellschaftlichen Rolle in der Gemeinde. Zwischen der Integration der Jugendlichen im Dorf bzw. der Entwicklung der „Dorfverbundenheit" und ihrer gesellschaftspolitischen Aktivität wurde ein enger Zusammenhang behauptet[88]. Das organisatorische Netz der FDJ, die auf dem Lande besonders schwach vertreten war, sollte gestärkt werden. DDR-Quellen gaben zwar an, daß „die Mehrheit" der Jugendlichen in der Landwirtschaft in der FDJ organisiert sei und ihr Organisationsgrad „annähernd" dem der Arbeiterjugend in der Industrie entspräche; trotzdem blieb er niedriger und die Aktivitäten waren schwach[89]. Vor allem wurde darauf gesetzt, die FDJ im Freizeit- und Kulturbereich sowie durch die Unterstützung von Familien im Dorf attraktiver zu gestalten[90]. Wie Jugendforscher allerdings kritisch bemerkten, ließ sich mit statistischen Methoden zwar der Organisationsgrad erfassen, nicht aber die wirkliche Bewußtseinsentwicklung und die „politische Kultur" der Jugendlichen; diese Problematik wurde aber als entscheidend angesehen, da der „subjektive Faktor", wie die Jugendforschung betonte, immer wichtiger würde[91]. Hier wiesen Forschung wie Theorie jedoch erhebliche Defizite auf; daher wurde an alten Mobilisierungsformen festgehalten. Integrationsstiftend sollten primär die ideologische Erziehung, die Mobilisierung für die Systemziele und die ideelle Aufwertung traditionellen Brauchtums wirken. Die „Besonderheiten ländlichen Lebens" sollten gefördert und die „sozialistische Lebensweise" bewahrt werden, um eine bewußte Identifikation mit dem Dorf zu fördern[92]. Die Kluft zwischen der offiziellen politischen Kultur und der tatsächlich dominierenden Kultur konnte so aber nicht überbrückt werden.

Möglichkeiten für Bindungen und Identifikationen mit dem Wohngebiet wurden nicht nur für die Problemregionen – Dörfer, Kleinstädte und Neubauviertel – gesucht, sondern für das lokale Milieu allgemein; Heimat- und Lokalgeschichte, die Pflege von Brauchtum und die Wiederent-

---

87 Siegfried Grundmann/Jens-Peter Heuer, Zur territorialen Struktur der Intelligenz in der DDR, in: *Deutsche Zeitschrift für Philosophie*, 34. Jg. 1986, H. 8, S. 711.
88 Vgl. Müller/Schneider, Jugend und Seßhaftigkeit (Anm. 75), S. 76.
89 Süße, Landjugend (Anm. 78), S. 75.
90 Vgl. Heinz Sebastian, Landjugendforschung an der Wilhelm-Pieck-Universität Rostock, in: *Wissenschaftliche Zeitschrift der Wilhelm-Pieck-Universität Rostock, Gesell.wiss. Reihe*, 33. Jg. 1984, H. 1, S. 41. Nach DDR-Angaben gibt es insgesamt 13000 bis 15000 Dörfer in der DDR; vgl. *Wie lebt man auf dem Dorf* (Anm. 39), S. 8.
91 Sebastian, Landjugendforschung (Anm. 90), S. 41.
92 *Wie lebt man auf dem Dorf* (Anm. 39), S. 47.

deckung traditioneller Feiern und Feste sollten Wohnortbindung und „Heimatgefühl" stärken. Im Wohngebiet sollten Verhaltensweisen entwickelt werden, die den „Grundsätzen der sozialistischen Ideologie, Moral und Ethik" entsprächen; Gemeinschaftsbeziehungen im Wohnbereich sollten zur „Triebkraft ökonomischer und sozialer Effektivität" werden; Wohngebiete sollten eine „solche Qualität der materiellen Ausstattung und der sozialen Beziehungen" erhalten, daß sich „Heimatgefühl" und „Stolz" auf das Wohngebiet und die Stadt herausbildeten[93]. Durch diese Ziele sollte in erster Linie die Verbundenheit mit der DDR als Staat und „Heimat" bekräftigt und die kulturelle Identität verstärkt werden.

Die soziologischen Untersuchungen zeigten jedoch, daß die ermittelten Einstellungen und Verhaltensweisen nicht den offiziellen Zielvorstellungen entsprachen. Einwohner beteiligten sich nicht in dem Maße an den Mitwirkungsformen im Wohngebiet, wie gefordert, zogen sich vor allem in ihre Privatsphäre zurück und zeigten nur wenig „sozialistischen Gemeinschaftsgeist"; Entfremdung und Anonymität, Zerstörung der Umwelt und soziale Probleme ließen sich nicht abmildern. Aus der fehlenden Übereinstimmung mit den „sozialistischen Wohnleitbildern" wurde der Schluß gezogen, sozialistische Ideologie, Moral und Ethik noch stärker zu propagieren. Stadtplanung und Kommunalpolitik erhoben den Anspruch, auch auf persönliche Lebensbereiche in Familie und Freizeit nachhaltiger einzuwirken. Indes wurden sie häufig mit Entwicklungen konfrontiert, die sich nicht in ihre normativen Orientierungen einfügten. So zwang beispielsweise die zunehmende Anzahl eheähnlicher Lebensgemeinschaften und alleinerziehender Elternteile in Ost-Berlin zum Neuüberdenken der „Lebensweise". Die Lebensweise-Studie über Ost-Berlin bemerkt dazu lapidar: „Welche Tendenzen längerfristig für diesen Bereich der Lebensweisegestaltung und seine wohnungspolitischen Konsequenzen charakteristisch sein werden, bleibt abzuwarten. Einschätzungen dazu sind umstritten."[94]

Im Vordergrund der Politisierung im Wohnbereich stand jedoch die Absicht, Sozialbeziehungen im Wohnbereich zur „Triebkraft" ökonomischer und sozialer Effektivität zu entwickeln. Bewohner von Alt- und Neubauvierteln wurden zur Mitarbeit bei Modernisierungen und Instandhaltungen, Verschönerungen der Wohnungsumgebung und zu sozialen Aktivitäten im Wohngebiet herangezogen. Ökonomische „Eigenleistung" war vor allem in Bereichen gefragt, in denen die staatlichen Stellen den Erfordernissen nicht nachkommen konnten wie z.B. auf dem Lande. Hier wurde beispielsweise an junge Leute appelliert, sich Wohnraum in eigener

93 Kahl, Soziologische Forschungen zum Wohnen (Anm. 45), S. 80.
94 *Zwischen Alex und Marzahn* (Anm. 39), S. 122f. Der Studie zufolge waren 1971 nach den Ergebnissen der Bevölkerungszählung von 100 männlichen Personen über 18 Jahren 76,2 Prozent verheiratet; bis zum Jahr 1981 sank dieser Anteil auf 65,9 Prozent. Von 100 Frauen über 18 Jahren waren 1971 56,4 Prozent verheiratet, 1981 waren es noch 43,7 Prozent.

Regie zu beschaffen und instandzusetzen. Neben dem ökonomischen Gewinn sollte dies auch eine sozialintegrative Funktion erfüllen. Heimatgefühl und Wohnortbindung als Zielorientierung für die Wohnungspolitik verwiesen darauf, daß die Probleme sozialer Integration in Neubaugebieten und die Klagen über mangelnde Freizeit- und Kulturangebote bekannt waren; gefürchtet wurden die sozialen und politischen Konsequenzen möglicher Desintegrationserscheinungen. Bessere Wohnbedingungen im weiteren Sinn sollten die emotionale Bindung an das Wohngebiet fördern helfen, ohne die politischen Strukturen anzutasten.

Dieses „Wohnleitbild" lag im Trend mit anderen Bemühungen um eine tiefere Verwurzelung in der Heimat- und Lokalregion. Zwar wurde behauptet, daß das Gebiet der DDR kulturell und ethnisch relativ homogen sei und insofern keine besonderen, ausgeprägten „territorial eigentümlichen Bewußtseinstypen" existierten – eine Behauptung, die nur in relativem Sinn als zutreffend angesehen werden kann[95]. Unterhalb dieser Ebene einer uniform geprägten offiziellen politischen Kultur fand aber zugleich eine intensivere Beschäftigung mit der Geschichte und Kultur verschiedener Regionen statt; das Ungleichgewicht zwischen der „Hauptstadt" Berlin und anderen Regionen wurde jedoch nicht verändert. Oft wurde der Bezug auf die kulturelle Identität durch die Wiederherstellung einiger berühmter alter Repräsentationsbauten wie der Semper-Oper in Dresden oder dem Nikolaiviertel in Ost-Berlin für die offizielle politische Kultur funktionalisiert. Nachdem Studien ergeben hatten, daß die Bevölkerung restaurierte Altstädte und traditionelle Bauten als besonders positiv für das Stadtbild empfand[96], wurde verstärkt versucht, die alten, historischen Gebäude zu erhalten bzw. wiederherzustellen. Dies scheiterte jedoch oft an mangelnden Ressourcen. In ländlichen Gegenden wurden Tradition, Brauchtum und Alltagskultur „wiederentdeckt", um diesen von der Landflucht besonders stark betroffenen Regionen ein neues Selbstbewußtsein zu verleihen, das durch die zentralistische Politik eingeschliffen worden war[97]. Indem man z.B. alte Bräuche mit DDR-spezifischen, eingeführten Riten und Feiern verband, sollte ein Stück identitätsfördernder Sozialisation geleistet werden, das von anderen Sozialisationsagenturen wie Schule oder Familie nur unvollständig erbracht wurde. Kultur und Geschichte sollten die Kluft überbrücken, die die politisch-ideologische Erziehung nicht schließen konnte, um so die Identifikation mit dem politisch-sozialen System der DDR insgesamt abzusichern.

---

95 Ebd., S. 27. – Tatsächlich sind gerade regionale Unterschiede stark ausgeprägt.
96 Eine Befragung von Leipziger Jugendlichen, welche Bauwerke ihnen in Leipzig besonders gefielen, ergab eine deutliche Bevorzugung der älteren Gebäude (besonders Altes Rathaus, Oper) gegenüber neueren Bauten (z.B. Universitätshochhaus). Ausführlich dazu Voß, Das Verhältnis Jugendlicher zur Großstadt (Anm. 48), S. 50.
97 *Wie lebt man auf dem Dorf* (Anm. 39), S. 151. Feiern und traditionelle Feste sollten die „Dorfverbundenheit" fördern.

Zusammenfassend läßt sich festhalten, daß im Wohnbereich zwei unterschiedliche Tendenzen aufeinandertrafen: die von der offiziellen politischen Kultur geförderte Mobilisierung, Legitimationsbegründung und die in der „sozialistischen Lebensweise" zusammengefaßen Leitbilder einerseits, die für die dominante politische Kultur charakteristische Privatisierung, Distanzierung und Gleichgültigkeit gegenüber der Politisierung andererseits. Tatsächlich wird der Zusammenhang zwischen Alltag und Politik in der Frage von Wohnen und Wohnumfeld besonders deutlich. Mit den gestiegenen Lebensansprüchen und dem großen Zeitanteil, der im Wohngebiet verbracht wurde, erhöhte sich der Einfluß des Wohnalltags auf die Perzeption des Systems. Auf welche Weise sich die Wohnzufriedenheit und die Integration in die Wohnumgebung im politischen Bewußtsein und Verhalten darstellten, schien in hohem Maße von den Umfeldbedingungen abzuhängen. Offenbar gelang es dort besser, der Bevölkerung die politischen Zielvorstellungen zu vermitteln und ihre zumindest partielle, oft aber schon nach kurzer Zeit nachlassende Unterstützung zu erreichen, wo an unmittelbare Lebensbedürfnisse der Bevölkerung angeknüpft wurde. Umgekehrt zeigte sich, daß schlechte Wohnverhältnisse, unzureichende Infrastruktur und belastende Umweltbedingungen Kritik und Distanz zum System verstärkten. Dies bestätigte sich dann in der Ausreisewelle von DDR-Bürgern 1989/90.

In der systemfreundlichen Lebensweiseforschung wird dieser Zusammenhang jedoch nicht reflektiert; besonders unbefriedigend bleibt die Erörterung von Umweltbelastungen und deren Einfluß auf die „Wertschätzung" der Wohnumgebung. Darüber hinaus lassen sich keine Aussagen dazu finden, in welcher Weise diese Umweltbelastungen unabhängige Bürgerinitiativen und systemkritische Politisierung hervorriefen.

Die Unterschiede zwischen Großstädten und ländlichen Regionen wurden zudem geschönt und regionale Verschiedenheiten nur oberflächlich reflektiert. Gemessen am planerisch politisch-erzieherischen Anspruch der Partei wurde nur sehr wenig bewegt durch die für staatssozialistische Systeme charakteristische, gezielte und kontrollierte Politisierung des Alltags, in der das Wohngebiet eine Schlüsselrolle spielt. Diese in der Verschränkung einer Vielzahl politischer Organisationen zum Ausdruck kommende Politisierung konnte selbst in den traditionellen Stadtkernen, in den Kreis- und Bezirksstädten nur ansatzweise umgesetzt werden, während sie in den neugebauten Siedlungen oft erhebliche Defizite aufwies; wie sich außerdem zeigte, blieb das „politische Gefälle" zum Land besonders groß. Mit der nicht gelungenen „Lösung der Wohnungsfrage", die eines der dringendsten Probleme des Lebensalltags der Bevölkerung beheben sollte, erhoffte sich die DDR-Führung Loyalität durch höheren Wohn- und Lebensstandard; mit Hilfe von „Wohnleitbildern", moralisch-politischer Erziehung, Förderung lokaler Traditionen und örtlichen Brauchtums sollte eine „heimatverbundene" politische Kultur gefördert werden, die insgesamt die Bindung an die DDR fundieren sollte.

Angesichts der gerade im Wohnbereich zu beobachtenden und in der Literatur ausgewiesenen Privatisierungstendenzen und der Perpetuierung der Doppelkultur mußte diese Strategie ebenso scheitern wie die Annahme, daß sich eine einheitliche „sozialistische Lebensweise" im Bezug auf Wohnen und die politische und soziale Aktivität im Wohngebiet herausbilden würde. Die Mobilisierung der Bürger nach dem Motto „Mitwirkung ist Bürgerpflicht" erzeugte eine gegenteilige Wirkung; Überbürokratisierung, Zentralisierung, mangelnde Flexibilität vorhandener, schwerfälliger Strukturen und Verschleiß im Dickicht von staatlicher Organisation und Leitung ließen schließlich selbst diejenigen resignieren, die zunächst an Mitwirkung interessiert waren. Ideologischer Anspruch der „sozialistischen Demokratie" im Wohngebiet und Alltagserfahrung der Bürger prallten somit systembedingt aufeinander und verstärkten die in den offiziellen Sozialisationsagenturen erlebten Erfahrungen von Macht- und Einflußlosigkeit.

4.3. Die Differenz der Geschlechter

Die Behauptung, die „sozialistischen Gesellschaft" habe die traditionelle Diskriminierung von Frauen überwunden, gehörte zu den zentralen Legitimationsmustern des staatssozialistischen Systems, das die DDR – besonders gegen die Bundesrepublik und westliche Länder gewandt – als besondere Leistung hervorhob. Folgt man dieser in der offiziellen politischen Kultur verankerten Argumentation, so war die Gleichberechtigung in allen Lebensbereichen durchgesetzt, Bildungs- und Berufschancen verwirklicht und die Lebensweise angeglichen worden. Diese Argumentationsfigur wurde jedoch in dem Maße brüchig, in dem sich die Unterrepräsentanz von Frauen in leitenden Funktionen in Wirtschaft, Wissenschaft und Gesellschaft fortsetzte und deutlich wurde, daß diskriminierende Mechanismen nach wie vor vorhanden waren: auch zeigte sich, daß Alltag und Lebenswelt geschlechtsspezifisch geprägt blieben.

Kritisch gegen die Gleichberechtigungspolitik der letzten vierzig Jahre gewandt, gehen Frauenforscherinnen der DDR heute davon aus, daß der „patriarchalische Staatssozialismus" Frauen entmündigt und nicht zur Selbstbestimmung geführt hat. Die scharfe Kritik der Frauen wird verständlich, wenn die Realität des Frauenalltags kritisch analysiert wird. Wie erst jetzt auch öffentlich bekannt wurde, bestand in der DDR neben anderen Formen der Benachteiligung z.B. auch eine Lohndiskriminierung von Frauen. Sie wurden sowohl durch unterschiedliche Zuordnung als auch innerhalb einer Lohngruppe benachteiligt. Im Vergleich zu den Männern erhielten Frauen im Durchschnitt einen um zwölf Prozent geringeren Nettolohn[98].

98 Winkler (Hrsg.), *Sozialreport '90* (Anm. 6), S. 121ff. Vgl. auch ders., *Frauenreport*

Die unterschiedliche Lebenssituation von Frauen und Männern zeigte sich besonders deutlich an dem Auseinanderklaffen zwischen einer Angleichung des Bildungs- und Qualifikationsniveaus einerseits und der geringen Repräsentanz in politisch einflußreichen Entscheidungszentren andererseits. Obwohl der Anteil der Frauen an der Bevölkerung im Gebiet der DDR mit 52,7 Prozent über dem der Männer lag und die jüngere und mittlere Frauengeneration formal genauso gut ausgebildet war wie die der Männer, blieben Frauen in den Entscheidungszentren, in Politik, Staat und Wirtschaft, deutlich unterrepräsentiert. So gehörten dem höchsten SED-Führungsorgan, dem Politbüro, auch nach dem XI. Parteitag von 1986 keine Frauen an; lediglich unter den fünf Kandidaten dieses Gremiums befanden sich zwei Frauen, die, wie die übrigen Mitglieder des alten Politbüros, im Winter 1989 ihre Funktion verloren. Auch im DDR-Ministerrat waren Frauen kraß unterrepräsentiert; in den letzten Jahren bis Ende 1989 war mit Volksbildungsministerin Margot Honecker, die ebenfalls, als eine der ersten, ihr Amt verlor, nur eine Frau vertreten. Erst mit dem politischen Umbruch fanden unter dem Druck einer neuen Generation politisch aktiver Frauen Veränderungen statt. Der Frauenanteil in Leitungsfunktionen in der Wirtschaft bewegte sich im Durchschnitt bei einem Drittel, nahm aber mit der Höhe der Positionen signifikant ab; eine ähnliche Pyramide läßt sich auch im Wissenschaftsbereich nachweisen. Besonders seit Ende der siebziger Jahre wurde, zumindest in offiziellen Äußerungen und Stellungnahmen, zudem eine neue „Mütterideologie" gepflegt.

Die mangelhafte Repräsentanz von Frauen in höheren Positionen war – im Widerspruch zum Gleichberechtigungsanspruch – begleitet davon, daß sich Alltag und Lebenswelt von Frauen und Männern trotz Fördermaßnahmen und staatlicher Sozialpolitik teilweise erheblich voneinander unterschieden. In den letzten Jahren wurden – trotz dirigistischer Anleitung und Selbstbeschränkung der gesellschaftswissenschaftlichen Forschung – geschlechtsspezifische Probleme und im Alltag vorhandene Geschlechterunterschiede aufgegriffen[99]. Die geschlechtsspezifische Sozialisation reflektiert dabei in besonderem Maße gesellschaftliche und politische Problemlagen.

Fortsetzung der Fußnote

90 (Anm. 14), sowie Irene Dölling, Zwischen Hoffnung und Hilflosigkeit. Frauen nach der „Wende" in der DDR, Berlin, mschr. 1990; Hildegard Maria Nickel, Frauen in der DDR, in: *Aus Politik und Zeitgeschichte*, B 16-17/90, S. 39-45; Christiane Lemke, Frauenpolitische Optionen und Kontroversen im Vereinigungsprozeß, in: Christine Liebert/Wolfgang Merkel (Hrsg.), *Die Politik zur deutschen Einheit*, Leske und Budrich (im Druck).

99 Vgl. dazu kritisch z.B. Ina Merkel, Frauen in der DDR. Vorschläge für eine Kultur der Geschlechterverhältnisse, in: Hubertus Knabe (Hrsg.), *Aufbruch in eine andere DDR*, Reinbek Rowohlt 1989, S. 90-97; *Lila Offensive. Dokumente aus der Frauenbewegung*, Berlin 1990; Dölling, Zwischen Hoffnung und Hilflosigkeit (Anm. 98).

Angesichts der eher enttäuschenden Entwicklung in den ehemals staatssozialistischen Ländern und des Auseinanderklaffens von politischem Selbstanspruch und sozialer Wirklichkeit in Bezug auf die Gleichberechtigung, das nicht nur für die DDR, sondern auch für die Sowjetunion und andere Länder Ost- und Mitteleuropas kennzeichnend blieb, stellte die westliche Forschung schon vor dem Umbruch kritische Fragen an Ideologie und Alltag der Rollenverteilung zwischen den Geschlechtern. Neben klassischen elitetheoretischen und ideologiekritischen Untersuchungsansätzen wurden in der neueren Literatur vermehrt Probleme der politischen Kultur im weiteren Sinne thematisiert; diese erwiesen sich als besonders fruchtbar, um das Wirken diskriminierender Mechanismen zu problematisieren[100].

In dieser Literatur wurde argumentiert, daß dem Fortbestand ungleicher politischer Repräsentation in Politik und Wirtschaft und der geschlechtsspezifisch geprägten Lebenswelt ein komplexes Muster in der dominanten politischen Kultur zugrunde liegt, in dem Sozialisationsprozesse eine zentrale Rolle spielen[101]. Anders als in westlichen Ländern blieben die die dominante politische Kultur charakterisierenden Beziehungsmuster jedoch aus dem öffentlichen Diskurs ausgeklammert. Während sich in westlichen Ländern unter dem Druck der neuen Frauenbewegung eine zunehmende Sensibilisierung der Öffentlichkeit gegenüber der Frauendiskriminierung und der unterschiedlichen Repräsentanz von Frauen und Männern in den verschiedenen Lebensbereichen herausbil-

---

100 Für die DDR vgl. insbesondere Gerd Meyer, Frauen in den Machthierarchien der DDR, in: *Deutschland Archiv*, 19. Jg. 1986, H. 3, S. 294-311; ders., Frauen und Parteielite nach dem XI. Parteitag der SED, in: *Deutschland Archiv*, 19. Jg. 1986, H. 12, S. 1296-1321; Christiane Lemke, New Issues in the Politics of the German Democratic Republic: A Question of Political Culture?, in: *The Journal of Communist Studies*, 2. Jg. 1986, H. 4, S. 341-358. Für Osteuropa und die Sowjetunion vgl. z.B. Gail W. Lapidus, *Women in Soviet Society*, Berkeley/Los Angeles, London: University of California Press 1978; Margareta Mommsen, Die politische Rolle der Frau in Ost und West, in: *Aus Politik und Zeitgeschichte. Beilage zur Wochenzeitung Das Parlament*, B 6-7/86, 8.2.1986, S. 3-13; Sharon L. Wolchik/Alfred G. Meyer (Hrsg), *Women, State and Party in Eastern Europe*, Durham: Duke University Press 1985.

101 Wichtig ist hier die Argumentation von Carol Pateman; sie sieht in der Sozialisation ein zentrales Bindeglied zur Erklärung des Vorhandenseins autoritärer und hierarchischer Strukturen. Vgl. Patemann, The Civic Culture. A Philosophical Critique, in: Gabriel A. Almond/Sidney Verba (Hrsg.), *The Civic Culture Revisited*, Boston/Toronto: Little, Brown & Co. 1980, S. 77. Zur Diskussion über die Bedeutung der Frauenbewegung in Westeuropa vgl. z.B. Sylvia Bashevkin (Hrsg.), *Women and Politics in Western Europe*, London: Frank Cass 1985, bes. den Beitrag von Jane Jenson, Struggling for Identity: The Women's Movement and the State in Western Europe, ebd., S. 5-18; aus historischer Perspektive vgl. Renate Wiggershaus, *Geschichte der Frauen und Frauenbewegung in der Bundesrepublik und in der Deutschen Demokratischen Republik*, Wuppertal: Peter Hammer 1979.

dete – sie spiegelt sich zum Beispiel in der Diskussion in den politischen Parteien über Zielquoten und Quotenregelungen wider[102] –, läßt sich eine vergleichbare öffentliche Diskussion über Frauendiskriminierung trotz ähnlicher Problemlagen in der DDR erst nach dem politischen Umbruch feststellen. Die bis zum Ende der achtziger Jahre offiziell vertretene Position, nach der die Grundlagen der Gleichberechtigung gelegt seien und von Partei und Staat „schrittweise" immer „vollkommener" verwirklicht würden, ließ, zumindest im offiziellen politischen Diskurs, keinen Spielraum für eine problemorientierte, kritische Auseinandersetzung mit Diskriminierung und Geschlechterrollen. Die mangelhafte politische Repräsentanz von Frauen wurde beispielsweise auf tradierte „Überbauerscheinungen" zurückgeführt, die die Verwirklichung der formaljuristisch garantierten Gleichberechtigung erschwerten, ohne daß die Qualität der „sozialistischen Demokratie" selbst in Frage gestellt worden wäre.

Unterhalb dieser allgemeinen Argumentationsebene bildeten sich jedoch differenziertere Sichtweisen geschlechtsspezifischer Unterschiede in der Gesellschaft heraus, die sich in der gesellschaftswissenschaftlichen Forschung in den letzten Jahren wiederfinden. In diesen Forschungsarbeiten wurde zunächst gefragt, ob es nicht nach wie vor geschlechtsspezifisch geprägte Einstellungs- und Verhaltensmuster gäbe, die nicht mehr nur als „Überbleibsel" der alten, längst überwunden geglaubten Gesellschaft erklärt werden könnten. Der Umstand, daß diese geschlechtsspezifischen Muster selbst noch in der jungen Generation weit verbreitet waren, erhärtete die These, daß sie nicht einfach als „Restbestände" einer früheren Gesellschaftsform zu deuten waren. Problematisiert wurden daher zunehmend Mechanismen der Produktion geschlechtsspezifischer Einstellungs- und Verhaltensweisen. Besonders der DDR-Literatur lieferten die auftretenden Spannungen und Konflikte reichhaltigen Stoff für eine ästhetische Verarbeitung dieser Problemlage, die in der Frauenliteratur ihren Ausdruck fand. Mehr und mehr wurden die gesellschaftsspezifischen Probleme – besonders unter dem Eindruck der in westlichen Ländern, so in der Bundesrepublik, stattfindenden Diskussionen – auch in der Kulturtheorie, der Soziologie und schließlich selbst in der offiziellen Jugendforschung diskutiert.

Im folgenden sollen zunächst diejenigen Forschungsergebnisse kritisch diskutiert werden, die sich mit der Ausprägung von geschlechtsspezifi-

---

102 Für die Bundesrepublik ist die Veränderung der Einstellung zur Rolle, die Frauen in Öffentlichkeit und Politik spielen, als Reife der demokratischen politischen Kultur gewertet worden. Vgl. hierzu Conradt, Changing German Political Culture, in: Almond/Verba (Hrsg.) *The Civic Culture* (Anm. 101), S. 260. Conradts Aussagen geben die Veränderungen der politischen Kultur der Bundesrepublik in diesem Punkt zutreffender wieder als die eher klischeeverhafteten Ausführungen von Martin und Sylvia Greiffenhagen, *Ein schwieriges Vaterland*, Frankfurt a.M.: Fischer 1981, S. 263ff. Vgl. z. B. die Aussage „Frauen sind nämlich eindeutig schlechtere Demokraten", ebd., S. 263.

schen Unterschieden in der Sozialisation auseinandersetzen. Obwohl bisher vorliegende Untersuchungen keine erschöpfende Antwort auf das komplizierte Ursache-Wirkungs-Gefüge geschlechtsspezifischer Sozialisation zu geben vermögen, liefern sie doch wertvolle Hinweise auf die Konstitutionsbedingungen der von der offiziellen politischen Kultur abweichenden Lebensweise. Daran anschließend soll die unterschiedliche Repräsentanz in der Politik kritisch beleuchtet werden, die für die politische Kultur bis 1989 charakteristisch war; die zugrundeliegende Hypothese ist, daß sie auch Ergebnis der geschlechtsspezifischen Sozialisation ist. In Absetzung von der offiziellen politischen Kultur werden sodann Ausdrucks- und Reflektionsformen weiblicher Identität diskutiert, die eine Art von Gegenöffentlichkeit darstellten, darunter vor allem der in der Literatur artikulierte Feminismus in der DDR.

4.3.1. Geschlechtsspezifische Sozialisationsmuster

Einen Durchbruch in der kritischen Diskussion von Geschlechterrollen erzielte zunächst nicht die gesellschaftswissenschaftliche Forschung, sondern die protokollartige Literatur. In ihrem Vorwort zu den von Maxie Wander in der DDR gesammelten und 1978 veröffentlichten Frauen-Protokollen hebt Christa Wolf die neue Subjektivität heraus und bemerkt, daß „nun Konflikte ans Licht kommen, die jahrzehntelang im Dunkeln schmorten und Menschenleben vergifteten."[103] Wie aus dem Protokollband hervorgeht, existierten in der DDR-Gesellschaft Konflikte, die in der Öffentlichkeit bislang kaum diskutiert worden waren und die aus der unterschiedlichen sozialen Rolle von Männern und Frauen resultierten; in den folgenden Jahren wurden sie zunehmend Gegenstand kritischer Erörterungen. Die Protokolle förderten Rollenklischees und Verhaltensweisen im Alltag zutage, die in krassem Gegensatz zu dem bis dahin vertretenen Standpunkt einer Gleichheit der Geschlechter standen.

Problematisiert wurde das Geschlechterverhalten im Alltag dann auch in anderen Veröffentlichungen, so in den einschlägigen Zeitschriften. So nahm ein Artikel zum Rollenverständnis von Frau und Mann in der kulturwissenschaftlichen Wochenzeitung „Sonntag" vorhandene Rollenklischees („Männer, Kleider, Lippenstifte") kritisch unter die Lupe und erläutert die Ursachen folgendermaßen: „Rollenbilder können demnach nicht allein aus traditionellen Wertvorstellungen oder gar dem subjektiven Unvermögen von Mann und Frau erklärt werden, ... sondern haben ihre entscheidenden Ursachen in der Alltagspraxis beider Geschlechter."[104]

103 Christa Wolf, Vorwort, in: Maxie Wander, *Guten Morgen, Du Schöne. Frauen in der DDR*, Darmstadt/Neuwied: Luchterhand 1978, S. 7.
104 Uta Meier, Männer, Kleider, Lippenstifte, in: *Sonntag*, 37. Jg., 2.1.1983, S. 7. Zum Bild der Geschlechter in der Öffentlichkeit der DDR vgl. insbes. Daniela Scheel, *Zwischen Wertung und Wirkung*, Köln: Verlag Wissenschaft und Politik 1985;

Andere Veröffentlichungen stützten die Sichtweise, daß zwischen formal-juristischer und tatsächlicher Angleichung von Geschlechterrollen eine Diskrepanz bestand. Das neue Interesse an Rollenverhalten und Wertmustern galt daher primär dem Alltag der „sozialistischen" Gesellschaft. Alltags- und Kultursoziologen, Bildungs- und Jugendforscher wandten sich in den achtziger Jahren verstärkt Forschungen zu diesem Themenkomplex zu. Die Forderung der Vorsitzenden des wissenschaftlichen Rates „Die Frau in der sozialistischen Gesellschaft", Herta Kuhrig, statistisches Material und Ergebnisse soziologischer Forschungen wieder vermehrt nach dem Geschlecht aufzuschlüsseln, signalisierte den Nachholbedarf der Forschung, die der Frauenpolitik eine bessere Informationsgrundlage verschaffen sollte; angedeutet wurde darüber hinaus eine größere Bereitschaft, nicht nur positive Entwicklungen, sondern auch Defizite aufzunehmen[105]. Dies geschah jedoch in einem weitaus eingeschränkteren Maße als es selbst die parteikonforme, von Frauen durchgeführte Forschung anstrebte. Aufgrund der Anleitung der Forschung durch Partei und Staat verengten sich die Problemstellungen vielfach auf die Frage nach der Vereinbarkeit von Familie und Beruf und die Wirksamkeit sozialpolitischer Maßnahmen.

Seit geraumer Zeit war bekannt, daß Frauen und Männer an die geförderte Vereinbarkeit von Beruf und Familie mit unterschiedlichen Einstellungen herangingen, die sich in ihrer Lebensplanung widerspiegelte. So teilten Frauen und Männer beispielsweise die Auffassung, daß die Frau zeitweise beruflich zurückstecken sollte, wenn Kinder in der Familie sind; nur eine verschwindende Minderheit war der Auffassung, daß der Mann beruflich zurückstecken sollte.

Da sich herausgestellt hatte, daß selbst in der jüngeren Generation geschlechtsspezifische Verhaltensweisen weit verbreitet waren, rückten bald Sozialisationsprozesse der heranwachsenden Jugendlichen in den Mittelpunkt des Interesses. Selbst die eher konforme Jugendforschung sah sich gezwungen, die Geschlechterrollenproblematik aufzunehmen. Im Jahr 1986 legte das Zentralinstitut für Jugendforschung beispielsweise Ergebnisse einer von Barbara Bertram geleiteten Sekundäranalyse zu geschlechtstypischen Einstellungen und Verhaltensweisen im Jugendalter vor, die erstmals über einschlägige Untersuchungen berichtete, die in den Forschungsabteilungen des Instituts durchgeführt worden waren. Der Direktor des Instituts, Friedrich, wertete die Sekundäranalyse als „ersten Schritt in ein bisher in der DDR zu wenig beachtetes, vor allem nicht

Fortsetzung der Fußnote
   Irene Dölling, Continuity and Change in the Media Image of Women: A Look at Illustrates in the GDR, in: Margy Gerber et al., *Studies in GDR Culture and Society 8*, Lanham/London: University Press of America 1989, S. 131-144.
105 Vgl. Herta Kuhrig, Familie, berufstätige Frau und sozialistische Lebensweise, in: *Informationen des wissenschaftlichen Beirates „Die Frau in der sozialistischen Gesellschaft" bei der Akademie der Wissenschaften der DDR*, 1/1980, S. 36f.

Tabelle 13: Meinungen zur Vereinbarkeit von Berufstätigkeit und Mutter-
bzw. Vaterschaft, 1988 (in Prozent)

Volle Zustimmung zu:	Frauen (n=105)	Männer (n=120)
– Wenn Kinder da sind, sollte zeitweise die Frau beruflich zurückstecken.	25	26
– Zumindest wenn die Kinder klein sind, sollte die Frau berufliche Einschränkungen vornehmen.	37	43
– Wenn Kinder da sind, sollte zeitweise der Mann beruflich zurückstecken.	3	1
– Auch wenn eine Frau teilzeitbeschäftigt ist, kann sie sich beruflich voll entwickeln.	43	35

Quelle: Gunnar Winkler (Hrsg.): *Sozialreport '90. Daten und Fakten zur sozialen Lage in der DDR*, Berlin (DDR): Verlag Die Wirtschaft 1990, S. 274

genügend systematisch erforschtes Problemgebiet", das in Zukunft weiter
bearbeitet werden sollte[106]. Von einer dezidierten „Frauenforschung"
grenzte sich Friedrich allerdings ab; die Bearbeiter seien keine speziellen
„Frauenforscher"; die „Geschlechtstypik" sei für sie eine eher als wichtig
erkannte „Nebenstrecke" ihres Arbeitsgebiets.

Die Auswertung der Leipziger Untersuchungen brachte eine beachtliche Palette geschlechtsspezifischer Werte, Einstellungen und Verhaltensweisen ans Licht, die über berufliches und schulisches Leistungsverhalten,
intellektuelle Leistungsfähigkeit, wissenschaftlich-technisches Interesse,
Liebe, Ehe und Familie bis hin zur Freizeit und zum Rechtsbewußtsein
reichte. Die Auswertung dieser Forschungsergebnisse blieb jedoch – ebenso wie das skizzierte Programm – im traditionellen, staatssozialistischen
Rahmen. Es ging nicht primär um eine emanzipative, frauenspezifische
Perspektive, sondern darum, die sozialen Rollen der Frauen vielmehr im
Gesamtzusammenhang mit den Zielen und Normen der Partei- und
Staatsführung zu diskutieren. Daß Frauenprobleme diesen allgemeinen
Zielsetzungen untergeordnet wurden, macht die folgende Klassifizierung
von Geschlechterunterschieden deutlich. Bertram differenziert die sozia-
len Geschlechterunterschiede in „neutrale" Elemente, d.h. in solche, die
auf die Realisierung der sozialen Funktionen von Mann und Frau keinen
wesentlichen Einfluß hätten, in „negative" Elemente, d.h. solche, die diese
Funktionen entscheidend behinderten oder eine Geschlechtergruppe dis-

---

106 Walter Friedrich, Vorwort, in: *Informationen des Wissenschaftlichen Rates „Die Frau in der sozialistischen Gesellschaft"*, 4/1986, S. 3. Barbara Bertram (Hrsg.), *Typisch weiblich – typisch männlich?*, Berlin (DDR): Dietz-Verlag 1989. Die Jugendforschung verwendet den Ausdruck „geschlechtstypisch" anstelle des im Westen üblichen Begriffs „geschlechtsspezifisch".

kriminierten, hearbwürdigten bzw. die schrittweise Entwicklung der Geschlechter zur sozialen Gleichheit störten, sowie in „positive" Elemente, Unterschiede also, die die sozialen Funktionen etwa durch die Freisetzung von „ökonomischen Triebkräften" förderten[107].

Zwar hatte die offizielle Jugendforschung damit erstmals zugegeben, daß es Frauendiskriminierung in der Form von „unerwünschten sozialen Geschlechterunterschieden" (Bertram) in der DDR gab. Die Veränderung der Forschungsparadigmen erfolgte allerdings weniger um eines emanzipatorischen Anspruchs willen, sondern um vorhandene „Leistungspotentiale" für die Gesellschaftspolitik besser ausschöpfen zu können. Dies wurde vor allem in der angedeuteten Forschungsrichtung deutlich, die Lebensweise von Frauen nicht einfach männlichen Normen angleichen zu wollen, sondern „spezifisch weibliche" Einstellungen, Verhaltensweisen und Fähigkeiten als eigene Qualität zu begreifen. Dazu Bertram: „Daß die Entwicklung der Frau oft einseitig an der des Mannes gemessen wird, liegt an ihrem 'Aufbruch', am Nachholbedarf bezüglich Emanzipation und Entwicklung ... Bei all dem ist davon auszugehen, daß zum einen nicht alle die sozialen Funktionen von Mann und Frau behindernde Geschlechterunterschiede abgebaut werden können, solange keine soziale Gleichheit, also kein Kommunismus erreicht ist. Zum anderen sollten m.E. durchaus einige Geschlechterunterschiede in sozialen Verhaltensweisen erhalten bleiben."[108] Bessere Sozialisationsbedingungen und -konzepte in Bildung und Erziehung sollten dazu beitragen, Unterschiede dort, wo sie „Leistungssteigerungen" versprachen zu unterstützen und dort, wo sie solche behinderten, abzubauen.

Nur zögernd kam die offizielle Jugendforschung zu der Einsicht, daß sich auf verschiedenen Ebenen Unterschiede zwischen Frau und Mann feststellen ließen, so „geschlechtstypische Arbeitsteilungen in der Volkswirtschaft", eine „nicht völlig gleiche erzieherische Vorbereitung" auf technische Berufe und auf wissenschaftlich-technische Innovationsfähigkeit, teilweise unterschiedliche „Verantwortungsbereiche" innerhalb eines Berufs bzw. Betriebes, ein „differenziertes Verhältnis" von Arbeits- und Nichtarbeitszeit, einseitige Verteilung der familiärhäuslichen Arbeiten, eine „unterschiedliche" Abhängigkeit des Berufstätigseins von gesellschaftlichen Einrichtungen für Kinder und Dienstleistungen bzw. familiärer Arbeitsteilung, ein „verschiedenartiger" Einfluß alter Leitbilder und Traditionen auf die Lebensweise[109]. Damit wurde zum ersten Mal ein weiter Kreis von geschlechtsspezifisch unterschiedlich geprägten Lebens- und Berufswelten angedeutet; konkrete Daten oder Zahlen wurden jedoch nicht vorgelegt.

---

107 Barbara Bertram, Geschlechtstypik bei Lebenswerten und Arbeitsleistungen Jugendlicher, in: *Informationen* (Anm. 106), S. 5f.
108 Ebd., S. 14f.
109 Ebd., S. 6.

Genauer betrachtet, zeigten die Untersuchungen einen ganzen Kreis sozialisationsrelevanter, geschlechtsspezifischer Zusammenhänge auf. In der Jugendforschung wurde vor allem darauf abgehoben, daß die Familie eine wichtige Rolle spiele. So wurde behauptet, daß dadurch, daß „in vielen Familien noch immer überholte Geschlechternormen nachwirken und zu entsprechenden traditionellen Verhaltensweisen von Vater und Mutter in der Arbeitsteilung, in der Freizeitgestaltung" führten, „die Jungen und Mädchen zuerst unbewußt und später auch zunehmend bewußter in solche geschlechtstypischen Denk- und Verhaltensweisen" hineinwüchsen[110]. Die Eltern vermittelten Geschlechterrollenvorbilder und erzögen Jungen und Mädchen unterschiedlich. Das zeigten z.B. die Auswahl des Spielzeugs, die Bewertung schulischer Leistungen, das Heranziehen zur Hausarbeit und die Freizeitmöglichkeiten außer Haus. Bei der Berufswahl beeinflußten die Eltern ihre Kinder ebenfalls in der Tendenz nach Geschlechtsstereotypen. So zeigten die Jungen mehr Interesse an Technik und am Verdienst, während die Mädchen in erster Linie anderen Menschen helfen wollten.

Die Bildungssoziologin Hildegard Maria Nickel nahm das Vorhandensein geschlechtsspezifischer Sozialisationsmuster zum Anlaß, sich ausführlicher mit der Rolle und Funktion der Familie für die Sozialisation der Geschlechter zu befassen. Obwohl ihre Studie nicht explizit Probleme der politischen Sozialisation diskutiert, deckt sie in ihren Ausführungen einige Grundprobleme auf, die mittelbar die Herausbildung sozialer und politischer Werte und Verhaltensweisen von Mädchen und Jungen formen, so Muster sozialen Verhaltens, Wertstrukturen und Einstellungen zu Fortschritt und Technik. Ihre auf verschiedenen Untersuchungen der Akademie für Pädagogische Wissenschaften der DDR und anderer Forschungsinstitute basierenden Ausführungen stellten zugleich den Versuch dar, ein theoretisches Konzept für die Erklärung dieser Sozialisationsmuster zu liefern. Geschlechtersozialisation wird als „Ausbildung von geschlechtstypischen Identitäten und Handlungsprofilen" definiert, die „aufgrund von nach Geschlecht variierenden und differenzierten Handlungsanforderungen, die Lebensbedingungen und Erziehung formulieren"[111].

Nickel kommt zu dem Schluß, daß die innerfamiliale Arbeitsteilung unabhängig von der sozialen Stellung der Familie eine geschlechtstypische Struktur aufweist, die Frauen bzw. Mädchen stärker in diesen Lebensbereich involviert und den Geschlechtern relativ abgegrenzte Handlungsfelder zuschreibt: Frauen obliege zumeist das sozial-betreuerische,

110 Friedrich/Gerth (Hrsg.), *Jugend konkret* (Anm. 78), S. 219f.; vgl. auch Uta Schlegel/Otmar Kabat vel Job/Barbara Bertram/Arnold Pinther/Monika Reißig, *Junge Frauen heute*, 3. überarb. Aufl., Leipzig: Verlag für die Frau 1986.
111 Hildegard Maria Nickel, *Geschlechtersozialisation in der Familie und als Funktion gesellschaftlicher Arbeitsteilung*, Diss. B, Humboldt-Universität zu Berlin (DDR) 1985, S. 3 (im Original unterstrichen). Vgl. dies., Frauen in der DDR (Anm. 98).

routinehafte, zeitlich und räumlich gebundene Handeln in der Familie, Männern vornehmlich das sachlich-instrumentelle, zeitlich und räumlich weniger regelhafte. Dabei sei die innerfamiliale Arbeitsteilung, die nach Nickel letztendlich die gesellschaftliche Arbeitsteilung widerspiegelt, zugleich auch ihre praktische und ideologische Wiederherstellung, da über die Familie die arbeitsteiligen Strukturen einsozialisiert werden. Nickel spricht von einem „Wirkungskreislauf" von gesellschaftlicher Arbeitsteilung, Familie und Geschlechtersozialisation, die die Herausbildung weiblicher und männlicher sozialer Identitäten prägt. Dieser Wirkungskreislauf drücke sich konkret beispielsweise in der unterschiedlichen Repräsentanz in wissenschaftlich-technischen und technischen Berufen aus. Wie Nickel anhand verschiedener Untersuchungen aufzeigt, würden bereits in der Familie die Weichen für ein unterschiedliches Interesse und Herangehen an Technik gestellt.

In der Schule als dem zweiten großen Sozialisationsumfeld ließen sich ebenfalls geschlechtsspezifische Unterschiede feststellen. Eklatant unausgewogen sei dort zum Beispiel das Verhältnis von Mädchen und Jungen in technischen sowie praktisch-produktiven Arbeitsgemeinschaften nach Rahmenplan, die erheblich mehr Jungen als Mädchen besuchten; in den freiwilligen schulischen Arbeitsgemeinschaften, Zirkeln und Interessengemeinschaften setze sich diese Geschlechterstereotype nicht nur beiläufig, sondern als manifest reproduzierende Tendenz fort. Bei der Berufswahl lasse sich dann eine „Geschlechterpolarisation" (Nickel) beobachten, die in einer „deutlichen Segmentierung" der Berufe nach Geschlecht ihren Ausdruck finde. Mädchen bevorzugten Berufe im Dienstleistungssektor, im medizinischen, pädagogischen und kaufmännischen Bereich, kaum aber Berufe in der metallverarbeitenden Industrie, der Elektronik oder Elektrotechnik und auch kaum im Bauwesen. Besonders bedenklich sei es, daß nach bildungssoziologischen Untersuchungen fast die Hälfte der Jungen, aber nur fünf Prozent der Mädchen in jene volkswirtschaftlichen Bereiche strebten, die den „wissenschaftlich-technischen Fortschritt" trügen und bestimmten und dementsprechend politisch, ökonomisch und gesellschaftlich hoch bewertet würden, d.h. in die Schlüsselbereiche neuer Technologien. Dieser Befund wiege um so schwerer, als es an Erziehungskonzepten fehle, die die Geschlechtersozialisation bewußt reflektierten und über das formal gleiche schulische Angebot, das Jungen und Mädchen gemacht werde, hinausgingen. „Damit bleibt aber vieles dem Selbstlauf überlassen und die erzieherische Effizienz der Schule in dieser Frage weit unter ihren Möglichkeiten."[112] Damit widersprach die Geschlechtersozialisation aber nicht zuletzt den Zielen der politisch-ideologischen Erziehung, die besonderen Wert darauf legte, alle Heranwachsenden auf die ehrgeizigen Ziele der „wissenschaftlich-technischen Revolution" hin zu sozialisieren.

112 Ebd., (Thesen zur Dissertation B), S. 13.

Ähnlich problematisch stellten sich die Befunde aus dem Zentralinstitut für Jugendforschung dar. Berufswahl und -interessen folgten trotz gezielter Berufslenkung eindeutig geschlechtstypischen Mustern[113]. In der Bewertung der Berufstätigkeit ergaben sich in der Tendenz, den Beruf als wichtiges und notwendiges Lebenselement zu betrachten, zwischen jungen Frauen und Männern kaum Unterschiede. Zugleich zeigten die Untersuchungen, daß die Familie bei Frauen aller Qualifikationsebenen stets noch über dem Beruf rangierte, während dies bei Männern kaum der Fall war. „Offenbar gehen Frauen schon in früher Jugend davon aus, daß der Hauptanteil familiärer Verpflichtungen trotzt aller Gleichberechtigung (zumindest verantwortungsgemäß) nach wie vor vor allem ihnen zufällt."[114] Dies führte dazu, daß sich Frauen häufiger für einen Betriebs- oder gar Berufswechsel entschieden, wenn dies mit ihren Familienaufgaben besser zu vereinbaren war. Gutes Betriebsklima, kurze Wegezeiten und soziale Einrichtungen seien für Frauen im Beruf besonders wichtig.

Die Unterschiede in der familialen und beruflichen Sozialisation wurden durch Befunde über ein unterschiedliches Freizeitverhalten ergänzt; hier traten deutlich Geschlechterunterschiede auf. Sport – aktiv wie passiv –, Gaststättenbesuche, Beschäftigung mit Auto und Motorrad, Musik und Fotografieren konnten als „typisch männlich" angesehen werden. Bei den Mädchen und Frauen dominierten Lesen, Handarbeiten, Tanzen und das Zusammensein mit Freunden; dies führten die Jugendforscher darauf zurück, daß sie stärker an die Wohnung gebunden seien bzw. ihre Eltern ihnen weniger Entscheidungs- und Bewegungsfreiheit einräumten. Auch wandten Mädchen mehr Zeit für Hausarbeit auf und trafen sich öfter in ihrer Freizeit in der elterlichen Wohnung, in der Schule, im Jugendklub oder in Eisdielen o. ä., während die Jungen sich draußen, in der Nachbarschaft oder auf der Straße trafen[115]. Was das Lesen anging, so bevorzugten die Mädchen thematisch Literatur über Jugendfreundschaften, Liebe, Ehe, die Jungen technische Literatur. Beim Fernsehen entschieden sich mehr Mädchen für Unterhaltungs-, Schlager- und Revuesendungen und für spezielle Jugendfernsehsendungen, während die Jungen Sport, Kriminal- und Abenteuerfilmen den Vorrang gaben und sich häufiger als Mädchen für Filme aus Wissenschaft, Technik und Medizin interessierten[116]. In den Sozialbeziehungen und Wertigkeiten innerhalb von Freizeitgruppen zeigten sich Unterschiede zwischen Jungen und Mädchen in der Rolle, die dem modischen Aussehen beigemessen wurde, in der Wert-

---

113 Vgl. Schlegel u.a., *Junge Frauen heute* (Anm. 110); Bertram, Geschlechtstypik bei Lebenswerten (Anm. 107).

114 Bertram, Geschlechtstypik (Anm. 107), S. 8f. Zur Vereinbarkeit von Beruf und Familie vgl. auch Ulrike Enders, Kinder, Küche, Kombinat – Frauen in der DDR, in: *Aus Politik und Zeitgeschichte. Beilage zur Wochenzeitung Das Parlament*, B 6-7/86, 8.2.1986, S. 26-37.

115 Nickel, *Geschlechtersozialisation* (Anm. 111), S. 106.

116 Friedrich/Gerth (Hrsg.), *Jugend konkret* (Anm. 78), S. 220f.

schätzung von „Verantwortungsbewußtsein für das Kollektiv" und in der Anerkennung „gesellschaftlicher Aktivität" und der Schulleistungen[117]. Diese Werte zählten in den Freizeitbeziehungen von Mädchen stärker als in denen der Jungen; letztere schätzten die sportliche Aktivität ihrer Freunde höher ein. Besonders schwer wiegt auch der Befund, daß junge Frauen über deutlich weniger Freizeit als die Männer verfügten.

Aus den verfügbaren Informationen läßt sich entnehmen, daß die Geschlechterunterschiede nicht nur in der allgemeinen Sozialisation vorhanden waren, sondern auch in Bezug auf die Herausbildung von politischen Werten, Einstellungen und Verhaltensweisen. Untersuchungen behaupten, daß sich in den politischen Kenntnissen zunächst kaum ein Unterschied feststellen lasse; Mädchen und Jungen erlernten politisches Wissen gleichermaßen. Die Leipziger Jugendforscher betonten, daß bei der Rezeption „politisch-ideologischer Sachverhalte" keine geschlechtstypischen Unterschiede nachgewiesen werden könnten[118].

Komplizierter stellt sich die Frage nach den Werten und Normen. Frühere Studien des Leipziger Instituts zu „sozialistischen Wertorientierungen" differenzierten nicht nach Geschlecht[119]. In der bereits erwähnten Sekundäranalyse von Bertram werden jedoch einige Ergebnisse vorgestellt, die ein differenzierteres Bild zeichnen. Studien hätten ergeben, daß die weibliche Geschlechtergruppe beim Lernen und Arbeiten „sozialen Wertorientierungen" eine größere Bedeutung zumaß als es die männliche tat. „Das findet u. a. seinen Niederschlag in Lern-, Studien-, Berufswahl- und Arbeitsmotiven, Arbeitserwartungen persönlichen Befindlichkeiten oder Hilfsbereitschaft für andere. Soziale Kontakte werden von Frauen für wichtiger genommen als von Männern (zum Elternhaus, innerhalb der eigenen Familie, Verwandtschaft, Nachbarschaft, im Freundeskreis usw.)."[120] Auch in anderer Hinsicht traten in den Wertorientierungen Unterschiede zwischen den Geschlechtern auf. Bertram bemerkt dazu, es sei auffällig, daß in den „Lebensorientierungen der Frauen das Pflicht- und Tüchtigkeitsdenken ausgeprägter ist als bei den Männern. Wertorientierungen wie: stets seine Pflichten erfüllen, zu den Tüchtigen gehören, Vorbild sein, sich selbst erziehen, selbstkritisch sein, Anforderungen für Ordnung, Sauberkeit, Qualität, Zeit usw. einhalten, sind von früher Kindheit an ausgeprägter (fleißig sein, artig sein, schön schreiben usw.)."[121]

Bertram stellt diese Befunde in einen Zusammenhang mit dem politischen und dem Sozialbewußtsein: „Möglicherweise wird dadurch auch ein stärkeres Normendenken und -verhalten mit verursacht, welches sich

---

117 Nickel, *Geschlechtersozialisation* (Anm. 110), S. 107.
118 Friedrich/Gerth (Hrsg.), *Jugend konkret* (Anm. 78), S. 223.
119 Vgl. z.B. Walter Friedrich/Harry Müller (Hrsg.), *Zur Psychologie der 12- bis 22-jährigen. Resultate einer Intervallstudie*, Berlin (DDR): Deutscher Verlag der Wissenschaften 1980, S. 125f.
120 Bertram, Geschlechtstypik (Anm. 107), S. 10.
121 Ebd., S. 10f.

immer wieder zeigt (bis hin zu politischen Überzeugungen)."[122] Dies äußere sich im Lern- und Studienverhalten deutlicher als im Arbeitsverhalten. Betrachtet man diese Aussage im Zusammmenhang mit der politischen Betätigung von Mädchen im Untersuchungszeitraum, so vermag sie einen wichtigen Baustein für die Erklärung der Tatsache zu liefern, warum Mädchen, zumindest im Schulalltag, häufiger FDJ-Funktionen innehatten als Jungen. Pflichtbewußtsein und Normendenken ließen offenbar die Mädchen eher dazu bereit sein, diese als zusätzliche Verpflichtung empfundene Tätigkeit zu übernehmen. Im reiferen Alter und mit veränderten Lebensbedingungen durch Familie und Kinder verschob sich diese Situation zugunsten der männlichen Population; im Studium gaben häufiger junge Männer den Ton an, in FDJ-Gruppen und am Arbeitsplatz waren sie gleichfalls häufiger „gesellschaftlich aktiv" als die jungen Frauen.

Aufgrund ihrer stärkeren sozialen Wertorientierung schnitten die Frauen in bestimmten Bereichen der Arbeitsleistung im Betrieb besser ab als die Männer, so bei „Qualitätsarbeit", „Norm-/Zeiterfüllung", „Arbeitszeitausnutzung", „Pünktlichkeit, Ordnung, Sauberkeit, Sparsamkeit mit Material, Zeit und Geld"[123]. Allerdings strebten sie weniger nach herausragenden Aufgaben, überdurchschnittlichen Arbeitsleistungen, ständiger Weiterbildung und höheren Positionen im Beruf, was für ihre geringere Repräsentanz in Leitungsfunktionen mitverantwortlich ist. Junge Frauen waren seltener in Jugendbrigaden tätig und an Jugendobjekten beteiligt; noch größer blieb die Kluft zwischen dem geäußerten Interesse an der Mitarbeit an den verschiedenen Wettbewerbsformen, wie der „Messe der Meister von Morgen" oder der Neuererbewegung, und der tatsächlichen Teilnahme. Viele junge Frauen fühlten sich der technisch orientierten Mitarbeit nicht gewachsen; trotz im Durchschnitt schlechterer schulischer Leistungen hielten sich die Jungen dagegen für naturwissenschaftlich und technisch mehr geeignet[124]. Frauen waren auch seltener im Bereich von Wissenschaft und Technik aktiv; zudem wurden sie seltener für herausragende technische oder naturwissenschaftliche Leistungen ausgezeichnet.

Noch deutlicher wurden Technik-Diskrepanz und unterschiedliche Einstellungen zu Fortschritt und Technik bei Nickel herausgestellt. Nach bildungssoziologischen Untersuchungen zeigte das Wertebewußtsein „punktuelle" Differenzen, die darauf hindeuteten, daß die sozialen, geschlechtstypischen Funktionen in äußerst „subtiler Weise" über die Wertorientierungen ins Bewußtsein der Heranwachsenden gehoben und dort verankert wurden: „Jungen sind stärker als Mädchen auf 'gute Beziehungen' im Leben, auf solides Wissen und Können und den materiellen Wohl-

---

122 Ebd., S. 11.
123 Ebd., S. 13.
124 Vgl. Friedrich/Gerth (Hrsg.), *Jugend konkret* (Anm. 78), S. 228.

stand orientiert wie auch darauf, sich Zeit für ihre Hobbies zu organisieren. Mädchen kommt es demgegenüber vergleichsweise etwas stärker als Jungen auf die sozialen Beziehungen und das Klima in ihnen an, also auf Harmonie im Familienleben, im Freundeskreis und im Umgang mit anderen Menschen. Mit den bei Jungen und Mädchen sehr verschieden entwickelten Interessen und Kenntnissen auf den Gebieten von Naturwissenschaft und Technik scheint zusammenzuhängen, daß männliche Jugendliche einesteils eher in der Lage sind, abzusehen, welche Potentiale die wissenschaftlich-technische Revolution in der Zukunft für das unmittelbare Leben erschließen kann, andernteils auch etwas deutlicher als weibliche Jugendliche Gefährdungen der natürlichen Umwelt kalkulieren."[125]

Im Verlauf der achtziger Jahre publizierte Studien konnten also einen beachtlichen Kreis geschlechtsspezifischer Sozialisationsmechanismen in Familie, Schule und Beruf aufdecken. Aufgrund der Beschränkungen, denen die Forschung unterlag, läßt sich im Nachhinein kein vollständiges Bild von dem komplizierten Beziehungsgefüge im Alltag rekonstruieren.[126] Deutlich ist aber, daß sich im Prozeß der geschlechtsspezifisch geprägten Sozialisation ein unterschiedliches Verhalten, Sozial- und Wertebewußtsein herausbildete. Die bereits in der Familie vorgeformten Dispositionen fanden in der schulischen und außerschulischen Sozialisation ihre Fortsetzung. Entgegen der offiziell vertretenen Position blieb die im Alltag vorfindbare Kultur daher durch geschlechtsspezifisch unterschiedene Lebenswelten charakterisiert. Durch den fehlenden öffentlich-politischen Diskurs wurde die Kluft zwischen ideologischen Legitimationsmustern und dominanter Kultur noch vertieft; politische Korrekturen blieben aus.

4.3.2. Politische Repräsentation von Frauen

Fehlender Pluralismus und mangelnde politische Repräsentanz von Frauen zeigten die Diskrepanz zwischen dem Gleichberechtigungsanspruch und der tatsächlichen Diskriminierung von Frauen besonders augenfällig an. Das Auseinanderklaffen dieser beiden Ebenen spiegelt sich in den Einschätzungen wider, wie sie von der kritischen Frauenliteratur einerseits, von Partei und Staat andererseits vertreten wurden. So bezeichnete die Schriftstellerin Irmtraud Morgner die DDR offen als „Männerstaat",

---

125 Nickel, *Geschlechtersozialisation* (Anm. 111), S. 109f. Vgl. auch Töchter und Söhne. Gespräch mit Hildegard Maria Nickel, in: *Sonntag*, Nr. 37, 40. Jg. (1986), S. 8.

126 Teilweise widersprechen sich die Untersuchungsergebnisse, so beispielsweise bei der Einstellung zum Beruf. Manfred Baumann/Käte Nestler, Zukunftsvorstellungen von Kindern und Jugendlichen, in: *Psychologie für die Praxis 3*, Berlin (DDR): Deutscher Verlag der Wisssenschaften 1986, S. 133-240.

um auf die Vorherrschaft von Männern in Politik, Öffentlichkeit und Wirtschaft aufmerksam zu machen; im Gegensatz zur Erwartung der theoretischen Begründer des Sozialismus, die davon ausgegangen waren, daß die Befreiung des Proletariats auch zwangsläufig die Emanzipation der Frau nach sich ziehen würde, sei die DDR selbst nach mehr als drei Jahrzehnten nach Kriegsende keinesfalls das „gelobte Land" der Gleichberechtigung der Geschlechter[127].

Die bis November 1989 im ZK der SED für Frauenfragen zuständige Inge Lange behauptete dagegen, daß die Gleichberechtigung verwirklicht und die Situation positiv zu zeichnen sei. Die von der SED verfolgte Politik der Gleichberechtigung der Frau, die schon in der Frühphase der DDR als „große gesellschaftliche Aufgabe" gegolten habe, hätte zu tiefgreifenden „progressiven" Veränderungen im Leben der Frauen geführt; Frauen setzten sich „genau so tatkräftig wie die Männer" für den Sozialismus ein und seien „aktive Mitgestalter der sozialistischen Demokratie" geworden[128]. Reflexionen über mögliche Ursachen der ungleichen Repräsentanz von Frauen und Männern in der Politik, über Benachteiligungen von Frauen oder die männlich dominierte politische Kultur in Partei und Staat, wie sie Morgner anspricht, hatten in diesen Ausführungen keinen Platz und wurden schroff · zurückgewiesen. Während sich die SED für umfassende „Modernisierungen" einsetzte, blieb sie in Bezug auf die Frauendiskriminierung auffällig „unmodern" und sperrte sich gegen eine fällige Öffnung und Neuorientierung. Frauendiskriminierung in Alltag, Beruf und Politik war in den Machtzentren der SED kein Thema, vielmehr wurde von einem stetig voranschreitenden, linearen Prozeß der Gleichberechtigung der Geschlechter ausgegangen.

Während offizielle Publikationen – im Unterschied zur problemorientierten gesellschaftswissenschaftlichen Literatur – die erreichten „Erfolge" noch durchgängig positiv beurteilten, schätzten westliche Untersuchungen die DDR-Frauenpolitik skeptisch bis negativ ein[129]. Diese Untersu-

127 In Morgners Roman gibt die Trobadora im Kapitel „Ankunft der Trobadora im gelobten Land" bei den „Grenzorganen" der DDR als Grund für die Einreise „Ansiedlung im Paradies" an, worauf sie belehrt wird, daß die Deutsche Demokratische Republik „kein Paradies" sei, sondern ein „sozialistischer Staat". Irmtraud Morgner, *Leben und Abenteuer der Trobadora Beatriz nach Zeugnissen ihrer Spielfrau Laura*, Darmstadt/Neuwied: Luchterhand 1976, S. 138.

128 Inge Lange, Die Frauen – aktive Mitgestalter der sozialistischen DDR, in: *Einheit*, 41. Jg. 1986, H. 4/5, S. 329f.; vgl. auch dies., *Die Frauen – aktive Mitgestalterinnen des Sozialismus*, hrsg. v. Institut für Marxismus-Leninismus beim ZK der SED, Berlin (DDR): Dietz-Verlag 1987.

129 Vgl. die frühe Studie von Gabriele Gast, *Die politische Rolle der Frau in der DDR*, Düsseldorf: Schwann 1973; Lemke, New Issues in the Politics (Anm. 100), S. 350f.; Meyer, Frauen in Machthierarchien der DDR (Anm. 100); ders., Frauen in der Parteielite in der DDR; sowie im Vergleich Margarete Mommsen, Die politische Rolle der Frau in Ost und West, in: *Aus Politik und Zeitgeschichte. Beilage zur Wochenzeitung Das Parlament*, B 6-7/86, 8.2.1986, S.3-13; Sharon L.

chungen, die vor allem herrschafts- und ideologiekritische Kriterien an-
legten, verwiesen nicht nur auf eine Kluft zwischen ideologischem Anspruch und politisch-sozialer Realität; sie stellten auch die kritische Frage,
welches tatsächliche Gewicht die Gleichberechtigung für die SED besaß
und inwieweit spezifische Fraueninteressen überhaupt in der Politik berücksichtigt wurden. Eine pluralistische Interessenvertretung von Frauen
lehnte die Partei- und Staatsführung ebenso strikt ab wie eine selbständige Frauenbewegung. Erst mit dem politischen Umbruch 1989 griffen
Frauen in der DDR erstmals öffentlich durch den „Unabhängigen Frau-
enverband" in die Politik ein; die SED-Nachfolgeorganisation PDS kor-
rigierte erst nach ihrem Machtverlust ihre Position.

Frauen blieben auf den mittleren und höheren Ebenen der Leitungsfunktionen in Politik, Wirtschaft und Gesellschaft deutlich unterrepräsentiert. Hier zeigte sich, daß zusätzlich zu den Momenten der geschlechtsspezifischen Sozialisation mit ihren Folgen für politisches Wert- und Sozialbewußtsein besonders auch die „apparatinterne" (Gerd Meyer) politische Sozialisation von Männern und Frauen erhebliche Unterschiede
aufwies. Wie prekär die Situation selbst für die SED blieb, beweisen wie-
derholte Appelle, daß Frauen in der Partei und im Staat bei der Vergabe
von verantwortlichen Positionen stärker berücksichtigt werden sollten.
Bereits in den sechziger Jahren wurde ihre mangelnde Repräsentanz in
einem Kommuniqué des Politbüros der SED – „Die Frau, der Frieden
und der Sozialismus" (1961) – offen kritisiert, ohne allerdings den erwünschten Erfolg zu haben. 1977 hatte das ZK der SED in dem Beschluß
„Maßnahmen zur Auswahl, Qualifizierung und zum Einsatz von Frauen
für leitende Funktionen" die Leiter verpflichtet, mehr Frauen für Führungspositionen vorzusehen. Dennoch blieb das Resultat eher entmuti-
gend, besonders in den Führungsgremien der Partei selbst. Im Februar
1987 nannte selbst Honecker den Frauenanteil der Leitungsmitglieder von
SED-Grundorganisationen und in den Kreisleitungen „mehr als bescheiden" und forderte die Funktionäre auf, fähige weibliche SED-Mitglieder
„bewußter zu fördern"[130]. Hinter diesem Appell fiel selbst die offizielle
Frauenvereinigung, der DFD, noch zurück, deren Vorsitzende Ilse Thiele
auf dem XII. Bundeskongreß des Demokratischen Frauenbundes 1987 lediglich Erfolgsmeldungen aus Staat und Wirtschaft präsentierte und es

Fortsetzung der Fußnote

Wolchik, Ideology and Equality, in: *Comparative Political Studies*, 13. Jg. 1981,
H. 4, S. 445-476.

130 Der Frauenanteil bei den Leitungsmitgliedern von SED-Grundorganisationen
lag bei 31,8 Prozent, ging aber schon bei den Leitungsmitgliedern in den
Kreisen rapide zurück. So waren 1987 von den Sekretären der SED-Kreislei-
tungen nur noch 10,9 Prozent Frauen; bei den 1. Sekretären der SED-Kreislei-
tungen sank der Frauenanteil sogar auf 5,7 Prozent. Vgl. *BMB-Informationen*,
hrsg. v. Bundesminister für innerdeutsche Beziehungen, Nr. 5/1987, S. 10.

bei dem lapidaren Hinweis beließ, daß Frauen noch aufmerksamer gefördert und bei Führungspositionen stärker berücksichtigt werden sollten.

Insgesamt galt für die politische Repräsentanz von Frauen, was Gerd
Meyer in einem „Vier-Stufen-Modell" wachsender Unterrepräsentation offengelegt hat. Meyer untersuchte zunächst die Zeit seit Honeckers Machtübernahme von 1971 bis 1985 und überprüfte dann die aufgestellten Hypothesen anhand der Entwicklungen nach der Neubesetzung aller Leitungsfunktionen im Zuge der im Winter 1985/Frühjahr 1986 durchgeführten Parteiwahlen. Es stellte sich heraus, daß sich die Kontinuität der
Unterrepräsentation – trotz der Kritik aus der SED – nahezu ungebrochen
fortgesetzt und für das ZK der SED sogar noch verschäft hatte[131]. Auf
der untersten Stufe – d.h. in Bezug auf das Bildungs- und Beschäftigungssystem, die Mitgliedschaft in Massenorganisationen und die Übernahme
ehrenamtlicher Funktionen – waren Frauen und Männer zunächst gleich
stark vertreten, so daß eine „Chancengleichheit" bestand. Auf dieser untersten Ebene erwarben Frauen in der Regel „Basisqualifikationen", die
sie zunächst in gleichem Maße wie die Männer für den Aufstieg in politisch einflußreichere Leitungspositionen qualifizierten. Allerdings traten
hier bereits erste Unterschiede auf, die die ausgeprägte geschlechtsspezifische Verteilung nach Wirtschafts- und Tätigkeitsbereichen betrafen.
Frauen „eroberten" nur langsam traditionelle Männerberufe, und von
„herrschaftsrelevanten" Apparaten wie Armee, Polizei und Staatssicherheit blieben sie weitgehend ausgeschlossen. Der „nicht-produzierende Bereich" in Handel, Gesundheits- und Bildungswesen, in dem Frauen deutlich überrepräsentiert sind, wurde zudem in der Kaderrekrutierung geringer bewertet. So gab es keine Konvergenz oder gar Kongruenz zwischen beruflichem Aufstieg und der Berücksichtigung bei der Kaderrekrutierung. Es ist diese eigentümliche Kluft zwischen weitgehender beruflicher Gleichberechtigung und politischer Machtlosigkeit, die westliche
Beobachter kritisch herausgestellt haben und die dem Gleichberechtigungsanspruch deutlich widersprach.

Auf der zweiten Stufe, d.h. in mittleren Leitungsfunktionen und politisch höher qualifizierten Positionen, waren Frauen folgerichtig lediglich
durch „qualifizierte Mitwirkung" vertreten. Der Frauenanteil betrug hier
in den achtziger Jahren rund 25 bis 40 Prozent. Auf der Basis von zunächst
gleichen Chancen baute sich die „Pyramide wachsender Unterrepräsentation und politischer Einflußlosigkeit von Frauen auf"[132]. Zwar nahm
der Anteil weiblicher Mitglieder und Kandidaten in der SED zu; ihr Anteil, der 1954 einen Tiefstand mit 20 Prozent verzeichnete, betrug 1971

131 Dieser Tatbestand wurde von den Frauen im ZK nicht problematisiert und
auch andere politisch verantwortliche Frauen fügten sich der Hierarchie. Um
so schärfer fiel dann nach dem Umbruch die Kritik am „patriarchalischen
Staatssozialismus" aus. Vgl. insbes. Dölling, Zwischen Hoffnung und Hilflosigkeit (Anm. 98).
132 Meyer, Frauen in den Machthierarchien (Anm. 100), S. 297.

28,7 Prozent und wuchs kontinuierlich auf 35,5 Prozent im Jahr 1985 an; der Anteil der Frauen in Wahlfunktionen und in Leitungsfunktionen allgemein in der Partei entsprach damit ungefähr dem der Mitgliederschaft[133]. Ähnliche Entwicklungen lassen sich im FDGB und in der FDJ aufzeigen. Auch in den Volksvertretungen auf der kommunalen wie auf der Kreis- und Bezirksebene stieg der Anteil der Frauen, eine Entwicklung, die in DDR-Publikationen immer wieder als Indikator für die „aktive Mitgestaltung der sozialistischen Demokratie" (Lange) durch die Frauen hervorgehoben wurde[134]. Trotz der stetig wachsenden Anzahl von Frauen in Leitungsfunktionen blieben die tatsächlichen Einflußchancen jedoch nicht nur quantitativ, sondern auch qualitativ wegen des oft eingeschränkten Gewichts dieser Positionen im politischen Entscheidungsprozeß beschränkt. So bildete sich zwar ein weibliches „Kaderreservoir" heraus, das größer war als die Repräsentationsquoten zeigten. Dennoch gelangten die Frauen über eine „qualifizierte Mitwirkung" (Meyer) nicht hinaus.

Auf der dritten Stufe, in den höheren Leitungsfunktionen bildeten Frauen nur noch eine kleine Minderheit, die sich quantitativ zwischen fünf und 20 Prozent bewegte. Während Frauen ein Drittel der „Hochschulkader" und der „Leitungskader" in der Wirtschaft allgemein stellten, betrug ihr Anteil an den leitenden Funktionären in Industrie und Landwirtschaft zwischen 15 und 20 Prozent. Besonders kraß trat die fortdauernde Unterrepräsentanz jedoch im ZK der SED hervor. Tatsächlich fiel der Frauenteil leicht von 13,6 Prozent im Jahr 1958, dem höchsten Wert seit 1949, auf 11,7 Prozent im Jahr 1986[135]. Während sich die Anzahl der Kandidatinnen verdoppelte, sank diejenige der weiblichen Vollmitglieder von 19 auf 16. Wie Meyer konstatiert, fallen dabei einige objektive Momente der Diskriminierung auf. So wurde die Erweiterung des ZK um zehn neue Plätze nicht dazu benutzt, den Frauenanteil zu erhöhen; keine Frau stieg direkt, das heißt ohne vorherige Kandidatenzeit, zum Vollmitglied des ZK auf, wohl aber 13 Männer. Ein wesentlicher Wandel in den Qualifikationsstrukturen und Karrieremustern der Frauen war nicht festzustellen. Die Entwicklung in den siebziger und achtziger Jahren bestätigt

---

133 Anteil der weiblichen Mitglieder und Kandidaten an der Gesamtmitgliederschaft der SED 1946 bis 1985 (in Prozent)

1946	1950	1954	1961	1966	1971	1975	1981	1985
21,5	23,5	20,0	24,0	26,5	28,7	31,3	33,7	35,5

Quelle: Lemke, Frauen in leitende Funktionen, S. 973; Angabe für 1985 nach Meyer, Frauen in den Machthierarchien (Anm. 100), S. 298.

134 Vgl. dazu z.B. mit Vergleichsangaben aus mehreren osteuropäischen Ländern S. Kruschwitz/N. F. Izmerow (Hrsg.), *Arbeitshygiene der berufstätigen Frau*, Berlin (DDR): Volk und Gesundheit 1986, S. 26ff.

135 Vgl. Meyer, Frauen in der Parteielite (Anm. 100), S. 1298.

die bereits von Gabriele Gast getroffene Feststellung, daß es im ZK nur geringe Austauschraten gegeben habe; die von Ludz prognostizierte „Verfachlichung" ist für die weiblichen Mitglieder zumindest nicht eingetreten. Auffällig viele Frauen blieben mit ideologischer Arbeit befaßt.

Auch in anderen Bereichen blieben die Frauen in den achtziger Jahren eine kleine Minderheit. Keine Frau wurde 1. oder 2. Sekretär einer Bezirksleitung der SED; lediglich nach dem Tod des Bezirkssekretärs in Frankfurt/Oder wurde 1988 eine Frau seine Nachfolgerin. Von den hauptamtlichen Sekretären auf Bezirksebene waren sechs von 98 Sekretären Frauen[136]. Für die Positionen der Bezirksvorsitzenden der Nationalen Front und des FDGB sowie für die 1. Bezirkssekretäre der FDJ, auf zentraler Ebene für die Sekretariate von FDGB und FDJ bewegte sich der Frauenanteil bei fünf bis maximal 20 Prozent. Ein Fünftel der Mitglieder des Staatsrats war Frauen, unter den 45 Mitglieder des Ministerrats war nur eine Frau; keine hatte weder den Vorsitz noch eine Stellvertreterposition inne, selbst in dem hauptsächlich mit Repräsentationsfunktionen ausgestatteten Staatsrat nicht. Auf der höchsten Stufe, in den Spitzenpositionen, blieben die Frauen faktisch ohne Einfluß; sie waren entweder nur vereinzelt oder überhaupt nicht vertreten oder politisch einflußlos, wie beispielsweise im bereits erwähnten Politbüro der SED, bis zum Herbst 1989 das wichtigste Entscheidungsgremium der DDR[137]. Unter den Abteilungsleitern des ZK waren seit 1971 zwar drei Frauen, doch nahmen sie keine Schlüsselpositionen ein. Weder die Vorsitzenden noch ihre Stellvertreter in den anderen vier Blockparteien – CDU, DBD, LDPD, NDPD – waren in der zweiten Hälfte der achtziger Jahre weiblich[138], ebensowenig der Erste und Zweite Sekretär des Zentralrats der FDJ. Selbst die Position des Vorsitzenden der Pionierorganisation „Ernst Thälmann", die von 1974 bis 1985 Helga Labs innehatte, wurde wie zuvor wieder mit einem Mann besetzt. Wie frühere Studien bereits kritisch festgestellt hatten, wurde die Karriere von einer FDJ-Funktion zu einer höheren Position in der Partei zudem ausschließlich von Männern vollzogen[139]. Lediglich im FDGB hatte eine Frau eine Spitzenposition, Johanna Töpfer, von 1981 bis 1989 einzige Stellvertreterin des Bundesvorsitzenden Harry Tisch und damit nicht nur machtlose „Alibi"-Frau.

Das einflußreichste Spitzengremium des Staates, das Präsidium des Ministerrates, blieb bis zum Herbst 1989 ein reines Männergremium. Ge-

136 Vgl. ebd., S. 1297.
137 Vgl. ebd., S. 1299, sowie ausführlicher, Meyer, Frauen in den Machthierarchien (Anm. 100), S. 301f.
138 So wurde der prozentuale Anteil weiblicher Mitglieder in den politischen Parteien der DDR für 1984 wie folgt angegeben: SED 35 %, CDU 46 %, DBD 32 %, LDPD 32 % und NDPD 34 %. Vgl. Kruschwitz/Izmerow (Hrsg.), *Arbeitshygiene* (Anm. 134), S. 27.
139 Vgl. Christa Mahrad, Der Jugendverband FDJ und die gesellschaftliche Erziehung in der DDR, in: *Aus Politik und Zeitgeschichte. Beilage zur Wochenzeitung Das Parlament*, B27/86, 5.7.1986, S. 21.

genüber der Frühphase der DDR, in der eine erste „Welle" von Frauen, die aus der älteren Generation stammten und nach Lebensalter, politischem Erfahrungshintergrund und Bildungsweg eher der Gruppe der Altfunktionäre ähnelten und politische Spitzenfunktionen im Staat innehatten, gelang es in den folgenden Jahrzehnten trotz besserer Bildung und Qualifikation nicht, Frauen in vergleichbarem Maße in politische Macht- und Entscheidungszentren einzusetzen. Sofern sie in Spitzenpositionen vertreten waren, war dies am ehesten in den Bereichen Volksbildung, Kultur und in der ideologisch-propagandistischen und -publizistischen Arbeit der Fall. Zusammengefaßt ergibt sich damit ein ausgesprochen unbefriedigendes Bild der DDR-Frauenpolitik[140]. Trotz des wachsenden Anteils von Frauen bei politischen Basisaktivitäten und in mittleren Leitungspositionen blieben sie in den höheren Rängen der Machthierarchien, insbesondere in der Partei, unterrepräsentiert.

Die Stellung der Frauen in der Machthierarchie im staatssozialistischen System ist ein wichtiger Indikator für ihre untergeordnete Rolle in der offiziellen politischen Kultur. Gleichberechtigung wurde paternalistisch-patriarchalisch verordnet, so daß vorhandene Diskriminierungen oft verhüllt und nicht beseitigt wurden. Auch im Alltag ließen sich unterschiedliche Verhaltensweisen erkennen. Wie schon dargestellt, existieren nach wie vor geschlechtsspezifische Sozialisationsmuster, die zu unterschiedlichen Wert- und Lebensorientierungsmustern von Männern und Frauen führten. Insofern ist es berechtigt, von einem spezifischen weiblichen Lebenszusammenhang zu sprechen, der den Alltag von Frauen charakterisierte. In der Wertehierarchie standen Familie und Kinder weit oben, gefolgt von der Berufstätigkeit, während Politik und politische Aktivität einen niedrigen Platz einnahmen. Zeitbudget-Untersuchungen zeigten, daß Frauen insgesamt weniger Zeit für politische Aktivitäten aufwandten als Männer; im Wohngebiet konzentrierte sich die politische Aktivität von Frauen, wie bereits erwähnt, auf soziale Belange, die Jugendarbeit oder auf pädagogische Mitarbeit, seltener waren Frauen jedoch in leitenden, ehrenamtlichen Tätigkeiten der Wohnbereichsausschüsse (WBA) vertreten. Auf die beständigen Mobilisierungs- und Qualifizierungskampagnen im Betrieb reagierten Frauen oft mit einem Verhalten, das Irene Böhme die „Guerilla-Logik" genannt hat; statt an Diskussionen über Emanzipation und Gleichberechtigung teilzunehmen, benützten sie ihre „passiven Tugenden, arbeiten mit überkommenen Sklaveneigenschaften, mit Schlauheit und List"[141]. Organisations- und Verkehrsformen an der „Basis", z.B.

---

140 Vgl. auch Meyer, Frauen in den Machthierarchien (Anm. 100), S. 303. Obwohl die geringe Repräsentanz von Frauen in den politischen Machtzentren verschiedentlich thematisiert wurde, blieben Appelle zur „Erhöhung des Frauenanteils" relativ wirkungslos. Vgl. z. B. Fritz Müller, Förderung der Frauen – hoher Anspruch an unsere Kaderarbeit, in: Einheit, 43. Jg. 1988, H. 1, S. 59ff.

141 Irene Böhme, *Die da drüben. Sieben Kapitel DDR*, Berlin: Rotbuch-Verlag 1982, S. 95.

die Frauenbrigaden oder die Gewerkschaftsorganisation, würden vor allem dazu benutzt, sich die Arbeit möglichst so einzurichten, daß zu familiären Sorgen und Verpflichtungen „nicht noch die Repressalie des Leistungsdrucks hinzutritt"[142].

Besonders kritisch müssen daher die Aussagen einer Studie des Leipziger Jugendforschungsinstituts betrachtet werden, daß „die Teilnahme an der Leitung und Planung im Betrieb ... bei den Jugendlichen beiderlei Geschlechts bereits gleich gut entwickelt" sei und daß weibliche Jugendliche „zu Fragen der Arbeitsbedingungen, insbesondere der Arbeitszeitregelung, deutlich mehr als männliche diskutieren und ihre Meinung auch bei Leitungsentscheidungen stärker berücksichtigt sehen"[143]. Diese positiv gemeinte Aussage verdeckt das eigentliche Problem politischer Aktivität von Frauen. Aufgrund ihrer Mehrfachbelastung durch Familie, Kinder und Beruf lagen Frauen Fragen der Arbeitszeitregelung, Wegezeiten und Dienstleistungen besonders nahe; es sind andere Prioritäten und Verhaltensmuster erkennbar, die in den Studien nur andeutungsweise oder verschlüsselt angesprochen werden. Die Einstellung zu Leitungsfunktionen wurde oft dadurch bestimmt, daß Frauen selber nicht nach Funktionen in der Spitze der DDR-Hierarchie strebten, in denen „der Zwang des Apparates" drückender erschien, die Gefahr, sich in ihm zerreiben zu lassen zunahm und gleichzeitig auf Individualität und Familienleben zu verzichten erforderlich wurde[144].

Die Gründe für die „ungleiche Gleichheit" bzw. dafür, daß Männer und Frauen in den Macht- und Entscheidungszentren trotz formaler Gleichberechtigung und erreichtem gleichen Bildungsstand unterrepräsentiert blieben, sind komplex und müssen sowohl im politischen System als auch im Alltag der staatssozialistischen Gesellschaft gesucht werden[145]. Wie sowohl in der westlichen Forschung als auch von kritischen DDR-Autoren herausgearbeitet werden konnte, führte die im Lebensalltag der Frauen charakteristische Doppel- und Dreifachbelastung durch Beruf, Hausarbeit und Kindererziehung zu einer reflektierten Verteilung von Zeit, Energie und Motivation. Aufgrund einer eigentümlichen „asymmetrischen Gleichberechtigung", d.h. einer Politik, die auf die volle Berufstätigkeit der Frau Wert legte, die Männerrolle aber weitgehend unangetastet ließ und so dem traditionellen noch einen zusätzlichen Verantwortungsbereich hinzufügte, und auf die die DDR wegen des chronischen Arbeitskräftemangels besonders angewiesen war, bündelten sich gerade für Frauen die Probleme – trotz des ausgebauten Systems staatlicher Kinderbetreuung. Die amerikanische Kommunismusforscherin Gail Lapidus hat dies die „assimilationistische Strategie" politischer Eliten genannt, die

142 Ebd., S. 96.
143 Friedrich/Gerth (Hrsg.), *Jugend konkret* (Anm. 78), S. 229.
144 Vgl. Böhme, *Die da drüben* (Anm. 141), S.97.
145 Vgl. die Zusammenschau der Gründe der Unterrepräsentation bei Meyer, Frauen in der Parteielite (Anm. 100), S. 1300ff.

darauf abzielt, zur traditionellen häuslichen Frauenrolle eine weitere hin-
zuzufügen, anstatt Arbeit neu zu bewerten und wirklich umzuvertei-
len[146]. Dabei bleibt die Wertigkeit der gesellschaftlichen Tätigkeit unangetastet, d.h. die im Privatbereich geleistete Arbeit – die typischerweise
Frauenarbeit ist – wird geringer bewertet als die der Männer. Geschlechtsspezifische Sozialisationsmuster, die die asymmetrische Gleichberechtigung perpetuieren, produzieren daher nicht nur unterschiedliche Wert-,
Einstellungs- und Verhaltensmuster, sondern prägen auch das Selbst- und
Fremdbild von Frauen. Geschlechtsspezifische Präferenzen und Zuord-
nungen im Bildungs- und Berufsbereich, die Herausbildung eines „weiblichen Arbeitsvermögens", „weiblicher Motivations- und Leistungsstrukturen" waren in der neueren gesellschaftswissenschaftlichen Literatur, wie
gezeigt, gut belegt; sie führten dazu, daß Männer bereits früh für spätere
politische Funktionen „sozialisiert" wurden, während sich die Lebens-
und Berufsstrategien von Frauen primär auf die Familie richteten und
sie sich so von der Politik wegentwickelten. Diese Tendenz wurde nicht
nur durch die pro-natalistische Politik der vergangenen zwei Jahrzehnte
noch bestärkt, sondern auch durch die rigiden Macht- und Entscheidungs-
strukturen des Herrschaftssystems.

Die Sozialisationsmuster von Frauen trafen auf eine offizielle politische
Kultur, die deren dominante Lebenswelt häufig ignorierte und in der
Regel aus dem politischen Diskurs ausgrenzte. Die in staatssozialistischen
Systemen in Politik und Öffentlichkeit vorherrschenden Werte können als
männlich dominierte politische Kultur charakterisiert werden, die in einem breitem Spektrum von Einstellungen und Verhaltensweisen ihren
Ausdruck fand – in, wie Gerd Meyer ausführt, ausgeprägter Arbeits-,
Karriere- und Machtorientierung, in „bürokratischem Verhaltenssyn-
drom", einem hohen Maß an politischer und ideologischer, normenbe-
wußter und persönlicher Konformität, Bereitschaft zu Härte, in an Ge-
heim- und Männerbünde erinnernde Verhaltensweisen, in Hochschätzung
des Militärischen und militärischer Werte, Vorliebe für wortreiche, schön-
färberische und großsprecherische Propaganda, Orientierung an quanti-
fizierbaren Erfolgen, in ritualisierter öffentlicher Kommunikation und einer an Steigerung von Produktivität, Effektivität und meßbarer Leistung
orientierten Einstellung zu Technik, Wissenschaft und Natur[147]. Die Dominanz dieser Werte hätte von Frauen in der Politik – zusätzlich zur
häuslichen und beruflichen Belastung – eine „Anpassungsleistung" erfordert, die sie entweder nicht erbringen wollten oder die sie bereits im
Vorfeld „disqualifizierte".

Die Konzeption der Frauenpolitik trug ihren Teil zur Verschlechterung
der Chancengleichheit der Frauen bei und dies trotz des Ausbaus der

146 Vgl. Lapidus, *Women in Soviet Society* (Anm. 100), S. 250f.
147 Meyer, Frauen in der Parteielite (Anm. 100), S. 1309f. Meyer läßt allerdings
   historische Dimensionen der politischen Kultur, etwa der kommunistischen
   und Arbeiterbewegung, in diesem Zusammenhang unberücksichtigt.

Sozialpolitik in den siebziger und achtziger Jahren. In der Frauenpolitik der letzten Jahre läßt sich eine deutliche Verschiebung der Prioritäten auf die Bevölkerungs- und Sozialpolitik erkennen, die zu Lasten anderer Problembereiche ging und Gleichberechtigungsbestrebungen, etwa in der Frage des Aufstiegs in leitende Funktionen oder der Berufschancen, in den Hintergrund treten ließ. Trotz des politischen Bekenntnisses besaß so die Emanzipation im Vergleich zu anderen Zielen der Politik wie wirtschaftliche Modernisierung, wissenschaftlich-technischer Fortschritt und Bevölkerungsentwicklung eine geringere Priorität[148]. Diskriminierungen blieben ausgeklammert, die Kaderrekrutierung von Frauen wurde nur halbherzig betrieben und weiblichen Lebenszusammenhängen, -interessen und -fähigkeiten wurde geringere Aufmerksamkeit zuteil, als ihr angesichts der diskriminierenden Situation hätte zukommen müssen. Prozesse der politischen Förderung von Frauen beschränkten sich im wesentlichen auf die in den Kaderplänen quantifizierten Daten oder blieben dem Selbstlauf überlassen; die Frauendiskriminierung ist ein besonders krasses Beispiel dafür, daß die SED primär an der eigenen Machterhaltung interessiert war. Eine Änderung dieser Situation ließ sich solange nicht durchsetzen, wie die Situation der Frauen den herrschaftspolitischen Zielen des staatssozialistischen Systems und der Erhaltung des Machtapparates untergeordnet blieb. Dadurch, daß kein öffentlicher politischer Diskurs über die Lebenslagen und Lebensinteressen der Frauen stattfand, blieb eine Korrektur in der offiziellen politischen Kultur aus.

4.3.3. Kontrollierte Emanzipation, weibliche Identität und literarischer Feminismus

Während Frauen aus den Macht- und Entscheidungszentren in Partei und Staat weitgehend ausgeschlossen blieben, prägten sie gesellschaftliche Bereiche im Alltag und in der Familie. Trotz eines westlichen Ländern durchaus vergleichbaren „Problemdrucks" durch Doppelbelastung in Familie und Beruf, berufliche Beanspruchung und offene wie subtile Formen der Diskriminierung bildete sich jedoch keine eigenständige, politische Frauenbewegung heraus. Schilderungen aus den achtziger Jahren berichteten, daß das Thema Gleichberechtigung selbst unter Frauen kein Thema sei: „Nichts interessiert Frauen in der DDR so wenig wie Erörterungen über ihre Gleichberechtigung."[149] Mit diesem provokanten Satz leitet Irene Böhme z.B. das Kapitel ein, das den Alltag der Frauen in der DDR be-

---

148 „Despite the formal commitment of the elites, female equality has been given relatively low priority as a policy goal. Policy toward women, therefore, has been determined largely by its relationship to other, higher priority goals, such as modernization and, recently, the need to improve the demographic situation." Wolchik, Ideology and Equality (Anm. 129), S. 469.

149 Böhme, *Die da drüben* (Anm. 141), S. 82.

schreibt. Die Mehrheit der Frauen betrachte die Gleichberechtigung für gegeben und garantiert; im Alltag der DDR sei Gleichberechtigung als politischer Kampfbegriff verdrängt worden, da, wie Irene Böhme schreibt, die Gleichheit der Frauen „gesetzlich gesichert, staatlich verordnet, betrieblich gefördert, politisch und wirtschaftlich unterstützt, planmäßig entwickelt" sei[150].

Die umfassende, in paternalistisch-fürsorgestaatlicher Weise eingeleitete und strukturierte Emanzipation „von oben" durch Staat und Partei ließ die Bewegung an der Basis durch eine engagierte Frauenbewegung und eine Frauenöffentlichkeit überflüssig erscheinen. Mängel und Lücken in der Umsetzung des Gleichberechtigungsgedankens, Formen der Diskriminierung sowie die Tatsache, daß sich Frauen im politischen Diskurs und in der Politik zu Fragen, die sie betrafen, nicht äußerten, wurden nicht als Problem angesehen, obwohl sie den Mangel an Demokratie, Offenheit und Veränderungsfähigkeit des Systems besonders deutlich anzeigten.

Dem Mangel an politischem Diskurs stand ein weit gefächerter literarischer Diskurs von Frauen gegenüber. Bemerkenswert ist, daß sich seit Mitte der siebziger Jahre eine weibliche Gegenkultur zu entwickeln begann, in der sich eine DDR-spezifische Form des Feminismus artikulierte. Diese Gegenkultur drückte sich am lebendigsten in der Frauenliteratur aus, in der Geschlechterbeziehungen und Frauenrollen problematisiert wurden und die Suche nach einer weiblichen Identität deutlich an Profil gewann. Daß sich gerade diese Form einer weiblichen Identitätssuche, ein literarischer Feminismus entwickelte, kann als ein Resultat der politisch restringierten Öffentlichkeit interpretiert werden. Schreiben wurde nicht nur ein „Ventil" für kritische Frauen; vielmehr stellte Literatur eine besondere Form der Öffentlichkeit dar, die – obwohl sie der Zensur unterlag – auf gesellschaftliche Widersprüche und Konflikte reagierte.

Wie Wolfgang Emmerich feststellte, brach die Literatur zu Beginn der siebziger Jahre der Geschlechterproblematik ein Tabu und übernahm „die Rolle des Entdeckers und Erforschers"[151]. Während die Literatur der Auf-

---

150 Ebd.
151 Wolfgang Emmerich, *Kleine Literaturgeschichte der DDR*, Darmstadt/Neuwied: Luchterhand 1981, S. 200. Die Öffentlichkeitsfunktion der Literatur ist vor allem auch in der amerikanischen DDR-Forschung diskutiert worden. Ausführlich dazu David Bathrick, Kultur und Öffentlichkeit in der DDR, in: Peter Uwe Hohendahl/Patricia Herminghouse (Hrsg.), *Literatur der DDR in den siebziger Jahren*, Frankfurt a. M.: Suhrkamp 1983, S. 53-81; Christine Schoefer, *A Public Voice? Politics and Literature in the GDR*, PhD Diss., Dept. of Political Science, University of California, Berkeley 1985. Besonders in den USA ist die Frauenliteratur der DDR frühzeitig auf sehr großes Interesse gestoßen. Vgl. z. B. Patricia Herminghouse, Wunschbild, Vorbild oder Porträt? Zur Darstellung der Frau im Roman der DDR, in: Peter Uwe Hohendahl/Patricia Herminghouse (Hrsg.), *Literatur und Literaturtheorie in der DDR*, Frankfurt a.M.: Suhrkamp 1976, S. 302-312; Sara Lennox, 'Nu ja! Das nächste Leben geht aber heute

bauphase noch ein Leitbild der emanzipierten Frau gezeichnet hatte, das sich voll und ganz an den männlichen Normen orientierte, d. h. die Bewährung in der – hauptsächlich proletarischen – Produktionssphäre in den Mittelpunkt stellte und ansonsten dem quasi natürlichen Status der Frau verhaftet blieb, und auch in den fünfziger und sechziger Jahren Frauen – nunmehr auch als höher qualifizierte Arbeitskräfte – primär als Wesen erschienen, die sich in einer von Männern dominierten Welt auf männliche Weise durchbissen, setzte die Literatur der siebziger und achtziger Jahre an neuen gesellschaftlichen und literarischen Inhalten an, nämlich an dem, was Christa Wolf die „rückhaltlose Subjektivität" nannte, d. h. an der Befreiung der Frau jenseits von männlichen Vorbildern und Normen. Da eine Frauenbewegung fehlte, zentrierte sich die Bewältigung vorhandener Konfliktpotentiale und die Artikulation einer distinkten weiblichen Identität vornehmlich in der Literatur, die dann auch weiterführende Anstöße für die Kulturkritik und Kulturtheorie, die Alltags- und Bildungssoziologie und die Jugendforschung gab; auch Männerbilder und -selbstbilder gerieten in Bewegung, wie Protokollbände und Diskussionsserien in Zeitschriften belegen[152]. Auseinandersetzungen in literatur- und kulturwisssenschaftlichen Zeitschriften zeigen, daß diese Literatur als Diskussions-Katalysator einer neuen kritischen Öffentlichkeit fungierte. Obwohl Literaturproduktion und -publikation staatlicher Kontrolle unterlagen, gelang es, zumindest für den Kreis der Schriftstellerinnen, diese Öffentlichkeit herzustellen; Literatur blieb ein besonders sensibles Medium, das von einer vielschichtigen Leserschaft rezipiert wurde.

Im Mittelpunkt der Frauenliteratur stand die Subjektivität der Frauen; sie wurde ins Bewußtsein geholt und schärfer gefaßt. Diese neue Qualität des literarischen Feminismus charakterisiert Christa Wolf in ihrem Vorwort zu Maxie Wanders Protokollband so, daß die staatlich geschaffene gesetzliche und gesellschaftliche Gleichberechtigung nicht ausreiche; die Frage der Gleichberechtigung sei vielmehr vor allem eine Frage der Subjektwerdung der Frauen: „Ja: Ökonomisch und juristisch sind wir den Männern gleichgestellt, durch gleiche Ausbildungschancen und die Freiheit, über Schwangerschaft und Geburt selbst zu entscheiden, weitgehend unabhängig, nicht mehr durch Standes- und Klassenschranken von dem Mann unserer Wahl getrennt; und nun erfahren wir ..., bis zu welchem Grad die Geschichte der Klassengesellschaft, das Patriarchat, ihre Objekte

Fortsetzung der Fußnote

an' Prosa von Frauen und Frauenbefreiung in der DDR, in: ebd., S. 224-258; Christiane Zehl Romero, Vertreibung aus dem Paradies. Zur neuen Frauenliteratur in der DDR, in: Margy Gerber et al. (Hrsg.), *Studies in GDR Culture and Society 3*, Lanham: University Press of America 1983, S. 71-85.

152 Vgl. Christine Müller, *Männerprotokolle*, Berlin (DDR): Buchverlag der Morgen 1985; Christine Lamprecht, *Männerbekanntschaften. Freimütige Protokolle*, Halle/Leipzig: Mitteldeutscher Verlag 1986. Alter Adam – Neuer Adam. Männergestalten in der DDR-Literatur (Literaturforum), in: *Für Dich*, 28/1986, S. 10f., und 31/1986, S. 10f.

deformiert hat und welche Zeiträume das Subjektwerden des Menschen – von Mann und Frau – erfordern wird."[153] Dieses „Subjektwerden" der Frauen beschäftigte Christa Wolf und andere DDR-Schriftstellerinnen brennend. Es war für sie eines der großen Themen der Literatur. Die Schriftstellerin Irmtraud Morgner charakterisierte die Emanzipationsproblematik als ein „Epochenproblem", bei dem es nicht um „irgendeinen kleinen Nebenwiderspruch" oder eine „Mode" gehe[154].

In den siebziger und achtziger Jahren kam es trotz der zentralistischen und restringierten offiziellen Politik zu einer breiten Ausfächerung der Frauenliteratur, die auch im Ausland auf Interesse stieß. Grob vereinfacht, lassen sich zwei verschiedene, allerdings eng miteinander verwobene Stränge der Frauenliteratur feststellen.[155] Viele schreibende Frauen, vor allem die der jüngeren Schriftstellerinnen-Generation, setzten sich mit den widersprüchlichen Geschlechterbeziehungen und mit dem Problemdruck des Alltagslebens der Frauen auseinander. Vielfach machte sich ein „neuer Realismus" (Margy Gerber) breit, der nicht zuletzt in der neueren dokumentarischen und halbdokumentarischen Literatur, in Tagebüchern, Protokollbänden u.a. seinen Niederschlag fand. Unter dem Eindruck „Emanzipation ja, aber um welchen Preis" versuchten die Frauen, sich Rechenschaft über die eigenen Wünsche, Werte und Lebensziele abzulegen, wobei die subjektive Dimension oft eng mit Sozialkritik verknüpft wurde. Der Beruf ist nicht mehr das alles Bestimmende in dieser Literatur, vielmehr steht das „Private", die Persönlichkeit, im Zentrum. Die weibliche Heldin macht einem breitem Spektrum satirischer, pessimistischer, radikal feministischer oder anderen Frauenfiguren Platz, die – häufig bewußt ohne Männer lebend – ihre eigene Identität suchen[156].

Ein anderer Strang des literarischen Feminismus reflektierte über Vergangenheit, Gegenwart und Zukunft der Menschheit und befaßte sich mit philosophischen, ethischen und politischen Themen. Zwei große Themenfelder, die von Frauen in diesem Zusammenhang bearbeitet wurden, sind die Friedensproblematik und die durch den wissenschaftlich-technischen Fortschritt hervorgerufene Umweltzerstörung. Diese Themen problematisierten nicht zuletzt das politische und ideologische Selbstver-

153 Wolf, Vorwort zu Wander (Anm. 103), S. 14.

154 Eva Kaufmann, Interview mit Irmtraud Morgner, in: *Weimarer Beiträge*, 30. Jg. (1984), H. 9, S. 1502.

155 Diese Unterscheidung treffe ich in Anlehnung an Margy Gerber, 'Wie hoch ist eigentlich der Preis der Emanzipation?' Social Issues in Recent GDR Women's Writing, in: *GDR Monitor*, Nr. 16, Winter 1986/87, S. 55-83. Dort findet sich auch eine ausführlichere Diskussion des ersten, sozialkritischen Stranges der neueren Frauenliteratur mit Beispielen aus den Arbeiten von Brigitte Martin, Dorothea Kleine, Christa Müller, Monika Helmecke, Monika Seidelmann, Charlotte Worgitzky, Maja-Michaela Wiens, Irmtraud Morgner, Christine Wolter u.a.

156 Vgl. Karin Hirdina, Frauen in der Literatur der DDR, in: *Formen der Individualität*, Humboldt-Universität, Berlin 1982 (Manuskriptdruck), S. 87-94.

ständnis der DDR. So erschienen beispielsweise 1983, dem Jahr des Höhepunkts der Aktivitäten der inoffiziellen Friedensbewegung, gleich zwei bedeutende Werke über die Friedensthematik: Christa Wolfs „Kassandra" und Irmtraud Morgners „Amanda. Ein Hexenroman". Umweltzerstörung und schrankenlose Naturausbeutung, von Monika Maron in ihrem Roman „Flugasche" bereits aufgegriffen, wurden kritisch thematisiert, ebenso die Frage sozialer und philosophischer Probleme der Anwendung von Hochtechnologien. 1987, ein Jahr nach der Reaktor-Katastrophe von Tschernobyl, erschienen zwei Texte, die sich mit der Atomtechnologie befaßten, ein protokollartig aufgebauter Band von Christa Wolf, „Störfall. Nachrichten eines Tages", und der Roman „Respektloser Umgang" von Helga Königsdorf. „Subjektwerdung" und Gesellschaftsentwurf standen für die Schriftstellerinnen häufig in einem inneren Zusammenhang.

Der literarische Feminismus wirkte vor allem deshalb provokant, weil die Schriftstellerinnen und Künstlerinnen die offizielle politische Kultur und das politisch-ideologische Selbstverständnis in Zweifel zogen. So verglich Christa Wolf das Einbringen einer feministischen Perspektive für sich selbst mit dem großen Einfluß, den der Marxismus in früher Jugend auf sie gehabt hatte[157]. Diese ketzerische Aussage konnte nicht unwidersprochen bleiben, wie die sich über mehrere Hefte der Zeitschrift „Sinn und Form" hinziehende Debatte anschaulich belegt. Kritiker, darunter der inzwischen verstorbene Chefredakteur der Zeitschrift, Wilhelm Girnus, warfen Christa Wolf u. a. vor, sie verlasse den Boden der marxistischen Geschichtsauffassung, während andere ihre Perspektive für wichtig und nützlich hielten. Wie Christa Wolf selbst schreibt, hat die Bekanntschaft mit feministischem Gedankengut ihr „Seh-Raster" entschieden verändert. In ihrer Erzählung „Kassandra" und schärfer noch in den Frankfurter Poetik-Vorlesungen bemühte sie sich um eine „weibliche" Sicht der Geschichte. Im Mittelpunkt stand die Frage, die Christa Wolf bereits bei der Verleihung des Büchner-Preises 1980 angeschnitten hatte, nämlich inwiefern die Geschichte von Kämpfen und Kriegen nicht primär eine „männlich" geprägte ist. Sie stellte die Frage auf, ob nicht Frauen im Zeitalter atomarer Bedrohung eine besondere Aufgabe und Verantwortung in der Gestaltung einer friedlichen Zukunft hätten. Kassandra, die aus der griechischen Mythologie bekannte trojanische Prinzessin und Seherin, die den Sieg der Griechen über Troja und damit den Untergang ihrer Stadt voraussagte, steht für Christa Wolf an einer Nahtstelle von Kultur und Geschichte; ihre persönliche Katastrophe gehe einher, so Wolf,

---

157 Vgl. Christa Wolf, *Voraussetzungen einer Erzählung. Kassandra* (Frankfurter Poetik-Vorlesungen), Darmstadt/Neuwied: Luchterhand 1983, S. 131. – In der gegenwärtigen kritischen Auseinandersetzung mit der Rolle Christa Wolfs als Schriftstellerin im DDR-Staat, die sich an der erst nach dem Umbruch erfolgten Veröffentlichung ihres Manuskripts *Was bleibt*, Darmstadt/Neuwied: Luchterhand 1990, entzündete, ist dieser Strang der Wolfschen Arbeiten bislang nicht thematisiert worden.

mit einer Verschiebung der Moral im Mittelmeerraum, zuungunsten einer friedfertigeren, auf Handel bedachten Kultur und Lebensweise, zugunsten einer gewalttätigen Kultur[158]. „In Kassandra ist eine der ersten Frauengestalten überliefert, deren Schicksal vorformt, was dann, dreitausend Jahre lang, den Frauen geschehen soll: daß sie zum Objekt gemacht werden."[159]

Auch Irmtraud Morgner behauptete einen Zusammenhang zwischen Geschlechterbeziehungen, Frauendiskriminierung und zerstörerischen Entwicklungen. In ihrem halb phantastischen, halb realistischen Roman „Amanda. Ein Hexenroman" verknüpft sie die Auseinandersetzung mit der atomaren Bedrohung der Menschheit eng mit dem Problem der Umweltzerstörung. Irmtraud Morgner, die sich in der Öffentlichkeit wiederholt pointiert zu Frauenproblemen geäußert hatte, problematisiert das „alleinherrschende Eroberungsdenken in Gesellschaft, Wissenschaft und Technik", das die Erde an Abgründe geworfen und zur Anhäufung hochtechnologischer Waffenarsenale geführt hat und sie folgert: „Nur wenn die andere Hälfte der Menschheit, die Frauen, bestimmte, bisher nur für private Zwecke entwickelte Fähigkeiten und Tugenden in die große Politik einbringen, können atomare und ökologische Katastrophen abgewendet werden."[160]

In der Veränderung ihrer Sehraster und dem Versuch, alternative Interpretations- und Entwicklungsmuster zu entwerfen, zeigten sich vielfach auffallende Parallelen zu Positionen, wie sie die Feministinnen im Westen vertraten, obwohl sich keine der Schriftstellerinnen als Feministin bezeichnete; in der politischen Kultur der DDR war dieser Begriff tabuisiert; auch widersprach er der Verwurzelung dieser Autorinnen im sozialistischen Gedankengebäude.

Immer weniger ließ sich der literarische Feminismus jedoch in das traditionelle ideologische Raster Sozialismus vs. Kapitalismus pressen. Die parallelen Denkmuster wurden zum Beispiel auch beim Nachdenken über den wissenschaftlichen Fortschritt deutlich. Frauen begannen, die „Logik" dieses Fortschritts und herrschende Wertehierarchien kritisch zu hinterfragen; ihre Alternativen bleiben jedoch einer Utopie verhaftet.

Am Beispiel der Veröffentlichungen von Christa Wolf läßt sich eine interessante Entwicklung, ja Radikalisierung nachzeichnen. In der zuerst 1975 veröffentlichten Erzählung „Selbstversuch. Traktat zu einem Protokoll" setzt Christa Wolf einen Rollen- bzw. Geschlechtertausch als ästhetisches Mittel ein, um das Geheimnis der männlichen Überlegenheit in Wissenschaft und Forschung zu lüften. Die Protagonistin der Erzählung, die mit Hilfe neuester wissenschaftlicher Erkenntnisse eine Zeitlang in

---

158 Vgl. ebd., S. 104.
159 Ebd., S. 86. Der Einfluß westlichen Feminismus' ist in dieser Argumentation besonders deutlich.
160 Irmtraud Morgner, *Amanda. Ein Hexenroman*, Darmstadt/Neuwied: Luchterhand 1984, S. 306.

die Rolle eines männlichen Forschers schlüpft, erlebt diese als Alptraum; Christa Wolf versucht so, Mechanismen männlicher Dominanz, Rationalität, Kühle und Wisssenschaftsgläubigkeit auf satirische Weise in Frage zu stellen. In ihren Frankfurter Poetik-Vorlesungen zu „Kassandra" erweitert sie ihre Perspektive um die historische Dimension; ist es nicht vielleicht so, daß der männliche Rationalismus die menschliche Zivilisation an den Abgrund getrieben hat, an dem sie heute steht? Christa Wolf notiert dazu:„ Dies bringt wiederum die Frage auf, was, von heute aus und aus den Voraussetzungen dieser Zivilisation (überhaupt noch) 'Fortschritt' sein könnte, da doch der männliche Weg, alle Erfindungen und Verhältnisse und Gegensätze auf die Spitze zu treiben, bis sie ihren äußersten negativen Punkt erreicht haben: jenen Punkt, der dann alternativlos bleibt, beinahe an sein Ende gelangt ist."[161] Aus der weiblichen Perspektive verschiebt sich so die Alternative: Sozialismus oder Barbarei als Alternative einer menschlich-weiblichen Gesellschaftsform oder einer zerstörerischen Fortschrittsgesellschaft unter der Vorherrschaft des männlichen Rationalismus.

Die Suche nach einer „menschlicheren" Gesellschaft und die Technikkritik wurden sofort als „unbegründeter Wissenschaftspessimismus" gebranntmarkt; Christa Wolf wurde, ebenso wie ihre männlichen Kollegen Jurij Brezan und Ernst Schumacher, die den wissenschaftlich-technischen Fortschritt kritisch unter die Lupe nahmen, als „verängstigte Gemüter" zurechtgewiesen[162]. Daß diese harten Worte des DDR-Virologen Erhard Geissler, die interessanterweise ebenso wie die Gegenpositionen wiederum in der Zeitschrift in „Sinn und Form" publiziert wurden, nicht unwidersprochen blieben, bestätigt die These von der kritischen Gegenöffentlichkeit in Literatur und Kultur. Die Kontroverse ließ zudem bereits die Gräben zwischen verschiedenen Gruppen unter den Intellektuellen erkennen, die im Umbruch politisch manifest wurden.

Die Reaktorkatastrophe von Tschernobyl schien Christa Wolfs Sichtweise auf tragische Weise zu bestätigen. Die Schriftstellerin nahm die Ereignisse im April 1986 zum Anlaß, ihre feministische Technikkritik zuzuspitzen; gleich zu Beginn der Schilderung deutet sie die ganze Tragweite der Ereignisse an. Eine Errungenschaft des Fortschritts selbst, mehr noch, jenes „Ziel in einer sehr fernen Zukunft" – die Utopie der kommunistischen, wahrhaft humanen Gesellschaft, wie die Begründer des wissenschaftlichen Sozialismus sie entwarfen, so ist hier zu vermuten –, war „weggesprengt" worden[163].

In der protokollartigen Schilderung schieben sich zwei Ebenen inein-

161 Wolf, *Voraussetzungen einer Erzählung* (Anm. 157), S. 101.
162 Vgl. Erhard Geissler, Bruder Frankenstein oder Pflegefälle aus der Retorte, in: *Sinn und Form*, 36. Jg. (1984), H. 3, S. 1289-1319, sowie die nachfolgenden Stellungnahmen in H. 2/1985 und H. 3/1985 der Zeitschrift.
163 Christa Wolf, *Störfall. Nachrichten eines Tages*, Darmstadt/Neuwied: Luchterhand 1987, S. 9.

ander, die Reaktorkatastrophe und eine Gehirnoperation, der sich ihr Bruder zur gleichen Zeit unterziehen muß, so daß die Ambivalenz des wissenschaftlich-technischen Fortschritts deutlich sichtbar wird. Dienen Fortschritte der Technik einerseits dazu, der Medizin segensreiche Mittel in die Hand zu geben, Leben zu retten und zu erhalten, so verwandeln sie sich andererseits in unkontrollierbare Mächte, die die Lebensgrundlagen menschlicher Existenz zu zerstören drohen. Diese destruktiven Potenzen menschlicher Erfindungen, die „Lust an der Spaltung, an Zertrümmerung, an Feuer und Explosionen"[164], veranlassten Christa Wolf genauer über deren Ursache nachzudenken, wobei sie auch eine neurologisch-biologistische Begründung erwägt, indem sie fragt, wo „das Lustzentrum im Gehirn dieser Wissenschaftler" sitze. „Ganz, sagte ich, würde ich diesen Kitzel wohl niemals verstehen, der jene Handvoll höchstbegabter Physiker und Chemiker vor einem halben Jahrhundert, in einem anderen Zeitalter, dazu verführte, weiterzumachen."[165] Ihre eigene Distanz verband sie mit der Überlegung, ob nicht Frauen, die historisch, sozial und biologisch andere Funktionen erfüllen, auch andere Wert- und Verhaltensmuster zu entwickeln in der Lage sind: „Ich habe mir einfach überlegt, ob verschiedene Abschnitte unseres Gehirns vielleicht aufeinander einwirken, dergestalt, daß einer Frau, die monatelang ihren Säugling stillt, eine Hemmung einer bestimmten Hirnpartie verbieten würde, mit Wort und Tat diejenigen neuen Techniken zu unterstützen, die ihre Milch vergiften können."[166] Die Antwort auf diese Frage läßt Christa Wolf offen: „Um die Wahrheit zu sagen, ich weiß es nicht."[167] Die Beunruhigung aber, die von dieser Fragestellung ausgeht, ist nicht nur bei Christa Wolf zu spüren.

Helga Königsdorf, selbst ausgebildete Physikerin und seit Jahren als Mathematikerin tätig, thematisierte in ihrem Roman „Respektloser Umgang" (1986) ebenfalls die Frage des wissenschaftlich-technischen Fortschritts aus der Sicht von Frauen; ihr Roman mit autobiographischem Charakter bildet ein interessantes Vergleichsstück zu Christa Wolfs Veröffentlichung, da auch sie die Atomtechnologie in den Mittelpunkt ihrer Erzählung stellt. Im Dialog mit Lise Meitner, die als Miterfinderin der Kernspaltung für Helga Königsdorf dafür steht, daß auch Frauen an der Entwicklung der neuen Hochtechnologien mitgearbeitet haben und es auch heute tun, reflektiert sie den „richtigen" Umgang mit naturwissenschaftlichen Erkenntnissen und deren Umsetzung in Technologien; anders als bei Christa Wolf steht nicht so sehr die Polarität: männlicher, zerstörerischer Rationalismus – weibliche, bewahrende Qualitäten im Zentrum,

164 Ebd., S. 54.
165 Ebd., S. 54f. Zur Ambivalenz des Fortschritts s. auch Christa Wolfs Auseinandersetzung mit der Frauenheilkunde. Christa Wolf, Krankheit und Liebesentzug, in: *Neue deutsche Literatur*, 34. Jg. 1986, H. 10, S. 84-102.
166 Wolf, *Störfall* (Anm. 163), S. 27.
167 Ebd., S. 27.

sondern das Problem der „humanen" Verpflichtung von Naturwissen-
schaftlern und Technikern und deren mangelhafte Verwirklichung im Sozialismus.

Am Beispiel des Schicksals der Atomphysikerin Lise Meitner, die als
Frau und Jüdin im Deutschland der dreißiger Jahre doppelt diskriminiert
und schließlich um ihre wissenschaftliche Anerkennung gebracht wurde,
versucht Helga Königsdorf, deren durch Krankheit todgeweihten Ich-Er-
zählerin der Jetztzeit ebenfalls die Zukunft genommen ist, die komplizierte Rolle von Frauen in einer männlich dominierten Wissenschaftswelt
zu reflektieren. Sie problematisiert die innere Logik des Fortschritts, der
sich primär an der Ökonomie und nicht am Wohle der Menschheit orientiert: „Wieviel Schmerz muß noch die Menschheit treffen, daß sie die
Kräfte durchschaut, die den Fortschritt verderben, daß man ihn nicht
einmal mehr zu benennen wagt. ... Aber was nützen die schönsten Erkenntnisse? Die großen Entwürfe? Wenn immer Zugzwang dazwischen
kommt. Wenn Ökonomie alles dirigiert."[168] Es ist die moderne Prome-
theus-Situation, die Helga Königsdorf primär interessiert: „Wieder einmal
wird dem Menschen Feuer in die Hand gegeben ... Sein Geschenk kann
Wohltat oder Vernichtung bringen. Bisher hat der Mensch stets beides in
Szene gesetzt. Warum sollte es diesmal anders sein?"[169] Die Chance, die
bleibt – und hier scheint Helga Königsdorf optimistischer als Christa Wolf
zu sein – ist, reflektierter und langsamer vorzugehen, die scheinbar un-
bezwingbare Logik des wissenschaftlich-technischen Fortschritts aufzu-
brechen und wieder durch die Einsicht – „Botschaft" (Helga Königsdorf)
– zu ersetzen: „Der Sinn des Lebens ist das Leben."[170]

Kennzeichnend war für diese Frauenliteratur ihr hoher moralischer
Anspruch; politisch wollte und konnte sie aufgrund von Selbst- und
Fremdbeschränkungen nicht sein. Trotzdem wirkte Frauenliteratur oft als
Katalysator. Die Kulturtheoretikerin Irene Dölling setzte sich z.B. in einem
1980 erschienenen Artikel für eine „kulturtheoretische Analyse" von Geschlechterbeziehungen ein; anknüpfend an die von Maxie Wander gesammelten Frauenprotokolle, interpretierte sie die – teilweise sehr wider-
sprüchlich strukturierte Identitätssuche – der befragten Frauen als kulturelles Phänomen, das trotz der offiziell propagierten Gleichberechtigungspolitik bislang zu wenig erforscht sei[171]. Sie führte das Konzept der historisch bestimmten „Individualitätsformen" in die Erforschung der Geschlechterproblematik ein, das sich in der marxistischen Kultur- und Sozialwissenschaft mit Beginn der achtziger Jahre entwickelte[172]. Unter Ein-

168 Helga Königsdorf, *Respektloser Umgang*, Darmstadt/Neuwied: Luchterhand
    1987, S. 69f.
169 Ebd., S. 78.
170 Ebd., S. 116.
171 Irene Dölling, Zur kulturtheoretischen Analyse von Geschlechterbeziehun-
    gen, in: *Weimarer Beiträge*, 26. Jg. 1980, H. 1, S. 59-88.
172 Vgl. dazu vor allem den Band: *Formen der Individualität* (Anm. 156).

beziehung westlicher Ergebnisse der Frauenforschung analysierte Dölling in der Folgezeit die Herausbildung weiblicher Individualitätsformen vor allem unter dem Aspekt der Entwicklungswidersprüche, die Frauen als Subjekte aufgrund der Trennung von Privatheit und Öffentlichkeit und der unterschiedlichen Wertigkeit von „privater" Reproduktionsarbeit im Haushalt bzw. bei der Kindererziehung einerseits, gesellschaftlicher Berufsarbeit andererseits, erfahren. Sie argumentiert, daß diese Wertigkeiten bis in kulturelle Verkehrsformen, Sprache, Bilder und Symbole spürbar seien. Dölling zeigt, wie subtil diese Formen alltäglicher und kultureller Diskriminierung von Frauen in der DDR-Gesellschaft geblieben sind. „Die spezifisch weiblichen Vergesellschaftungsstrategien und die dabei wirkenden ideologischen Vermittlungen, die in tradierten, auch symbolischen Formen von familiären Lebensgewohnheiten verfestigt wurden, bleiben – als 'gang und gäbe Denkformen' – in der Regel unterhalb des Diskurses. Sie wirken wie beiläufig im praktischen Vollzug und Aneignungsprozeß und beziehen aus dieser Beiläufigkeit auch ihre scheinbar problemlose Selbstverständlichkeit."[173] Der literarische Feminismus bereitete damit den Weg für eine eigenständige Bearbeitung der Probleme von weiblicher Identität und Subjektivität; in der Kulturtheorie entstand zuerst eine eigenständige Frauenforschung.

4.3.4 Zusammenfassung

Im Verlauf der achtziger Jahre wurden vermehrt geschlechtsspezifische Sozialisationsmechanismen thematisiert. Neue Akzente wurden – im Vergleich zu früheren Veröffentlichungen – insofern gesetzt, als sie die Ursachen für geschlechtsspezifische Unterschiede in den Verhältnissen der DDR-Gesellschaft selbst suchten und sie nicht einfach als „Restgrößen" tradierten Verhaltens ansahen. Im Widerspruch zur offiziell vertretenen Position, daß die soziale Gleichheit der Geschlechter erreicht sei, wurden nicht nur Unterschiede in den Lebenswelten zwischen Männern und Frauen thematisiert, sondern auch Mechanismen der Frauendiskriminierung problematisiert. Lebensweise und Alltagskultur bildeten Schlüsselkategorien dieses Reflektierens der Geschlechterproblematik. Kritisch zu vermerken ist jedoch, daß offensichtliche Formen der Diskriminierung, beispielsweise bei der Entlohnung von Frauen, nie öffentlich thematisiert, ja sogar geleugnet wurden. Auch die Machtverhältnisse wurden nicht in Zweifel gezogen.

Es lassen sich – zusammenfassend – zwei Zugänge unterscheiden. Der eine ist ein systemkonformer, aber kritisch-komplementärer Ansatz, wie

---

173 Irene Dölling, *Individuum und Kultur*, Berlin (DDR): Dietz-Verlag 1986, S. 156f.; vgl. auch dies., Social and Cultural Changes in the Lives of GDR Women, in: Gerber et al. (Hrsg.), *Studies in GDR Culture and Society 6*, (Anm. 151), S. 81-92.

er vor allem anhand der Arbeiten aus dem Jugendforschungsinstitut aufgezeigt werden konnte (Bertram u. a.). Frauenspezifische Fragestellungen
bildeten nur einen Aspekt der Forschung („Nebenstrecke", nach Friedrich), der komplementär zu anderen in der Jugendforschung stärker berücksichtigt werden sollte. Priorität hatte die Gesellschaftspolitik, und die
frauenpolitischen Probleme wurden nur im Zusammenhang mit ihr diskutiert. Zwar wurden „diskriminierende" Geschlechterunterschiede in der
Sozialisation problematisiert; ihre Beseitigung wurde aber primär an die
in der SED-Gesellschaftspolitik angestrebte Ausschöpfung von „Lei-
stungspotentialen" geknüpft.

Der zweite Zugang erfolgte von einem frauenspezifisch-emanzipato-
rischen Ansatz (Nickel, Gysi, Dölling), der die Subjektivität von Frauen
und ihre Alltagsrealität selbst zum Ausgangspunkt von soziologischen,
bildungspolitischen und kulturtheoretischen Analysen nahm. Ebenfalls
beeinflußt von den gesellschaftspolitischen Zielen der SED gingen diese
Arbeiten jedoch über die traditionelle Herangehensweise hinaus; die Geschlechterproblematik wurde zu einem eigenen distinkten Forschungsge-
biet. Weibliche Lebenszusammenhänge standen im Mittelpunkt. Auf der
Basis der ausgewerteten Literatur ergibt sich, daß der Lebensalltag der
Frauen – trotz umfassender staatlicher Sozialpolitik – durch die Mehrfachbelastung von Beruf, Hausarbeit und Kindererziehung charakterisiert
blieb. Geschlechtsspezifisch geprägte Sozialisation bildete einen Schlüsselvorgang für unterschiedliches Norm- und Wertebewußtsein und Sozialverhalten, das zwar oft nicht bewußt und offen, wohl aber latent und
subtil gefördert wurde. Arbeiten aus der Jugendforschung von Bertram
und anderen zeigten geschlechtsspezifische Präferenzen im Bildungs- und
Berufsbereich, die Herausbildung eines spezifischen „weiblichen Arbeitsvermögens", weiblicher Motivations- und Leistungsstrukturen sowie Unterschiede im Freizeitverhalten auf. Nickel behauptete, daß sich Geschlechterrollen vor allem über die familiale Sozialisation perpetuierten
und im schulischen und außerschulischen Bereich aufgrund fehlender
Erziehungskonzepte fortsetzten. In dieser allgemeinen Sozialisation entwickelten sich bereits frühzeitig Wert- und Verhaltensmuster, die in der
Verkettung von Lebensalltag, Verhaltensdispositionen und Bildungspolitik geschlechtsspezifische Muster verstärkten. Zu Unterschieden im politischen Bewußtsein oder Verhalten wurden jedoch keine Untersuchungen
vorgelegt.

In der offiziellen politischen Kultur von Partei und Staat spielten Fragen der sozialen Gleichheit der Geschlechter nur eine untergeordnete
Rolle; aufgrund des Mangels an Offenheit und Flexibilität sowie fehlender
Interessengruppen blieb eine Korrektur auch dann noch aus, als das Mißverhältnis zwischen weiblicher Qualifikation und politischer Repräsentation selbst der Partei deutlich wurde. Dagegen zeichnete sich bei Teilen
der im künstlerischen und akademischen Bereich tätigen Frauen eine zunehmend kritische Reflexion über weibliche Lebenszusammenhänge und

Mechanismen der Diskriminierung ab. Dies drückte sich nicht nur in der problemorientierten Forschung selbst aus, sondern auch in der feministisch geprägten Frauenliteratur. Sie dokumentiert, daß Frauen zwar macht-, aber nicht stimmlos blieben. Mit der Thematisierung des Problemdrucks und der Reflexion über Perspektiven der dem Fortschrittsfetisch verhafteten Gesellschaft schafften sich Frauen – und zunehmend auch Männer – eine Gegenöffentlichkeit, deren Einfluß über Literatur und Kunst hinausging.

Die zentrale Legitimationsfigur der SED, daß die sozialistische Gesellschaft zwangsläufig eine soziale und politische Gleichheit der Geschlechter hervorbringen würde, wurde in dem Maße immer brüchiger, in dem die Diskrepanzen hinsichtlich der Chancen von Frauen bestehen blieben. Im Zuge der forcierten ökonomischen Modernisierung und Leistungssteigerung trat die Frage der Gleichberechtigung zudem in den Hintergrund. Frauenpolitik wurde seit Mitte der siebziger Jahre aufgrund der Besorgnis über die sinkende Geburtenrate in erster Linie als Familienpolitik konzipiert. Trotz der liberalen gesetzlichen Regelung des Schwangerschaftsabbruchs durch die Fristenlösung konnten sich so konservative Strömungen nicht nur erhalten, sondern sogar verstärken. Als besonderes Versäumnis der DDR-Frauenpolitik muß aber die über Jahrzehnte erfolgte, systembedingte politische Entmündigung von Frauen gelten.

5. Das „kollektive Gedächtnis". Geschichte und Geschichtsbewußtsein in der politischen Sozialisation

Historische Erfahrungen, die für eine Gesellschaft spezifisch sind und die ihre Politik und Ideologie beeinflussen, prägen die politische Sozialisation und formen die politische Kultur; politisches Bewußtsein und Handeln gründet sich auf historischen Erfahrungen, die in der politischen Kultur als Haupt- oder Nebenströmungen konserviert sind und die als „kollektives Gedächtnis" einer Gesellschaft bezeichnet werden können. Politische Kulturen werden daher überhaupt nur verständlich durch die Betrachtung der Geschichte und des Geschichtsbewußtseins.

Wie Archie Brown bereits für die politische Kulturanalyse hervorgehoben hat, ist Geschichte eine Schlüsselkategorie für das Verständnis der jeweiligen nationalen Spezifik der vom Staatssozialismus geprägten Länder. In den Länderanalysen erscheint Geschichte – geronnen zum „previous political experience" (Brown) – als „the most relevant to the formation of the political culture of the society" und zwar deshalb, weil politische Kulturen historisch konditioniert seien: „political cultures are historically conditioned"[1]. Brown unterscheidet historische Erfahrungen, die der früheren Geschichte einzelner Länder zuzuordnen sind und nicht selbst erlebt wurden, wohl aber als „perception of history" im kollektiven Bewußtsein der Bevölkerung vorhanden sind, sowie historische Erfahrungen, die für die Bevölkerung eines staatssozialistischen Systems lebendige, selbst erfahrene Geschichte sind. Das historisch bestimmte „previous political experience" ist deshalb von großem Interesse für die politische Kultur, weil es als Folie von bereits gesammelten Erfahrungen politisches Verhalten („political behaviour") beeinflußt[2]. Wahrnehmung von Geschichte – „perception of history", wie Archie Brown sie nennt –, nationalen Traditionen und historisch überlieferten Eigenheiten, die eine politische Kultur charakterisieren, finden auf verschiedenen Ebenen Eingang in die politische Sozialisation: über Inhalte, die im Geschichtsunterricht oder in politischen Schulungen vermittelt werden, über nationale, kulturelle oder politische, im Alltagsleben tradierte Werte, Symbole und Rituale, als „Folie" für die Selbst- und Fremdwahrnehmnung im histori-

---

1 Archie Brown, *Political Culture and Political Change in Communist States*, London: The MacMillan Press 1984, S. 16.
2 Ebd., S. 17.

schen, zeitgeschichtlichen Rahmen und bei bedeutenden Ereignissen für die nationale Identität.

An der Problematik des Geschichtsbildes und des Geschichtsbewußtseins läßt sich das Auseinanderklaffen von offizieller politischer Kultur und dominanter politischer Kultur in der DDR besonders deutlich nachvollziehen. In der offiziellen politischen Kultur bestimmten in den achtziger Jahren zwei Argumentationsfiguren das Geschichtsbild: die Berufung auf die „progressiven Traditionen" der deutschen Nationalgeschichte zum einen, zum anderen der Versuch, ein „sozialistisches Nationalbewußtsein" zu begründen. Partei und Staat motivierten ihre Legitimation damit, daß sie die „progressiven Elemente" der deutschen Geschichte, vor allem die Traditionen der deutschen Arbeiterbewegung und den Antifaschismus, fortsetzten und daher eine Alternative zum anderen – westdeutschen – Staat geschaffen hätten. In der Begründung der Herrschaft nahm diese Legitimationsfigur einen zentralen Platz ein und wurde über die Vermittlung eines entsprechenden Geschichtsbewußtseins in der politisch-ideologischen Erziehung verankert. Besonders in den letzten Jahren fand eine Neuorientierung im Geschichtsbild und in der Interpretation bisheriger Geschichte statt, die darauf abzielte, durch eine Unterscheidung von „Erbe" und „Tradition" ein „sozialistisches Nationalbewußtsein" zu schaffen.

Mit dem Umbruch 1989 kann das Konzept einer „sozialistischen Nation" als gescheitert angesehen werden; andere zentrale Legitimationsmuster und -begründungen wurden in den Sog des rapiden Verfalls des staatssozialistischen Herrschaftssystems gezogen. Zweifel daran, inwieweit das Geschichtsbild in der dominanten politischen Kultur im Bewußtsein der Bevölkerung verankert werden konnte, waren jedoch schon vor dem Umbruch begründet geäußert worden[3].

Aufgrund der politischen Diskontinuitäten besonders in der neueren deutschen Geschichte war es schon problematisch, ein konsistentes Geschichtsbild anzunehmen; ein für die Bevölkerung einheitliches „kollektives Gedächtnis" existierte schon allein aufgrund der Fragmentierungen der politischen Kultur vor der Gründung der DDR nicht[4]. Die politischen Phasen, durch die hindurch die SBZ/DDR ihre Staatlichkeit entwickelte,

3 Vgl. insbes. Dietrich Staritz, *Geschichte der DDR 1949-1985*, Frankfurt a.M.: Suhrkamp 1985, S. 235ff. Zur Frage der Identität vgl. z. B. Werner Weidenfeld (Hrsg.), *Nachdenken über Deutschland*, Köln: Verlag Wissenschaft und Politik 1985.

4 Dies bestätigt vor allem die 1987 durchgeführte Oral-History-Untersuchung von Lutz Niethammer/Alexander von Plato/Dorothee Wierling, *Die volkseigene Erfahrung. Eine Archäologie des Lebens in der Industrieprovinz der DDR*, Bd. 1, „Biografische Erfahrungen", zit. in: Lutz Niethammer, Das Volk der DDR und die Revolution. Versuch einer historischen Wahrnehmung der laufenden Ereignisse, in: Charles Schüddekopf (Hrsg.), *„Wir sind das Volk!" Flugschriften, Aufrufe und Texte einer deutschen Revolution*, Reinbek: Rowohlt 1990, S. 251-279.

hinterließen Spuren in einem generationsspezifischen Muster. Greiffenhagen und Greiffenhagen weisen beispielsweise für die Bundesrepublik
Deutschland darauf hin, daß der „historisch-soziale Raum", den verschiedene Generationen vorfanden, ihre politische Sozialisation nachhaltig
formte. Generationen in diesem Sinne „gibt es so viele, wie es einschnei-
dende politische Phasen und Wandlungen, d.h. unterschiedliches Erfah-
rungsmaterial für die individuelle Sozialisation gibt."[5] Unter Berufung
auf Rainer Lepsius, der richtig argumentierte, daß, je häufiger ein Regi-
mewechsel und je rascher der soziale und politische Wandel erfolgte, um
so höher tendenziell die Generationsfragmentierung sei, behaupten sie
für die Bundesrepublik eine „vergleichsweise hohe generationsmäßige
Fraktionierung"[6]. Dadurch, daß die deutsche Geschichte in besonderem
Maße von einer Reihe extremer politischer Gegensätze, Diskontinuitäten
und – teilweise erzwungener – Neuorientierungen charakterisiert ist,
scheinen Fragmentierungen ebenso wie periodische Reflexionen über die
Identität der Deutschen unvermeidlich zu sein. Länder mit größerer Kontinuität in ihrer politischen Kultur kennen gewisse Fundamente, die in
ihrem Sinn unbefragt bleiben; für Deutschland ist es dagegen eher charakteristisch, periodisch immer wieder nach dem historischen Selbstverständnis und dem Standort im geschichtlichen Prozeß zu fragen. So „haben wir Deutschen einen besonderen Geschmack für historische Wende-
punkte ausgebildet, für die Figur der 'Tendenzwende', die 'Dialektik'
geschichtlicher Phasenschübe."[7] Aufgrund der „Brüche" in der deutschen
Geschichte sind auch Narben im Geschichtsbewußtsein typisch; es kann
zwar nicht von einer „Geschichtslosigkeit" gesprochen werden, typisch
aber ist, daß im Geschichtsbewußtsein verschiedene, teilweise auch widersprüchliche Strömungen zusammenkommen[8]. Insofern ist es eher zutreffend, von einer „komplexen Identität" (Werner Weidenfeld) zu sprechen.

     Ähnlich wie für die Bundesrepublik muß auch für die DDR davon
ausgegangen werden, daß die Brüche, Diskontinuitäten und Neuorientierungen tiefe Spuren im Geschichtsbewußtsein hinterlassen haben. Der
Versuch, nach der Staatsgründung, parallel zur Etablierung und Konsolidierung eines „sozialistischen" Systems, ein neues „Geschichtsbewußtsein" zu schaffen, nahm mit der Errichtung der staatssozialistischen Ord-

5 Martin und Sylvia Greiffenhagen, *Ein schwieriges Vaterland*, Frankfurt a. M.:
   Fischer Taschenbuch Verlag 1979, S. 26.
6 Ebd., S. 27.
7 Greiffenhagen/Greiffenhagen, *Ein schwieriges Vaterland* (Anm. 5), S. 28.
8 Besonders die nationalsozialistische Diktatur und der Holocaust haben tiefe
   Narben im deutschen Geschichtsbewußtsein hinterlassen; dies zeigte sich besonders in der unter westdeutschen Historikern aufgebrochenen Kontroverse
   über die Aufarbeitung des Nationalsozialismus. Vgl. „Historikerstreit", Mün-
   chen/Zürich Piper 1987. Vgl. auch den kritischen Kommentar von Hans
   Mommsen, Suche nach der 'verlorenen Geschichte'?, in: *Merkur*, 40. Jg. (1986),
   H. 9/10, S. 862-874 (mit weiterführenden Literaturhinweisen).

nung noch schärfere Konturen an als in der Bundesrepublik, zumindest auf der Ebene der offiziellen politischen Kultur.

Nach dem Selbstverständnis von SED und Staat gehörten Geschichte und Geschichtsbewußtsein zu den Grundpfeilern der offiziellen politischen Kultur. Aus der im marxistisch-leninistischen Geschichtsverständnis verankerten Annahme der sich ablösenden Gesellschaftsformationen wurde die notwendige Fortentwicklung der Gesellschaft zum Sozialismus/Kommunismus begründet und die „Überlegenheit" gegenüber früheren Gesellschaftsformationen abgeleitet. Dementsprechend hoch bewertet wurde die Entwicklung des Geschichtsbewußtseins in der politisch-ideologischen Erziehung. Bereits in der Definition des Geschichtsbewußtseins fand jedoch eine Verengung und Zuspitzung statt; es ging nicht um die Wiederaneignung von Geschichte, sondern um einen Bewußtseinszustand, der zur Bewertung und Handlungsanleitung führen sollte.

Geschichtsbewußtsein wurde definiert als „Teil des gesellschaftlichen und individuellen Bewußtseins, in dem die Erfahrungen und Kenntnisse über die historische Entwicklung der Gesellschaft und die sich daraus ergebenden Lehren für die Gegenwart ihren Ausdruck finden"[9]. Dem Geschichtsbewußtsein entsprach das Geschichtsbild, das konkrete historische Wertungen enthalten sollte. Wichtiger als die Rekonstruktion von Geschichte, geschichtlichen Erfahrungen und Zusammenhängen war die Herausarbeitung des „Klassencharakters", die Scheidung in Unterdrücker und Unterdrückte, Sieger und Besiegte. Geschichtsbewußtsein und Geschichtsbild waren für die „ideologisch-politische Haltung" und die daraus resultierenden „Handlungen der Menschen" von Bedeutung[10]. „Sozialistisches Geschichtsbewußtsein" und „marxistisch-leninistisches Geschichtsbild" galten als integrale Bestandteile der „sozialistischen Persönlichkeitsbildung"[11]. Der Vermittlung von Geschichtsbewußtsein und Geschichtsbild wurde daher ein zentraler Platz in der politischen Sozialisation zugewiesen[12].

Obwohl die Grundstrukturen des marxistisch-leninistischen Geschichtsbildes fest gefügt waren, ließen sich in den letzten Jahren in der Geschichtswissenschaft Versuche der Neuorientierung beobachten, die sich schließlich auch in der geschichtlichen Unterweisung niederschlugen[13]. DDR-Historiker leiteten eine Neubestimmung ihres Verhältnisses

9   *Wörterbuch der Geschichte,* hrsg. v. Horst Bartel u. a., Bd. A-K, Berlin (DDR): Dietz Verlag 1984, S. 394.

10 Ebd., S. 394.

11 Ebd.

12 Vgl. Günther Heydemann, *Geschichtswissenschaft im geteilten Deutschland,* Frankfurt a.M./Bern/Cirencester: Verlag Peter D. Lang 1980, S. 194.

13 Einen Überblick über die Grundsatzdiskussion der Historiker in der DDR gibt Johannes Kuppe, Die Geschichtsschreibung der SED im Umbruch, in: *Deutschland Archiv,* 18. Jg. 1985, H. 3, S. 278-294; vgl. auch ders., Kontinuität und Wandel in der Geschichtsschreibung der DDR. Das Beispiel Preußen, in: *Aus Politik und*

zur – bisher klassenspezifisch betrachteten – gesamten deutschen Ge-
schichte ein; damit verbunden war eine „breitere Sicht auf die ganze
Geschichte" und die Frage nach der historischen „Verwurzelung unserer
Gesellschaft in der deutschen Geschichte"[14] – so der Zeithistoriker Walter
Schmidt vom Zentralinstitut für Geschichte an der Akademie der Wis-
senschaften.

In dieser Neuorientierung reflektierte sich ein Wandlungsprozeß im
historischen Selbstverständnis der SED selbst. Der Versuch, sich in der
Geschichtsauffassung umzuorientieren, zielte vor allem auf eine Neubestimmung der „nationalen Identität". Da die Teilung Deutschlands als
unwiderruflich gegeben angesehen wurde, die DDR sich aber durch die
partielle Öffnung zum Westen seit den frühen achtziger Jahren beständig
herausgefordert sah, sollten diejenigen Elemente herausgearbeitet werden,
die die Eigenständigkeit und Identität der DDR als selbständigem Staat
begründen und festigen konnten. Schmidt ging davon aus, daß sich diese
Neuorientierung aufgrund „gesellschaftlicher Wandlungen" ergeben habe[15]; aus seinen Ausführungen geht hervor, wie sehr die Geschichtswissenschaft nicht nur durch fachfremde politische Vorgaben geprägt bzw.
von der Partei abhängig war, sondern auch wie problematisch die Frage
der nationalen Identität für sie blieb. Die Unterscheidung in drei Etappen,
in denen das „historische Erbe" in der DDR aufgearbeitet wurde, veran-
schaulicht dies. In der ersten Etappe setzte man sich in der unmittelbaren
Nachkriegszeit („antifaschistisch-demokratische Umwälzung") sogleich
mit dem „reaktionären Erbe" der deutschen Geschichte auseinander. Man
wollte einen „radikalen Bruch mit Faschismus, Imperialismus und Militarismus" in Deutschland herbeiführen. Schmidt gesteht zu, daß für diese
Zeit „eine gewisse Enge der Erbeauffassung" zu konstatieren gewesen
sei; es habe ein „kritisches, in gewisser Weise negatives Bild" von der
deutschen Geschichte vorgeherrscht. Die Orientierung galt angeblich den
„progressiven Traditionen deutscher Geschichte", insbesondere der Geschichte der Arbeiterbewegung[16]. Nach 1949 habe sich dann die „marxistisch-leninistische Geschichtswissenschaft" konstituiert und konsoli-

Fortsetzung der Fußnote

     Zeitgeschichte, Beilage zur Wochenzeitung Das Parlament, B 20-21/86, 17.5.1986, S.
     17-26; Ulrich Neuhäußer-Wespy, Von der Urgesellschaft bis zur SED, in:
     Deutschland Archiv, 16. Jg. 1983, H. 2, S. 145-152; Gordon Craig, The Other
     Germany, in: *The New York Review of Books,* 25.9.1986; Konrad Jarausch, East
     German Views of Fascism. Some Ironies of History as Politics, Vortragsmanu-
     skript für die Konferenz „After 40 Contentious Years. The Two Germanies since
     1949", University of Southern California, 16.-18.2.1990, mschrft., Chapel Hill
     1990.

14 Margrit Gensicke/Utz Hoffmann, Geschichte ist etwas sehr Lebendiges. Ge-
     spräch mit Walter Schmidt, in: *Wochenpost,* Nr. 52 v. 26.12.1986, S. 16/7.

15 Walter Schmidt, Zur Entwicklung des Erbe- und Traditionsverständnisses in
     der Geschichtsschreibung der DDR, in: *Zeitschrift für Geschichtswissenschaft,* 33.
     Jg. 1985, H. 3, S. 196.

16 Ebd., S. 198f.

diert[17]. Die Konzentration auf die „Klassenkämpfe" in der deutschen Geschichte sei ausgebaut und Tendenzen einer „Misere-Sicht" sowohl auf die deutsche Nationalgeschichte als auch auf die Geschichte der deutschen Arbeiterbewegung seien zurückgenommen worden. In dieser Periode war die Frage der Einheit der Nation besonders brisant; so sei es zu einem „Ringen um eine demokratisch erneuerte einheitliche deutsche Nation" gekommen, das teilweise „schematisch-schablonenhafte Züge" angenommen habe, begleitet „von der bisweilen zu starken Konzentration auf das Nationale"[18].

Nach Schmidt begann die dritte Etappe des Geschichtsverständnisses mit den siebziger Jahren; Kultur, Lebensweise und Alltag seien nun stärker berücksichtigt worden[19]. Zugleich wurde „gleichsam in neuer Qualität die Frage nach einer umfassenden und differenzierteren Aufarbeitung des nationalen Erbes der gesamten deutschen Geschichte aufgeworfen"[20].

Tatsächlich stellten die Entspannungspolitik und der Abschluß des Grundlagenvertrages zwischen beiden deutschen Staaten 1972 einen Einschnitt für die Standortbestimmung der DDR dar; sie hatte damit ein Stück Anerkennung ihrer Staatlichkeit erhalten, die sie zur Aufgabe ihrer gesamtdeutschen Option veranlaßte. Jedoch zog die Öffnung in der Folge eine verstärkte Abgrenzung von der Bundesrepublik nach sich. Schmidt selbst führte dazu aus, daß „die Entscheidungen, die zu diesem Zeitpunkt in der nationalen Frage gefallen waren", zu einer neuen Positionsbestimmung der Geschichtsauffassung zwangen: „Sollte eine dementsprechende neue, sozialistische nationale Identität gewonnen werden, brauchte die DDR – denn Nationalbewußtsein ist ohne Geschichtsbewußtsein undenkbar – auch ein klares Verhältnis zur gesamten deutschen Geschichte. Es setzte eine Neubesinnung auf das nationale Erbe des Sozialismus auf deutschem Boden ein ..."[21] Dies führte in der Folgezeit dazu, eine „sozialistische deutsche Nation" durch Rückgriff auf die gesamte deutsche Geschichte zu legitimieren[22]. So erklärte die SED auf ihrem IX. Parteitag 1976, die „Erbin alles Progressiven in der deutschen Geschichte" zu sein[23].

17 Ebd., S. 201.
18 Ebd., S. 203.
19 Vgl. ebd., S. 205.
20 Ebd., S. 206.
21 Ebd., S. 206.
22 Ausführlicher hierzu Kuppe, Kontinuität und Wandel (Anm. 13), S. 24f.; Karl-Ernst Jeismann, Die Einheit der Nation im Geschichtsbild der DDR, in: *Aus Politik und Zeitgeschichte. Beilage zur Wochenzeitung Das Parlament*, B 32-33/1983, S. 3ff. Aus der DDR gibt das Buch von Alfred Kosing *(Nation in Geschichte und Gegenwart)*, Berlin (DDR): Dietz-Verlag 1976) am umfassendsten das DDR-Selbstverständnis zum Nationenbegriff wieder. Vgl. aktuell auch Alfred Loesdau, German History and National Identity in the GDR, in: Margy Gerber u.a. (Hrsg.), *Studies in GDR Culture and Society 7*, Lanham/New York/London: University Press of America 1987, S. 213-220.
23 Schmidt, Entwicklung des Erbe- und Traditionsverständnisses, (Anm. 15), S. 207.

In einer über mehrere Jahre geführten Diskussion beschäftigten sich Teile der Geschichtswissenschaft mit Reflexionen über „Erbe" und „Tradition". Dabei bemühte man sich, den Anspruch einer Neudefinition des historischen Erbes einzulösen. Jedoch fanden auch „Grauzonen" der deutschen Geschichte stärkere Aufmerksamkeit; Marksteine auf diesem Weg waren vor allem die Neubewertung Preußens in der deutschen Geschichte und eine veränderte Einordnung Martin Luthers. Mit der Bildung des Lutherkomitees 1980 und einer Reihe wissenschaftlicher Publikationen und Veranstaltungen, besonders anläßlich des „Lutherjahres" (1983), wurde er nunmehr positiver eingeschätzt; trotz seiner „aggressiv-feindlichen" Haltung zum Bauernkrieg, die nach DDR-Interpretation die „Klassengrenzen" des Reformators zum Ausdruck brachte, galt er ab jetzt als einer der führenden Köpfe der frühbürgerlichen deutschen Revolution und als Vertreter der „progressiven Kräfte" in der deutschen Geschichte: damit wurde ihm ein fester Platz in der Ahnenreihe des DDR-Geschichtsbildes eingeräumt. In Bezug auf das neue Preußenbild sorgte die 1979 veröffentlichte Biographie des Preußenkönigs Friedrich II. von Ingrid Mittenzwei für eine Umorientierung. Sie veränderte das von Alexander Abusch in der unmittelbaren Nachkriegszeit festgelegte einseitige Preußenbild, das vor allem durch „Militarismus, Junkertum, Ost-Expansion sowie Unterdrückung von Wissenschaft, Kultur und der fortschrittlichen Kräfte" („Sozialistengesetz") geprägt war. Weitere Arbeiten über Preußen folgten, so die von Ernst Engelberg verfaßte Bismarck-Biographie, in der Bismarcks Leistungen bei der Schaffung des Nationalstaats, der letztlich dem „bürgerlichen Fortschritt" zum Durchbruch verhalf, und sein „nüchterner Realitätssinn" gewürdigt wurden[24].

Auf dem Boden der marxistisch-leninistischen Geschichtsauffassung sollte eine differenziertere, profiliertere Einordnung der historischen Persönlichkeiten geleistet werden. Wie Walter Schmidt und Horst Bartel behaupteten, sei der „historische Boden der DDR" in der gesamten deutschen Geschichte zu sehen; hierzu gehörten auch Entwicklungen, die sich nicht bruchlos in die „progressiven" Traditionen einordnen ließen[25]. In der Diskussion wurde daher die Unterscheidung vor allem entlang den Begriffen „Erbe" und „Tradition" geführt. Bei den wiederverwertbaren

24 Vgl. Ingrid Mittenzwei, *Friedrich II. von Preußen. Eine Biographie,* Berlin(DDR): Deutscher Verlag der Wissenschaften 1979. Ernst Engelberg, Bismarck – *Urpreuße und Reichsgründer,* Berlin (DDR): Akademie-Verlag 1985. – Kuppe weist richtig darauf hin, daß es bereits in den fünfziger und sechziger Jahren entgegen dem pauschalen Feindbild Preußen, wie es von Abusch vorgeprägt worden war, Anknüpfungen an Preußen gegeben habe; das belegten die „Rehabilitation" einiger Persönlichkeiten und eine partielle Renaissance preußischer Traditionen im Zusammenhang mit der Gründung der NVA. Vgl. Kuppe, Kontinuität und Wandel (Anm. 13), S. 20ff.

25 Horst Bartel/Walter Schmidt, Sozialismus und historisches Erbe in der DDR, in: *Einheit,* 39. Jg. 1984, H. 2, S. 113.

Teilen, die in das Recycling des Geschichtsbildes als Geschichtsbewußtsein eingehen sollten, handelte es sich in erster Linie um die Traditionen
deutscher Geschichte im Unterschied zum umfassenderen Erbe.

Parallel zur „Bereicherung" und „Vertiefung" des Geschichtsbildes
(Bartel/Schmidt) gehörte die Unterscheidung zwischen „Erbe" und „Tradition" über mehrere Jahre zu einem der wichtigsten Anliegen der DDR-
Geschichtswissenschaft. Schmidt und Bartel unterstrichen dies in einem
Artikel, in dem sie auf einige Kernfragen der offiziellen Geschichtschrei-
bung eingingen; während sich das „Erbe" auf die gesamte deutsche Geschichte beziehe, bezeichne die historische „Tradition" einen bestimmten
Ausschnitt des Erbes. Dieser Teil werde „von der Gesellschaft in besonderer Weise bewahrt, sorgsam gepflegt, in ihrem Bewußtseine zielstrebig
verfestigt, also 'tradiert'"[26]. Traditionspflege nahm daher einen besonderen Platz ein. „Wenn wir historische Traditionspflege betreiben, dann geht
es um das Bewußtmachen von und Sichbekennen zu historischen Ereignissen, Erfahrungen, Werten, die wegen der ihnen zugrundeliegenden
progressiven Tendenzen unserer sozialistischen Gesellschaft entsprechen."[27] Die Traditionslinie des „Progressiven", in die sich die SED stellte,
begründete für sie dann den Anspruch, ein „sozialistisches Nationalbewußtsein" entwickelt zu haben.

Während der legitimatorische Charakter der Geschichtswissenschaft
in der Diskussion über „Erbe" und „Tradition" und die „sozialistische
Nation" offensichtlich war, zeichneten sich in den achtziger Jahren zugleich Ansätze in der geschichtlichen Forschung ab, die sich – zumindest
partiell – von ideologischen Interpretation freizumachen versuchten. Dies
läßt sich z. B. an der veränderten Sicht des antifaschistischen Widerstands
aufzeigen, die zu einer Neubewertung bislang nicht gewürdigter Personen und Widerstandsgruppen führte. Wie der Passauer Historiker und
Widerstandsforscher Peter Steinbach dazu notierte, konnte die Geschichtswissenschaft die Komplexität der westdeutschen geschichtswissenschaft-
lichen Widerstandsforschung zwar nicht erreichen, da man in der DDR
primär an der politisch motivierten Stoßrichtung des Widerstandsbegriffs
festhielt. Allerdings war nach Steinbach verstärkt eine kritische Auseinandersetzung mit dem begrifflichen Instrumentarium der westdeutschen
Forschung festzustellen. „Bewegung scheint vor allem von einer positi-
veren Bewertung des bürgerlichen Widerstands auszugehen, die vor allem
die Diskussionen, Tagungen und Leitartikel im Umfeld des 40. Jahrestages
des 20. Juli 1944 geprägt hat."[28]

26 Ebd., S. 115.
27 Ebd., S. 116.
28 Peter Steinbach, Widerstandsdiskussionen und Widerstandsforschung in der
    deutschen Geschichtswissenschaft. Konsequenzen eines Paradigmenwechsels
    für die Darstellung des Kampfes gegen den Nationalsozialismus in der zeitge-
    schichtlichen Forschung der DDR, in: Tradition und Fortschritt in der DDR, 19.
    Tagung zum Stand der DDR-Forschung in der Bundesrepublik Deutschland,

Nur zögernd brach dagegen die herkömmliche Geschichtsbetrachtung zu einer Reflexion über Antisemitismus und die Bedeutung der Juden in Deutschland auf. Trotz der von Partei und Staat vertretenen Behauptung, die DDR habe konsequent mit dem Nationalsozialismus gebrochen, wurden Rassismus und Holocaust aufgrund einer verkürzten Faschismusinterpretation nur unzureichend aufgearbeitet. Beitrag und Stellung der Juden in Kultur, Wissenschaft und Alltag in Deutschland spielten im kollektiven, historischen Gedächtnis zum Beispiel kaum noch eine Rolle; die kleine jüdische Gemeinde vermochte kein Gegengewicht zu schaffen. Lediglich in der Literatur einzelner Schriftsteller dokumentiert sich jüdische Identität; ein Beispiel ist der als autobiographisch zu verstehende Roman von Barbara Honigmann, der „Roman von einem Kinde"[29]. Von ihr stammt auch der Hinweis, daß es schwer sei, jüdische Identität in der DDR zu leben, trotz der offiziellen Bemühungen, die einstmals Verfolgten umfassend zu rehabilitieren.

Die Massenvernichtung der Juden ist im Geschichtsbewußtsein weitgehend unbewältigt geblieben. Erst in der zweiten Hälfte der achtziger Jahre deutete sich an, daß der jüdischen Religionsgemeinschaft sowie jüdischen Traditionen und Kulturgütern, besonders in Berlin, mehr Aufmerksamkeit gewidmet werden sollte[30]. So wurde der jüdische Friedhof – der größte in Europa – 1986 wiederhergestellt und die „Neue Synagoge" in der Oranienburger Straße sollte als Centrum Judaicum wiedererstehen; auch in den DDR-Medien wurde häufiger über Gegenwart und Geschichte der Juden berichtet. Dennoch blieb die Aufarbeitung des Holocaust oftmals beim strukturellen Antifaschismus stehen; besonders kritikwürdig blieb nach Aussagen des Vorsitzenden der jüdischen Gemeinde, Peter Kirchner, die Behandlung der Judenverfolgung, des Antisemitismus und des jüdischen antifaschistischen Widerstandes im Schulunterricht[31].

Fortsetzung der Fußnote

20. – 23.5.1986 *(Edition Deutschland Archiv)*, Köln: Wissenschaft und Politik 1986, S. 52f.

29 Barbara Honigmann, *Roman von einem Kinde*, Darmstadt/Neuwied: Luchterhand 1986. Barbara Honigmanns Biographie ist selbst ein Stück (DDR-)deutschjüdischer Geschichte. Nach der Rückkehr ihrer Eltern aus dem englischen Exil 1949 in Ost-Berlin geboren, wandte sich die Dramaturgin, Malerin und Schriftstellerin seit Beginn der achtziger Jahre immer stärker dem orthodoxen Judentum zu und verließ 1984 mit ihrer Familie die DDR, um in Straßburg, dem „Jerusalem des Westens", zu leben, wo sie in der praktizierten jüdischen Religion eine neue „Heimat" zu finden hofft. Vgl. auch die Buchbesprechung von Jürgen P. Wallmann, 'Nach Hause in die Fremde', in: *Deutschland Archiv*, 20. Jg. (1987), H. 2, S. 195-196.

30 Vgl. Reinhard Henkys, Neue Perspektiven für die jüdischen Gemeinden, in: *Kirche im Sozialismus*, 12. Jg. 1986, H. 6, S. 237-238.

31 „Wir würden uns eine etwas intensivere Betonung des aus rassischen Vorurteilen herausgeborenen anti-jüdischen Vorgehens der Nazis und der Vernichtung von sechs Millionen Juden wünschen im Unterricht", so Peter Kirchner, hier zitiert nach Henkys, Neue Perspektiven (Anm. 30), S. 238. Vgl. auch Reinhard

Aus der Neubestimmung des Geschichtsbildes bis zum Umbruch konsequent ausgeklammert blieben vor allem auch „blinde Flecken" der eigenen Geschichte. So blieb die Rolle der Sowjets und der sowjetischen Militäradministration in der Nachkriegszeit in ein positiv-schablonenhaftes Interpretationsschema gepreßt; eine kritische Aufarbeitung der Beziehung zwischen Deutschen und Sowjets steht ebenso aus wie eine umfassendere Bearbeitung des „Kalten Krieges"[32]. Der 17. Juni 1953 galt nach offizieller Interpretation bis 1989 als „konterrevolutionärer", vom Westen gesteuerter „Angriff auf die sozialistische Staatsmacht". Der Bau der Mauer im August 1961 war die unvermeidliche, logische Antwort auf die „subversive Politik des imperialistischen Westens". Der Einmarsch von Warschauer-Pakt-Truppen in die CSSR zur Zerschlagung des „Prager Frühlings" 1968 wurde offiziell niemals in Frage gestellt; erst im Frühjahr 1990 erfolgte eine Revision.

Besonders hartnäckig weigerte sich die DDR-Führung, das Problem des Stalinismus neu zu diskutieren. Wie das Verbot der sowjetischen Zeitschrift „Sputnik", die den Hitler-Stalin-Pakt kritisch erörterte, im Herbst 1988 zeigte, war die Partei- und Staatsführung der DDR nicht bereit, ihre Einschätzung der sowjetischen Politik in der Stalinzeit in Frage ziehen zu lassen; Stalin blieb ein in der offiziellen politischen Kultur tabuisiertes Thema. Die eigenen Opfer, die teilweise nach 1989 rehabilitiert werden konnten, wurden verleugnet. In der Abgrenzung von der sowjetischen Stalinismus-Aufarbeitung im Zuge von „Glasnost" und „Perestroika" wurde das Argument, in der DDR habe es keinen mit den sowjetischen Verhältnissen gleichzusetzenden Stalinismus gegeben, dazu benutzt, kritische Selbstreflexionen über Fehler, Intoleranzen und Verfolgungen abzuwehren und Debatten über „blinde Flecken" gar nicht erst aufkommen zu lassen. Damit machte sich die politische Führung aber zusehends unglaubwürdiger und vertiefte die Kluft zwischen ihrer offiziellen Politik und einer sich inzwischen differenziert kritischer äußernden Öffentlichkeit. Erst mit dem Umbruch 1989/90 war der Weg zu einer neuen Aufarbeitung offen.

Aus dem Versuch, ein „sozialistisches Nationalbewußtsein" zu begründen und zu befestigen, ergaben sich für das Konzept der politisch-ideologischen Erziehung wichtige Konsequenzen. Die Entwicklung von Geschichtsbewußtsein und Traditionspflege als Grundpfeiler für die „sozialistische Bewußtseinsbildung" und die Erziehung zur „sozialistischen Persönlichkeit" wurden in einem abgestuften System vom Kindergarten- bis zum Erwachsenenalter in alle Bildungseinrichtungen, im Jugendverband

Fortsetzung der Fußnote
Henkys, Nur Opfer erinnern sich, in: *Kirche im Sozialismus*, 12. Jg. 1986, H. 4, S. 147-148.
32 Vgl. z.B. Norman Naimark, Forty Years After: the Origins of the GDR, in: *German Politics and Society*, hrsg. v. Center for European Studies der Harvard University, 17/1989, S. 2f.

ebenso wie in der Gewerkschafts- oder Parteiarbeit verfolgt. Veränderungen des Geschichtsbildes und des Kanons, der das historische „Erbe" und die „Traditionen" ausmachte, zeigten sich in der politisch-ideologischen Erziehung; gerade im Geschichtsunterricht sollte die Unterscheidung zwischen dem „umfassendem Erbe" und den „positiven Traditionen" durchgesetzt werden[33]. Vermittelt werden sollte das „gesamte Erbe", während die Traditionen „besonders gepflegt" und „emotional prägend" aufgenommen werden sollten. Ansätze zur Neubestimmung von Inhalten in der Vermittlung des Geschichtsbewußtseins ließen sich im Zusammenhang mit der Diskussion über das marxistisch-leninistische Grundlagenstudium an den Universitäten und Hochschulen und der Einführung neuer Lehrprogramme aufzeigen. Auch in den Lehrplanentwürfen für den Geschichtsunterricht in den Klassen 5 bis 10 der allgemeinbildenden Schulen waren diese Tendenzen erkennbar.

Nach den 1988/89 in Kraft getretenen Lehrplänen sollte die Darstellung und Würdigung der DDR als „Höhepunkt in der ganzen deutschen Geschichte" stärker als bisher herausgestellt werden[34]. Dem Änderungsentwurf für den Lehrplan des Geschichtsunterrichts waren offenbar längere Diskussionen mit Geschichtslehrern und Lehrplanern vorausgegangen. Die Zeitschrift „Geschichtsunterricht und Staatsbürgerkunde" hatte seit 1983 mehrere Beiträge veröffentlicht, die auf die Geschichte der DDR eingingen und deren „richtige", lebensnahe und wertende Behandlung im Unterricht thematisierten[35]. In ihnen wurde die Zeitgeschichte der DDR und ihre Bedeutung im Geschichtsunterricht besonders hervorgehoben. Zeitgeschichte mündete in die „sozialistische deutsche Nation" der DDR, Geschichtsbewußtsein sollte dementsprechend in „sozialistisches Nationalbewußtsein" münden. Die Anerziehung „klassenmäßiger Wertungskriterien" sollte stets zum Grundprinzip des Geschichtsunterrichts gehören[36]. Dies schloß vor allem die rigide Abgrenzung zur Bundesrepublik ein.

Daß der Aufbau eines „sozialistischen Nationalbewußtseins" scheiterte ergibt sich daraus, daß die Orientierung auf die Bundesrepublik in der dominanten politischen Kultur als unterliegendes Deutungs- und Einstellungsmuster nicht abgebaut und ersetzt werden konnte. Die Erfolge, die

33 Helmut Meier/Walter Schmidt, Geschichtsunterricht und Erbe- und Traditionsverständnis, in: *Geschichtsunterricht und Staatsbürgerkunde*, 26. Jg. 1984, H. 9, S. 654-662.
34 Vgl. Neue Lehrpläne für den Geschichtsunterricht an DDR-Schulen, in: *BMB-Informationen*, 1/1987, S. 11f.
35 Vgl. z.B. Die Schüler mit einem tiefen Verständnis für die Zeitgeschichte zu klaren Positionen in den Kämpfen unserer Zeit führen. Ein Rundtischgespräch zu unserer Unterrichtsdiskussion in Geschichte, in: *Geschichtsunterricht und Staatsbürgerkunde*, 27. Jg. (1985), H. 4, S. 280-290. Die Unterrichtsdiskussion wurde in H. 2/1983 der Zeitschrift eingeleitet.
36 Meier/Schmidt, Geschichtsunterricht (Anm. 33), S. 654.

die DDR in den siebziger Jahren innen- und außenpolitisch verzeichnen konnte, reichten nicht aus, um eine dauerhafte, tiefgreifende, separate Bindung an den Staat im „Vierteldeutschland" zu erreichen. Der Rückgriff auf die gesamte deutsche Geschichte bot vor allem Teilen der älteren DDR-Bevölkerung Identifikationsmöglichkeiten. Die aufwendige Restauration königlich-preußischer und sächsischer Repräsentationsbauten und Denkmäler sowie das bewußte Aufnehmen preußisch-deutscher Geschichte war eine Form der Geschichts- und Traditionspflege, die dem Bedürfnis nach Pflege des Alten, Geschätzten und Vertrauten entsprach, die im kulturellen Gedächtnis aufgehoben waren. Für die – nicht aus Parteiaktivisten bestehende – große Mehrheit der mittleren oder Aufbruchsgeneration, die die fünfziger und sechziger Jahre bewußt miterlebt hatte, kollidierte die zumindest partiell undogmatischere Sicht historischer Wurzeln jedoch mit der kontinuierlichen „parteilichen" Betrachtung der jüngeren, die eigene Lebensgeschichte umfassenden Geschichtsabschnitte. Solange der Prozeß der Neubestimmung von Geschichte die „blinden Flecken" der DDR-Geschichte bewußt ausklammerte, solange mußte die von der Bevölkerung erfahrene Diskrepanz zwischen tatsächlich Erlebtem und offizieller Interpretation dieser Ereignisse die Distanz zum System perpetuieren. Eine Identifikation mit der „sozialistischen Alternative" der DDR ließ sich nur für eine kleine Gruppe der „Aufbaugeneration" beobachten.

Besonders problematisch stellte sich der Versuch, „sozialistisches Nationalbewußtseins" im Geschichtsunterricht zu vermitteln, jedoch für die jüngere Generation dar. Diese konnte sich weder auf die Schwierigkeiten der Aufbaujahre beziehen, noch spielte das Moment des Sich-Wiedererkennens eine Rolle[37]. Massenkultur und Freizügigkeit waren für sie wichtiger als Traditionen, Klassenkampf und Abgrenzungslogik. Eine wirkliche Auseinandersetzung mit der Geschichte wurde nicht nur durch die ideologisch überfrachtete Geschichtsbetrachtung erschwert, sondern auch durch didaktische Mängel. Anlage und Inhalte des Geschichtsunterrichts zielten vor allem auf das Erlernen von abfragbarem Wissen, das zugespitzt war auf Wertungen, nicht aber auf ein lebendiges Verhältnis zur Geschichte. Beabsichtigt war eine parteiliche Orientierung und nicht die Auseinandersetzung mit konkurrierenden Auffassungen der Geschichtsinterpretation. Eine geschichtliche „Verwurzelung" bei der jungen Generation konnte so nicht erreicht werden.

Die Erwartungen, die Partei- und Staatsführung an die Neuorientierung der Geschichtswissenschaft, an das Anbieten breiterer Identifikationsmöglichkeiten und den Geschichtsunterricht knüpften, waren weit überzogen. Für die Befestigung von Staatsloyalität und Herrschaftslegitimität durch Geschichtsunterweisung galt vielmehr das für die Wirksam-

---

37 Lutz Niethammer bestätigt den „Generationsriß". Er spricht von einem „Kulturumbruch". Vgl. Niethammer, Das Volk der DDR (Anm. 4), S. 254.

keit politisch-ideologischer Erziehung bereits kritisch diskutierte Problem der maßlosen Überschätzung dieser Art von Bewußtseinsbildung. Verschärft wurde dies dadurch, daß die Neuorientierung *nicht* für die Geschichte der DDR galt und die Virulenz dieser unbewältigten Vergangenheit die Distanz zum System vertiefen mußte. Bereits vor dem politischen Umbruch stieß die Neuorientierung des offiziellen Geschichtsbildes auf Kritik. Besonders kritisch äußerten sich zunächst Künstler und Schriftsteller. Die bewußte Aufarbeitung von Geschichte wurde gerade für Intellektuelle als Teil einer – politisch motivierten – Identitätssuche immer wichtiger.

Die Kritik an der positiven Bewertung des Preußentums wurde beispielsweise mit offenen Fragen an die Demokratiefähigkeit des Staatssozialismus verknüpft. Preußisches Erbe – überliefert nicht nur in der objektiven, sondern auch in der subjektiven Kultur, in Verhaltensweisen, Normen, Tugenden, in Pflichtgefühl und Disziplin, in Arbeitseifer und Fleiß –, das eher der konservativen, „typisch deutschen" Law-and-Order-Mentalität entsprach, provozierte eher Satire und Kritik, als daß es zu der erwünschten Identifizierung führte. Zwar stieß die Preußen-Renaissance auf keine grundsätzlichen Barrieren in der Bevölkerung, wohl aber fühlte sich eine Reihe von Intellektuellen durch die neue Aneignung der gesamten Nationalgeschichte negativ berührt – ein Phänomen, auf das nicht zuletzt Gordon Craig treffend hingewiesen hat: „As for the intellectuals, there is abundant evidence that their views of the historical process are at sharp variance with those favored in the top offices of the SED."[38] Arbeiten von Heiner Müller und Volker Braun zeigten dies besonders deutlich; aus feministischer Perspektive hatte Christa Wolf kritische Fragen an das herrschende Geschichtsbild gerichtet.

Zusammenfassend läßt sich feststellen, daß das Geschichtsbild stark von fachfremden, politisch-ideologischen Vorgaben geprägt war; die verschiedenen, schon aufgrund der Brüche in der Zeitgeschichte vorhandenen Schichten und Strömungen des Geschichtsbewußtseins wurden parteilich aufgearbeitet. Besonders in den achtziger Jahren läßt sich eine Neubestimmung von geschichtlicher Tradition beobachten, die sich in das Bestreben von Partei und Staat einordnete, die DDR als Staat *und* als Nation von der Bundesrepublik abzusetzen und ein „sozialistisches" Nationalbewußtsein zu begründen, das im Prozeß der politisch-ideologischen Erziehung aufgebaut werden sollte. Diesem Ziel diente die Revision von Lehrplänen und -programmen im Bildungssystem; Geschichte und Geschichtsbewußtsein erfolgten so vor allem mit Hinblick auf die Festigung der offiziellen politischen Kultur. Die Definitionsversuche der „sozialistischen deutschen Nation", nach der die DDR eine „höher" entwickelte, zwangsläufige Form deutscher Nationalgeschichte darstellte, ließen sich in der dominanten politischen Kultur jedoch nicht verankern.

38 Craig, The Other Germany (Anm. 13).

Der mit erheblichem Aufwand betriebene Versuch der Stärkung von Loyalität und Legitimität verwies bereits darauf, daß zwischen der angestrebten Identifikation mit der „sozialistischen Nation" und dem tatsächlichen
Bewußtsein der Bevölkerung eine beachtliche Lücke klaffte. Der Rückgriff
auf die gesamte deutsche Geschichte gab zu erkennen, daß man sich
dieses Mangels an Legitimität bewußt war. Die Orientierung an der Bundesrepublik blieb als Muster in der dominanten politischen Kultur in der
Bevölkerung ausgeprägt und stellte eine Barriere für das DDR-„Nationalbewußtsein" dar.

Die selektive propagandistische Verwertung des Geschichtsbildes be-
fand sich in dem genuinen Dilemma, ideologische Beeinflussung durch
Annäherung an den tatsächlichen Bewußtseinsstand der Adressaten wirksamer oder realitätstüchtiger zu machen. Die mit der ideologischen Überfrachtung zwangsläufig einhergehende De-Ideologisierung provozierte
neue Fragen, vor allem nach der eigenen Geschichte; hier bestand ein
eklatantes Mißverhältnis zwischen der partiellen Öffnung gegenüber dem
„humanistischen" und „progressiven" Erbe der deutschen Geschichte und
der Aufarbeitung der Nachkriegsgeschichte mit der Entwicklung des
staatssozialistischen Herrschafts- und Gesellschaftssystems. Der Prozeß
der Neubestimmung von Geschichte klammerte die „blinden Flecken"
der DDR-Geschichte bewußt aus; damit blieben die Bruchlinien zwischen
tatsächlich Erlebtem und offizieller Interpretation dieser Ereignisse bestehen, die die Distanz zum System verstärkten. Der Versuch, über eine
Neubestimmung des Geschichtsbildes die historisch-politische Legitimation des Herrschaftssystems der DDR zu erhöhen und die Bindung der
Bevölkerung durch den Rückgriff auf die gesamte deutsche Geschichte
zu festigen, ist fraglos gescheitert. Der Umbruch 1989 führte nicht nur
zum Zusammenbruch des politischen Systems, sondern auch zu einer
Krise der Identität und des Geschichtsbildes; diese Krise eröffnete zugleich die Möglichkeit zu einer erneuerten Rückbesinnung und Aufarbeitung der Geschichte.

Schlußbetrachtung

Aus der Studie über die politische Sozialisation in der DDR ergeben sich zusammengefaßt folgende Resultate:

1. Die politisch-ideologische Erziehung, die die offizielle politische Kultur – vor allem unter den Jugendlichen – verankern sollte, spielte eine *wichtige, aber keinesfalls primäre* Rolle bei der Fundierung des Herrschaftssystems. Sie ist in früheren Arbeiten weit überschätzt worden. Vielmehr konnte gezeigt werden, daß sich die im offiziellen Zielkonzept der Formung „sozialistischer Persönlichkeiten" implizite Annahme, die organisierte politische Erziehung durchdringe aufgrund ihrer kontrollierten Strukturen alle gesellschaftlichen Bereiche, als Schimäre erwies. Ihr stand die ungebrochene und sogar wachsende Bedeutung solcher für die politische Sozialisation – und damit für die politische Bewußtseinsbildung – relevanten Bereiche entgegen, die den direkten Einflüssen weitgehend entzogen blieben. Dieser Befund erklärt, warum in der DDR ein Kulturumbruch besonders unter der jungen Generation möglich wurde. Die nur sekundäre Bedeutung politisch-ideologischer Erziehung konnte beispielsweise an der FDJ aufgezeigt werden. Der Jugendverband besaß zwar weitgehende Rechte und Eingriffsmöglichkeiten und war im gesamten Bildungswesen präsent, seine Relevanz für die politische Einstellungs- und Verhaltensbildung war aber gering. Wie die DDR-Jugendforschung jetzt bestätigte, zeigten sich schon in den siebziger Jahren deutliche Risse in Akzeptanz und Unterstützung des Verbandes; in der zweiten Hälfte der achtziger Jahre sank er zur Bedeutungslosigkeit herab. Gleichzeitig gewannen aber andere Gruppen an Einfluß. Daß die über Jahrzehnte offiziell geförderten Normen und Werte in der Umbruchssituation im Herbst 1989 wie ein Kartenhaus zusammenstürzten, ist daher nicht primär als Folge des (Medien-)Einflusses aus dem Westen oder als Resultat des „Gorbatschow-Effekts" anzusehen, sondern ist Resultat eines gescheiterten Modells politischer Sozialisation.

2. Die relative Dauerhaftigkeit des Herrschaftssystems beruhte auf einer *prekären*, aber lange Zeit relativ stabilen *Machtbalance* zwischen offizieller und dominanter politischer Kultur, die das System letztlich akzeptieren mußte, um nicht das Arrangement selbst zu gefährden. Die relative Autonomie der Privatsphäre in Freundeskreisen und Familie und – für die DDR spezifisch – verstärkt durch den Einfluß der Westmedien ermöglichte es zumindest Teilen der Bevölkerung, informell eine politische Gegenkultur zu entwickeln. Im Gegensatz zum ideologischen Selbstver-

ständnis stand der – keineswegs freiwilligen – Limitation autoritativer Machtausübung und ideologischer Prägung spiegelbildlich die relative Autonomie der Privatsphäre im Mikromilieu des Alltags gegenüber. Beide bildeten gleichsam eine Machtbalance, die sich – in einem historischen Prozeß von wenig spektakulärer Form erkämpft – durchgesetzt hat. Der Begriff Machtbalance umreißt gewissermaßen die gesellschaftlichen „Besitzstände" der offiziellen politischen Kultur und der dominanten politischen Kultur in ihrer primären Differenz. Das bedeutet, daß die primäre Ebene des Herrschaftssystems als Ganzes durch eine grundlegende Spaltung gekennzeichnet war, die einschloß, daß die ideologische Einbindung der Bevölkerung nicht zu dieser primären Struktur des Herrschaftssystems zu rechnen war. Auf der Seite der dominanten politischen Kultur sind als die Spaltung verstärkende, sekundäre Faktoren sowohl die Reste der alten Zivilgesellschaft als auch die Entwicklung einer neuen politischen Kultur zu nennen. Von Seiten der offiziellen politischen Kultur wirkten jedoch mehrere wichtige sekundäre Faktoren legitimitätsfördernd dieser Scheidung in offizielle und dominante politische Kultur entgegen. Zu nennen sind hier beispielsweise historisch-kulturelle Überlappungen zwischen offizieller und dominanter politischer Kultur, sozialhistorisch eingeschliffene Verhaltensmuster wie die Neigung zur Konformität, sachlich-partizipatorische Elemente und nicht zuletzt auch die politisch-ideologische Erziehung.

3. Die Herausbildung gegenkultureller Werte und Einstellungen besaß weder temporären noch zufälligen Charakter. Sie wies vielmehr auf eine im Herrschaftssystem selbst angelegte Trennung und Spaltung von offizieller politischer Kultur und der im tatsächlichen Lebensbereich vorhandenen dominanten politischen Kultur hin. Diese Spaltung in offizielle und dominante Kultur produzierte das eigentümliche Phänomen einer *politischen Doppelkultur*, die das Herrschaftsarrangement charakterisierte. Diese Hypothese wurde vor allem durch die Analyse der nichtstaatlichen Sozialisationsagenturen bestätigt. In der dominanten Kultur tritt politisch vor allem die Gegenkultur hervor; hier verschränkten sich zunächst häufig alternative, oppositionelle und utopisch-sozialistische Vorstellungen mit dem christlichen Milieu; die Ablehnung von Fremdbestimmung und kollektivistischem Weltbild und das Beharren auf Selbstbestimmung und persönlicher Autonomie führten zugleich immer deutlicher zum Einklagen demokratischer Strukturen. In der dominanten politischen Kultur sowie in der Auffächerung der Gegenkultur sind daher Ansätze zur Herausbildung einer Zivilgesellschaft erkennbar.

Die Schere zwischen offizieller und dominanter politischer Kultur klaffte in den achtziger Jahren jedoch immer weiter auseinander, bis im Herbst 1989 schließlich die Fäden gänzlich durchgeschnitten wurden, an denen das Herrschaftsarrangement hing. Seit Beginn der achtziger Jahre ließ sich bereits eine widersprüchliche Entwicklung beobachten: Auf der einen

Seite wurde in einer umfassenden Bildungsreform versucht zu reideolo-
gisieren, d.h. die politisch-ideologische Erziehung wurde verfeinert, ausgebaut und verstärkt. Dieser Prozeß reichte von der Vorschule bis zur
Universität, von der vormilitärischen Erziehung bis zum naturwissenschaftlichen Unterricht und stand in offensichtlichem Widerspruch zu
Grundannahmen der Modernisierungstheorie. Auf der anderen Seite bildeten sich unerwünschte neue politische Gruppen zu Themen wie Frieden, Menschenrechte und Umwelt heraus, die auf eine zunächst nur mar-
ginale, dann aber wachsende Politisierung und eine Suche nach Alternativen hinwiesen. Trotz der noch auf dem XI. Parteitag der SED (1986)
erfolgten Aufwertung der politisch-ideologischen Erziehung ließ sich der
Kulturumbruch der jüngeren Generation nicht aufhalten; das Beharren
auf alten Konzepten und die politische Stagnation verschärften noch die
Situation. Obwohl mit der Überpolitisierung des gesellschaftlichen Lebens
eine faktische Verdrängung eines politischen Diskurses einherging, profilierte sich eine politische Gegenkultur, die schließlich – trotz der Schwäche einer auch institutionell verankerten Zivilgesellschaft – den Umbruch
herbeiführte.

Zusammengefaßt ergibt sich aus der Studie, daß der revolutionsartige
Umbruch und die Implosion der herrschaftstragenden und -sichernden
Institutionen in der DDR darauf zurückzuführen sind, daß sich bereits
vor den Massendemonstrationen im Herbst 1989 die Machtbalance in der
Gesellschaft von der Perspektive der Subjekte her gesehen verschoben
hatte. Die Kommunikationskrise zwischen Partei- und Staatsführung und
dem Rest der Bevölkerung bildete nur den Endpunkt dieser Entwicklung.
Das, was vorher mit wachsendem Aufwand – an ideologischer Erziehung,
aber auch an Staatssicherheitsdiensten – mühselig zusammengehalten
wurde, brach unter dem Druck – besonders der jüngeren Generation –
auseinander. Damit wurde zugleich die Struktur der Doppelkultur beseitigt.

Bibliographie

Dokumente, Monographien, Aufsätze in Sammelbänden

Allgemeinbildung und Lehrplanwerk, Autorenkollektiv unter der Leitung v. Gerhart Neuner, Berlin (DDR): Staatsverlag der DDR 1987

Almond, Gabriel A./James Coleman (Hrsg.), *The Politics of Developing Areas*, Princeton: Princeton University Press 1960

Almond, Gabriel A./Sidney Verba, *The Civic Culture. Political Attitudes and Democracy in Five Nations*, Princeton N.J.: Princeton University Press 1963

Almond, Gabriel A./Sidney Verba (Hrsg.), *The Civic Culture Revisited*, Boston/Toronto: Little, Brown and Co. 1980

Almond Gabriel/Bingham G. Powell, *Comparative Politics. A Developmental Approach*, Boston: Little, Brown and Co. 1966

„Aufgaben der Universitäten und Hochschulen in der entwickelten sozialistischen Gesellschaft", Beschluß des Politbüros des ZK der SED vom 18. März 1980, in: *Das Hochschulwesen*, 28. Jg. 1980, H. 5, S. 125-133.

Barnes, Samuel H./Max Kaase et al.: *Political Action*, Beverly Hills/London: Sage 1979

Bashevkin, Sylvia (Hrsg.), *Women and Politics in Eastern Europe*, London: Frank Cass 1985

Bathrick, David, Kultur und Öffentlichkeit in der DDR, in: Peter Uwe Hohendahl, Patricia Herminghouse (Hrsg.), *Literatur der DDR in den siebziger Jahren*, Frankfurt a.M.: Suhrkamp 1983, S. 53-81

Baylis, Thomas A., *The Technical Intelligentsia and the East German Elite. Legitimacy and Social Change in Mature Communism*, Berkeley: University of California Press 1974

Behrmann, Gisela, Politische Sozialisation, in: *Handlexikon zur Politikwissenschaft*, hrsg. v. Wolfgang W. Mickel in Verb. mit Dietrich Zitzlaff, München: Ehrenwirth 1983, S. 410-415

Behrmann, Günter C. (Hrsg.), *Politische Sozialisation in entwickelten Industriegesellschaften (Schriftenreihe der Bundeszentrale für politische Bildung, Bd. 132)*, Beiträge zur internationalen Fachtagung „Politische Sozialisation und politische Bildung" vom 10. bis 14. Oktober 1977 in Tutzing, Bonn 1979

Bell, Daniel, *The Coming of Post-Industrial Society. A Venture in Social Forecasting*, New York: Basic Books 1973

Belwe, Katharina/Fred Klinger, Der Wert der Arbeit. Aspekte des sozialen Wandels in der industriellen Arbeitswelt der DDR, in: *Tradition und Fortschritt in der Bundesrepublik Deutschland, 20. – 23. Mai 1987, Edition Deutschland Archiv*, Köln: Verlag Wissenschaft und Politik 1986, S. 61-86

Belwe, Katharina, *Mitwirkung im Industriebetrieb der DDR. Planung, Einzelleitung, Beteiligung der Werktätigen an Entscheidungsprozessen des VEB*, Opladen: Westdeutscher Verlag 1979

Bericht „Zur Situation Jugendlicher", Vorbereitungsausschuß „Jugend" der Berlin-Brandenburgischen Synode (Ost), Berlin, 4.4.-8.4.1986, in: *epd Dokumentation* 18/1986, S.48-51

Bericht zur wirtschaftlichen und sozialen Lage der DDR im Jahr 1989, in: *Informationen*, hrsg. v. Bundesministerium für innerdeutsche Beziehungen, 3/1990 (Dokumentation I)

von Beyme, Klaus/Klaus Zimmermann (Hrsg.), *Policymaking in The German Democratic Republik*, New York: St. Marin's Press 1984

Bialer, Seweryn (Hrsg.), *Politics, Society, and Nationality. Inside Gorbachev's Russia*, Boulder/London: Westview Press 1989

Bisky, Lothar/Dieter Wiedemann, Der Spielfilm – Rezeption und Wirkung, Berlin (DDR): Henschel 1985

Bisky, Lothar, Mass Media and the Socialization of Young People in the GDR, in: Margy Gerber et al., Studies in GDR Culture and Society 7, Lanham/London: University Press of America 1987, S. 7-14

Böhme, Irene, Die da drüben. Sieben Kapitel DDR, Berlin: Rotbuch-Verlag 1982

Brand, Karl-Werner/Detlef Büsser/Dieter Rucht, Aufbruch in eine neue Gesellschaft. Neue soziale Bewegungen in der Bundesrepublik, Frankfurt a.M. Suhrkamp 1983

Braun, Volker, Hinze-Kunze-Roman, Halle: Mitteldeutscher Verlag 1985 (zugl. Frankfurt a. M.: Suhrkamp 1985)

Brzezinski, Zbigniew, The Grand Failure. The Birth and Death of Communism in the Twentieth Century, London: Macdonald 1990

Brown, Archie (Hrsg.), Political Culture and Communist Studies, London: The Macmillan Press 1984

Brown, Archie/Gray, Jack (Hrsg.): Political Culture and Political Change in Communist States, 2. Aufl., London: The Macmillan Press 1984

Büscher, Wolfgang/Peter Wensierski, Studien zur neuen Jugendbewegung in der DDR. Forschungsbericht 1984-86, unveröff. Manuskript, Berlin 1986

Büscher, Wolfgang/Peter Wensierski u. a., Friedensbewegung in der DDR. Texte 1978-1982, Hattingen: Scandia 1982.

Claußen, Bernhard/Klaus Wasmud (Hrsg.), Handbuch der politischen Sozialisation, Braunschweig: Agentur Pedersen 1982

Dähn, Horst, Konfrontation oder Kooperation? Das Verhältnis von Staat und Kirche in der SBZ/DDR 1945-80, Opladen: Westdeutscher Verlag 1982

Dawson, Richard E./Kenneth Prewitt/Karen S. Dawson, Political Socialization, 2. Aufl., Boston: Little, Brown and Co. 1977

Dawson, Richard E./Kenneth Prewitt, Political Socialization, Boston: Little, Brown and Co. 1969

DDR-Handbuch, hrsg. v. Bundesministerium für innerdeutsche Beziehungen unter der wissenschaftlichen Leitung v. Hartmut Zimmermann, Bd. 1 und 2, Köln: Verlag Wissenschaft und Politik 1985

Deutsch, Karl W., Nationalism and Social Communication. An Inquiry into the Foundations of Nationality, Cambridge, Mass./London 1953

Die Freizeit der Jugend, hrsg. v. einem Autorenkollektiv (Leiter: Peter Voß), Berlin (DDR): Dietz-Verlag 1981

Döbert, Rainer/Jürgen Habermas/Gertrud Nunner-Winkler (Hrsg.), Entwicklung des Ichs, 2. Aufl., Königstein: Athenäum/Hain/Scriptor/Hanstein 1980

Döbert, Rainer/Gertrud Nunner-Winkler, Adoleszenzkrise und Identitätsbildung, Frankfurt a. M.: Europäische Verlagsanstalt 1975

Dölling, Irene, Continuity and Change in the Media Image of Women: A Look at Illustrations in the GDR, in: Margy Gerber et al., Studies in GDR Culture and Society 8, Lanham/London 1989, S. 131-144

Dölling, Irene, Individuum und Kultur. Ein Beitrag zur Diskussion, Berlin (DDR): Dietz-Verlag 1986

Dölling, Irene, Situation und Perspektiven von Frauenforschung in der DDR, Manuskript, Berlin 1990

Dölling, Irene, Social and Cultural Changes in the Lives of GDR Women – Changes in their Self-Conception, in: Margy Gerber et al. (Hrsg.), Studies in GDR Culture and Society 6, Lanham: University Press of America 1986, S. 81-92

Easton, David/Jack Dennis, Children in the Political System, New York: McGraw-Hill 1968

Ebbighausen, Rolf/Friedrich Tiemann, Das Ende der Arbeiterbewegung in Deutschland? Ein Diskussionsband für Theo Pirker (Schriften des Zentralinstituts für sozialwissenschaftliche Forschung der Freien Universität Berlin, Bd. 43), Opladen: Westdeutscher Verlag 1984

Eckart, Gabriele, So sehe ick die Sache. Protokolle aus der DDR, Köln: Kiepenheuer und Witsch 1984

Eisenfeld, Bernd, Kriegsdienstverweigerung in der DDR – ein Friedensdienst? Genesis, Befragung, Analyse, Dokumente, Frankfurt a. Main: Haag und Herchen 1978

Emmerich, Wolfgang, *Kleine Literaturgeschichte der DDR,* Darmstadt/Neuwied: Luchterhand 1981

Engelberg, Ernst, *Bismarck – Urpreuße und Reichsgründer,* Berlin (DDR): Akademie Verlag 1985

Erbe, Günter, *Arbeiterklasse und Intelligenz in der DDR. Soziale Annäherung von Produktionsarbeiterschaft und wissenschaftlich-technischer Intelligenz im Industriebetrieb?,* Opladen: Westdeutscher Verlag 1982

Erbe, Günter, *Schriftsteller in der SBZ/DDR. Eine soziologische Untersuchung zur sozialen Herkunft, zu den Karrierewegen und zum Selbstverständnis der literarischen Intelligenz,* mschr., Berlin 1986

Fagan, Richard R., *The Transformation of Political Culture in Cuba,* Stanford: Stanford University Press 1969

Familiengesetzbuch der Deutschen Demokratischen Republik vom 20.12.1965, Gesetzblatt der DDR, Teil I, Nr. 1, 3. Januar 1966

Fehér, Ferenc/Agnes Heller/György Márkus, *Diktatur über die Bedürfnisse,* Hamburg: VSA 1980

Flora, Peter, *Modernisierungsforschungen zur empirischen Analyse der gesellschaftlichen Entwicklung (Studien zur Sozialwissenschaft,* Bd. 20), Opladen: Westdeutscher Verlag 1974

Formen der Individualität, Mitteilungen aus der kulturwissenschaftlichen Forschung, Nr. 11 Lehrstuhl Kulturtheorie der Sektion Ästhetik und Kunstwissenschaften der Humboldt-Universität zu Berlin, Berlin 1982 (Manuskriptdruck)

Förster, Peter (Hrsg.), *Jugend. Weltanschauung. Aktivität. Erkenntnisse und Erfahrungen in der ideologischen Arbeit mit der Jugend,* Berlin (DDR): Verlag Neues Leben 1980

Freiburg, Arnold/Christa Mahrad, *FDJ – Der sozialistische Jugendverband der DDR,* Opladen: Westdeutscher Verlag 1982

Friedrich-Ebert-Stiftung (Hrsg.), *Die Massenmedien der DDR,* Bonn: Verlag Neue Gesellschaft 1984

Friedrich, Walter/Werner Gerth (Hrsg.) *Jugend konkret,* Berlin (DDR): Verlag Neues Leben 1984

Friedrich, Walter/Harry Müller (Hrsg.), *Zur Psychologie der 12- bis 22-jährigen. Resultate einer Intervallstudie,* Berlin (DDR): Deutscher Verlag der Wissenschaften 1980

Friedrich, Walter, *Jugend heute. Theoretische Probleme, empirische Daten und pädagogische Konsequenzen,* Berlin (DDR): Deutscher Verlag der Wissenschaften 1966

Friedrich, Walter/Achim Hoffmann, *Persönlichkeit und Leistung,* Berlin (DDR): Deutscher Verlag der Wissenschaften 1986

Gast, Gabriele, *Die politische Rolle der Frau in der DDR,* Düsseldorf: Schwann 1973

Gaus, Günter, *Wo Deutschland liegt. Eine Ortsbestimmung,* Hamburg: Hoffmann und Campe 1983

Gehlen, Arnold/Helmut Schelsky (Hrsg.), *Soziologie. Ein Lehr- und Handbuch zur modernen Gesellschaftskunde,* Düsseldorf/Köln: Diederichs 1955

Gerber, Margy et al. (Hrsg.), *Studies in GDR Culture and Society,* Bd. 1 – 8, Lanham/London: University Press of America 1981ff.

Gerth, Werner u.a., *Jugend im Großbetrieb. Zur Persönlichkeitsentwicklung junger Werktätiger in der sozialistischen Industrie,* Berlin (DDR): Deutscher Verlag der Wissenschaften 1979

Gesetz über das einheitliche sozialistische Bildungssystem der Deutschen Demokratischen Republik, Gesetzblatt der DDR, GBl. I, Nr. 6, 25.2.1965

Gesetz über den Wehrdienst in der Deutschen Demokratischen Republik (Wehrdienstgesetz), GBl. I., Nr. 12, 25.3.1982, S. 221

Gesetz über die Teilnahme der Jugend an der Gestaltung der entwickelten sozialistischen Gesellschaft und über ihre allseitige Förderung in der Deutschen Demokratischen Republik (Jugendgesetz der DDR), GBl. I, Nr. 5, 31.1.1974

Giesecke, Hermann, *Didaktik der politischen Bildung,* München: Juventa 1972

Gilligan, Carol, *In a Different Voice. Psychological Theory and Women's Development,* Cambridge, Mass./London: Harvard University Press 1982

Glaeßner, Gert-Joachim (Hrsg.), *Die DDR in der Ära Honecker. Politik – Kultur – Gesellschaft,* Opladen: Westdeutscher Verlag 1988

Glaeßner, Gert-Joachim, *Sozialistische Systeme. Einführung in die Kommunismus und DDR-Forschung,* Opladen: Westdeutscher Verlag 1982

Glaeßner, Gert-Joachim, *Herrschaft durch Kader. Leitung der Gesellschaft und Kaderpolitik in der DDR*, Opladen: Westdeutscher Verlag 1977

Glaeßner, Gert-Joachim, *Die andere deutsche Republik. Gesellschaft und Politik in der DDR*, Opladen: Westdeutscher Verlag 1989

Goldfarb, Jeffrey C., *On Cultural Freedom. An Exploration of Public Life in Poland and America*, Chicago: University of Chicago Press 1983

Gorbatschow, Michail, *Perestroika. Die zweite russische Revolution*, München: Droemer Knaur 1987

Gransow, Volker, *Konzeptionelle Wandlungen der Kommunismusforschung. Vom Totalitarismus zur Immanenz*, Frankfurt a.M./New York: Campus 1980

Gransow, Volker, *Kulturpolitik in der DDR*, Berlin: Verlag Volker Spiess 1975

Greenstein, Fred J./Nelson W. Polsby (Hrsg.), *Handbook of Political Science*, Bd. 3: *Macropolitical Theory*, Reading, Mass.: Addison-Wesley 1975, S. 1-114

Greenstein, Fred J., *Children and Politics*, New Haven: Yale University Press 1965

Greenstein, Fred J., Political Socialization, in: David L. Sills (Hrsg.), *Interventional Encyclopedia of The Social Sciences*, Bd. 14, New York 1968, S. 551

Greiffenhagen, Martin und Sylvia Greiffenhagen, *Ein schwieriges Vaterland. Zur politischen Kultur Deutschlands*, Frankfurt a.M. Fischer 1981

Greiffenhagen, Martin, *Von Potsdam nach Bonn. Zehn Kapitel zur politischen Kultur Deutschlands*, München/Zürich: Piper 1986

Grunenberg, Antonia, Die gespaltene Identität. Gesellschaftliches Doppelleben in der DDR, in: Werner Weidenfeld (Hrsg.), *Die Identität der Deutschen*, Bonn: Bundeszentrale für politische Bildung 1983, S. 210-228

Günther, Karl-Heinz, Zur weltanschaulichen Fundierung der patriotischen und internationalistischen Erziehung der Schüler, in: Akademie der Pädagogischen Wissenschaften der DDR (Hrsg.): *Jahrbuch 1981*, Berlin (DDR): Volk und Wissen 1982, S. 42-47

Gudorf, Odilo, *Sprache als Politik. Untersuchung zur öffentlichen Sprache und Kommunikationsstruktur in der DDR*, Köln: Wissenschaft und Politik 1981

Gysi, Jutta/Uta Meier, Zu theoretischen Problemen einer soziologischen Analyse familialer Lebensweise, in: *Jahrbuch für Soziologie und Sozialpolitik 1982*, Berlin (DDR): Akademie-Verlag 1982, S. 121-130

Gysi, Jutta, Frauen- und Familienentwicklung als Gegenstand sozialistischer Politik, in: *Jahrbuch für Soziologie und Sozialpolitik 1984*, Berlin (DDR): Akademie-Verlag, S. 95-109

Haase, Norbert/Lothar Reese/Peter Wensierski, *VEB Nachwuchs. Jugend in der DDR*, Reinbek: Rowohlt 1983

Habermas, Jürgen, *Zur Entwicklung der Interaktionskompetenz*, Frankfurt a.M.: Gesellschaft zur Förderung der Wissenschaft 1975

Habermas, Jürgen, *Theorie des Kommunikativen Handelns*, Frankfurt a.M.: Suhrkamp 1981

Habermas, Jürgen, *Der philosophische Diskurs der Moderne*, Frankfurt a. M.: Suhrkamp 1985

Habermas, Jürgen, *Die nachholende Revolution*, Frankfurt a. M.: Suhrkamp 1990

Hagemann-White, Carol, *Sozialisation: weiblich – männlich*, Opladen: Leske und Budrich 1984

Hanhardt, Arthur M., East Germany: From Goals to Realities, in: Ivan Volgyes (Hrsg.), *Political Socialization in Eastern Europe: A Comparative Framework*, New York: Praeger 1975, S. 66-91

Hanke, Irma, *Alltag und Politik. Zur politischen Kultur einer unpolitischen Gesellschaft. Eine Untersuchung zur erzählenden Gegenwartsliteratur in der DDR in den 70er Jahren*, Opladen: Westdeutscher Verlag 1987

Harten, Hans-Christian, *Kognitive Sozialisation und politische Erkenntnis*, Weinheim: Beltz 1977

Hartwig, Jürgen/Albert Wimmel, *Wehrerziehung und vormilitärische Ausbildung der Kinder und Jugendlichen in der DDR*, Stuttgart: Seewald 1979

Helwig, Gisela (Hrsg.), *Die DDR-Gesellschaft im Spiegel ihrer Literatur*, Köln: Wissenschaft und Politik 1986

Helwig, Gisela, *Jugend und Familie in der DDR. Leitbild und Alltag im Widerspruch (Edition Deutschland Archiv)*, Köln: Verlag Wissenschaft und Politik 1984

Henkys, Reinhard (Hrsg.), *Die evangelischen Kirchen in der DDR. Beiträge zu einer Bestandsaufnahme*, München: Kaiser 1982

Henrich, Rolf, *Der vormundschaftliche Staat. Vom Versagen des real existierenden Sozialismus,* Hamburg: Rowohlt Taschenbuch-Verlag 1989

Herminghouse, Patricia, Wunschbild, Vorbild oder Portrait? Zur Darstellung der Frau im Roman der DDR, in: Peter Uwe Hohendahl/Patricia Herminghouse (Hrsg.), *Literatur der DDR und Literaturtheorie in der DDR,* Frankfurt a.M.: Suhrkamp 1976, S. 302-312

Hess, Robert D./Judith Torney, *The Development of Political Attitudes in Children,* Chicago: Aldine 1967

Hesse, Kurt, *Westmedien in der DDR. Nutzung, Image und Auswirkungen bundesrepublikanischen Hörfunks und Fernsehen,* Köln: Wissenschaft und Politik 1988

Heuer, Uwe-Jens, *Überlegungen zur sozialistischen Demokratie, Sitzungsberichte der Akademie der Wissenschaften,* hrsg. im Auftrag des Präsidenten der Akademie der Wissenschaften der DDR und Vizepräsident Heinz Stiller, Berlin (DDR): Akademie-Verlag 1986

Heydemann, Günther, *Geschichtswissenschaft im geteilten Deutschland. Entwicklungsgeschichte, Organisationsstruktur, Funktionen, Theorie- und Methodenprobleme in der Bundesrepublik Deutschland und in der DDR (Erlanger Historische Studien,* B. 6), Frankfurt a.M./Bern/Cirencester: Verlag Peter D. Lang 1980

Hiebsch, Hans/Manfred Vorweg, *Einführung in die marxistische Sozialpsychologie,* 5. Aufl., Berlin (DDR): Deutscher Verlag der Wissenschaften 1971 (1. Aufl. 1967)

Hille, Barbara, *Familie und Sozialisation in der DDR,* Opladen: Leske und Budrich 1985

Hirsch, Herbert, *Poverty and Politicization. Political Socialization in an American Sub-Culture,* New York: The Free Press 1971

„Historikerstreit". *Die Dokumentation um die Einzigartikeit der nationalsozialistischen Judenvernichtung,* München/Zürich: Piper 1987

Hoffmann, Heinz, *Sozialistische Landesverteidigung,* Teil II, Berlin (DDR): Dt. Militärverlag 1971

Holzweißig, Gunter, *Massenmedien in der DDR,* Berlin: Holzapfel 1983

Honigmann, Barbara, *Roman von einem Kinde,* Darmstadt/Neuwied: Luchterhand 1986

Horkheimer, Max, *Studien über Autorität und Familie,* Paris 1936

Huntington, Samuel P., *Political Order in Changing Societies,* New Haven: Yale University Press 1968

Husner, Gabriele, *Studenten und Studium in der DDR,* Köln: Verlag Wissenschaft und Politik 1985

Hyman, Herbert H., *Political Socialization – A Study in the Psychology of Political Behaviour,* New York: The Free Press 1959 (Neuauflage 1969)

Ilter, Karl/Albrecht Herrmann/Helmut Stolz (Hrsg.), *Handreichung zur sozialistischen Wehrerziehung,* Berlin (DDR): Volk und Wissen 1974

Informationen des Wissenschaftlichen Beirats „Die Frau in der sozialistischen Gesellschaft", hrsg. v. d. Akademie der Wissenschaften der DDR 1980ff.

Informationen zur soziologischen Forschung in der DDR, hrsg. v. d. Akademie für Gesellschaftswissenschaften beim ZK der SED 1978ff.

Inglehart, Ronald, *The Silent Revolution: Changing Values and Political Styles among Western Publics,* Princeton, N.J.: Princeton University Press 1977

Inkeles, Alexander/Raymond A. Bauer, *The Soviet Citizen. Daily Life in a Totalitarian Society (Russian Research Center Studies* Bd. 35), Cambridge, Mass.: Harvard University Press 1959

Inkeles, Alexander (Hrsg.), *Exploring Individual Modernity,* New York: Columbia University Press 1983

Jennings, M. Kent/Richard G. Niemi, *The Political Character of Adolescence. The Influence of Family and Schools,* Princeton: Princeton University Press 1974

Jennings, M. Kent/Richard G. Niemi, *Generations and Politis,* Princeton: Princeton University Press 1984

Jugendsoziologische Forschungen zum 4. Soziologenkongreß 1985, Manuskriptdruck, hrsg. v. Uta Schlegel, Zentralinstitut für Jugendforschung, o.J.

Jungermann, Peter, *Die Wehrideologie der SED und das Leitbild der Nationalen Volksarmee vom sozialistischen deutschen Soldaten,* Stuttgart: Seewald 1973

Kabat vel Job, Otmar/Arnold Pinther, *Jugend und Familie. Familiäre Faktoren der Persönlichkeitsentwicklung Jugendlicher,* Berlin (DDR): Deutscher Verlag der Wissenschaften 1981

Kahl, Alice/Steffen Wilsdorf/Herbert F. Wolf, *Kollektivbeziehungen und Lebensweise (Schriftenreihe Soziologie)*, Berlin (DDR): Dietz-Verlag 1984

Keane, John, *Democracy and Civil Society. On the Predicaments of European Socialism, the Prospects for Democracy, and the Problems of Controlling Social and Political Power*, London/New York: Verso 1988

Klages, Helmut, *Wertorientierungen im Wandel. Rückblick, Gegenwartsanalyse, Prognose*, Frankfurt a.M./New York: Campus 1984

Klein, Ethel, *Gender Politics. From Consciousness to Mass Politics*, Cambridge Mass./London: Harvard University Press 1984

Kleines Politisches Wörterbuch, 3. Aufl., Berlin (DDR): Dietz-Verlag, 1978

Klier, Freya, *Lüg' Vaterland*, München: Kindler 1990

Knabe, Hubertus, *Aufbruch in eine andere DDR. Reformer und Oppositionelle zur Zukunft ihres Landes*, Reinbek: Rowohlt 1989

Königsdorf, Helga, *Respektloser Umgang*, Darmstadt/Neuwied: Luchterhand 1987

Kosing, Alfred, *Nation in Geschichte und Gegenwart. Studie zur historisch-materialistischen Theorie der Nation*, Berlin (DDR): Dietz Verlag 1976

Kretzschmar, Albrecht, *Soziale Unterschiede – unterschiedliche Persönlichkeiten? Zum Einfluß der Sozialstruktur auf die Persönlichkeitsentwicklung (Schriftenreihe Soziologie)*, Berlin (DDR): Dietz-Verlag 1985

Kruschwitz, S./Izmerow, N.F. (Hrsg.), *Arbeitshygiene der berufstätigen Frau*, Berlin (DDR): Volk und Gesundheit 1986

Kuczynski, Jürgen, *Geschichte des Alltags des deutschen Volkes 1600-1945*, Köln: Pahl-Rugenstein 1980-1985 (Lizenzausgabe)

Kuhrig, Herta/Wulfram Speigner (Hrsg.), *Zur gesellschaftlichen Stellung der Frau in der DDR*, Leipzig: Verlag für die Frau 1978

Kulke, Christine, Politische Sozialisation, in: Klaus Hurrelmann/Dieter Ulich (Hrsg.), *Handbuch der Sozialisationsforschung*, Weinheim/Basel: Beltz 1980, S.745-776

Lamprecht, Christine, *Männerbekanntschaften. Freimütige Protokolle*, Halle/Leipzig: Mitteldeutscher Verlag 1986

Lane, Christel, *The Rites of Rulers. Ritual in Industrial Society. The Case of the Soviet Union*, Cambridge: Cambridge University Press 1981

Lane, David, *Politics and Society in the USSR*, 2. Aufl., New York: New York University Press 1978

Lange, Inge, *Die Frauen – aktive Mitgestalterinnen des Sozialismus. Ausgewählte Reden und Aufsätze*, hrsg. v. Institut für Marxismus-Leninismus beim ZK der SED, Berlin (DDR): Dietz-Verlag 1987

Lange, Max Gustav/Ernst Richert/Otto Stammer, Das Problem der 'Neuen Intelligenz' in der SBZ, in: *Veritas, Justitia, Libertas. Festschrift zur 200-Jahrfeier der Columbia-Universität New York*, Berlin 1953

Langhof, Michael, *Veröffentlichungen aus der SBZ/DDR zu Fragen der Territorialplanung*, bearb. v. Michael Langhof unter Mitarbeit v. Helma Csipak-Winguth, Berlin: Freie Universität Berlin, Zentralinstitut für sozialwissenschaftliche Forschung 1983

Lapidus, Gail W., Modernization Theory and Sex Roles in Critical Perspective – the Case of the Soviet Union, in: Jane S. Jacquette (Hrsg.), *Women in Politics*, New York usw.: Wiley 1974, S. 243-256

Lapidus, Gail W., *Women in Soviet Society. Equality, Development, and Social Change*, Berkeley/Los Angeles/London: University of California Press 1978

Lebensweise und Sozialstruktur. Materialien des 3. Kongresses der marxistisch-leninistischen Soziologie in der DDR, 25.- 27. März 1980, Berlin (DDR): Dietz-Verlag 1981

Legters, Lyman H., *The German Democratic Republic. A Developed Socialist Society*, Westview Press: Boulder, Col. 1978

Leitner, Olaf, *Rockszene DDR. Aspekte einer Massenkultur im Sozialismus*, Reinbek: Rowohlt 1983

Lemke, Christiane, Die politische Kultur sozialistischer Systeme in Osteuropa. Fragestellungen, theoretische und konzeptionelle Probleme, in: Gerd Meyer/Franciszek Ryszka (Hrsg.), *Die politische Kultur Polens*, Tübingen: Francke 1989, S. 41-55

Lemke, Christiane, Eine politische Doppelkultur. Sozialisation im Zeichen konkurrierender Einflüsse, in: *Politische Kultur der DDR*, hrsg. v. d. Landeszentrale für politische Bildung Baden-Württemberg, Redaktion: Hans-Georg Wehling, Stuttgart/Berlin/Köln: Kohlhammer 1989, S. 81-93

Lemke, Christiane, Frauen, Technik und Fortschritt. Zur Bedeutung neuer Technologien für die Berufssituation von Frauen in der DDR, in: Gerd-Joachim Glaeßner (Hrsg.), *Politik – Kultur – Gesellschaft, Die DDR in der Ära Honecker*. Opladen: Westdeutscher Verlag 1988, S. 481-498

Lemke, Christiane, *Persönlichkeit und Gesellschaft. Zur Theorie der Persönlichkeit in der DDR*, Opladen: Westdeutscher Verlag 1980

Lemke, Christiane, Frauenpolitische Optionen und Kontroversen im Vereinigungsprozeß, in: Christine Liebert/Wolfgang Merkel (Hrsg.), *Die Politik zur deutschen Einheit*, Leske und Budrich (im Druck)

Lempert, W./E. Hoff/L. Lappe, *Konzeptionen zur Analyse der Sozialisation durch Arbeit. Theoretische Vorstudie für eine empirische Untersuchung (Materialien aus der Bildungsforschung, Nr.14)*, Berlin: Max-Planck-Institut für Bildungsforschung 1979

Lennox, Sara, 'Nu ja! Das Nächste Leben geht aber heute an' Prosa von Frauen und Frauenbefreiung in der DDR, in: Hohendahl/Herminghouse (Hrsg.), *Literatur der DDR und Literaturtheorie in der DDR*, Frankfurt a.M.: Suhrkamp 1976, S. 224-258

Letsch, Herbert, *Der Alltag und die Dinge um uns*, Berlin (DDR): Dietz-Verlag 1983

Lipset, Seymour Martin, Industrial Proletariat in Comparative Perspective, in: Jan F. Triska/Charles Gati (Hrsg.), *Blue Collar Workers in Eastern Europe*, London: George Allen and Unwin 1981

Loesdau, Alfred, German History and National Identity in the GDR, in: Margy Gerber u.a. (Hrsg.), *Studies in GDR Culture and Society 7*, Lanham/New York/London: University Press of America 1987, S. 213-220

Lötsch, Manfred, *Social Structure of GRD Society. Some Aspects of Structural Change under the Conditions of the Scientific and Technological Revolution*, Vortrag auf dem 13. New Hampshire Symposium on the GDR, Juni 1987, mschr.

Ludz, Peter Christian, *Ideologiebegriff und marxistische Theorie. Ansätze zu einer immanenten Kritik*, Opladen: Westdeutscher Verlag 1976

Ludz, Peter Christian, *Mechanismen der Herrschaftssicherung. Eine sprachpolitische Analyse gesellschaftlichen Wandels in der DDR*, München/Wien: Carl Hanser 1980

Ludz, Peter Christian, *Parteielite im Wandel. Funktionsaufbau, Sozialstruktur und Ideologie der SED-Führung. Eine empirisch-systematische Untersuchung (Schriften des Instituts für politische Wissenschaft, Bd. 21)*, Köln und Opladen: Westdeutscher Verlag 1968

Mallinckrodt, Anita, *Das kleine Massenmedium. Soziale Funktion und politische Rolle der Heftreihen-Literatur in der DDR*, Köln: Wissenschaft und Politik 1986

Markovits, Andrei S. (Hrsg.), *The Political Exonomy of West Germany: Modell Deutschland*, New York: Praeger 1982

Maron, Monika, *Die Überläuferin*, Frankfurt a.M.: Fischer 1986

Marxistisch-leninistische Staats- und Rechtstheorie. Lehrbuch, Berlin (DDR): Staatsverlag 1980

Materialien zum Bericht zur Lage der Nation im geteilten Deutschland 1987, hrsg. v. Bundesministerium für innerdeutsche Beziehungen, Bonn: Bonner Universitätsdruckerei 1987

McAdams, James, *East Germany und Detente. Building Authority after the Wall*, Cambridge usw.: Cambridge University Press 1985

Meier, Artur, *Soziologie des Bildungswesens. Eine Einführung*, Köln: Pahl-Rugenstein (Lizenzausgabe) 1974

Meuschel, Sigrid, Integration durch Legitimation? Zum Problem der Sozialintegration in der DDR, in: *Ideologie und gesellschaftllilche Entwicklung in der DDR. 18. Tagung zum Stand der DDR-Forschung in der Bundesrepublik Deutschland, 28. bis 31. Mai 1985, Edition Deutschland Archiv*, Köln: Wissenschaft und Politik 1985, S. 15-29

Meyer, Gerd/Franciszek Ryszka (Hrsg.), *Die Politische Kultur Polens*, Tübingen: Francke Verlag 1989

Mittenzwei, Ingrid, *Friedrich II. von Preußen. Eine Biographie*, Berlin (DDR): Deutscher Verlag der Wissenschaften 1979

Morgner, Irmtraud, *Amanda. Ein Hexenroman*, Darmstadt/Neuwied: Luchterhand 1984

Morgner, Irmtraud, *Leben und Abenteuer der Trobadora Beatriz nach Zeugnissen ihrer Spielfrau Laura*, Darmstadt/Neuwied: Luchterhand 1976

Müller, Christine, *Männerprotokolle*, Berlin (DDR): Buchverlag Der Morgen 1985

Nawrocki, Joachim, *Bewaffnete Organe in der DDR – Nationale Volksarmee und andere militärische und paramilitärische Verbände*, Berlin: Holzapfel 1979

Neuner, Gerhart, Weltanschauliche Erziehung der Jugend, in: Akademie der Pädagogischen Wissenschaften (Hrsg.), *Jahrbuch 1983*, Berlin (DDR): Volk und Wissen 1984

Nickel, Hildegard Maria, *Geschlechtersozialisation in der Familie und als Funktion gesellschaftlicher Arbeitsteilung. Ein erziehungssoziologischer Erklärungsansatz für die Herausbildung weiblicher und männlicher sozialer Identität*, Diss. B, Humboldt-Universität zu Berlin (DDR) 1985

Niederländer, Loni, *Arbeiten und Wohnen in der Stadt*, Berlin (DDR): Dietz Verlag 1984

Oesterreich, David, *Autoritarismus und Autonomie. Untersuchungen über berufliche Werdegänge, soziale Einstellungen, Sozialisationsbedingungen und Persönlichkeitsmerkmale ehemaliger Industrielehrlinge*, Stuttgart: Klett 1974

O'Donnell, Guillermo/Phillipe Schmitter/Lawrence Whitehead (Hrsg.), *Transition from Authoritarian Rule*, Baltimore: Johns Hopkins University Press 1986

Pateman, Carol, The Civic Culture. A Philosophical Critique, in: Gabriel Almond/Sidney Verba, *The Civic Culture Revisited*, Boston/Toronto: Little, Brown & Co. 1980, S. 57-102

Pawelka, Peter, *Politische Sozialisation (Systematische Politikwissenschaft, Bd. 4)*, Wiesbaden: Akademische Verlagsgesellschaft 1977

Pelczynsky, Z.A. (Hrsg.), *The State and Civil Society. Studies in Hegel's Political Philosophy*, Cambridge usw.: Cambridge University Press 1984

Peltzer, Michael, *Sozialistische Herrschaft und materielle Interessen. Zum Legitimationsproblem im gesellschaftlichen System der DDR, (Studien zur Sozialwissenschaft, Bd. 68)*, Opladen: Westdeutscher Verlag 1987

Politische Theorie und sozialer Fortschritt, hrsg. v. Karl Heinz Röder, Berlin (DDR): Staatsverlag 1986

Przeworski, Adam, Some Problems in the Study of the Transition to Democracy, in: G. O'Donnell/P. Schmitter/L. Whitehead, *Transition from Authoritarian Rule*, Baltimore: Johns Hopkins University Press 1986, S. 47-62

Pye, Lucien W./Mary Pye, *Asian Power and Politics: Cultural Dimensions of Authority*, Cambridge: Harvard University Press 1985

Pye, Lucian W./Sydney Verba (Hrsg.), *Political Culture and Political Development*, Princeton, N.J.: Princeton University Press 1965

Rammstedt, Otthein, *Soziale Bewegung*, Frankfurt a.M. Suhrkamp 1978

Renshon, Stanley A., *Psychological Needs and Political Behavior*, New York: The Free Press 1974

Renshon, Stanley A. (Hrsg.), *Handbook of Political Socialization*, New York: The Free Press 1977

Richert, Ernst, *Agitation und Propaganda. Das System der publizistischen Massenführung in der Sowjetzone (Schriften des Instituts für politische Wissenschaft, Bd. 10)*, in Zusammenarbeit mit Carola Stern und Peter Dietrich mit einem Vorwort von Otto Stammer, Berlin/Frankfurt a.M.: Verlag Franz Vahlen 1958

Richert, Ernst, *Macht ohne Mandat*, Köln/Opladen: Westdeutscher Verlag 1963

Richert, Ernst, *'Sozialistische Universität'. Die Hochschulpolitik der SED*, Berlin: Colloquium Verlag 1967

Rodejohann-Recke, Heidrun, 'Sozialistische Wehrerziehung' in der DDR, in: Studiengruppe Militärpolitik, *Die Nationale Volksarmee*, Reinbek: Rowohlt 1976, S. 100-133

Rosenbaum, Walter, *Political Culture*, New York: Praeger 1975

Roski, Günter/Peter Förster, Erfordernisse und Möglichkeiten einer bewußten Beeinflussung der Migrationsund Verbleibabsichten junger Leute, in: *Jugendsoziologische Forschungen zum 4. Soziologenkongreß 1985*, Zentralinstitut für Jugendforschung Leipzig (Manuskriptdruck), S. 104-107

Runge, Irene, *Ganz in Familie. Gedanken zu einem vieldiskutierten Thema*, Berlin (DDR): Dietz Verlag 1985

Rueschemeyer, Marilyn/Christiane Lemke (Hrsg.), *The Quality of Life. Changes and Developments in a State Socialist Society*, New York: M. E. Sharpe 1989

Skocpol, Theda, *States and Social Revolutions. A Comparative Analysis of France, Russia and China*, Cambridge: Cambridge University Press 1979

Scheel, Daniela, *Zwischen Wertung und Wirkung. DDR-Zeitschriftenprofile 1950-1980 am Beispiel von Geschlechterrollenproblematik und Frauenleitbild*, Köln: Wissenschaft und Politik 1985 *(Bibliothek Wissenschaft und Politik, Bd. 38)*

Scherrer, Klaus-Jürgen, Politische Kultur und neue soziale Bewegungen, in: Gert-Joachim Glaeßner (Hrsg.), *Die Bundesrepublik in den siebziger Jahren. Versuch einer Bilanz*, Opladen: Leske und Budrich 1984

Schirrmeister, H. G., *Erziehung zum Hass. Geistige Militarisierung in der DDR*, Landsberg: Verlag Bonn aktuell 1987.

Schlegel, Uta/Otmar Kabat vel Job/Barbara Bertram/Arnold Pinther/Monika Reißig, *Junge Frauen von heute. Wie sie sind – was sie wollen*, 3. überarb. Aufl., Leipzig: Verlag für die Frau 1986

Schmiederer, Rolf, *Zwischen Affirmation und Reformismus. Politische Bildung in Westdeutschland seit 1945*, Frankfurt a.M.: Europäische Verlagsanstalt 1972

Schmiederer, Rolf, *Politische Bildung im Interesse der Schüler*, Hannover: Schriftenreihe der Niedersächsischen Landeszentrale für politische Bildung 1977

Schmitt, Karl, *Politische Erziehung in der DDR. Ziele, Methoden und Ergebnisse des politischen Unterrichts an den allgemeinbildenden Schulen der DDR (Studien zur Didaktik, Bd. 2)*, Paderborn: Ferdinand Schöningh 1980

Schneider, Gernot, *Wirtschaftswunder DDR. Anspruch und Realität*, Köln: Bund-Verlag 1988

Schoefer, Christine, *A Public Voice? Politics and Literature in the GDR*, PhD Diss., Dept. of Political Science, University of California, Berkeley 1985

Schüddekopf, Charles (Hrsg.), *„Wir sind das Volk!" Flugschriften, Aufrufe und Texte einer deutschen Revolution* (mit einem Nachwort von Lutz Niethammer), Reinbek: Rowohlt Taschenbuchverlag 1990

Solomon, Richard H., *Mao's Revolution and the Chinese Political Culture*, Berkeley Universitiy Press 1971

Sozialistische Berufsbildung. Facharbeiterberufe. Lehrplanwerk, hrsg. von einem Autorenkollektiv unter der Leitung v. Peter Lorenz und Gottfried Schneider, Berlin (DDR): Volk und Wissen 1985

Der Staat im politischen System der DDR, hrsg. von einem Autorenkollektiv unter der Leitung v. Wolfgang Weichelt, Berlin (DDR): Staatsverlag der DDR 1986

Stadt und Land in der DDR. Entwicklung. Bilanz. Perspektiven, hrsg. v. einem Autorenkollektiv unter der Leitung. v. Kurt Groschoff für die Akademie für Gesellschaftswissenschaften beim ZK der SED, Berlin (DDR): Dietz-Verlag 1984

Stammer, Otto, Sozialstruktur und System der Werterhaltungen der Sowjetischen Besatzungszone Deutschlands, in: *Schmollers Jahrbuch für Gesetzgebung, Verwaltung und Volkswirtschaft*, 76. Jg. 1956, H. 1, S. 55-105

Staritz, Dietrich, *Geschichte der DDR 1949-1985*, Frankfurt a.M.: Suhrkamp 1985

Staritz, Dietrich, Ursachen und Konsequenzen einer deutschen Revolution, in: *Der Fischer Welt Almanach. Sonderband DDR*, Frankfurt a. M.: Fischer Taschenbuchverlag 1990, S. 13-44

Starke, Kurt, *Jugend im Studium. Zur Persönlichkeitsentwicklung von Hochschulstudenten*, Berlin (DDR): Deutscher Verlag der Wissenschaften 1980

Statistisches Jahrbuch der DDR, Berlin (DDR): Staatsverlag der DDR (jährlich)

Steinbach, Peter, Widerstandsaktionen und Widerstandsforschung in der deutschen Geschichtswissenschaft. Konsequenzen eines Paradigmenwechsels für die Darstellung des Kampfes gegen den Nationalsozialismus in der zeitgeschichtlichen Forschung der DDR, in: *Tradition und Fortschritt in der DDR, 19. Tagung zum Stand der DDR-Forschung in der Bundesrepublik Deutschland, 20. bis 23. Mai 1986 (Edition Deutschland Archiv)* Köln: Wissenschaft und Politik 1986, S. 43-60

Studiengruppe Militärpolitik (Ulrich Albrecht u.a.), *Die Nationale Volksarmee. Ein Anti-Weißbuch zum Militär in der DDR*, Reinbek bei Hamburg: Rowohlt Taschenbuch-Verlag 1976

Szewcyk, Hans (Hrsg.), *Der fehlentwickelte Jugendliche und seine Kriminalität (Medizinisch-juristische Grenzfragen, Bd. 15)*, Jena: Gustav Fischer Verlag 1982

Teichler, Ulrich, *Die Freie Deutsche Jugend unter besonderer Berücksichtigung der Phase des Neuen Ökonomischen Systems der Planung und Leitung der Volkswirtschaft und der Spannung von Elite- und Massenerziehung*, unveröff. Dipl.-Arbeit, Freie Universität Berlin 1967

Tilly, Charles, *From Mobilization to Revolution*, Reading, Mass.: Addison-Wesley 1978

Touraine, Alain, *The Post-Industrial Society: Tomorrow's Social History; Classes, Conflicts, and Culture in the Programmed Society*, New York: Random House 1971

Triska, Jan F./Charles Gati (Hrsg.), *Blue-Collar Workers in Eastern Europe*, London: George Allen and Unwin 1981

Triska, Jan F./Peter M. Cocks (Hrsg.), *Political Development in Eastern Europe*, New York/London: Praeger 1977

Tucker, Robert C., *Political Culture and Leadership in Soviet Russia. From Lenin to Gorbachev*, New York/London: W. W. Norton 1987

Überblick zur Geschichte des marxistisch-leninistischen Grundlagenstudiums an den Universitäten, Hoch- und Fachschulen der DDR, ausgearb. v. einem Autorenkollektiv unter der Leitung. v. G. Handel, Leipzig 1981

Verba, Sidney/Norman H. Nie/Jae-on Kim, *Participation and Political Equality. A Seven-Nation Comparison*, Cambridge: Cambridge University Press 1978

Verba, Sidney/Norman H. Nie, *Participation in America. Social Equalitiy and Political Democracy*, New York: Harper and Row 1972

Verordnung über die Facharbeiterberufe, Gesetzblatt der Deutschen Demokratischen Republik, Teil I, Nr. 4, 20.2.1985, S. 25-53

Volgyes, Ivan (Hrsg.), *Political Socialization in Eastern Europe: A Comparative Framework*, New York: Praeger 1975

Voß, Peter, die Entwicklung des Sozialverhaltens am Beispiel der Zugehörigkeit Jugendlicher zu informellen Freizeitgruppen, in: *Methodische und theoretische Fragen der Jugendforschung. Konferenzbeiträge, 5. Leipziger Kolloquium der Jugendforschung 1983*, hrsg. v. Zentralinstitut für Jugendforschung (ZIJ), Leipzig: ZIJ Druck 1983, S. 72-77

Wallerstein, Immanuel, *The Capitalist World Economy*, Cambridge: Cambridge University Press 1979

Wander, Maxie, *Guten Morgen, Du Schöne. Frauen in der DDR*, Darmstadt/Neuwied: Luchterhand 1978

Watts, W. Meredith/Arthur Fischer/Werner Fuchs/Jürgen Zinnecker, *Generations and Youth in Post-War Germany*, Greenwood Press 1989

Weidenfeld, Werner(Hrsg.), *Nachdenken über Deutschland. Materialien zur politischen Kultur der Deutschen Frage*, Köln: Verlag Wissenschaft und Politik 1985

Weidenfeld, Werner/Hartmut Zimmermann (Hrsg.), *Deutschland Handbuch. Eine doppelte Bilanz 1949-1989*, Bonn 1989

White, Stephen, *Political Culture and Soviet Politics*, London/New York 1979

Wie lebt man auf dem Dorf. Soziologische Aspekte der Entwicklung des Dorfes in der DDR, hrsg. v. einem Autorenkollektiv unter der Leitung. von Kurt Krambach, Berlin (DDR): Dietz-Verlag 1985

Wiggershaus, Renate, *Geschichte der Frauen und Frauenbewegung in der Bundesrepublik und in der Deutschen Demokratischen Republik seit 1945*, Wuppertal: Peter Hammer 1979

Winkler, Gunnar (Hrsg.), *Frauenreport '90*, Berlin (DDR): Verlag Die Wirtschaft 1990

Winkler, Gunnar (Hrsg.), *Sozialreport '90. Daten und Fakten zur sozialen Lage in der DDR*, Berlin (DDR): Verlag Die Wirtschaft 1990

Wittich, Dietmar, *Über soziale Erfahrung. Zur Rolle der sozialen Erfahrung bei der Entwicklung der sozialistischen Persönlichkeit (Schriftenreihe Soziologie)*, Berlin (DDR): Dietz-Verlag 1983

Wolchik, Sharon L./Alfred G. Meyer (Hrsg.), *Women, State and Party in Eastern Europe*, Durham: Duke University Press 1985

Wolf, Christa, *Kindheitsmuster*, Darmstadt/Neuwied: Luchterhand 1984

Wolf, Christa, *Störfall. Nachrichten eines Tages*, Darmstadt/Neuwied: Luchterhand 1987

Wolf, Christa, *Voraussetzungen einer Erzählung. Kassandra* (Frankfurter Poetik-Vorlesungen), Darmstadt/Neuwied: Luchterhand 1983

Wörterbuch der Geschichte, hrsg. v. Horst Bartel u.a., 2 Bde., Berlin (DDR): Dietz-Verlag 1984

Wörterbuch der marxistisch-leninistischen Soziologie, hrsg. v. Georg Assmann u.a., Berlin (DDR): Dietz-Verlag 1977

Wörterbuch der Psychologie, hrsg. v. Günter Clauß u.a., Leipzig: Bibliographisches Institut 1981

Zängle, Michael, *Einführung in die politische Sozialisationsforschung*, Paderborn: Ferdinand Schöningh 1978

Zapf, Wolfgang (Hrsg.), *Theorien des sozialen Wandels (Neue Wissenschaftliche Bibliothek, 31)* Köln/Berlin 1969

Zehl-Romero, Christiane, Vertreibung aus dem Paradies. Zur neuen Frauenliteratur in der DDR, in: Margy Gerber et al. (Hrsg.), *Studies in GDR Culture and Society 3*, Lanham: University Press of America 1983, S. 71-85

„Ziele und Inhalte kirchlicher Jugendarbeit", Kommission Kirchliche Jugendarbeit 1985, Synodenvorlage, Dresden, 20.-24.9.1985, in: *epd Dokumentation*, Nr. 43/85, Frankfurt a.M., S. 24-34

Zimmermann, Hartmut, *DDR-Forschung: Zum Verständnis des Gegenstandsbereichs, zur Forschungslage und zur weiteren Forschung auf dem Gebiet der Massenorganisationen und der Partizipationsproblematik („Sozialistische Demokratie")*, Berlin: 1977 (Manuskriptdruck, Freie Universität Berlin).

Zimmermann, Hartmut, *Wissenschaftlich-technische Revolution in der DDR. Studie zur Entwicklungs- und Problemgeschichte des Gesellschaftskonzepts der SED seit Mitte der fünfziger Jahre*, Diss., Freie Universität Berlin 1981

Zur Kulturgeschichte der deutschen Arbeiterklasse. Materialien der wissenschaftlichen Konferenz „Geschichte der Kultur und Kulturauffassung der Arbeiterklasse", 22. und 23. Nov. 1978, Humboldt Universität zu Berlin, in: *Mitteilungen aus der Kulturwissenschaftlichen Forschung*, Teil I in Nr. 4, Teil II in Nr. 5, Manuskript, Berlin (DDR) 1979

Zur politischen und moralischen Erziehung in der Familie, hrsg. von der Akademie der Pädagogischen Wissenschaften der DDR, Berlin (DDR): Volk und Wissen 1978

Zwischen Alex und Marzahn. Studie zur Lebensweise in Berlin, Autorenkollektiv unter der Leitung. v. Georg Aßmann und Gunnar Winkler, Berlin (DDR): Dietz-Verlag 1987

Zeitschriftenaufsätze

Adamson, Walter, Convergences in Recent Democratic Theory. Review Essay, in: *Theory and Society*, 18/1989, S. 125-142

Allerbeck, Klaus R./Max Kaase/Hans-Dieter Klingemann, Politische Ideologie, politische Beteiligung und politische Sozialisation. Bericht über Ergebnisse eines international vergleichenden Forschungsvorhabens, Teil 1 in: *Politische Vierteljahresschrift*, 20. Jg. 1979, H. 4, S. 357-378, Teil 2 in: *Politische Vierteljahresschrift*, 21. Jg. 1980, H. 1, S. 88-96

Almond, Gabriel, Politische Kulturforschung – Rückblick und Ausblick, in: Dirk Berg-Schlosser/Jakob Schissler (Hrgs.), *Politische Kultur in Deutschland, Politische Vierteljahresschrift*, Sonderheft 18/1987, S. 27-38

Alter Adam – Neuer Adam. Männergestalten in der DDR-Literatur (Literaturforum), in: *Für Dich*, 28/1986, S. 10f. und 31/1986, S. 10f.

Anweiler, Oskar, Leistungssteigerung, Begabtenförderung, ideologischer Konformismus – Tendenzen der Bildungspolitik in der DDR, in: *DDR-Report*, 3/1984, S. 138-141

Arato, Andrew, Civil Society Against the State, in: *Telos*, 47/1981, S. 23-47

ders./Jean Cohen, Social Movements, Civil Society, and the Problem of Sovereignty, in: *Praxis International*, 4/3, S. 266ff.

Bartel, Horst/Walter Schmidt, Sozialismus und historisches Erbe in der DDR, in: *Einheit*, 39. Jg. 1984, H. 2, S. 111-116

Baumann, Manfred/Käte Nestler, Zukunftsvorstellungen von Kindern und Jugendlichen, in: *Psychologie für die Praxis 3*, Berlin (DDR): Deutscher Verlag der Wissenschaften 1986, S. 133-240

Bellman, Reinhard/Michael Brie/Horst Friedrich, Der Platz der Philosophie in der marxistisch-leninistischen Ausbildung der Studenten, in: *Das Hochschulwesen*, 35. Jg. 1987, H. 4, S. 294-300

Belwe, Katharina, Annäherung von Arbeiterklasse und Intelligenz. Eine 'Nivellierung nach unten', in: *Deutschland Archiv*, 16. Jg. 1982, H. 2, S. 161-166

Belwe, Katharina, Migration in der DDR. Landflucht und Verstädterung, in: *Deutschland Archiv*, 20. Jg. 1987, H. 5, S. 515-530

Berg, Frank/Rolf Reissig, Menschenrechte in der Politik des Sozialismus, in: *Deutsche Zeitschrift für Philosophie*, 36. Jg. 1988, H. 7, S. 599-609

Berg-Schlosser, Dirk/Jakob Schissler (Hrsg.), *Politische Kultur in Deutschland. Bilanz und Perspektiven der Forschung*, PVS-Sonderheft, Bd. 18/1987

Bertram, Barbara, Geschlechtstypik bei Lebenswerten und Arbeitsleistungen Jugendlicher, in: *Informationen des wissenschaftlichen Rates „Die Frau in der sozialistischen Gesellschaft"*, 4/1986, S. 5f.

Bialer, Seweryn, Inside Glasnost, in: *The Atlantic*, Febr. 1988, S. 65-68

Bialer, Seweryn, Gorbachev's Program of Change: Sources, Significance, Prospects, in: *Political Science Quarterly*, Bd. 103, H. 3 (1988), S. 403-460

Bisky, Lothar, Zum Einfluß imperialistischer Massenmedien auf das Alltagsbewußtsein Jugendlicher in kapitalistischen Staaten, in: *Wissenschaftliche Zeitschrift der Humboldt Universität zu Berlin, Gesellschaftswiss. Reihe*, 35. Jg. 1986, H. 5, S. 369-373

Bohring, Günther, Weltanschauliche Aspekte des wissenschaftlich-technischen Fortschritts und kommunistische Arbeitserziehung, in: *Pädagogik*, 38. Jg. 1983, S. 934-939

Böhme, Hans-Joachim, Die wissenschafts- und bildungspolitischen Aufgaben unserer Universitäten und Hochschulen im Studienjahr 1983/84, in: *Das Hochschulwesen*, 31. Jg. 1983, H. 9, S. 256-280

Böhme, Hans-Joachim, Aufgaben des marxistisch-leninistischen Grundlagenstudiums, in: *Das Hochschulwesen*, 35. Jg. 1987, H. 1, S. 1-6

Böhme, Hans-Joachim, Aufgaben der Universitäten und Hochschulen im Studienjahr 1988/89, in: *Das Hochschulwesen*, 36. Jg. 1988, H. 9, S. 245-263

Bronfenbrenner, Uri, Response to Pressure from Peers vs. Adults among Soviet and American School-Children, in: *International Journal of Psychology*, 2/1967, S. 199-207

Claußen, Bernhard, Politische Sozialisation: Konsolidierung und Differenzierung eines Forschungsparadigmas, Teil I, in: *Neue Politische Literatur*, 29. Jg. 1984, H. 1, S. 91-116, Teil II, in: ebd., H. 2, S. 167-184

Craig, Gordon, The Other Germany, in: *The New York Review of Books*, 25.9.1986

Die Massenorganisationen in der DDR – aktive Mitgestalter des Sozialismus, in: *Neuer Weg*, 41. Jg. 1986, H. 18, S. 705f.

DiFrancisco, Wayne/Zvi Gitelman, Soviet Political Culture and 'Covert Participation' in Policy Implementation, in: *The American Political Science Review*, 78. Jg. 1984, H. 3, S. 603-621

Dittmer, Lowell, Comparative Communist Political Culture, in: *Studies in Comparative Communism*, 26. Jg. 1983, H. 1/2, S. 9-24

Dölling, Irene, Entwicklungswidersprüche berufstätiger Frauen in der sozialistischen Gesellschaft, in: *Mitteilungen aus der kulturwissenschaftlichen Forschung 11*, hrsg. v. Lehrstuhl der Sektion Ästhetik und Kunstwissenschaften der Humboldt Universität zu Berlin, Manuskriptdruck, Berlin (DDR) 1982, S. 76-87

Dölling, Irene, Zur kulturtheoretischen Analyse von Geschlechterbeziehungen, in: *Weimarer Beiträge*, 26. Jg. 1980, H. 1, S. 59-88

Dölling, Irene, Frauen und Männerbilder als Gegenstand kulturtheoretischer Forschung, in: *Weimarer Beiträge*, 34. Jg. 1988, H. 4, S. 556-579

Drefenstedt, Edgar, Herausbildung grundlegenden sicheren Könnens und optimale Persönlichkeitsentwicklung jeden Schülers, in: *Wissenschaftliche Zeitschrift der Karl-Marx-Universität Leipzig, Gesellschaftswiss. Reihe*, 37. Jg. 1988, H. 3, S. 222-226

Eckstein, Harry, A Culturalist Theory of Political Change, in: *American Political Science Review*, Bd. 82, H. 3 (1988), S. 789-804

Edeler Brigitte/Dieter Edeler, Die Analyse subjektiver Komponenten von Kollektivbeziehungen unter dem Aspekt der Einheit von formeller und informeller Organisation, in: *Informationen zur soziologischen Forschung in der DDR*, hrsg. von der Adademie für Gesellschaftswissenschaften beim ZK der SED, 21. Jg. 1985, H. 3, S. 28-31

Enders, Ulrike, Kinder, Küche, Kombinat – Frauen in der DDR, in: *Aus Politik und Zeitgeschichte. Beilage zur Wochenzeitung Das Parlament*, B 6-7/86, 8.2.1986, S. 26-37

Ergebnisse aus territorial- und stadtsoziologischen Forschungen, in: *Informationen zur soziologischen Forschung in der DDR*, 22. Jg. 1986, H. 4

Feige, Hans-Uwe, Zur Rolle des Franz-Mehring-Instituts bei der Aus- und Weiterbildung von Lehrkräften des marxistisch-leninistischen Grundlagenstudiums, in: *Das Hochschulwesen*, 34. Jg. 1986, H. 5, S. 113-116

Feige, Wolfgang, Ansprüche an die geistige Aktivität in Staatsbürgerkunde, in: *Deutsche Lehrerzeitung*, 19/1988, S. 10ff.

Fortschritt als Frage. Eine Diskussion um Entwicklungprobleme von Gegenwartskünsten, in: *Sinn und Form*, 32. Jg. 1986, H. 8, S. 1281-1312

Fricke, Karl-Wilhelm, Forcierte Militarisierung im Erziehungswesen der DDR, in: *Deutschland Archiv*, 15. Jg. 1982, H. 10, S. 1057-1062

Friedrich, Walter, Vorwort, in: *Informationen des Wissenschaftlichen Rates „Die Frau in der sozialistischen Gesellschaft"*, H. 4 (1986), S. 3

Friedrich, Walter, Mentalitätswandlungen der Jugend in der DDR, in: *Aus Politik und Zeitgeschichte*, B 16-17(1990), S. 25-37

Gati, Charles, Eastern Europe on its own, in: *Foreign Affairs*, Bd. 68, H. 1 (1988/89), S. 99-119

Gati Charles, Gorbachev and Eastern Europe, in: *Foreign Affairs*, Bd. 65, H. 5 (1987), S. 958-975

Geissler, Erhard, Bruder Frankenstein oder Pflegefälle aus der Retorte, in: *Sinn und Form*, 36. Jg. 1984, H. 3, S. 1289-1319

Gensicke, Margit/Utz Hoffmann, Geschichte ist etwas sehr Lebendiges. Gespräch mit Walter Schmidt, in: *Wochenpost*, Nr. 52 v. 26.12.1986, S. 16/17

Gerber, Margy, 'Wie hoch ist eigentlich der Preis der Emanzipation?' Social Issues in Recent GDR Women's Writing, in: *GDR Monitor*, Nr. 16, Winter 1986/87, S. 55-83

Gerber, Margy, „'Glasnost ohne Glasnost'. Cultural Policy and Practice in the GDR", Vortrag gehalten auf der German Studies Association Tagung , Philadelphia 1988, Manuskript

Girnus, Wilhelm, Wer baute das siebentorige Theben?, in: *Sinn und Form*, 35. Jg. 1983, H.2, S. 439-447

Glaeßner, Gert-Joachim, Vom „realen Sozialismus" zur Selbstbestimmung. Ursachen und Konsequenzen der Systemkrise in der DDR, in: *Aus Politik und Zeitgeschichte*, B 1-2(1990), S. 3-20

Göhring, Fritz/Michael Brie, Die Weiterentwicklung des marxistisch-leninistischen Grundlagenstudiums (MLG) an den Universitäten und Hochschulen der DDR nach dem XI.Parteitag der SED, in: *Das Hochschulwesen*, 35. Jg. 1987, H. 4, S. 289-293

Grimm, Thomas, Gespräch mit Jürgen Kuczynski, in: *Sinn und Form*, 38. Jg. 1986, H. 5, S. 1028-1037

Grundmann, Siegfried/Jens-Peter Heuer, Zur territorialen Struktur der Intelligenz in der DDR, in: *Deutsche Zeitschrift für Philosophie*, 34. Jg. 1986, H. 8, S. 708-718

Grunenberg, Antonia, Jugend in der DDR: Zwischen Resignation und Aussteigertum, in: *Aus Politik und Zeitgeschichte. Beilage zur Wochenzeitung Das Parlament*, B 27/86 v. 5.7.1986, S. 3-19

Gutsche, Willibald, Über Heimatgeschichtsschreibung, in: *Einheit*, 39. Jg. 1984, H. 12, S. 1119-1123

Hager, Kurt, Das Hochschulwesen nach der 10. Tagung des ZK der SED, in: *Das Hochschulwesen*, 33. Jg. 1985, H. 9, S. 245-266

Hahn, Erich, Werte und Ideologie, in: *Pädagogik*, 43. Jg. 1988, H. 2, S. 101-113

Hahn, Toni, Individuelles Bewußtsein in der Dialektik von wissenschaftlich-technischer, ökonomischer und sozialer Dynamik des Sozialismus, in: *Informationen zur soziologischen Forschung in der DDR*, hrsg. v. d. Akademie für Gesellschaftswissenschaften beim ZK der SED, 23. Jg. 1987, H. 2, S. 21-27

Hahn, Toni, Umfassende Intensivierung – Inhalt sozialistischen Alltags und Alltagsbewußtseins? in: *Deutsche Zeitschrift für Philosophie*, 34. Jg. 1986, H. 8, S. 728-732

Hanke, Helmut/Thomas Koch, Zum Problem der kulturellen Identität, in: *Weimarer Beiträge*, 31. Jg. 1985, H. 8, S. 1237-1264

Hanke, Helmut, Freizeit in der DDR – Tendenzen und Perspektiven, in: *Weimarer Beiträge*, 33. Jg. 1987, H. 7, S. 1061-1071

Hanke, Helmut, Massenkultur – populäre Künste – Unterhaltung, in: *Informationen der Generaldirektion beim Komitee für Unterhaltungskunst. Beilage zur Zeitschrift „Unterhaltungskunst"*, 3/1986, S. 1-6

Hanke, Irma, Sozialistischer Neohistorismus? Aspekte der Identitätsdebtte in der DDR, in: *Deutschland Archiv*, 21. Jg. 1988, H. 9, S. 980-995

Hein, Christoph, Die Zensur ist überlebt, nutzlos, paradox, menschen- und volksfeindlich, ungesetzlich und strafbar. Die Rede von Christoph Hein auf dem X. Schriftstellerkongreß der DDR, in: *Die Zeit*, Dez. 1987, S. 57-59

Heller, Frithjof, Unbotmäßiges von 'Grenzfall' bis 'Wendezeit'. Inoffizielle Publizistik in der DDR, in: *Deutschland Archiv*, 21. Jg. 1988, H. 11, S. 1188-1196

Henkys, Reinhard, Neue Perspektiven für die jüdischen Gemeinden, in: *Kirche und Sozialismus*, 12. Jg. 1986, H. 4, S. 147-148

Henkys, Reinhard, Staat und Kirchen in der DDR, in: *Aus Politik und Zeitgeschichte, Beilage zur Wochenzeitung Das Parlament*, B 2/85, 12.1.1985

Heuer, Uwe-Jens, Noch einmal zum Staatsbegriff, in: *Staat und Recht*, 36. Jg. 1988, H. 5, S. 860-865

Heuer, Uwe-Jens/Gerd Quilitzsch/Dieter Segert, Sozialistische Politik als Gegenstand vergleichender Wissenschaft, in: *Deutsche Zeitschrift für Philosophie*, 36. Jg. 1988, H. 10, S. 900-908

Heym, Stefan, Je voller der Mund desto leerer die Sprüche, in: *Stern* v. 10. 2. 1977, S. 104-110

Hoffmann, Sabine, Soziale Erfahrungen der Schuljugend – Ergebnisse bildungssoziologischer Untersuchungen, in: *Informationen zur soziologischen Forschung in der DDR*, 20. Jg. 1984, H. 5, S. 61-67

Hofmann, Michael/Dieter Rink, Differenzierungen in der kulturellen Massen- und Medienarbeit. Ein Problemaufriß, in: *Weimarer Beiträge*, 33. Jg. 1987, H. 7, S. 1079-1088

Hörz, Herbert, Natur, Technik, Ökologie, in: *Deutsche Zeitschrift für Philosophie*, 36. Jg. 1988, H. 8, S. 683-692

Höschel, Heinz, Soziale Probleme des Qualifizierungsverhaltens von Angehörigen der wissenschaftlich-technischen Intelligenz – Anforderungen, Ausprägungsgrad und Bedingungen, in: *Informationen zur soziologischen Forschung in der DDR*, 18. Jg. 1982, H. 6, S. 40f.

Inglehart, Ronald, The Silent Revolution in Europe: Intergenerational Change in Post-Industrial Societies, in: *American Political Science Review*, 65. Jg. 1971, H. 4, S. 991-1017

Inglehart, Ronald, The Renaissance of Political Culture, in: *American Political Science Review*, Bd. 82, H. 4 1988, S. 1203-1230

Jancar, Barbara, Political Culture and Political Change. Review Article, in: *Studies in Comparative Communism*, 27. Jg. 1982, H. 1, S. 69-82

Jeismann, Karl-Ernst, Die Einheit der Nation im Geschichtsbild der DDR, in: *Aus Politik und Zeitgeschichte, Beilage zur Wochenzeitung Das Parlament*, B 32-33 (1983)

Kahl, Alice, Soziologische Forschung zum Wohnen und Arbeiten in der Stadt, in: *Deutsche Zeitschrift für Philosophie*, 33. Jg. 1985, H. 1, S. 77-81

Kalbe, Ernstgert, Höheres Niveau in Ausbildung und Erziehung ist die Grundforderung an unsere Arbeit (Wissenschaftlich-methodische Konferenz „Lehrer für Marxismus-Leninismus"), in: *Das Hochschulwesen*, 29. Jg. 1981, H. 4, S. 97-108

Kasek, Leo/Günther Lange, Wissenschaftlich-technischer Fortschritt und junge Intelligenz, in: *Informationen zur soziologischen Forschung in der DDR*, hrsg. v. d. Akademie für Gesellschaftswissenschaften beim ZK der SED, 20. Jg. 1984, H. 3, S. 17-24

Kleinig, Wolfgang/Gottfried Stiehler, Materialismus – Religion – Engagement für Frieden und Fortschritt, in: *Deutsche Zeitschrift für Philosophie*, 36. Jg. 1988, H. 9, S. 807-818

Klinger, Fred, Die Krise des Fortschritts in der DDR. Innovationsprobleme und Mikroelektronik, in: *Aus Politik und Zeitgeschichte. Beilage zur Wochenzeitung Das Parlament*, B 3/87, 17.1.1987, S. 3-19

Knabe, Bernd, Von der Arbeits- zur Leistungsgesellschaft? Gesellschaftspolitik in der Sowjetunion nach dem 27. Parteitag, in: *Aus Politik und Zeitgeschichte. Beilage zur Wochenzeitung Das Parlament*, B 15/16, 12.4.1986, S. 24-35

Knabe, Hubertus, Politische Opposition in der DDR. Ursprünge, Programmatik, Perspektiven, in: *Aus Politik und Zeitgeschichte. Beilage zur Wochenzeitung Das Parlament*. B 1-2(1990), S. 21-32

Koralewicz, Jadwiga/Edmund Wnuk-Lipinski, „Visions of Society, Differentiations, and Inequalities in the Collective Consciousness", Vortrag für das Symposium „Politische Kultur der VR Polen", Universität Tübingen, 14. 12.-18. 12.1986, mschr.

Kos, Olaf, Die Nutzung gesellschaftlicher Traditionen durch die Familie für die Herausbildung einer aktiven Lebensdisposition beim Kind, in: *Wissenschaftliche Zeitschrift der Humboldt Universität, Gesellschaftswiss. Reihe,* 23. Jg. 1984, H. 6, S. 641f.

Kossakowski, Adolf, Theoretische und praxisrelevante Probleme einer Periodisierung der psychischen Ontogenese der Persönlichkeit, in: *Psychologie für die Praxis,* 3/1984, S. 177-192

Kraus, Gerhard, Die Dialektik von Individuum und Kollektiv bei der allseitigen Persönlichkeitsentwicklung der Lehrlinge, in: *Forschung der sozialistischen Berufsbildung,* 4/1985, S. 144-151

Kretzschmar, Gottfried, Die Unterschiedlichkeit der Gemeindesituation in den Kirchen der DDR, in: *Wissenschaftliche Zeitschrift der Karl-Marx-Universität Leipzig, Gesellschaftswiss. Reihe,* 37. Jg. 1988, H. 1, S. 82-91

Krisch, Henry, Changing Political Culture and Political Stability in the German Democratic Republic, in: *Studies in Comparative Communism,* 19. Jg. 1986, H. 1, S. 41-53

Kuczynski, Jürgen, Können Monopole an Aggressivität verlieren?, in: *Horizont,* 10/1988, S. 24

Kuhrig, Herta, Familie und Familienglück, in: *Einheit,* 40. Jg. 1985, H. 12, S. 1099-1105

Kuhrig, Herta, Familie, berufstätige Frau und sozialistische Lebensweise, in: *Informationen des wissenschaftlichen Beirates „Die Frau in der sozialistischen Gesellschaft" bei der Akademie der Wissenschaften in der DDR,* 1/1980, S. 36f.

Kuhrig, Herta, Brauchen wir ein neues Frauenbewußtsein?, in: *Einheit,* 12/1989, S. 1135-1140

Kuppe, Johannes, Die Geschichtsschreibung der SED im Umbruch, in: *Deutschland Archiv,* 18. Jg. 1985, H. 3, S. 278-294

Kuppe, Johannes, Kontinuität und Wandel in der Geschichtsschreibung der DDR. Das Beispiel Preußens, in: *Aus Politik und Zeitgeschichte, Beilage zur Wochenzeitung Das Parlament,* B 20-21/86, 17.5.1986, S. 17- 26

Lange, Inge, Die Frauen – aktive Mitgestalter der sozialistischen DDR, in: *Einheit,* 41. Jg. 1986, H. 4/5, S. 329-333

Lebensweise in Berlin, Hauptstadt der DDR. Konferenzbericht, in: *Informationen zur soziologischen Forschung in der DDR,* hrsg. v. d. Adademie für Gesellschaftswissenschaften beim ZK der SED, 22. Jg. 1986, H. 4, S. 13-44

Lemke, Christiane, Jugendliche in der DDR – Freizeitpolitik und Freizeitverhalten, in: *Deutschland Archiv,* 17. Jg. 1984, S. 166-182

Lemke, Christiane, New Issues in the Politics of the German Democratic Republic: A Question of Political Culture? in: *The Journal of Communist Studies,* 2. Jg. 1986, H. 4, S. 341-358

Lemke, Christiane/Gero Neugebauer, Frauen und Militär in der DDR, in: *Deutschland Archiv,* 18. Jg. 1985, H. 4, S. 411-426

Lötsch, Manfred, Arbeiterklasse und Intelligenz in der Dialektik von wissenschaftlich-technischem, ökonomischem und sozialem Fortschritt, in: *Deutsche Zeitschrift für Philosophie,* 33. Jg. 1985, H. 1, S. 31-41

Lötsch, Manfred, Sozialstruktur und Triebkräfte, in: *Informationen zur soziologischen Forschung in der DDR,* hrsg. v. der Akademie für Gesellschaftswissenschaften beim ZK der SED, 20. Jg. 1984, H. 3, S. 14-15

Lorenz, Wolfgang/Wolfgang Luutz, Gesellschaftliche Reproduktion und soziale Kommunikation, in: *Deutsche Zeitschrift für Philosophie,* 36. Jg. 1988, H. 11, S. 979-989

Ludz, Peter Christian, Comparative Analysis of Divided Germany. Some Problems and Findings in Theory and Methodology, in: *Studies in Comparative Communism,* 22. Jg. 1979, H. 2/3, S. 144ff.

Lutter, Hans/Olaf Klohr, Aktuelle Probleme des Zusammenarbeit von Kommunisten und Gläubigen, in: *Deutsche Zeitschrift für Philosophie,* 33. Jg. 1985, H. 10, S. 875-883

Luutz, Wolfgang, Alltag und Alltagsbewußtsein, in: Deutsche *Zeitschrift für Philosophie,* 33. Jg. 1985, H. 4, S. 348-351

Mahrad, Christa, Der Jugendverband FDJ und die gesellschaftliche Erziehung in der DDR, in: *Aus Politik und Zeitgeschichte. Beilage zur Wochenzeitung Das Parlament*, B 27/86, 5.7.1986, S. 21-34

Mallinckrodt, Anita, Wanted: Theoretical Framework for GDR Studies. For Sale: A System/Functional Approach, in: *GDR Monitor*, 1983/84, H. 10, S. 12-27

McAuley, Mary, Political Participation under Review. Review Article, in: *Studies in Comparative Communism*, 27. Jg. 1984/85, H. 3/4, S. 241-252

Meier, Artur, Soziale Sicherheit und Zukunftsbewußtsein der lernenden Jugend in der DDR, in: *Informationen zur soziologischen Forschung in der DDR*, 20. Jg. 1984, H. 4, S. 15-18

Meier, Artur, Abschied von der Ständegesellschaft, in: *Aus Politik und Zeitgeschichte. Beilage zur Wochenzeitung Das Parlament*, B 16-17 (1990), S. 3-14

Meier, Helmut/Walter Schmidt, Geschichtsunterricht und Erbe- und Traditionsverständnis, in: *Geschichtsunterricht und Staatsbürgerkunde*, 26. Jg. 1984, H. 9, S. 654-662

Meier, Uta, Männer, Kleider, Lippenstifte. Zum Rollenverständnis von Frau und Mann, in: *Sonntag 1*, 37. Jg., 2.1.1983, S. 7

Mensch – Technik Beziehung. Umfrage, in: *Deutsche Zeitschrift für Philosophie*, 36. Jg. 1988, H. 10, S. 925-953

Merelman, Richard M., Social Stratification and Political Socialization in Mature Industrial Societies, in: *Comparative Education Revue*, 19/1975, S. 13ff.

Meuschel, Sigrid, Integration durch Legitimation? Zum Problem der Sozialintegration in der DDR, in: *Ideologie und gesellschaftliche Entwicklung in der DDR*, 18. Tagung zum Stand der DDR-Forschung, *Edition Deutschland Archiv*, Köln: Verlag Wissenschaft und Politik 1985, S. 15-29

Meyer, Gerd, Frauen in den Machthierarchien der DDR oder: Der lange Weg zur Parität. Empirische Befunde 1971-1985, in: *Deutschland Archiv*, 19. Jg. 1986, H. 3, S. 294-311

Meyer, Gerd, Frauen und Parteielite nach dem XI. Parteitag der SED – Gründe und Hypothesen zur Kontinuität der Unterrepräsentation, in: *Deutschland Archiv*, 19. Jg. 1986, H. 12, S. 1296-1321

Meyer, Gerd, Zur Soziologie der DDR-Machtelite. Qualifikationsstruktur, Karrierewege und 'politische Generationen', in: *Deutschland Archiv*, 18. Jg. 1985, H. 5, S. 506-528

Miller, Reinhold, Werte des Sozialismus und Entwicklung der Wertvorstellungen der Jugend, in: *Pädagogik*, 39. Jg. 1984, H. 7/8, S. 533-543

Mommsen, Hans, Suche nach der 'verlorenen Geschichte'?. Bemerkungen zum historischen Selbstverständnis der Bundesrepublik, in: *Merkur*, 40. Jg. 1986, H. 9/10, S. 862-874

Mommsen, Margareta, Die politische Rolle der Frau in Ost und West, in: *Aus Politik und Zeitgeschichte, Beilage zur Wochenzeitung Das Parlament*, B 6-7/86, 8. Feb.2.1986, S. 3-13

Müller, Fritz, Förderung der Frauen – hoher Anspruch an unsere Kaderarbeit, in: *Einheit*, 43. Jg. 1988, H. 1, S. 59ff.

Müller, Sonja/Elke Schneider, Jugend und Seßhaftigkeit im Dorf. Tagungsbericht, in: *Informationen zur soziologischen Forschung in der DDR*, hrsg. v. d. Akademie für Gesellschaftswissenschaften beim ZK der SED, 22. Jg. 1986, H. 2, S. 67-78

Müller, Manfred/Hermann Scheer, Ist die atomare Abschreckung zeitgemäß?, in: *Horizont*, 10/1988, S. 10f.

Neubert, Ehrhart, Reproduktion von Religion in der DDR-Gesellschaft. Ein Beitrag zum Problem der sozialisierenden Gruppen und ihrer Zuordnung zu den Kirchen, in: *epd Dokumentation*, Nr. 35/86, Frankfurt a.M., 25.8.1986

Neugebauer, Gero, 25 Jahre Nationale Volksarmee, in: *Deutschland Archiv*, 14. Jg. 1981, H. 3, S. 268-276

Neuhäußer-Wespy, Ulrich, Von der Urgesellschaft bis zur SED. Anmerkungen zur 'Nationalgeschichte der DDR', in: *Deutschland Archiv*, 16. Jg. (1983), H. 2, S. 145-152

Neuner, Gerhart, Entwicklungsprobleme sozialistischer Allgemeinbildung, in: *Pädagogik*, 40. Jg. 1985, H. 9, S. 657-683

Neuner, Gerhart, Erziehung zu tätiger Heimat- und Vaterlandsliebe, in: *Pädagogik*, 37. Jg. 1982, H. 12, S. 954ff.

Neuner, Gerhart, Werte in der kommunistischen Erziehung der Schuljugend, in: *Pädagogik*, 43. Jg. 1988, H. 3, S. 204-209

Nickel, Hildegard Maria, Geschlechtersozialisation und Arbeitsteilung, in: *Weimarer Beiträge*, 34. Jg. 1988, H. 4, S. 580-591

Nickel, Hildegard Maria, Frauen in der DDR, in: *Aus Politik und Zeitgeschichte. Beilage zur Wochenzeitung Das Parlament*, B 16-17(1990), S. 39-45

Olschanski, D. W., Neue Literatur zur politischen Bewußtseinsbildung, in: *Sowjetwissenschaft. Gesellschaftswissenschaftliche Beiträge*, 38. Jg. 1985, H. 1, S. 107-108

Piontkowski, Siegfried, Die ideologisch-theoretische und methodische Konzeption des Staatsbürgerkundeunterrichts und der überarbeiteten Lehrpläne der Klassen 8 und 10, in: *Geschichtsunterricht und Staatsbürgerkunde*, 26. Jg. 1984, H. 2/3, S. 115ff.

Pollack, Detlef, Religion und Kirche in der DDR, in: *Wissenschaftliche Zeitschrift der Karl-Marx-Universität Leipzig, Gesellschaftswiss. Reihe*, 37. Jg. (1988), H. 1, S. 92-104

Radtke, H., Frauen in Leitungsfunktionen der Wissenschaft, in: *Einheit*, 43. Jg. 1988, H. 10, S. 930f.

Renshon, Stanley A., Personality and Family Dynamics in the Political Socialization Process, in: *American Journal of Political Science*, 19/1975

Riechert, Horst, Zur Weiterentwicklung des Staatsbürgerkundeunterrichts in den Klassen 7-10, in: *Geschichtsunterricht und Staatsbürgerkunde*, 25. Jg. 1983, H. 1, S. 7-15

Roschtschin, S. K., Psychologische Probleme der politischen Entwicklung der Persönlichkeit, in: *Sowjetwissenschaft. Gesellschaftswissenschaftliche Beiträge*, 38. Jg. 1985, H. 1, S. 54-64

Roski, Günter/Förster, Peter, Zur Herangehensweise bei der Analyse komplexer Persönlichkeitsmerkmale, dargestellt am Beispiel der Migrationsmotivation, in: *Informationen zur soziologischen Forschung in der DDR*, 22. Jg. 1986, H. 4, S. 45-52

Rüschemeyer, Marilyn, Integration Work and Personal Life. An Analysis of Three Professional Work Collectives in the GDR, in: *GDR-Monitor*, Winter 1983, S. 27-47

Rüschemeyer, Marilyn, Social Work Relations of Professional Women. An Academic Collective in the German Democratic Republic, in: *East Central Europe*, 8. Jg. 1981, H. 1/2, S. 23-37

Rytlewski, Ralf, Politik in der DDR als Ritual – das Beispiel der Jugendweihe, in: *DDR-Report*, 17. Jg. 1984, H. 12, S. 714-717

Rytlewski, Ralf, Soziale Kultur als politische Kultur: die DDR, in: *Politische Kultur in Deutschland. Bilanz und Perspektiven der Forschung*, hrsg. v. Dirk Berg-Schlosser und Jakob Schissler, *Politische Vierteljahresschrift*. Sonderheft 18, 1987, S. 238-246

Sampson, Steven, The Informal Sector in Eastern Europe, in: *Telos* H. 66 (Winter 1985/86), S. 44-66

Schiller, Rudolf, Für ein wissenschaftlich anspruchsvolles und überzeugendes marxistisch-leninistisches Grundlagenstudium, in: *Das Hochschulwesen*, 29. Jg. 1981, H. 8, S. 218-225

Schmidt, Walter, Zur Entwicklung des Erbe- und Traditionsverständnisses in der Geschichtsschreibung der DDR, in: *Zeitschrift für Geschichtswissenschaft*, 33. Jg. 1985, H. 3, S. 195-212

Schönefeld, Rolf/Dieter Segert, Überlegungen zur Dynamik des politischen Systems bei der weiteren Gestaltung der entwickelten sozialistischen Gesellschaft, in: *Deutsche Zeitschrift für Philosophie*, 33. Jg. 1985, H. 10, S. 884-892

Sebastian, Heinz, Landjugendforschung an der Wilhelm-Pieck-Universität Rostock. Zur politischen Organisiertheit und gesellschaftlichen Aktivität der Landjugend, in: *Wissenschaftliche Zeitschrift der Wilhelm-Pieck-Universität Rostock, Gesellschaftswiss. Reihe*, 33. Jg. 1984, H. 1, S. 40-43

Shafir, Michael, Political Culture, Intellectual Dissent, and Intellectual Consent: the Case of Romania, in: *Orbis*, 27. Jg. 1983, H. 2, S. 393-420

Skocpol, Theda, A Critical Rewiew of Barrington Moores „Social Origins of Dictatorship and Society", in: *Politics and Society*, 4. Jg. 1973, H. 1, S. 1-34

Stammer, Otto, Sozialstruktur und System der Werterhaltung der Sowjetischen Besatzungszone Deutschlands, in: *Schmollers Jahrbuch für Gesetzgebung, Verwaltung und Volkswirtschaft*, 76. Jg. 1956, H. 1, S. 55-105

Stark, Rolf-D., Zu Problemen der Herausbildung hoher Leistungsbereitschaft als einer stabilen Wertorientierung der Schüler oberer Klassen, in: *Pädagogik*, 43. Jg. 1988, H. 4, S. 286-295

Starke, Kurt, Die Studentenintervallstudie Leistung (SIL) – Eigenheiten und Probleme einer großen Untersuchung, in: *Informationen zur soziologischen Forschung in der DDR*, hrsg. v. d. Akademie für Gesellschaftswissenschaften beim ZK der SED, 22. Jg. 1985, H. 6, S. 53-62

Steiner, Helmut, Einige Probleme der Erforschung sozialer Reproduktionsprozesse bei der Gestaltung der entwickelten sozialistischen Gesellschaft, in: *Informationen zur soziologischen Forschung in der DDR*, hrsg. v. d. Akademie für Gesellschaftswissenschaften beim ZK der SED, 21. Jg. 1985, H. 1, S. 19-34

Steiner, Helmut, Soziologie in der interdisziplinären Friedensforschung, in: *Deutsche Zeitschrift für Philosophie*, 36. Jg. 1988, H. 5, S. 420-429

Töchter und Söhne. Gespräch mit Hildegard Maria Nickel, in: *Sonntag* Nr. 37 v. 14.9.1986, S. 8

Tucker, Robert C., Culture, Political Culture, and Communist Society, in: *Political Science Quaterly*, 88. Jg. 1973, H. 2

Voigt, Peter, III. Internationales wissenschaftliches Symposium (IWS) zur Leitung und Planung sozialer Prozesse im Territorium, in: *Informationen zur soziologischen Forschung in der DDR*, hrsg. v. d. Akademie für Gesellschaftswissenschaften beim ZK der SED, 22. Jg. 1986, H. 2, S. 57-67

Voß, Peter, Das Verhältnis Jugendlicher zur Großstadt – einige Ergebnisse stadtsoziologischer Forschungen in Leipzig, in: *Informationen zur soziologischen Forschung in der DDR*, hrsg. v. d. Akademie für Gesellschaftswissenschaften beim ZK der SED, 20. Jg. 1984, H. 4, S. 46-51

Weghenkel, Günter, Zum Leistungsverhalten junger Industriearbeiter der DDR. Ergebnisse und Probleme, in: *Informationen zur soziologischen Forschung in der DDR*, hrsg. v. d. Akademie für Gesellschaftswissenschaften beim ZK der SED, 19. Jg. 1983, S. 31-49

Weidemann, Bodo, Konsequente Umsetzung der beschlossenen Maßnahmen zur weiteren Vervollkommnung der Berufsausbildung für die Heranbildung klassenbewußter Facharbeiter, in: *Berufsbildung*, 39. Jg. 1985, H. 1, S. 36-40

Weidig, Rudi, Zur sozialstrukturellen Entwicklung der Arbeiterklasse in der DDR, in: *Deutsche Zeitschrift für Philosophie*, 34. Jg. 1986, H. 4, S. 339-348

Weimann, Robert, Kunst und Öffentlichkeit, in: *Sinn und Form*, 31. Jg. 1979, H. 2

Weimann, Robert, Wechselbeziehung als Kommunikation und Verlaufsform der Künste, in: *Weimarer Beiträge*, 30. Jg. 1984, H. 7, S. 1119-1132

Wessel, Karl-Friedrich, Forschungsprojekt „Der Mensch als biopsychosoziale Einheit". in: *Deutsche Zeitschrift für Philosophie*, 36. Jg. 1988, H. 2, S. 97-106

Wiatr, Jerzy, Sozio-politische Besonderheiten und Funktionen von Streitkräften in sozialistischen Ländern, in: *Beiträge zur Militärsoziologie, Kölner Zeitschrift für Soziologie und Sozialpolitik*, hrsg. v. Rene König, Sonderheft 12/1968, S. 99

Wicke, Peter, Populäre Musik. Begriff und Konzept, in: *Informationen der Generaldirektion beim Komitee für Unterhaltungskunst, Beilage zur Zeitschrift „Unterhaltungskunst"*, 1/1987, S. 8-10

Wiedemann, Dieter, Jugend und Künste. Theoretische Überlegungen und empirische Tatsachen zur Bedeutung der Künste im Lebensprozeß der DDR-Jugend, in: *Weimarer Beiträge*, 28. Jg. 1982, H. 9, S. 100-115

Wielgohs, Jan/Schulz Marianne, Reformbewegung und Volksbewegung. Politische und soziale Aspekte im Umbruch der DDR-Gesellschaft, in: *Aus Politik und Zeitgeschichte. Beilage zur Wochenzeitung Das Parlament*, B 16-17 (1990), S. 15-24

Wolchik, Sharon L., Ideology and Equality. The Status of Women in Eastern and Western Europe, in: *Comparative Political Studies*, 13. Jg. 1981, H. 4, S. 445-476

Wolf, Christa, Krankheit und Liebesentzug. Fragen an die psychosomatische Medizin, in: *Neue deutsche Literatur*, 34. Jg. 1986, H. 10, S. 84-102

Wolf, Christa, Das starke Gefühl, gebraucht zu werden, in: *Wochenpost*, 6/1984, S. 14/15

Wolf, Christa, Politik, Moral, Literatur, in: *Sonntag*, Nr. 22 v. 31.5.1987, S. 4

Wolf, Herbert F., Zur Bedeutung von Sozialindikatoren. Über die Entwicklung und Veränderung von Wertorientierungen im Zusammenhang mit dem wissenschaftlich-technischen Fortschritt im Sozialismus, in: *Informationen zur soziologischen Forschung in der DDR*, hrsg. v. d. Akademie für Gesellschaftswissenschaften beim ZK der SED, 19. Jg. 1983, H. 4, S. 36-42

Zimmermann, Hartmut, Politische Aspekte in der Herausbildung, dem Wandel und der Verwendung des Konzepts 'wissenschaftlich-technische Revolution' in der DDR, in: *Deutschland Archiv*, 9. Jg. 1976, Sonderheft, S. 17ff.

Zur Geschichte der Theologischen Fakultät Berlins, in: *Wissenschaftliche Zeitschrift der Humboldt Universität zu Berlin, Gesellschaftswiss. Reihe*, 7/1985

Aus dem Programm
Politikwissenschaft

Dirk Berg-Schlosser und
Jakob Schissler (Hrsg.)

**Politische Kultur
in Deutschland**

Bilanz und Perspektiven
der Forschung.
1987. 484 S. (PVS-Sonderheft
18) Kart.
ISBN 3-531-11860-9
„Politische Kultur in Deutschland" präsentiert Ergebnisse und
Forschungsvorhaben des Arbeitskreises „Politische Kulturforschung" der „Deutschen Vereinigung für Politische Wissenschaft." Die mit diesem Band
vorgestellten vielfältigen Aspekte
deutscher politischer Kultur sind
eine erste umfassende Bilanzie-
rung. Zugleich weist der Band in
die Zukunft: auf noch auszufül-
lende Forschungslücken und auf
eine Intensivierung in der Beschäftigung mit bisherigen Fragen.

Irma Hanke

**Alltag und Politik.
Zur politischen Kultur
einer unpolitischen
Gesellschaft**

Eine Untersuchung zur erzählenden Gegenwartsliteratur der
DDR in den 70er Jahren.
1987. 402 S. (Studien zur Sozialwissenschaft, Bd. 61) Kart.
ISBN 3-531-11810-2
Politische Kultur zeigt sich im Alltagsleben. Da die Literatur der
DDR sich ausführlich mit der
Darstellung von Alltagsverhalten
und Alltagskonflikten befaßt, hat
die Verfasserin den literarischen
Prozeß und die Funktion der Literatur in der DDR als Ersatzöffentlichkeit eingehend untersucht.
Themenwahl, räumliche und
zeitliche Dimension politischer
Sozialisation und politischen Verhaltens wurden dabei für ein
breites Feld der Literatur des
letzten Jahrzehnts systematisch
ausgewertet.

Ralf Rytlewski (Hrsg.)

**Politik und Gesellschaft
in sozialistischen
Ländern**

Ergebnisse und Probleme der
Sozialistische Länder Forschung.
1989. 520 S. (PVS-Sonderheft
20) Kart.
ISBN 3-531-12104-9
Erstmals präsentiert sich hier die
Sozialistische Länder-Forschung
der Politologen der Bundesrepublik in einem umfassenden Werk.
Zentriert um die europäischen
Länder entsteht ein Gesamt-
spektrum der jüngeren politischen, sozialen und ideologischen Entwicklung, das auch
China und Kuba einbezieht. Behandelt werden die Kernfragen
des sowjet-sozialistischen Systems, das sich bisher als Ge-
gen- und Konkurrenzmodell zur
parteien-pluralistisch-parlamen-
tarischen Demokratie verstand:
Die Interessen der Bürokratie
und wichtiger gesellschaftlicher
Gruppen im politischen Prozeß,
die Abwendung vom stalinistischen Herrschaftsmodell in
Richtung des Korporativismus
und des „sozialistischen Parla-
mentarismus", typische Formen
der politischen Konfliktbearbei-
tung angesichts von Individuali-
sierungs- und Pluralisierungs-
tendenzen, die Rollen der Ideologie und des Alltagswissens sowie einzelner Politikfelder wie der
Kader- und Sozialpolitik.

WESTDEUTSCHER
VERLAG

OPLADEN · WIESBADEN

Schriften des Zentralinstituts für sozialwissenschaftliche Forschung der FU Berlin

WESTDEUTSCHER
VERLAG
OPLADEN · WIESBADEN

MIX
Papier aus verantwortungsvollen Quellen
Paper from responsible sources
FSC® C105338

If you have any concerns about our products,
you can contact us on
ProductSafety@springernature.com

In case Publisher is established outside the EU,
the EU authorized representative is:
Springer Nature Customer Service Center GmbH
Europaplatz 3, 69115 Heidelberg, Germany

Printed by Libri Plureos GmbH
in Hamburg, Germany